主编 ◎ 邱永渠

陈雅谦　曹养元

南安文化读本

厦门大学出版社　国家一级出版社
全国百佳图书出版单位

图书在版编目（CIP）数据

南安文化读本 / 邱永渠，陈雅谦，曹养元主编. --
厦门：厦门大学出版社，2022.3（2025.1 重印）
ISBN 978-7-5615-8542-9

Ⅰ. ①南… Ⅱ. ①邱… ②陈… ③曹… Ⅲ. ①地方文
化-南安-高等学校-教材 Ⅳ. ①G127.574

中国版本图书馆CIP数据核字(2022)第041418号

责任编辑　廖婉瑜
美术编辑　张雨秋
技术编辑　朱　楷

出版发行　厦门大写出版社
社　　址　厦门市软件园二期望海路 39 号
邮政编码　361008
总　　机　0592-2181111　0592-2181406(传真)
营销中心　0592-2184458　0592-2181365
网　　址　http://www.xmupress.com
邮　　箱　xmup@xmupress.com
印　　刷　厦门集大印刷有限公司

开本　　720 mm×1 000 mm　1/16
印张　　21
字数　　366 千字
版次　　2022 年 3 月第 1 版
印次　　2025 年 1 月第 3 次印刷
定价　　48.00 元

本书如有印装质量问题请直接寄承印厂调换

厦门大学出版社
微信二维码

厦门大学出版社
微博二维码

序

与邱永渠先生相识相交,是在邱先生担任福建师范大学闽南科技学院院长期间。

邱先生给我的印象是:虽近花甲之年,却有年轻人的蓬勃朝气。每每谈及学院的工作,他总有很多设想、打算,常常集中于这样的话题:闽南科技学院的工作如何进一步为南安的经济、文化发展服务。这也是我常常思考的问题。

作为菲律宾华侨,我回到南安这块桑梓之地,兴建福建师范大学闽南科技学院,为南安的经济、文化发展培养人才,应该说是小有成绩的。但是,我不能安于现状、止步不前。"百尺竿头",仍需"更进一步"。我们实应在现有基础上进一步为南安的经济、文化发展服务。但说实在的,我原先没有想出切合闽南科技学院实际的办法。

现在好了,邱先生等人找到了一个好办法,并迈出了很坚实的第一步,这就是:建立南安文化研究中心,脚踏实地诉诸行动,开始研究,开始著述。

应该承认,《南安文化读本》的出版,是对南安文化的一次较为系统的梳理。从这一点说,应该为邱先生等人点赞。

《南安文化读本》弘扬了南安人可贵的民族气节和顽强不屈的斗争精神,读来令人备受鼓舞。让我更有感触的是《南安文化读本》中的四个字:"五则"精神。按书中的解释,"五则"精神即"则人""则天""则地""则文""则海"精神。书中提出:"'五则'精神既是南安人的主要品格,也是南安文化的基本精神。"这是对"南安人品格"或"南安文化基本精神"独特的揭示。无论哪一"则",反映的都是南安人既顺应自然,努力与自然融为一体,又凭借旺盛的生命力、"爱拼才会赢"的顽强意志力,试图改造自然、创造美好家园的可贵精神。应该说,在南安文化形成的漫长历史中,这种"五则"精神才是南安人安身立命的根本。在此后的无尽岁月中,相信这种精神还将成为南安人无往不胜的内在动力。作为华侨,我每每品味这"五则"精神,心中就涌动着一种继续为南安的经济、文化发展服务的力量。这可能是《南安文化读本》给予我的最好礼物了。

邱先生等人迈出了"第一步",前面的路还很长。因为,南安人在几千年的历史中所积累的丰富而厚重的文化遗产,其梳理及研究绝非一朝一夕的事。从进一步为南安的经济、文化发展服务的角度出发,对南安文化遗产的发掘肯定还有许多工作要做。相信邱先生"老骥伏枥",对此一定会有更多的运筹帷幄;相信经过我校南安文化研究中心全体同仁的共同努力,不断耕耘,不久之后我们将看到更多更好的成果陆续面世。我期待着!

闽南科技学院董事长 戴宏达

2020 年 6 月 20 日

自 序

　　《南安文化读本》一书是我主持的福建省教育厅重大教改项目"地方传统文化与大学生通识教育结合模式研究实践——以福建师范大学闽南科技学院为例"（课题编号：FBJG20170262）的主要成果，也是闽南科技学院（原称福建师范大学闽南科技学院）南安文化研究中心建立以来的研究成果之一。

　　古代的南安，曾是闽南政治、经济、文化的中心。自唐代始，南安文化便日益发达，出现了很多历史文化名人。南安境内的丰州金溪古港曾是"海上丝绸之路"的起点，除此之外，南安人民还开创了丰富而独具特色的民俗文化、戏曲文化等。这些文化是古南安人留下的遗产，无比珍贵，我们应该予以充分重视、认真研究。

　　我们认为，本书出版的意义即在于：第一，将南安文化建设与闽南科技学院课程建设相结合，使传承与弘扬南安传统文化落到实处；第二，以本课题研究为契机，影响、带动闽南科技学院科研向南安文化研究倾斜，使闽南科技学院的学科建设形成"南安特色"。

　　闽南科技学院的学生，百分之六七十为闽南籍。这些闽南籍学生，成长于闽南文化的氛围中，肩负着传承闽南文化、传播闽南文化的使命。这样，全面地了解、深入地把握在闽南文化中占据重要地位的南安古代文化，就变得极有必要。而若要做到这一点，最好的方式就是让南安文化进课堂，以课堂教学的形式来强化对南安古代文化的了解和把握。

在此，我对参与本书编写而付出辛劳的老师们表示衷心的感谢；更感谢戴宏达董事长对南安文化研究中心的大力支持，并为本书作序。我将继续与同仁一道，在学校领导的带领下，做好研究中心的工作，争取出更多的研究成果。

最后，随吟小诗一首，以明心志：

孺子牛

花甲冀霜何以愁，

还将剩勇写春秋。

不言老骥志千里，

却愿躬耕孺子牛。

邱永渠

2020 年 7 月 1 日

目　录

第一章　南安文化概述

　　南安市诗词学会原会长王国钧先生于 2008 年写有《南安赋》，全方位地铺陈描绘了南安文化的面貌，对我们认识、把握南安文化很有启示意义。现引述全文如下：

　　　　海滨邹鲁①，故地武荣。物华天宝，人杰地灵。设三安而梁为郡，隋改县而置丰州②。东临鲤洛，西接安同，南通金厦，北抵仙永③。襟安永之水兮，双溪合流；启丝绸古道兮，九日祈风。春风秋雨，滋山川之秀美；人文荟萃，携经济以腾兴。

　　　　忆南巡潮涌，改革风劲。撤县建市，大功永铭。一肩风雨无穷路，爱拼会赢；四海经营有达才，合纵连横。山海经、侨台牌，经济发展，故郡千业旺；粮油埠、水暖市，城乡繁荣，中华百强名。

　　　　君不见新市崛起，海西雄峙；楼厦林立，交通纵横。经济发展，海港千帆并发，新区万企齐兴；社会和谐，市乡同步奔富裕，文化多元聚精英。政通人和，文化繁荣；以民为本，百家争鸣。

　　　　南山北望，市区胜概尽览，车流如织；江岸颐园相迎，异彩纷呈。十里长堤铺锦绣，一轮红日出清泓。真可谓：卅年发展，风正帆悬商贸热；十五繁

　　　① 唐嗣圣元年(684 年)，析南安等地置武荣州，治所在今丰州。南安文化积淀深厚，素有"海滨邹鲁"美誉。鲁国，春秋时孔丘故乡。邹国，战国时孟轲故乡。

　　　② "三安"，指东安、晋安、梁安。今丰州地，三国孙吴永安三年(260 年)置东安县，西晋时改为晋安县，南朝梁时改为梁安县。梁天监年间置南安郡，隋开皇九年(589 年)改郡为县，唐武德五年(622 年)置丰州。

　　　③ "鲤洛"，指鲤城、洛江。"安同"，指安溪、同安。"金厦"，指金门、厦门。"仙永"，指仙游、永春。

荣,政通业旺市乡兴。

五峰山下,一片天心长桥月,五塔古居郡王祠。① 犹见成功船头挥剑,李贽寺侧秉灯②。更有官桥粮行,三山客聚,海运陆输通万里;水头石市,四海商来,南来北往喜双赢。

金溪江畔,莲花金粟摩崖刻③,精细机械汽配城。更有光伏产业,蒸蒸日上;园圃花卉,处处香馨。免检童鞋千山走,驰名磻石万国行。

杨梅山下,雪峰清水灵应寺,水果童鞋绿辉岩。光前学村,琅琅书声。洪濑商贸热,梅山家俱兴。更见龙眼熟时枝串坠,纱妆褪尽蝶蜂争;胜地时兴旅游热,新区崛起鞋服城。

五台远眺,银罗④沃野,稻菽腾细浪;农业高科,引种喜丰盈。更见茫茫山美千嶂暗,闪闪鳞光一水清;昭惠悠钟催步履,海潮遗碣印心灵。

天柱纵目,山舞绿浪,野矗高楼。欧子书室白云绶,叶公故居观者诚。⑤土楼寻旧梦,宋塔倚天擎。⑥ 更有省新物流,全国走遍;诗山伞城,环球驰名。

云顶放眼,英水逶迤,翁山峥嵘。犹见锦衣香车,承畴归省;东方美田,黄巢赐名⑦。更有英仑水暖,千家发展争朝夕,四海经营任纵横。

时逢戊子,令际冬秋。北京奥运,喜圆国人梦;南安新市,伟业正中兴。三十年改革开放,大功显赫,展光辉美景;十五载发展腾飞,硕果丰盈,奔锦绣前程。南山当笔,书建市丰功伟绩;西水作墨,画征途骏马群英。盛世如斯,感慨何似;撰此为赋,以壮新征。

戊子秋月于柳城⑧

南安是我国东南沿海的一块风水宝地,人杰地灵。在悠久的历史沿革中,南

---

① 指一片寺、天心洞、五里桥、五塔岩、蔡氏古民居、延平郡王祠。
② 李贽童年曾在其家乡南安榕桥白云寺读书。
③ 指莲花峰、金粟洞、九日山摩崖石刻。
④ 英都、罗东平原原是南安重要粮仓,有"金英银罗"之誉。
⑤ 欧子,指欧阳詹。高盖山上有白云室,为欧阳詹少年时读书之处。叶公,即叶飞。
⑥ 码头、金淘均有多处古土楼。诗山有省文物保护单位——宋代石塔。
⑦ 黄巢义军入闽,登东田万夫寨察看地形时对部下说:"东田美好良田,西方高如利刃,此乃兵家必争之地也。"后人为纪念黄巢,遂将该地命名为"东田"。
⑧ 王国钧.觉海诗帆[M].北京:大众文艺出版社,2011:99-102.

安人民开创出了丰富而伟大的南安文化。闽南科技学院坐落于南安市康美镇。身为闽南科技学院学子,我们应该认识生活于其中的南安,了解它的历史,掌握它的文化,熟悉它的风土人情,知晓它对于中华民族的杰出贡献,并以此激励自己,同南安的父老乡亲一道传承优秀的南安传统文化,开创更为辉煌的全新南安文化。

第一节 南安概览

一、南安的地理位置

从地理方面说,今天的南安市位于晋江中游和下游交界处核心地段,东接泉州中心城区,西靠厦门经济特区,处于福建省东南沿海"闽南金三角"中心地带。福厦高速公路,国道 324 线,省道 307、308 线,沿海大通道,漳泉肖铁路以及泉三高速公路、福厦高速铁路穿境而过,国家二类口岸石井港可直航香港、金门、马祖、澎湖,以及厦门、上海、广州等,交通四通八达、方便快捷,是福建东南沿海大通道的重要节点。[①]

二、南安的自然特征

南安地处中低山丘陵区,属南亚热带海洋性季风气候。就境内情况而言,南安与整个福建一样,"七山一水二分田"。

南安多山,境内山峦起伏,河谷、盆地穿插其中,所以称"七山"。"七",是按比例而言其多。根据近年的地名普查结果,南安大小山、岭、丘、寨为 10003 个。《南安县志》标出的著名的山为 113 个。这样多的大小山头,都是由福建中部的戴云山脉延伸而形成的。

---

① 南安市人民政府.南安概况[EB/OL].[2021-03-27].http://www.nanan.gov.cn/zjna/nagk/.

戴云山脉从南安西部入境的为云顶山（又称小戴云），海拔 1175.2 米，为南安第一高山。其南安西南部走向的余脉为芹山，海拔 1095 米，为南安第二高山。芹山又有余脉五峰山、觉海山、罗山、扑船山、熊山、杨子山，最后直达海域。

戴云山脉从南安东北部入境的叫阳平山，海拔 827 米。它分成左右两支。左支进入泉州市鲤城区北诸山，蜿蜒复入南安东部，连绵成东部的高旧岭、大帽山、葵山、万衣岭、九日山。右支在南安北部突起，形成海拔 1080.4 米的五台山，为南安第三高山。

戴云山脉从南安西北部入境的叫天柱山，海拔 1033.5 米，为南安第四高山。天柱山是南安中部诸山峰的主峰，其下绵延出高盖山、朝天山、保福岭等。①

南安境内没有高山。但是，南安浓厚的宗教氛围使这些小山古刹林立、香火鼎盛，纷纷成为名山。山下冲积平原中的名村名镇，历代豪杰辈出，更使得南安成了地道的人文荟萃之地。

南安林地面积 93340.44 公顷，森林资源比较丰富，有楠木、檫树、花榈木、红豆杉、水杉、银杏等树种，有云豹、虎、山獐、虎纹蛙、水獭、蟒蛇、小灵猫、刺猬、豪猪、眼镜王蛇、金环蛇、银环蛇、赤链蛇、龟壳花蛇、绿毛龟、白颈长尾雉、鹧鸪、斑鸠、雉鸡、猫头鹰等动物，有茯苓、黄柏、肉桂、金边地鳖、穿山甲、小海马等药材，有龙眼、荔枝、柑橘、香蕉等名果，有石亭绿等名茶。②

所谓"一水"，说的是境内少有河流湖泊，水量小。

南安境内的山脉，其天然分界线是东、西二溪。东溪发源于永春县，经过东平镇流入南安北部的九都，先后纳有诗溪、淘溪、罗溪、梅溪等四条支流，终至丰州溪口。西溪发源于安溪县，经安溪流入南安的仑苍镇园美村，向东沿途纳有英溪、东田溪（蓝溪）、坛溪等三条支流，在丰州溪口与东溪汇合，之后流入泉州的笋江，经晋江市而入海放洋。③

千百年来，东、西两溪之水及其支流水系润泽着两岸的土地，养育着千千万万的南安人。

---

① 陈四轩，林和胜."南安山"的风物［Z］//政协南安县委员会.南安文史资料（第 7 辑），1986：111-118.

② 南安市人民政府.自然资源［EB//OL］.［2021-03-30］.http://www.nanan.gov.cn/zjna/zrzy/.

③ 黄宝玲.南安的水路交通对开辟"海上丝绸之路"的贡献［Z］//政协南安县委员会.南安文史资料（第 12 辑），1990：57-58.

南安多年平均水资源量为 17.37 亿立方米①，每年人均占有水资源量为 1173 立方米，占福建省人均水资源量的 39％。

南安境内有 5 条小流域，近年被水利部、财政部联合命名为"全国水土保持生态环境建设示范小流域"。2001 年，南安通过了福建省初级水利化试点县（市）的验收。南安现已建成大中小型水库、机电灌站、江海防堤、拦河闸坝、水电站、乡镇供水及节水灌溉等各种水利水电工程 1.4 万多处。其中，小（二）型以上水库 149 座，占泉州市的 67.6％；城区防洪堤总长 25.26 千米，防洪标准达二三十年一遇（远期五十年一遇）；乡镇供水工程 26 处，日供自来水量达到 19 万吨。除此之外，南安还有丰富的地热资源可供开发利用。

晚唐五代诗人韩偓写有《登南神光寺塔院》一诗，概括南安乃至闽南的气候特点为："四序有花长见雨，一冬无雪却闻雷。"②南安地处亚热带，属亚热带季风气候，夏季高温多雨，冬季温和少雨，年平均气温 21℃ 左右，年平均降雨量 1500 毫米左右。这样的气候，适合庄稼、草木的生长，适合人类的生存。本地曾有人自豪地宣称："在全国走来走去，发现还是我们这里好。"

还需要指出，在闽南"海上丝绸之路"开辟以及发展地方经济的过程中，南安境内的水路交通也起到了很大的作用。

资料表明，宋元时期，海潮可达南安双溪口，商船可直达丰州金溪桥下。晋江的支流东、西两溪，横贯南安全境，直入永春、安溪。利用晋江及其支流东、西溪水运，沟通沿海与腹地，既方便又省费用。所以，南安古渡口众多，东溪有澳头、便口、诗口、淘口、芸尾、小坝、尤墙、泳内、郑山、湖尾、祠口、洋尾、园内、古塘寨、坑尾桥、格后、东坂、光坑、白叶等 19 处；西溪有园尾、坝头、大泳、前园、珠渊、龙宫、白沙、溪美、美林、坑尾、庄头、路水、霞洞等 13 处。所辖晋江流域段设溪口、待御、石垅、庙下、金溪、锦溪等 6 处。这就形成了有机网络状的运输系统，使"海上丝绸之路"的来往货物畅通无阻。完全可以说，经"海上丝绸之路"出口的货物，凡从安溪、永春、德化、同安、南安来的，几乎都经过丰州，然后再转向泉州放洋。③

---

① 南安市人民政府.自然资源[EB/OL].[2021-03-29].http://www.nanan.gov.cn/zjna/zrzy/.

② 齐涛.韩偓诗集笺注[M].济南:山东教育出版社,2000:56.

③ 陈四轩,王丽水.宋元泉州海上贸易胜概与南安[Z]//政协南安县委员会.南安文史资料（第 12 辑）,1990:61-62.

所谓"二分田",是说比较起来南安的土地很少。

据南安市政府网站信息,2018 年,南安市土地总面积 202449.02 公顷(不含沿海滩涂)。其中,耕地面积 29977.37 公顷。①

南安的土地集中于"金英"(英都)、"银罗"(罗东)、"诗山"等三大堀和向阳、蓬华、翔云、眉山、凤巢五小堀等东、西两溪沿岸冲积平原,以及丰州、官桥、水头、石井等下南安沿海滩涂平原②。

南安的农业生产以稻谷、小麦、甘薯、花生、甘蔗为大宗。

南安历史上有过多次人口高峰期,很早就已经明显暴露出"人稠耕地狭"的矛盾。为了生存,从汉魏时代开始,许多人不得不远渡重洋,到国外去谋求发展。因此,南安才成了著名的侨乡。

中华人民共和国成立后,南安实行土地改革,进行农田基本建设,开展互助合作运动,推广农业科学技术,改良品种,生产不断发展,人民生活得到明显改善。农村实行经济体制改革,推行家庭联产承包责任制后,农业生产得到全面发展。2020 年,第一产业增加值 36.49 亿元。③ 南安农业生产组织实施"粮食自给工程""标准农田建设工程""菜篮子工程""水果富民工程""农业综合开发工程"等项目,培植壮大粮食、水果、畜牧、水产、食用菌、花卉、蔬菜、茶叶八大农业支柱产业,促进了农业增效、农民增收。据南安市人民政府网数据,2020 年,南安市生产总值 1352.72 亿元,城镇居民人均可支配收入 50667 元,农村居民人均可支配收入 25094 元。④

三、南安经济现状

改革开放以来,南安发挥"山、海、侨、台、文"等优势,发展外向型经济,逐步

---

① 南安市人民政府.自然资源[EB/OL].[2021-10-21].http://www.nanan.gov.cn/zjna/zrzy/.

② 陈四轩,林和胜."南安山"的风物[Z]//政协南安县委员会.南安文史资料(第 7 辑),1986:112.

③ 南安市人民政府.经济发展[EB/OL].[2021-10-20].http://www.nanan.gov.cn/zjna/jjfz/.

④ 南安市人民政府.经济发展[EB/OL].[2021-10-20].http://www.nanan.gov.cn/zjna/jjfz/.

建成滨海综合产业基地、扶茂岭中国流行面料产业基地、泉州汽配与工程机械产业基地、仑苍英都水暖阀门产业基地、成功高新技术产业基地、官桥水头粮油食品深加工产业基地、南安鞋业产业基地、官桥建筑陶瓷产业基地、官桥水头家居产业基地以及诗山伞业基地等。2020 年,南安第二产业增加值 791.4 亿元,第三产业增加值 524.84 亿元,规模以上工业总产值 2804.04 亿元。[①]

第二节　南安的民族融合

截至 2020 年 12 月 31 日,南安市常住人口 151 万。南安市人口较多的少数民族有畲族、土家族、壮族、满族和回族。[②]

在几千年的历史过程中,南安有一个各民族不断融合的过程。虽然我们缺少太多的实证材料,但其过程还是可以梳理出一个大致的轮廓。

一、古南安人

最早的古南安人出现在旧石器时代和新石器时代。这个漫长历史时期的古南安人究竟应该怎样称呼,究竟是怎样的民族,我们不得而知。我们现在能见到的古代文献,基本上都是文明时代"中原人"的遗产。通过这些文献,我们所能知道的最早生活于南方的民族可能是"三苗"等。《帝王世纪》记载,帝尧时,"诸侯有苗氏,处南蛮而不服"。《淮南子·坠形训》载:"自西南至东南方,结胸民、羽民、讙头国民、裸国民、三苗民、交股民、不死民、穿胸民、反舌民、豕喙民、凿齿民、三头民、修臂民……"[③]《史记·五帝本纪》载:"三苗在江淮、荆州,数为乱。于是舜归而言于帝……迁三苗于三危,以变西戎。"[④]《战国策·魏策》载:"昔者,三苗

---

① 南安市人民政府.经济发展[EB/OL].[2021-10-21].http://www.nanan.gov.cn/zjna/jjfz/.

② 南安市人民政府.人口民族[EB/OL].[2021-10-21].http://www.nanan.gov.cn/zjna/rkmz/.

③ 刘文典.淮南鸿烈集解[M].北京:中华书局,1997:147.

④ 司马迁.史记[M].北京:中华书局,1959:28.

之居,左彭蠡之波,右洞庭之水,文山在其南,衡山在其北。恃此险也,为政不善,而禹放逐之。"①此后,关于"三苗"的记载消失。

近几十年来,在晋江流域发现了大批新石器遗址,其中南安近30处。在这些遗址中,发掘出数以万计的石器、陶片,还有石基、灰烬坑等物。这说明,4000年前,此地早有人类居住。在与自然环境的斗争中,这些原始初民不但掌握了农耕、渔猎的初步技术,还擅长舟楫,适应水上生活。考古资料证明,此地的原始初民,其主要的生活资源源于海上。这些原始初民,可能就是史书上所谓的"三苗"族。② 学术界也有人认为,南安新石器时代的原始初民属于下文所提到的"百越"族。

二、七闽人

到了商周时期,南方民族在古文献中的称呼又出现了新说法,叫作"十蛮""越沤""七闽""八蛮"。《逸周书》载:"汤问伊尹曰:'诸侯来献……其为四方献令。'伊尹受命,于是为四方令曰:'臣请正东符娄、仇州、伊虑、沤深、九夷、十蛮、越沤,鬋发文身,请令以鱼皮之鞞、乌鰂之酱、鲛瞂、利剑为献。'"③《周礼·秋官司寇》载:"象胥掌蛮、夷、闽、貉、戎、狄之国使。"④《周礼·夏官司马》载:"职方氏掌天下之图,以掌天下之地,辨其邦国、都鄙、四夷、八蛮、七闽、九貉、五戎、六狄之人民。"⑤

上述文献中的"闽",是福建之称。"七闽"指的是南方的一个大族群,分布的范围很广,包括了今福建省的全部。南安之地所生活的人群就是"七闽"之一。现在还没有考古资料证实,这个"七闽"族就是此前的"三苗"族演变的。不过,资料却证实,周显王三十五年(公元前334年)之后,"七闽"族又与越族发生了融合,成为"闽越人"。

---

① 王守谦,等.战国策全译[M].贵阳:贵州人民出版社,1990:665.
② 黄宝玲.南安陶瓷浅说[Z]//政协南安县委员会.南安文史资料(第6辑),1985:108.
③ 张闻玉.逸周书全译[M].贵阳:贵州人民出版社,2000:278.
④ 杨天宇.周礼译注[M].上海:上海古籍出版社,2004:584.
⑤ 杨天宇.周礼译注[M].上海:上海古籍出版社,2004:479.

三、闽越人

越族本是商周时期居于江浙一带的蛮族支系,后与南方各地其他蛮族相融合,形成了"百越"族。高诱说:"越有百种。"这说明"百越"正是南方多民族的融合。还有说,今福建当初即为"百越之际"。

战国时,越败于楚,越族于是逃亡于闽。越王勾践之裔无诸自立于闽中,称闽越王。至此,包括南安在内的福建居民在融合中成了"闽越"族。另说,"闽越"原本为"百越"之一。

四、汉族入闽

在无诸所统治的"闽越"时代,还没有资料证明,南安乃至于福建已有了汉族。那么,汉族人是什么时候进入南安乃至于福建的呢?

有很多资料都说,"永嘉之乱,衣冠南渡"。这意思是说,汉族人进入南安乃至于福建,是在西晋永嘉二年(308 年)。最先提出此说的是唐代林蕴所序的《福建林氏两湘支谱》。该谱牒说:"汉武帝以闽数反,迁其民于江淮,久空其地。今诸姓入闽,自永嘉始也。"[①]

所谓"诸姓",后具体化为林、黄、陈、郑、詹、邱、何、胡八姓。他们被认定为最早入闽的中原"衣冠"之族。所谓"诸姓入闽,自永嘉始",是指上述中原八姓"衣冠"之族,因避永嘉二年的中原战乱而入闽。

此后的私家谱牒对上述说法竞相仿效,试图证实汉族"诸姓入闽,自永嘉始"。《莆田九牧林氏族谱》说:"入闽始祖禄,永嘉时为晋安太守。"《莆田揽巷文峰陈氏族谱》说:"入闽始祖润,永嘉时为晋安太守。"《莆田南胡郑氏谱牒》说:"永嘉时,其始祖入闽,任福、泉刺史。"[②]

地方志书等也沿袭此说。乾隆《福州府志》卷七十五说:"晋永嘉二年,中州板荡,衣冠始入闽者八族,林、黄、陈、郑、詹、邱、何、胡是也。以中原多事,畏难怀

---

① 吴幼雄,林振礼.福建开发史上的几个问题[Z]//政协南安县委员会.南安文史资料(第 7 辑),1986:85.

② 吴幼雄,林振礼.福建开发史上的几个问题[Z]//政协南安县委员会.南安文史资料(第 7 辑),1986:85.

居,无复北向。故六朝间仕宦名迹,鲜有闻者。"①

由此还衍生了"晋江"因何得名的记载。乾隆《泉州府志》卷八说:"晋江在县南一里许,以晋南渡时,衣冠避地者多沿江而居,故名。"②乾隆《晋江县志》卷一也说:"县南曰晋江,……距城一里,晋南渡时,衣冠士族避地于此,沿江南居,故名晋江。"③

但是,如吴幼雄、林振礼合著的《福建开发史上的几个问题》一文所说,一系列的考古实据推翻了"永嘉之乱,衣冠南渡"之说,证明汉族"诸姓入闽"早于永嘉之乱。④

1984年,丰州镇旭山乡庙下村发现一座西晋初墓地,墓中出土了一块印有"大康五年立"的青砖。"大康"即"太康",为西晋武帝的年号。"大康五年"即"太康五年"(284年),比永嘉之乱早24年。这证明,南安在太康年间即有汉族人居住,而不是"自永嘉始"。

福建省发现的其他西晋墓葬,也一再证明汉族"诸姓入闽"并非"自永嘉始"。明黄仲昭所著《八闽通志》记载,罗源县登高山上,"又有晋冢三砖,各印'永康元年始改晋郡为晋邦'凡十一字"。⑤"永康"是西晋惠帝年号,永康元年(300年)比永嘉之乱早8年。《兴化府莆田县志》记载,清康熙二十九年(1690年),郡城西岩寺建山门,发现一座晋墓,内中的"巨砖""旁篆太康八年八月某日作辟亭使"。太康八年(287年)比永嘉之乱早21年。

而其他的考古资料和史料不仅推翻了"永嘉之乱,衣冠南渡"之说,还证明汉族诸姓早在汉代即已入闽。

20世纪50年代和70年代,崇安城村发现汉城遗址,福州市郊发现了数十座汉墓,出土物既有独特风格,又反映出与中原物质文化的相同特征。全部出土物中,被断为下限的是印有"长乐万岁"的瓦当和镂刻"河内工官"字样的王莽时代的黄铜弩机构件,年代被认定为西汉末东汉初。吴幼雄、林振礼的文章认为,

① 徐景熹,等.乾隆福州府志[M].台北:成文出版社,1967:1384.

② 怀荫布,等.乾隆泉州府志(一)[M].上海:上海书店出版社,2000:151.

③ 方鼎,等.乾隆晋江县志[M].台北:成文出版社,1967:81.

④ 吴幼雄,林振礼.福建开发史上的几个问题[Z]//政协南安县委员会.南安文史资料(第7辑),1986:89-92.

⑤ 黄仲昭.八闽通志(上)(修订本)[M].福州:福建人民出版社,2006:130.

这两处的考古实据都说明此时"闽越已受汉文化影响极深"[①]。

王充的说法也证实了这种影响。《论衡》说："越在九夷，罽衣关头。今皆夏服，褒衣履舄。"[②]而之所以能够发生极深的影响，汉族的"入闽"应该说是关键因素。

《三国志·吴志·贺齐传》提到建安元年(196年)孙策进兵福建，时有名詹疆、何雄者，起兵抗拒孙策。吴、林之文分析说："詹疆、何雄为福建豪强武装首领，力量大到足以抵抗孙吴兵入闽，可见，孙吴时，福建早有詹、何两姓，且有相当势力。"[③]

地方志书也有关于汉族人早在永嘉之乱以前就已进入福建的记载。嘉靖《惠安县志》载：锦田黄氏，始祖隍公为东汉会稽令，于建安时弃职避世入闽；吴将黄兴入闽，居邑之凤山。这说明，惠安锦田黄氏早在东汉末就已入闽。

吴、林的文章还论述了"永嘉之乱有否中州人士入闽"的问题，并明确指出："就我们涉猎所及，还没有发现翔实可靠的史料足证其时晋人南渡入闽。"[④]

总而言之，吴、林之文以翔实的资料、恰当的分析，试图推翻"永嘉之乱，衣冠南渡"之说，并确证汉族人早在汉代就已经定居于闽地。

如果联系张家瑜在《古九日山胜地形成初探》一文中所提到的早在丰州古镇形成之前，南安就已在汉代形成了有着繁荣商业的另一古镇周井堡这一说法，那么，秦代的南安可能就已经有了汉人。该文指出："从周井堡市镇的东向，还留有'行口'地名可知，这是当时'栈会'的遗址，有20多间，说明当时商业是繁荣的。周围(周井堡)到丰州一带还依稀留有石围墙，这是劳动人民围海造田，长期与自然斗争的见证。"他甚至认为，"它是唐以前晋安郡，南安县丰州、武荣州的郡、州治，是闽南开发最早的地区"[⑤]。

吴挐云等人的文章《探秘南安丰州"周井堡"》也认为，在丰州镇民间流传着

---

① 吴幼雄，林振礼.福建开发史上的几个问题[Z]//政协南安县委员会.南安文史资料(第7辑)，1986：91.

② 黄晖.论衡校释[M].北京：中华书局，1990：833.

③ 吴幼雄，林振礼.福建开发史上的几个问题[Z]//政协南安县委员会.南安文史资料(第7辑)，1986：91.

④ 吴幼雄，林振礼.福建开发史上的几个问题[Z]//政协南安县委员会.南安文史资料(第7辑)，1986：92.

⑤ 张家瑜.古九日山胜地形成初探[Z]//政协南安县委员会.南安文史资料(第12辑)，1990：31.

"先周井，后丰州；有丰州，才有泉州"的说法。周井堡的形成可能是在汉末，要早于三国时期吴国所建立的东安县。

汉族人进入闽地，就出现了一个与当地闽越族的融合问题。从上文简单提到的福州和崇安发掘的汉墓和汉城遗址中的文物来看，中原汉文化在汉代中后期就已经对闽越文化产生了巨大影响。这一点使我们推论，此时闽越某些地方，占据支配地位的可能已经不再是以往的闽越族，而是北来的中原汉民族了。

即使这一点目前还缺少更多的证据，接下来的历史演进情况却是：越来越多的汉族人"入主闽越之地"。当然，越来越多的汉族人也必然"入主南安"（绝对不仅仅是"入住"的问题）。

有这样几股汉族力量"入主闽越之地"的史实值得关注：

南朝梁太清二年（548年）中原发生了"侯景之乱"（548—552），大量汉族人逃难于闽越之地。南朝陈天嘉六年（565年），朝廷下诏：侯景以来，遭乱移在建安、义安（潮州）两郡者，并许还本土。这是史籍中关于中原汉族人避乱入闽的最早记载。[①] 朝廷专门下诏，说明事情并不简单，汉族人避难入闽的可能很多。已经逃出来了，返回家园可不一定那么容易，至少部分人会永远定居于闽越之地了。

唐总章二年（669年），泉潮间"蛮獠啸乱"。唐高宗下诏，命陈政为统岭南行军总管事，从河南光州固始县起兵征讨。这里所谓的"蛮獠"，大致就是当时闽越族人中的一部分，其突出特点如陈政之子陈元光所说是"民性凶悍"。陈政前后带来中原汉族近万人，这在当时可能就是一个比较大的数目了。平乱之后，这支部队一部分定居于漳州，繁衍生息；一部分由许天正、潘节统领，驻守泉州。陈元光后被奉为"开漳圣王"。

与南安有直接关系的历史是河南王氏大军入闽。史载，唐朝末年，淮南道光州刺史王绪由于无法应付大军阀秦宗权的勒索，悉举光州、寿州兵五千人，驱吏民数万，于唐光启元年（885年）入闽。接下来发生的是，军队内讧，王潮取王绪而代之，成了新的统帅。王潮（846—898）有兄弟三人，其二弟是王审邽（858—904），三弟是王审知（862—925）。俗话说："打仗亲兄弟，上阵父子兵。"三兄弟齐心协力，率领队伍一路杀来，最终平定了闽越之地。其大本营，最初确定在泉州，

---

① 吴幼雄，林振礼.福建开发史上的几个问题[Z]//政协南安县委员会.南安文史资料（第7辑），1986：92.

统辖南安。[①]

当年的陈元光父子占据漳州,繁衍生息;而今,王氏兄弟的数万之众则有一部分占据闽南之地而繁衍生息。这就使得南安现存人口中,有很多谱牒中写着"祖籍河南固始"。明代著名思想家李贽曾自述身世,说自己的家族就是从河南固始迁来的。

五、民族融合

陈元光父子占据漳州之后,主动地开始了民族的融合。有资料说,陈元光身体力行,迎娶当地种氏为妻,还鼓励部下与"蛮獠"通婚。

南安文化,正是以汉族与闽越族为主流的南安人历经几千年共同开创的。

第三节　南安文化的构成及其基本特征

作为闽南地区的地域文化之一,南安文化内涵丰富多元,在中华文化中具有重要地位和价值。

一、"南安文化"的概念界定

本书所介绍的"南安文化",其涉及的范围与历史上南安的政治建置变迁有直接关系。

三国吴永安三年,即公元 260 年,吴廷在丰州地置东安县,辖今泉州,以及漳州部分地区和厦门、莆田,管辖范围是整个福建的南部。此后,几经变迁,丰州地或为东安、晋安、梁安、南安县治所,或为南安郡治所,或为丰州、武荣州治所,南

---

① 《资治通鉴·唐纪·唐纪七十二》载:"潮引兵将还光州,约其属,所过秋毫无犯。行及沙县,泉州人张延鲁等以刺史廖彦若贪暴,帅耆老奉牛酒遮道,请潮留为州将,潮乃引兵围泉州。""光启二年丙午,公元八八六年……王潮拔泉州,杀廖彦若。潮闻福建观察陈岩威名,不敢犯福州境,遣使降之,岩表潮为泉州刺史。潮沈勇有智略,既得泉州,招怀离散,均赋缮兵,吏民悦服。"(司马光.资治通鉴[M].北京:中华书局,1956:8326、8339.)

安始终是闽南的政治、经济、文化的中心。唐景云二年,即公元711年,武荣州改称泉州,辖南安、莆田、龙溪(大致相当于今漳州)、清源(今仙游县)4县,州治迁今泉州鲤城,闽南政治、经济、文化的中心才转移到泉州。

但是,南安县之所辖仍然很大。唐开元六年(718年),析南安县置晋江县(今晋江、惠安)。唐贞元十九年(803年),析南安县西南四乡置大同场;后唐长兴三年(933年),一说长兴四年(934年),升大同场为同安县。唐长庆二年(822年),析南安县两乡,置桃林场;后唐天成四年(929年),升桃林场为桃源县(今永春)。唐咸通五年(864年),析南安县两乡,置小溪场(今安溪);南唐保大十三年(955年),升小溪场为清溪县(今安溪)。一说,唐乾符三年(876年),析南安武德乡置武德场(今长泰县)。

根据历史上南安政治建置变迁的以上情况,本书在介绍南安文化的过程中,采用历史分割的办法,凡唐景云二年(711年)以前的闽南(含莆田)文化现象,都纳入"南安文化"范畴。凡唐景云二年以后的文化现象,则根据当时南安的辖区情况而确定"南安文化"范畴。一般情况是,南唐保大十三年(955年)以后,南安县的辖区范围虽仍有变化,但基本确定;"南安文化"范畴与之相对应。这也就是说,本书中"南安文化"概念中的"南安",主要指的是"古南安"。

二、南安文化的基本特征

就上述南安文化的基本内涵看,南安文化反映出下述4方面基本特征:

1.内涵生成的地域性

南安文化的主体,是南安人开创的。如同"一方水土养一方人"一样,一方族群也自然会开创主体上属于特定区域的文化,其文化大多打上地域性的烙印。这就是我们所说的南安文化"内涵生成方面的地域性"特征。

"内涵生成方面的地域性"特征,反映在南安文化的方方面面。几乎可以说,南安文化一般都灌注了南安族群的性格因素和南安地域的特殊色彩。不过,这里,我们主要关注的是与"祖根崇拜"相关联的旺盛生命力以及与滨海的地理环境相关联的"爱拼才会赢"的进取精神。

"祖根崇拜"反映出生殖崇拜意识、家庭家族观念,也反映出伦理性的感恩意识。而这两点,南安人表现得都很明显。

南安人注重子孙繁衍,以家庭人口众多、支系繁盛为幸。常常是聚屯而居,一地多为一姓、两姓,如英都多为洪姓,康美多为苏姓等。打开南安地图,就会发现诸如李厝、周厝、吕厝、邱厝、郭坑等地名,往往都是同姓而居的结果。每姓多建有家族祠堂,修有家族谱牒,先祖所建立的功绩、赢得的荣誉是一定要流传后世,让子子孙孙牢牢记住的。即使没有家族祭祀场所,也往往要在居室正厅供奉先祖遗像,以示对先祖的纪念。这使得南安人家庭家族有很明显的"抱团"意识,无论遇到大事小情,都能齐心协力,颇有"打仗亲兄弟,上阵父子兵"的意思。

南安人与所有闽南人一样,认准了"爱拼才会赢"的道理。富于正面价值的"爱拼才会赢"主要反映在两方面:

一是在"凡人情莫不欲富"[1]的心理支配之下,敢于从事海上、海外贸易活动。

九日山下的金溪港早于泉州其他港口,六朝之时即既为内河航运港口,又为"海上丝绸之路"的起点,是内地与沿海贸易交往的重要交通孔道。因此,学术界对金溪港又有"六朝港"的评价。

西晋太康九年(288年),距离九日山二里许建有延福寺,唐大历三年(768年)移至九日山下。[2] 北宋时,曾会在《重修延福寺碑铭》中记载:南朝梁普通年间,印度高僧拘那罗陀(499—569,中译名"真谛")"泛大海来中国",途经延福寺(时称"建造寺"),"因取梵文,译正了义"[3]。今九日山西峰留有翻经石,为其遗迹。拘那罗陀几次到南京、广州等地,都是从金溪港登船的。上述记载,从一个侧面证实古时的金溪港水深可行大船,为海上交通要津。古代著述中还有一些信息,也能证明金溪港水深可行大船。直至宋代,泉州州府、市舶司经常在九日山举行祈风祭海活动,大船仍可航抵金溪港。有人说,当年的九日山下,展现着一个船舶罗布、桅樯林立的金溪港。[4]

① 蔡襄.五戒[M]//黄仲昭.八闽通志(下)(修订本).福州:福建人民出版社,2006:1398.
② 曾会《重修清源郡武荣州九日山寺碑》云:"东去郡城十五里,南去大海三十里,左则南安属邑,市人之所游集;前则晋江通津,海潮之所吐纳。独其西北,冈阜连络,若虎而蹲,若龙而奔,黛滴蓝喷,藏烟泄云,自远而来,豁然屏开,双峰对峙,中坦数里,疑其融结之初,已张本乎造寺也。始晋太康九年,在县西南,至唐大历三年,移建于斯。"(陈国仕.丰州集稿[M].杨清江,校.北京:商务印书馆,2018:305.)
③ 陈国仕.丰州集稿[M].杨清江,校.北京:商务印书馆,2018:306.
④ 柯士绵.海上丝绸之路的发祥地——丰州六朝古港[Z]//政协南安县委员会.南安文史资料(第12辑),1990:8.

从北宋开始,石井在海上贸易方面的重要地位开始凸显。南宋建炎四年(1130年),建"石井津"时,石井即"海港千帆百舸,乘风顺溜,转输货物如山积,装卸货物工数以百计"。南宋绍兴十四年(1144年),置"石井巡检司",石井港属于安海港之要冲,港湾之内千帆百舸,码头之上客商云集,货物山积。等到了郑芝龙(1604—1661)、郑成功(1624—1662)父子的时代,他们凭借着强大的海上武装,纵横驰骋于东洋、南洋各地,从事频繁的商贸活动,而安海港则随之被经营成当时我国东南部海外交通的中心枢纽,石井则为其据点。

清雍正年间,石井商人郑运锦(1698—1765)往返于大陆与台湾之间经商,大获其利。返乡后,他历经12年建造宫殿式府第。其子郑汝成(1728—1792)诰封中宪大夫,于是在府第挂"中宪第"巨匾。这就是民间所谓:"泉州府,南门外,四十三都第一厝。"中宪第现为第七批公布的全国重点文物保护单位。

清同治四年至清宣统三年,即1865—1911年,侨居菲律宾的富商蔡启昌回到官桥漳里村,斥资购买"漳州寮",开始兴建蔡氏古民居。其后,其子蔡资深在漳州寮广购荒地,筑祠堂,建宅第。现存较为完整的蔡氏古民居宅第共16座,是第五批公布的全国重点文物保护单位。

这些例子都从某个侧面反映出了南安人的一种可贵性格,为了发家致富,改变命运,敢于外出打拼,从事商业活动。

二是"心向天边外",敢于跨洋越海,冒着生命危险"过番"[1]。

南安是我国著名的侨乡。从近代开始,南安人即大量迁居海外。据《诗山戴氏谱志》记载,自清代以降,诗山大廷乡戴氏家族前往海外经商与发展者为数甚多,其居住海外者,主要分布于菲律宾、马来西亚、新加坡、印尼等。南安华侨遍布世界170多个国家与地区。

所谓"树挪死,人挪活",迁居于海外之地的华侨大多事业十分发达,涌现出了很多工商巨子、政界精英、文化名人和社团领袖,如出生于梅山的李光前(1893—1967)、码头的黄仲咸(1920—2008)和戴宏达,就是其中的著名代表。他们念及桑梓之情,纷纷慷慨解囊,帮助家乡人民发展经济,不但修桥筑路,还开办了很多工厂、学校。我们所在的闽南科技学院,就是菲侨戴宏达先生等人大义之

---

① 过番,即"下南洋",指华人漂洋过海到东南亚各地谋生。在闽南民间的地域概念中,"南洋"包括新加坡、印度尼西亚、菲律宾、马来西亚、泰国、越南、缅甸等地。

举的产物。这些海外华侨义商,是南安人的骄傲。①

2.历史积淀的厚重性

南安文化有着厚重的历史积淀。南安人出于深厚的祖先崇拜意识,珍惜祖辈所开创的文化。因此,即使历史已越几千年,我们还能从现有的南安文化中,看到历史文化积淀。

前述"古南安人"时提及的南安考古发掘的成就证明,远古时代的南安人已经显示出了渔猎、农耕文化方面的才能。这些文化还有待进一步发掘,但数以万计的石器、陶器等的不断出土,即初步展现出南安文化历史积淀方面的厚重性。

丰州是南安文化乃至整个闽南文化的发祥地,经历了1700多年的政治建置变革,曾是南安乃至整个闽南的政治、经济、文化的中心。至今仍存有诸如南安古城、护城河、南安县署、南安学宫、丰州书院、武荣石街等遗址。这些历史遗迹,都在讲述着往昔的兴衰荣辱,都在激荡着历史的风风雨雨。②

丰州之西的九日山,从晋代起就成了闽南的名山,以文史信息的丰富厚重而传世。这里,留下了很多闽南历史名人的足迹。其东峰又称"姜相峰",因为唐谪相姜公辅(730—805)曾寄迹此山之中,卒后还埋葬在这里。其西峰也称"高士峰",因为唐代诗人秦系曾在此隐居。

九日山上今天还留存很多遗迹,如姜相台与姜相墓(唐谪相姜公辅栖隐之处及其墓所)、翻经石(南朝梁代印度高僧拘那罗陀校译《金刚经》之处)、无等洞(唐高僧无等禅师栖隐之洞穴与塔墓)、石佛巨雕(闽南最早的石雕佛像)等,以及近年重新修复的秦君亭与廓然亭。其中,翻经石遗迹涉及闽南文化交流史中的一件大事。南朝梁普通年间,印度高僧拘那罗陀"泛大海来中国",途经九日山下的延福寺,"因取梵文,译正了义"③。

人称九日山"山中无石不刻字"。唐之四门助教欧阳詹以及稍后的名士韩偓等人,北宋的漳泉观察使、检校太师陈洪进,福建提刑观察使苏才翁、内相苏绅,泉州知州蔡襄、陈俋,以及南宋宰相李邴、状元宰相梁克家,知州王十朋、真德秀,大理学家朱熹,名士陈知柔、傅自得等人,都曾与九日山结缘,并留下了很多摩崖石刻。

九日山摩崖石刻中,最重要的是宋代的 70 余处祈风石刻。这些祈风石刻,最早的是南宋淳熙元年(1174 年),最迟的是南宋咸淳二年(1266 年),时间跨度近百年。它们是我国仅存的祈风石刻,是研究泉州港海外交通的珍贵史料,具有重大价值。①

南安文化厚重的历史积淀还反映在闽南方言、南音、梨园戏以及宗教信仰、民俗等诸方面。

从南安人所使用的闽南方言中,我们能够听到四五世纪时人的声音。一般认为,闽南语的代表泉州话形成于晋代五胡乱华时期(304—439),避乱的中原汉人给闽南带来了当时的中原语言,并在此基础上,融汇吴楚方言和越语,形成泉州话中的"白话音"。唐光启元年(885 年),王潮、王审邽、王审知三兄弟于河南光州固始县率领农民起义军入闽,统一福建,建立了闽国,至此泉州话中的"读书音"形成。在这个意义上我们可以说,闽南方言保留了古汉语的语音、词汇和语法,反映出一定程度的历史积淀的厚重性。

南安人的古音乐是南音。南音也称"弦管""郎君乐""郎君唱",有"中国音乐史上的活化石"之称,用闽南语演唱。一般认为,它是"开闽三王"(王潮、王审邽、王审知)带给闽南人的唐代中原雅乐"大曲"与闽南民间音乐融合而成,保留了唐以前古老的民族唱法。还有说,南音起源于秦汉时代。用南音演唱的梨园戏发源于宋元时期的泉州,距今已有着 800 余年的历史,保存了宋元南戏的诸多剧本、音乐唱腔和演出规制,被誉为"古南戏活化石"。其代表作为刊刻于明嘉靖丙寅年(1566 年)的《荔镜记》。南安人视老祖宗传下来的东西为至宝,历经几百几千年,老祖宗的东西还可能被完好地保留着,南音和梨园戏就是这样的艺术形式,至今仍保留着较为古老的音乐和戏曲的面貌。

南安的宗教信仰也反映出一定程度的历史积淀的厚重性。南安人有浓厚的宗教信仰,现存的宗教性建筑数不胜数,涉及佛教、道教、伊斯兰教、基督教等多种宗教。这些宗教信仰的内涵,融入南安的文学艺术和各种民俗活动之中,成为南安文化的重要构成因素。

南安最早的宗教建筑是九日山下的延福寺,建于西晋太康九年(288 年)。此后,宗教性建筑如雨后春笋,不断出现。凡南安之地,有山则有寺,有村则有

---

① 关于九日山文化,详见本书第五章"南安名山古刹"部分。

庙;外来的神虔诚信奉,中原的神顶礼膜拜。就其性质而言,基本上属于学术界所谓的"俗信"。这种"俗信",追求的侧重点并不是单纯的道德境界的提升、人生痛苦的解脱,更包括与日常生活直接相关的诸如升官发财、子孙满堂、长命百岁、诸事顺利一类,信仰者口中念念不忘的是"佛祖保佑""菩萨保佑""诸神保佑"。

除延福寺外,较著名的宗教场所还有:丰州莲花峰顶的石亭寺(莲华岩寺),建于晋代,供奉观世音菩萨;石井三乡村的岭亭古寺,建于隋开皇元年(581年),供奉观世音菩萨;官桥毫光山的天竺寺,建于隋代,供奉三世尊佛(释迦牟尼佛、药师琉璃光佛、阿弥陀佛);官桥慈云山的慈云寺,建于隋代,供奉观世音菩萨;大罗山凤巢村的栖隐寺,建于隋末唐初,供奉释迦牟尼佛;官桥五峰山的一片寺,建于唐初,供奉释迦牟尼佛;康美杨梅山的雪峰寺,建于唐代,供奉释迦牟尼佛、观世音菩萨;石井杨子山的清水岩,建于唐代,供奉三世尊佛;丰州桃源村的桃源宫,建于唐光启年间,供奉唐太宗李世民及其四大功臣;洪梅玳瑁山的灵应寺,建于五代后唐,供奉灵应祖师;英都龙山的云从古寺,建于五代后唐供奉三世尊佛;诗山凤山的凤山寺,建于五代后晋天福年间供奉郭圣王;官桥紫帽山的五塔岩,建于北宋年间,供奉三世尊佛。

这些寺庙道观,多兴建于隋、唐、五代期间,历史久远,透露出厚重的历史信息。主要属于佛教。时至今日,南安的宗教信仰已经与民俗活动结为一体,各乡镇村落,除传统节庆外,每年还都要举行各种形式的规模不等的"佛诞日"祭祀活动。

南安的民俗文化同样透露出历史积淀方面的厚重性。无论是岁时节日习俗、生产生活习俗、婚嫁生养习俗、丧葬习俗,还是迎神赛会中的各种艺阵表演习俗,追本溯源,往往都很有历史渊源,很有讲究。其中,普度之俗和婚俗、丧葬礼俗等更有代表性。

南安的普度与佛教与道教的祭祀仪式有密切联系,因而其历史积淀的厚重性更明显。

按照佛教的说法,阴历七月十五日这天,佛教徒举行"盂兰盆法会"供奉佛祖和僧人,济度六道[①]苦难众生,以及报谢父母长养慈爱之恩。其起因是释迦牟尼

---

① 佛教宣扬"六道轮回""因果报应"说,认为世间众生生活在欲界、色界、无色界这"三界"之中,无不在"六道轮回"之中。"六道"指的是天道、人间道、阿修罗道("三善道")和畜生道、饿鬼道、地狱道("三恶道")。众生以善恶诸业为因,能招致善恶不同的果报,以此不断轮回。上述唯心主义观念,是应该扬弃的。

佛有一弟子目犍连(简称目连),其母生前做了很多恶事,死后变成了饿鬼。目连哭求释迦牟尼佛救助。目连依佛意行事,集合众僧的力量,于每年七月中以百味五果,置于盆中,供养十方僧人,其母因而得救。这就是佛教中有名的"目连救母"的故事。据《佛祖统纪》记载,梁武帝萧衍(464—549)时即开始设坛,举行盂兰盆法会。自此往后,历代都举办盂兰盆法会。在佛教仪式中,施舍和行孝两层大义兼备。

道教有"三元"之说,祭祀"三官大帝"。[①] 其中,"中元"即七月十五日,为地官大帝的生日。在民间,这一天即为"中元节"。道教徒在这一天做法事,目的是为亡魂减轻罪孽,以使他们能够早日安息。很明显,这与佛教的目的根本不同。

而在南安的普度中,虽然保留了佛教和道教的某种仪式,其内涵却发生了明显的变化。佛教的施舍保留了,施舍的对象却变成了形式上的孤魂野鬼,事实上的亲戚朋友;行孝保留了,却变成了次要的内涵,一般只在上午祭祀祖先。道教的减罪内涵也消失了,如果有戏曲演出,其目的主要还是娱神、娱鬼兼娱人。在时间上,也不只是七月十五这一天,整个七月都在"普度",是"鬼月"或"鬼仔月",七月的每一天都要举行某种仪式。名堂也不少,除了普遍的"地普",祭祀陆地上的孤魂野鬼外,某些濒临水域的地方,如九日山下金溪渡口边上的金溪村,还有"水普",祭祀水中的孤魂野鬼。

比较起来,普度虽反映出南安人的善良,但其迷信的成分也不能否认,从中透露出的已经不是一般的鬼神敬畏,而是一种非常明显的"鬼恐惧"。其原因在于,南安人乃至闽南人大多把孤魂野鬼看成阳世灾祸、社会不安的源头,人们想象着,饿鬼的肚子填不饱,活着的人也不会得到安宁。所以,人们宁可劳民伤财,大肆破费,也不敢怠慢了"好兄弟"。

近些年,人们已经越来越认识到了普度的弊端,一些村子已经公开表示不再继续过普度。[②]

南安某些地方的婚俗所反映出的内涵特征更值得关注。康美镇传统的婚俗严守古训,在定居此地之后即严格遵守周代的"六礼"程序,"繁文缛节,十分考

---

① 道教认为产生天地万物的三个基本元素是天、地、水,即"三元",分别由天官、地官、水官这"三官大帝"所掌管。天官紫微大帝主赐福,他诞生的正月十五这一天称"上元节",民间称"元宵节"。地官清虚大帝主赦罪,他诞生的七月十五这一天称"中元节",民间称"鬼节"。水官洞阴大帝主解厄,他诞生的十月十五这一天称"下元节"。

② 关于南安宗教文化,详见本书第五章"南安名山古刹"、第七章"南安民间信仰"部分。

究"。"六礼"即:纳采(送礼求婚)、问名(询问女方名字和出生日期)、纳吉(送礼订婚)、纳征(送聘礼)、请期(议定婚期)、亲迎(新郎亲自迎娶)。明清以后,名称和内容虽有所变更,但仍取"六礼"之意,从议婚到完婚,要经过提亲、合婚、相亲、定亲、送聘、送日子、劝嫁、催妆、迎送亲、婚礼、下厨、回门等步骤。其中,提亲、合婚包含纳采、问名的内容;定亲、送聘相当于纳吉、纳征;送日子含请期之意;迎送亲类似于亲迎,只是新郎本人是否亲自前往女家迎娶则因人因地而异。这样的婚俗,内里延续的却是3000年前的礼制传统,其历史积淀的厚重性令人惊叹。

南安的丧葬礼俗更是"十分考究"。石奕龙、余光弘主编的《闽南乡土民俗》一书所介绍的闽南丧葬礼俗,也反映了南安丧葬礼俗的一般情况。该书说,老人临终,有"搬铺""送终"的程序;老人初终,有"倒头""开殃榜""报丧""选材""选墓地""遮神与布置帷堂""守铺""易服""成服"的程序与仪式;老人入殓前,有"接大厝、放板仔""哭路头与迎外家""买水或乞水""沐浴净身""换寿衣""辞生""放手尾钱"的程序;老人大殓,有"大殓""封钉""停枢暂厝"的程序;老人殓后,有"送草"、"跳过棺"(死者为女性)、"洗净与收乌"的程序;为老人守灵,有"布置灵堂""守灵""朝夕奠"的程序与仪式;老人"发引"(出殡),有"出堂或转枢""公奠或公祭""起灵""出殡""路祭"的程序与仪式;老人安葬与安土,有"下葬""返主安灵的虞祭""巡山、圆坟"的程序与仪式;老人葬后,有"做七""做百日""周年祭"的程序与仪式。[①]看来,南安的丧葬习俗的确是礼数讲究多,程序仪式多,内涵丰富,充分地体现出传统孝文化历史积淀的厚重性。[②]

总之,南安的文化历史积淀的厚重性是很明显的。之所以能够形成这样的特征,原因当然是多方面的,但主要的是取决于南安人对老祖宗文化遗产的重视,对各种老规矩的自觉沿袭,亦即保留了一种普遍的根深蒂固的礼制传统。

3.人文思想的深邃性

南安的思想文化内涵反映出并不逊色于其他区域思想文化的深邃性。在这一侧面,南安人贡献给中华民族两个"顶尖级"的文化成果,即李贽的思想成就与明嘉靖丙寅版《荔镜记》的思想成就。

李贽(1527—1602)是明代著名思想家。2016年5月17日,习近平总书记在全国哲学社会科学工作座谈会上的讲话中,把李贽列为中华民族25位"思想

---

① 石奕龙,余光弘.闽南乡土民俗[M].福州:福建人民出版社,2007:161-214.

② 关于南安民俗,详见本书第六章"南安民俗"部分。

大家"之一。

李贽一生著述有 14 类 87 种之多①,重要的有《焚书》《续焚书》《藏书》《续藏书》《初谭集》《老子解》《庄子解》《道古录》《九正易因》等。

李贽是我国思想文化史上少有的"思想者",一生都在孜孜以求"道",并为此付出了宝贵的生命。

李贽不拘于某一家学说,自由地出入于道、释、儒、墨、阴阳、兵诸家,诸家学说凡与其思想相合者,均被吸纳,因而其思想体系显得复杂、丰富而深邃。其思想大致上包括本原论方面的"万物生于两"说、人性观方面的"本心"说、伦理观方面的"新'礼义'"说、社会观方面的"平等"说、为政观方面的"因人顺民"说、历史观方面的"因时因势"说、宗教观方面的"明心见性"说、教育观方面的"无人无己"说、艺术观方面的"情性"说与"化工"说等。②

明嘉靖丙寅(1566 年)版《荔镜记》被看成南安人对我国戏曲乃至我国思想史的最重要的历史贡献之一。着眼于其思想成就,这种贡献,放到我国古代文学史中,完全可以与元代关汉卿的杂剧《窦娥冤》、王实甫的杂剧《西厢记》,明代汤显祖的传奇《牡丹亭》相提并论。

在《荔镜记》所取得的重要思想成就方面,应该引起我们格外关注的是剧中女主人公黄五娘(黄碧琚)的形象。为了追求爱情和婚姻幸福,黄五娘勇敢地冲破封建礼教的樊篱和家长制的束缚,大胆地与其所爱陈三(陈伯卿)私奔,显示出可贵的个性解放精神。媒婆劝她嫁给富豪之子林玳(林大鼻),说:"姻缘由天。"③黄五娘提出了具有革命性质的婚姻观:"姻缘由己。"她母亲也来劝她说,林家特别富有,"赤的是金,白的是银,大塯白,小塯赤,那畏了无福气(至)"④。但黄五娘仍不为所动,马上回应说:"女嫁男婚,莫论高低。"⑤这又是一种富于进步性的择偶观。黄五娘的上述思想,毫无疑义都是深邃的,"姻缘由己"的观点更

① 王国钧.李贽与南安[M].北京:中国广播电视出版社,2011:19-23.

② 关于李贽,详见本书第十二章"李贽"部分。

③ 荔镜记[M]//泉州地方戏曲研究社.泉州传统戏曲丛书(第一卷)(上).北京:中国戏剧出版社,1999:27.

④ 荔镜记[M]//泉州地方戏曲研究社.泉州传统戏曲丛书(第一卷)(上).北京:中国戏剧出版社,1999:31.

⑤ 荔镜记[M]//泉州地方戏曲研究社.泉州传统戏曲丛书(第一卷)(上).北京:中国戏剧出版社,1999:31-32.

是在古代绝无仅有的。

明清时代，在思想界和意识形态领域，朱熹的理学思想影响深远。在这样的文化背景下，能出现李贽以及明丙寅版《荔镜记》，只能说南安人有较高的思想境界，这是南安人的一大骄傲。

4.民族精神的穿透性

南安文化中"民族精神的穿透性"，指的是它作为中华民族精神的一部分，不但具有重要的历史价值，还穿越时空，在今天仍然具有重要的现实意义。

这种具有"穿透性"的民族精神，主要包括两个方面：一是一般意义上的民族精神，二是具有南安文化特殊性的民族精神。

就"一般意义上的民族精神"而言，其反映就是以郑成功为代表的英雄主义精神。

历史上，无论是抗击倭寇，还是驱逐荷兰殖民主义者，南安人都显示了英雄的气节，弘扬了中华民族的志气。

16世纪中后期，倭寇十分猖獗，浙、闽、粤沿海各州县备受荼毒。明嘉靖三十七年(1558年)至四十年(1561年)，南安东田人欧阳深(1500—1562)多次剿灭来犯之倭寇，立下了赫赫战功。倭寇侵兴化，窃据平海卫，欧阳深带兵征剿，终因敌众我寡，英勇殉国。明世宗下旨，为欧阳深立祠，谥赠"昭毅将军"。

同一时期，武举人出身的南安一都锦塘(今丰州镇锦堂村)人傅应嘉(1524—1567)带兵入粤，协同俞大猷、戚继光抗击倭寇，转战江、浙、闽、粤各省。他前后身历70余战，每战必身先士卒，冲锋陷阵，同样立下了赫赫战功。傅应嘉生前与俞大猷、戚继光齐名，人称"俞龙、戚虎、傅蛟龙"。逝后，被敕封为"昭勇将军"。

闽南民族英雄中，最值得称许的是郑成功。1661年，郑成功率军横渡台湾海峡，翌年击败荷兰东印度公司在台湾大员(今台湾台南市境内)的驻军，收复了台湾。不久，郑成功不幸病故。但其功至伟，在中华民族历史中留下了重重的一笔。[1]

欧阳深也好，傅应嘉也好，郑成功也好，都是南安人的骄傲。他们可贵的民族精神，具有历史的穿透性。

前述"具有南安文化特殊性的民族精神"，其反映则是南安人的"五则"精神，即"则人""则天""则地""则文""则海"精神。

---

[1]　关于郑成功，详见本书第十三章"郑成功"部分。

则,《尔雅》一书解释说:"则,法也;则,常也。"

从文化生成方面说,南安人反映出"则人"精神。"则人",即"以人为法",以人的生存为最高法则。"则人"则"根旺"("根",祖根;"旺",人丁旺盛),在不断的族群融合中兴旺发展。目前闽南裔华人在全球已有7000多万。

从文化品格方面说,南安人是"则天"精神的载体。"则天",即"以天为法",遵循自然规律而生存,如蒲公英一样落地生根,四海为家。"则天"则"天恩"(大自然施恩泽于人,在五湖四海为其提供了良好的生存环境)。

闽南文化发祥地丰州别称"柳城"。从文化传播方面说,南安人是柳树的"则地"精神的载体。"则地",即"以地为法",顺应大地的法则。于乡土,"则地"则"地灵","地灵"则"人杰"(灵秀之地多生俊杰之人)。

从"文化吸收"方面说,南安人反映出佛教的"则文"精神。"则文",即"以文为则",虚怀若谷,以吸收他人文化、丰富自己的文化为安身立命之法则。"则文"则"文兴"(文化发达,人文荟萃)。

从文化个性方面说,南安濒临东南沿海,南安人因地域的特殊性而表现出"则海"精神。"则海",即"以海为法",凭借大海磨炼自己的意志,塑造自己的性格,敢于以"弄潮儿"的姿态投身于生命历程。"则海"则"海生"("生",生生不息),"海生"则"人生""人兴"。

据此也可以说,"五则"精神既是南安人的主要品格,也是南安文化的基本精神。

第二章 南安古代简史

南安历史悠久,地灵人杰,文化厚重。在闽南文化重大成就的大背景下,南安人从遥远的一万年以前一路走来,艰苦刚毅地生存着,英勇倔强地奋斗着,给后人留下了许许多多值得铭记的辉煌时刻,矗立起一个又一个涂抹着浓墨重彩的英雄豪杰的丰碑,使南安的历史时空在整个中华民族历史长河中显得十分耀眼夺目。

第一节 南安史前史

新中国成立后的考古发掘资料一再证明,无论是旧石器时代、新石器时代还是青铜时代,古南安人都留下了丰富的文化开发痕迹。

一、丰州地理条件的历史优越性

古南安人的文化开发,整体上看,要早于闽南其他地区。这与古南安的中心地带丰州的得天独厚的地理条件直接相关。

张家瑜在《古九日山胜地形成初探》一文中给我们提供了重要信息,即:远古时期,九日山周围和泉州一带还是一片汪洋大海。晋江之北现称为"大洋"的地方,当年是大海,今天仍习惯称它为"内洋"。相对于"大洋"之为"内洋",晋江之南则属于"外洋"。"大洋"东北有一地名为"港口",这是古航路的出海口。随着地壳的不断运动,地形逐渐隆起,再加上上流沙土的冲击,内洋一带由莲花峰下向南逐渐延伸,沧海于是成为桑田,以前的小岛逐渐成为丘陵。在旧石器时代和新石器时代,九日山附近的狮子山、鹰山、麒麟山、凤冠山、九皋桥和过溪的金溪山,就有古南安人繁衍生息。为了便于生存,古南安人开始从山隈旧居逐渐向洋中迁移,聚居在莲花峰下桃源地方,于西晋以后形成了古市镇丰州,于是丰州就成为闽南政治、经济、文化的中心。①

历史地看,丰州历史地位的形成,反映出古人"傍山依河"的聚落选址思想。闽南网《海峡都市报》记者文章《探秘泉州丰州古城前世今生 揭开千年古地激活之法》认为,丰州历史地位的形成"符合传统'傍山依河'的聚落选址思想"和"前有照,后有靠"的理念,丰州"前瞰晋水,清源紫帽屏列;后枕葵山,九日莲花诸峰翊戴"。

这种说法是切合古人的观念的。我国已发掘的大量新石器时代的聚落遗址,其地形、地貌、方位的选择,反映出惊人的一致性。古人最初并没有什么风水观念,生存的需要使他们不约而同地选择了"负阴抱阳""傍山依河"(一般称"山环水抱")的地理环境而聚落群居,这样的地理环境便于用水,便于取暖,便于自下而上地猎取食物,也便于农耕。如果从理论上深入探究,其中还包含着我国传统文化中非常重要的阴阳观念和辩证思维,山水交汇,动静相成,负阴抱阳,阴阳相济。

丰州成为较早开发之地,还与此地的气候条件相关。此地属亚热带季风气候,冬无严寒,夏无酷暑,气候温和,热量充沛,适合聚落群居,有利于农副业生产,有利于古人生存。②

二、南安旧石器时代文化开发的痕迹

新中国成立以来,大量的考古发掘资料证实了张家瑜等人说法的可信性。1999 年 9 月,考古工作者在丰州庙下村发现旧石器时代遗址,发掘出 6 件打制刮削器和数量不多的旧石器,专家考证距今约一万多年前,南安之地就有人类居住。③

---

① 张家瑜.古九日山胜地形成初探[Z]//政协南安县委员会.南安文史资料(第 12 辑),1990:29-31.

② 张家瑜.古九日山胜地形成初探[Z]//政协南安县委员会.南安文史资料(第 12 辑),1990:31.

③ 本书所引述的南安乃至闽南各地的考古资料,均来源于:A.福建晋江流域考古调查队.福建晋江流域考古调查与研究[M].北京:科学出版社,2010.B.泉州历史网.泉州原始社会遗存[EB/OL].[2021-03-30].http://www.qzhnet.com/qzh241.htm.

历史上丰州地理条件的优越性,使得闽南人较早在南安之地进行文化开发具有很大的理论可能性。只是目前的考古发掘工作还没有为我们提供更多的实证。不过,从地理上看,南安的近邻漳州、泉州等地近年来的考古发现,也可以透露出南安旧石器时代应该有古南安人活动的信息。

1987 年,漳州东山博物馆馆长陈立群发现距今一万年左右的晚期智人肱骨残段化石(命名为"东山人")。这是福建省首次发现旧石器时代的人类化石,把福建人类史推前了 3000 多年。

1990 年,漳州市文物局曾五岳在漳州的北郊甘棠山采集到距今约一万年的男性个体的一段胫骨,被称为"甘棠人"。

1989 年,发现漳州市区北环城路岱山村村北莲花池山旧石器时代遗址,年代在距今 1.3 万~0.9 万年(一说距今 8 万~4 万年),被认为是"闽台史前考古的重大发现""填补了福建省旧石器文化的空白"。

泉州第一件旧石器是 1998 年刘志成在东海发现的。同年,泉州东海石壁村、林边等地还发现数十件原始人类使用过的旧石器。

有人分析,南安与泉州等地发现的旧石器,与 1989 年漳州莲花山发现的旧石器在大小、质量、打制方法等方面基本相同,属于同一种旧石器文化——细石器(也称小石器)文化。

1998 年以来,石狮市博物馆在石狮市祥芝镇采集到 1500 多件从台湾海峡打捞出水的古生物化石,其中有一根距今约 2.6 万年至 1.1 万年更新世晚期的台湾海峡人类右肱骨化石(被命名为"海峡人")。这是福建省已知最完整的古人类化石,填补台湾海峡古人类考古的空白。2005 年,中科院研究员尤玉柱、福建博物院副研究员范雪春等专家在石狮发现第二根"海峡人"化石。2009 年,刘志成在石狮永宁拾到第三根"海峡人"股骨化石。

2002 年,中科院地质与地球物理研究所研究员袁宝印、中科院古脊椎动物与古人类研究所黄慰文研究员等人在晋江深沪海边金屿村发现 27 片古人类生产石片后遗弃的石核——脉石英。专家认为,这是第一次在我国东部海岸的海边地层里发现旧石器,是早期人类活动留下的证据,这表明当时人类活动范围已拓展到海边。

2008 年,泉州市民郭柯柯在泉州市区大坪山上发现 6 件旧石器,也证实了一万年以前旧石器时代泉州一带就有人类活动。

2014 年,泉州文史爱好者张和平在后渚桃花山一带找到了 3 件旧石器时代原始人所使用的石器。

　　以上这些考古发现，都说明早在一万年以前，古人类即开始在闽南一带频繁活动。因此，从理论上可以证明，地理上占有历史优势的南安之地，应该会有很多古南安人繁衍生息着。

三、南安新石器时代文化开发的痕迹

　　南安之地考古发掘出的约四五千年前新石器时代文化开发的痕迹，较之于闽南其他地方，则要多得多。

　　1956年，在石壁水库建设工程中发现3件石戈。

　　1958年，在丰州柯厝山采集到石器24件，其中石锛22件，石环2件。

　　1961年，发现英都镇大新村石狮祠山遗址，面积约1万平方米，出土有石凿、石戈、石锛、陶纺轮及釉陶、硬陶、泥淘、夹砂陶片，器型有釜、罐等。

　　1977年，发现仑苍镇黄甲村西南寨仔箍、仑苍镇黄甲村竣下沽、英都镇大新村福社尾、溪美镇露江村下寮村蜘蛛山、丰州镇双溪村井兜自然村前鞍山、丰州镇金山村麻山村金溪山、丰州镇桃源村东北部凤母山、水头镇文斗村坑尾村坑尾山、仑苍镇仑苍村古村寨遗址、仑苍镇大泳村北山自然村寨箍尾山，以及官桥镇泗溪村林边自然村龟山等遗址，面积约达3.8万平方米，出土的石器有石锛、石刀、石戈、石纺轮等，陶器（泥质陶、夹砂硬陶）有釜、豆、罐、盆、碗等，装饰有方格纹、席纹、绳纹及圆点。还有大量的各种陶片。

　　1987年，发现市区东南方磁灶溪北支流和铺溪上段东岸、官桥镇和铺村锄头山东南坡，面积约1万平方米的锄头山遗址，出土有石器和印纹硬陶、泥质红陶、细砂陶片，器型有罐、壶等。

　　从上述大量信息看，1977年称得上是南安考古的大丰收年，"遍地开花"一般的大量新石器时代遗迹、遗物的发现与出土，充分证明南安之地有较多的人类活动，证明了古南安人的创造力。

　　南安之地的原始人并不仅仅靠捕捞采集为生，而是还有其他生活来源，过着以渔猎为主、农业为辅的生活，陶器已成为生活必需品。如果联系此前此后的社会历史演变状态，南安的新石器时代也不妨称为"陶器时代"。

四、南安青铜时代文化开发的痕迹

所谓青铜时代，对应的是我国历史上的夏、商、周时代，亦即大约公元前 21 世纪至秦统一中国的公元前 221 年。此一历史阶段南安历史的信息，我们仍然依赖于考古发现。从考古发现的角度说，青铜时代的认定依据主要就是发掘出来的青铜器等实物。

南安青铜时代遗址和遗物的发现与出土较多。从 20 世纪 50 年代起至 21 世纪初期止，南安陆陆续续发现、发掘了溪美镇井园村睏口山（1956 年、1977 年）、仑苍镇仑苍村古村寨西南寨仔山（1961 年）、水头镇文斗村刺尾山（1977 年）、水头镇赤垢山（1985 年）、码头镇杏东村惠书桥自然村尾山仔（2006—2007 年）等青铜时代遗址，出土了许多重要文物，石器有石锛、石斧、石镞、石戈、石刀以及刮削器等，铜器有青铜镢、铜凿、铜锛、铜斧等。它们证明，南安同样已经进入比较先进的"金石并用"时代。

其中，青铜镢的发现非常重要。该青铜镢为一丰州青年于 20 世纪 90 年代初期在劳动时发现，现被确定为国家一级文物，是泉州市博物馆镇馆之宝。它是东周时期的挖掘性工具，主要用于农业生产。其平面如梯形，顶宽刃窄，背面微弧。另一面弧形状内凹，有一小穿孔，顶部弧形中空，单面刃，两侧单面锋。近顶部处饰有两圈弦纹，背面弦纹下方有一对双目纹，背微弧。该青铜镢的出土，为研究东周时期的泉州历史提供了重要的实物资料，在一定程度上弥补了这一时期泉州文物的欠缺，具有非常重要的历史、艺术、科学价值。

早在 20 世纪 50 年代，南安考古就获得了重大成就，其标志就是狮子山遗址和寨山遗址的发现与发掘。

1956 年，考古发现丰州镇华侨中学北面狮子山遗址，面积约 1 万平方米。据泉州海交馆、泉州市文管会《福建丰州狮子山新石器时代遗址》报告，丰州狮子山出土的陶器可辨器形有盆、盘、豆、钵、罐、壶、瓮和鼎等。按陶质可分为夹砂陶、印纹硬陶、粗泥陶、彩陶和釉陶 5 种，其中以夹砂陶最多，硬陶次之，彩陶和釉陶最少，纹饰有席纹、方格纹、条纹、叶脉纹、绳纹、曲折纹等。除了上述的陶片外，还发现了一些器形较小的完整陶器：陶纺轮 6 件、陶网坠 2 件、陶拍 8 件、陶球 1 件、圆陶片 5 件、陶环 3 件、柱状陶器 2 件。获得的石器共 29 件：石锛 8 件，石斧 3 件，石刀 1 件，属兵器的有戈 2 件，属装饰品的有石环 4 件，石笄 1 件，其他器形有盘状器 1 件,敲砸器 2 件,柱状石器 1 件,石圭 1 件等。这些石器大多磨制精细,有的还是通体精磨。出土了 3 件青铜器残片。还发现了新石器时代建筑遗迹。在探沟 1、2、4 中,发现两道用石块砌筑的并列的建筑遗存,可能为房屋的残址。在此遗址中,还发现了两个灰坑。有资料说,遗址中还发现了大量谷壳、稻草等农作物残余。

1956 年,发现了水头大盈村蔡盈自然村寨山青铜时代遗址(也称"蔡盈寨青铜时代遗址"),面积约 3000 平方米,散见遗物有石锛、敲击器、陶纺轮及釉陶、泥陶、夹砂陶和印纹陶片,纹饰有方格、棱格、叶脉、席纹和弦文等。1974 年 5 月,水头大盈大队农民在平整土地时,又偶然发现了一批青铜器及玉器。1976 年,此地又发现了一处当时鉴定为西周至春秋(约公元前 1027—前 403 年)时期的墓葬。经发掘,出土青铜器共 20 件:铜戈 5 件、铜戚 2 件、铜匕首 2 件、铜矛 1件、有段铜锛 2 件、铜铃 8 件;出土玉器共 5 件:玉戈 1 件、璜 4 件;还出土不少原始青釉器,器表有青绿色、豆绿色、深绿色和黄绿色等。

寨山遗址的发现极有意义,它是福建省成批周代青铜器遗址的唯一发现,也是泉州最早的冶炼铸造遗存,为研究福建青铜文化的特点及其与中原青铜文化的关系提供了宝贵的实物证据。学术界有观点认为,寨山遗址属于"浮滨文化"遗址。

此后的 1985 年,水头乡仁福大队下埕村石匠伍文教在本村赤坑石窟山发现12 件成套石锛。学者根据锛的形制,判断该遗址也属于浮滨文化。

浮滨文化是因发现地而得名的考古学术语。1974 年,考古工作者在广东饶平县浮滨区塔仔金山清理出残存古墓 16 座。此后陆续在原属先秦时期古揭阳,今属广东省的潮阳、潮安、普宁、揭阳、揭西、大埔、丰顺、南澳等地,以及相邻的福建省的漳州、漳浦、云霄、诏安、东山、平和、南靖、南安、华安、龙海、泉州、莆田等地,发现近百处文化面貌基本相同的古墓,地跨闽、粤两省,分布在榕江、韩江、九龙江、晋江 4 个流域内,其年代距今 3400 年至 2900 年(相当于商代中后期到西周前期)。

有人概括说,浮滨文化以长颈大口尊、圈足豆、带流壶、釉陶器、直内无栏石戈、三角形石矛、凹刃石锛组合为特征,拥有少量的青铜兵器、青铜生产工具,使用刻于陶器上的简单文字。浮滨文化时代已有发达的制陶业,人们掌握轮制技术,开发了釉陶。那是一个战争频繁的时代,除了使用部分青铜兵器外,还使用大批制作精美的仿铜石兵器,如直内无栏石戈、三角形石矛等。

有人认为浮滨文化反映出南方本土文化与华夏文化的初期融合。在商周之际，为了掠夺南方的铜矿、食盐和作为流通货币出产在南中国海的宝贝，中原的奴隶主王朝对长江以南及闽、粤之地进行扩张。有一支中原文化力量，以江西清江吴城为基地，溯赣江而上，经闽南而影响漳、潮，一方面影响着本土文化，另一方面也接受本土文化，因而产生了粤东和闽南境内不同于诸越文化的浮滨文化。在铜器、陶器、石器制造以及葬俗上，浮滨文化与中原商周文化有着千丝万缕的联系，而在凹石、印纹陶、条纹褐釉灰硬陶系、有段铜锛等方面，则反映出浮滨文化所独具的本土特征。

根据上述观点，南安所发现的青铜时代遗迹与遗物都可能属于浮滨文化范畴。浮滨文化已经不是一个小范围的孤立的文化现象，而是一个"文化圈"或"文化带"现象。上述浮滨文化的观点为我们研究南安"金石并用"时代的形成提供了一个更大的文化背景，浮滨文化遗址的发掘将有助于加深对闽南文化与中原文化之间相互联系的认识。考古材料证明，借助与中原文化的联系，南安文化已经在商周时代开始显示出自己的独特面貌以及巨大创造力，成为中华文化的重要组成部分。由此，它自然地结束了史前时代而步入有史可稽的世纪。

庄锦清、林华东在分析了南安大盈出土的青铜器之后认为，大盈出土的青铜器，虽然在某些方面，"受到中原文化的影响"，但"具有显著的地方色彩，有着自己独特风格"。[①] 这个定论是中肯的。的确，生存是文化开发的最大动力，文化开发可以是相互影响的，也可以是独自发生的。

第二节　南安的历史沿革与政治建置的变迁

南安自三国吴永安三年（公元 260 年）确立政治建置以来，至今已有 1700 多年的历史。此间，南安或盛或衰，多有变迁，形成了较为丰富、厚重的历史文化。

为叙述方便起见，我们将自秦至清的南安历史沿革与政治建置的变迁，大致梳理划分为行政建制上的确认期、政治地位上的确认期、政治地位上的鼎盛期、

---

① 福建晋江流域考古调查队.福建晋江流域考古调查与研究[M].北京:科学出版社，2010:347.

政治地位上的减弱期 4 个阶段。

一、行政建制上的确认期

此一阶段大致上自秦始皇二十六年(公元前 221 年)起,至三国吴永安二年(259 年)止。其特征是,南安之地有了明确的政权建制。

周显王三十五年(公元前 334 年),越败灭于楚。越王族南奔,各据一隅,互不统属。其中一支据闽境,七传至无诸,自立为闽越王。南安乃至闽南属于"闽越之地"。秦始皇二十五年,即公元前 222 年,秦始皇派大将王翦统大军"南平百越",废闽越王无诸及东海王摇的王号,降为君长。第二年(公元前 221 年),秦建立闽中郡,辖今福建全境以及浙江的温、台、处三州,江西的铅山县和广东的潮、梅地区。虽然秦并没有派官员在这块地盘实施实际的统治,闽中郡仍归无诸统治,但从闽地特别是南安乃至闽南与中原政权之间的联系看,这终归是一次政治上的"历史性的承认"。此后,闽地与中原政权之间虽时合时分,却再也不是纯粹的"化外之地"了。

不过,接下来的南安历史却是随着中原政权的更迭而动荡不已的阶段。

秦末暴发农民起义。无诸率兵由闽中北上,深入中原,参加中州的农民起义和楚汉战争达 8 年之久。楚汉相争时,无诸带兵辅佐刘邦,击败项羽。凭此功劳,汉高祖五年(公元前 202 年),无诸被汉高祖立为闽越王,继续统治闽中郡地域,都东冶(今闽侯县境)。

无诸死后,闽越陷入了无休止的战争中。汉建元三年(公元前 138 年),闽越从闽南发兵围东瓯;建元六年(公元前 135 年),汉击闽越,闽越王郢被其弟馀善所杀,汉立馀善为东越王,同时又立无诸之孙丑为越繇王;汉元鼎五年(公元前 112 年),南越反,馀善出兵八千助汉灭南越;元鼎六年(公元前 111 年),馀善反,发兵距汉道,被繇王居股所杀[1],汉武帝遂灭闽越国。

随着闽越国的灭亡,南安之地遭遇了"虚地"的大难。《史记·东越列传》载:"于是天子曰东越狭多阻,闽越悍,数反覆。诏军吏皆将其民徙处江、淮间。东越地遂虚。"[2]于是,汉廷徙其民 4 万人于江淮间,置揭阳县,所辖包括整个潮汕、兴

---

[1]　一说,馀善被杀于汉元封元年(公元前 110 年)。

[2]　司马迁.史记[M].北京:中华书局,1959:2984.

梅和闽南、赣南一些地方。此后,闽地"风平浪静"。

汉始元二年(公元前 85 年),遁逃山谷未迁的闽越遗民自立冶县,其管辖范围,含闽县、连江(温麻)、南安(晋江、龙溪)、建安、邵武和江西铅山县。于是,汉廷设东部都尉,后设侯官县。汉建武二年(公元 26 年),设东部侯官都尉于冶县。汉永和六年(141 年),在侯官(今福州)增设西部都尉。汉建安元年(196 年),冶县改为侯官县,改东部侯官都尉为南部侯官都尉。

汉末至三国时代,闽地逐渐地属于吴国疆域。汉建安元年(196 年),东吴孙策攻占会稽南部都尉。建安八年(203 年),吴将贺齐率兵入闽,郡发属县五千兵,各使本县长将之,后定居福建。建安十三年(208 年),东吴孙权第四次进军福建,吴军号称 20 万,一部分留下占领开发。东汉末,福建户数已发展到 10 万户左右。三国吴太平二年(257 年),东吴再次出兵平闽,闽中完全归于东吴。

这一历史阶段的南安之地,史无记载,考古发现也寥寥无几。不过,从张家瑜的《古九日山胜地形成初探》以及吴挐云等人的《探秘南安丰州"周井堡"》等文章所提供的信息来看,闽南之地在默默地发展着,已经形成了周井堡这样的经济比较发达的古城镇。这为此后在南安最早建立闽南的政治、经济、文化中心提供了充分的条件。

二、政治地位上的确认期

三国吴永安三年(260 年),对南安乃至整个闽南的历史发展具有极其重要的意义。正是这一年,吴廷析会稽南部都尉地,设建安郡。在今丰州之地,置东安县。虽名为"县",所辖范围却非常大,包括今泉州、石狮、晋江、南安、惠安、安溪、永春,以及漳州部分地区和厦门、莆田之地。

对于今丰州,意义同样重大,从这一年起今丰州成为县及州、郡治所,一直持续到 1936 年底县治迁移到溪美为止,历时 1670 多年。

之所以会在今丰州之地置县,不仅因为古丰州之地早已发达,还因为"负阴抱阳""傍山依河"(一般称"山环水抱")的地理环境,有利于发展。除此之外,可能还与古丰州所濒临的金溪港在航运方面的重要地位有关。金溪港是著名的六朝古港,它不但是内地与沿海贸易交往的重要交通孔道,晋至南北朝(3—6 世纪)时更成为"海上丝绸之路"的起点,至宋元时期仍是泉州对外通商的主要港口,出海船只多在此启航,在南安的对外开放史上写下了光辉的一页。①

西晋太康三年(282 年),析建安郡地置建安、晋安两郡。改东安县为晋安县,辖今莆田、泉州、厦门、漳州四市地。

此时,晋安县拥有 3800 户、2 万~3 万人。除了本土闽越人之外,其中还有很多汉人。西晋太康年间,移居闽地的中原移民每逢重阳节,即登九日山,遥望中原。至西晋永嘉五年(311 年),由于中原"永嘉之乱,衣冠南渡",南安乃至闽南的汉人有所增多,学术界因此而有林、陈、黄、郑、詹、邱、何、胡"八姓入闽"之说。实际上,如朱维幹所说,"八姓入闽"早于东晋,"自冶县设立,至东汉末,时间经过了三百年之久,一定有中州人民陆续入闽"②。有人认为,入闽的这些汉人多为吴会(今绍兴)地区人。有人认为现已发掘的这些六朝墓,其主人虽然是"士族",却"大都是些社会地位低下的人物,既无显赫的政治背景,又无雄厚的经济基础","并非中原望族"。

晋隆安三年至义熙七年(399—411),孙恩、卢循起义,拥众数万,多为三吴(吴郡、吴兴、丹阳)人。失败后,"余种悉遁入闽",散居闽海,其后裔被称为"泉郎""游艇子"。这又使得闽地增多了汉人。

南朝宋泰始四年(468 年),改晋安县为晋平县。

由此,南安之地建县,丰州之地的历史地位得到重视,我们称这一时期为南安"政治地位上的确认期"。

三、政治地位上的鼎盛期

南安"政治地位上的鼎盛期",指的是自南朝齐中兴二年(502 年)开始,至唐景云元年(710 年)止的历史阶段。南安或由县而升为郡、州,或暂降而为县,再由县而升为郡、州;丰州或由县治所而变为县、郡、州同治所,或暂降而为县治所,再由县治所而变为县、郡、州同治所。在此期间,南安成为整个闽南的政治、经济、文化的中心。

(一)政治建置的变迁

廖大珂依据唐初杨炯撰《唐恒州刺史建昌公王公神道碑》中的王义童"祖僧

---

① 《南安华侨志》编纂委员会.南安华侨志[M].北京:九州出版社,2014:1.
② 朱维幹.福建史稿[M].福州:福建教育出版社,1984:73.

兴,齐会稽令梁安郡守南安县开国侯"的说法,提出:"肖(萧)衍控制南齐政权之后,于中兴二年二月进位相国,总百揆,进(晋)封梁公(后又加封为梁王),……大概是在此时,肖(萧)衍以齐朝的名义,析晋安郡晋安县置梁安郡,并改县名为南安县,王僧兴被任为齐朝的梁安郡太守,封'开国侯'。所以梁安郡的始置年代当在齐中兴二年二月,而不是梁天监中(502 年 4 月—519 年)。"①

此时的梁安郡,下领晋安(含今泉州、厦门)、兰水(今莆田)、龙溪(今漳州北部)三县。今丰州既是梁安郡治所,又是南安县治所。始有"南安"之名。

南朝陈天嘉五年(564 年)年底,陈朝平定今福建,不久即改梁安郡为南安郡,郡治所仍在今丰州。②

南朝陈光大二年(568 年),析南安郡之兰水县置莆田县,南安郡只辖今泉、漳二地。

隋开皇九年(589 年),改州、郡、县三级治为州、县两级治。废南安郡,改晋安县为南安县,辖今莆田、晋江、惠安、同安、安溪、永春六地。

隋大业三年(607 年),废除州治,闽中全境之晋安、建安、南安三郡合并为建安郡,全闽裁并为闽县、建安、南安、龙溪四县。南安县辖今莆田、泉州、厦门三市地及长泰县。

唐武德五年(622 年),析南安为丰州,领南安、莆田二县,州治今丰州。"丰州"始有其名。

唐贞观元年(627 年),废丰州。南安属泉州(州治在今福州)。

唐嗣圣元年(684 年),析泉州(州治在今福州)之南安、莆田、龙溪置武荣州,州治在今南安丰州。不久,武荣州废,三县仍属泉州(州治在今福州)。

唐武周圣历二年(699 年),复分泉州(州治在今福州)之南安、莆田、龙溪三县置武荣州,治所仍在今南安丰州。同时析莆田县西界置清源县,隶属武荣州。

唐武周圣历三年、久视元年(700 年),复废武荣州,属县仍隶泉州(治所在今福州)。不久,仍复置武荣州,州治仍在今南安丰州,辖南安、莆田、龙溪、清源(今仙游县)四县。

此后,唐景云二年(711 年),泉州(治所在今福州)改为闽州都督府(省级行

---

① 廖大珂.福建海外交通史[M].福州:福建人民出版社,2002:17.

② 章巽在《真谛传中之梁安郡》[福建论坛,1983(4)]一文中认为,陈文帝"天嘉五年(564 年)年底,陈朝平定今福建地方,以后不久当即改称梁安郡为南安郡了"。南安郡治所在今丰州。

政机构);武荣州改称泉州,隶属闽州都督府,辖南安、莆田、龙溪、清源(今仙游县)4县,州治迁今泉州鲤城。① 泉州建制自此始,此后凡称"泉州",即指今之泉州。

依据上述可知,古南安鼎盛之时在南朝齐梁时代,时间长达60多年。梁廷非常重视南安,梁氏宗亲萧骏、萧恬、萧方矩先后被封为南安侯。

(二)汉人的大量入闽

南朝梁太清二年至承圣元年(548—552),南朝发生侯景之乱,使大量汉人避难南迁至福建各地。励精图治的南朝陈文帝于天嘉六年(565年)曾发出诏示:"侯景以来,遭乱移在建安、晋安、义安郡者,并许还本土,释为良民。"②此一部分汉人,可能多为江浙人。

此一时期,南安近邻漳州发生了一件大事,即陈政、陈元光率兵入漳。陈政(616—677)、陈元光(657—711)父子是河南光州人。唐总章二年(669年),泉(今福州)潮间"蛮獠啸乱",唐廷令陈政统岭南行军总管事,率兵自莆田南征,进驻漳江和九龙江流域。资料说,陈政、陈元光父子所率入漳兵丁约7000人,定居于以漳州为中心的闽南各地。今闽南人多祖籍河南,一部分可追溯根源于此;另一部分,则应追溯到后来的"三王入闽"。

新中国成立以来南安丰州陆续发掘东晋、南朝墓葬,发现了很多实物,证明大量汉人进入闽南后,给此地带来了先进的水稻种植、养蚕缫丝、青瓷烧造、造船等技术,还带来了音乐、佛教、葬俗、茶文化等,促进了南安乃至闽南文化的发展。

四、政治地位上的减弱期

南安"政治地位的减弱期",指的是南安由州而降为县的建置,一直平稳演进的历史阶段。这段历史时期较长,自唐景云二年(711年),武荣州治所迁至今泉州鲤城、南安只保留县建置起,至1936年底止,有1220多年。此一阶段,泉州代

---

① 一说,唐开元六年(718年),泉州治所方迁移到今泉州鲤城区。如据此说,南安的古称中还应有"泉州"一说,南安的兴盛期的后限则应移到唐开元五年(717年)。

② 姚思廉.陈书[EB//OL].[2021-03-21].http://www.guoxue123.com/shibu/0101/00cs/002.htm.

替南安而成为闽南政治、经济、文化的中心。

不过，由于毗邻泉州，南安历史上仍然出现了很多值得称道的方面，某些侧面甚至仍然走在了闽南地区的前列。

南安"政治地位的减弱期"所发生的大事，按历史顺序看，首先是所辖地域的变化。

唐景云二年（711 年），武荣州改称泉州，州治迁今泉州鲤城；南安保留县的建置，治所仍在丰州。一说，唐开元六年（718 年），州治方从丰州迁移到今泉州鲤城。

唐开元六年（718 年），析南安县置晋江县（今晋江、惠安）。

唐贞元十九年（803 年），析南安县西南四乡置大同场（即今同安县）。①

唐长庆二年（822 年），一说隋开皇九年（589 年），一说唐宝历间，析南安县两乡置桃林场（今永春）。②

唐咸通五年（864 年），析南安县两乡置小溪场（今安溪）。③

唐乾符三年（876 年），析南安武德乡置武德场（今长泰县）。

清雍正九年（1731 年），南安县在十七都罗溪乡（今罗东镇）分设县丞署。

清雍正十二年（1734 年），南安在罗溪置分县。

1936 年底，南安县治所迁往溪美。

1993 年，南安撤县，设省辖县级市南安市，由泉州市代管。

在"政治地位的减弱期"，南安历史反映出的突出特点是所辖地域面积逐渐减少以及户口的时升时降。南唐保大十三年（955 年），南安存地面积为鼎盛时期的 1/4。此后，所辖面积基本上不再变化。而作为县级建置，其等级则有升有降。最好的时期为明初。唐开元年间，南安为上县。④ 宋大观元年（1107 年），降为中县。明洪武十四年（1381 年），"南安县户六千三百九十五，口二万二千三百四十三"⑤，恢复上县。洪武二十四年（1391 年），有人口 4.98 万人。嘉靖

---

① 后唐长兴三年（932 年），以大同场置同安县。

② 后唐天成四年（929 年），以桃林场置桃源县（今永春）。

③ 南唐保大十三年（955 年），以小溪场置清溪县（今安溪）。

④ 唐武德年间规定：户五千已上为上县，二千户已上为中县，一千户已上为中下县。开元十八年规定：六千户已上为上县，三千户已上为中县，不满三千户为中下县。南安为上县，据此可知唐玄宗开元年间南安已有户六千以上。

⑤ 黄仲昭.八闽通志（上）（修订本）［M］.福州：福建人民出版社，2006：547.

四十一年(1562 年),降为 2.86 万人。清顺治十八年(1661 年),再降而为 2.4 万人。

这种情况的发生,既与南安的政治建置有关,也与闽南、福建以及整个中国的政治变迁有关。

南安"政治地位的减弱期"所发生的大事,除所辖地域发生重大变化外,还有欧阳詹所带动的南安兴教之风①、唐宋时代九日山文化的兴盛②、唐五代时的闽地割据、唐宋时代南安乃至闽南宗教文化的兴盛、宋末与元末的政治动荡、明中后期的抗击倭寇、明末清初郑成功抗清复明与驱荷复台③等。

第三节　唐五代时的闽地割据

自唐光启元年(885 年)起,至南唐保大三年(945 年)止,整个福建是"开闽三王"之天下。而闽南的割据势力一直延续到北宋雍熙二年(985 年)陈洪进卒,有百年历史。

唐光启元年,"开闽三王"王潮、王审邽、王审知入闽。唐光启二年(886 年),王潮任泉州刺史。唐景福二年(893 年),一说景福元年,王潮占福州,进而据福建五州之地。唐乾宁元年(894 年),王审邽任泉州刺史。唐乾宁三年(896 年),福州升为威武军,王潮为节度使。乾宁四年(897 年),王潮病逝,王审知为威武军节度使。唐天祐元年(904 年),唐廷封王审知为琅琊王。唐天祐年间,王审邽卒后,王延彬掌泉州。后梁开平三年(909 年),一说唐天祐四年(907 年),后梁封王审知为闽王。后唐同光三年(925 年),王审知卒,其子王延翰继位。

此后二十年,闽地连续出现重大变故,战乱不已。后唐天成元年(926 年),王延翰建闽国。不久,王延翰被王延禀、王延钧所杀,王延钧继位。闽龙启元年(933 年),王延钧建大闽国。闽龙启三年(935 年),王延钧被长子王继鹏所杀,王继鹏继位。闽通文四年(939 年),拱宸都指挥使朱文进、连重遇兵变,杀王继鹏,

---

①　关于欧阳詹所带动的闽南兴教之风,详见本书第十一章"欧阳詹"部分。

②　关于九日山文化,详见本书第五章"南安名山古刹"部分。

③　关于郑成功抗清复明与驱荷复台,详见本书第十三章"郑成功"部分。

其叔父王延曦继位。闽永隆二年(940 年),王延曦、王延政兄弟相阋。闽永隆五年(943 年),王延政建大殷国。南唐保大二年(944 年),连重遇与朱文进兵变,杀王延曦,朱文进为闽王。泉州闽旧将留从效(906—962)依附殷王王延政。林仁翰杀连重遇与朱文进,王延政并闽。南唐保大三年(945 年),李仁达杀福州都督王继昌,迎卓岩明为帝,不久李仁达刺杀卓岩明而自立。王延政降南唐,延续了36 年的五代十国之一闽国至此灭亡。

南唐保大四年(946 年),留从效退据泉、漳二州。南唐保大七年(949 年),南唐改泉、漳二州为清源军,授留从效清源军节度使之职,封为晋江王。北宋建隆三年(962 年),清源军由陈洪进(914—985)割据。北宋太平兴国二年(977 年),陈洪进赴开封入觐宋廷。北宋太平兴国三年(978 年),陈洪进进《献地表》。"凡得县十四,户十五万一千九百七十八,兵万八千七百二十七。"[①]宋改清源军为平海军。至此,宋基本统一全国。

宋初,泉州社会安定,户口快速增加。北宋太平兴国六年(981 年)时,泉州领晋江、南安、同安、德化、永春、清溪、惠安七县,户仅"主五万二千五十六,客四万四千五百二十五"。而至北宋元丰八年(1085 年)时,泉州户则达 20 万以上,人口约 106 万人左右。

第四节　宋末与元末的政治动荡

自宋末元初起,至近代鸦片战争止,南安乃至闽南之地经常生存于政治动荡之中,人民既屡屡遭受兵燹、盗匪之祸,又几次蒙受重大天灾,表现出难能可贵的强大生存意志,涌现出了以建立驱荷复台丰功伟绩的郑成功为代表的众多民族英雄,为南安乃至闽南历史书写了光辉的篇章。

一、宋末蒲寿庚的叛宋降元

宋末因政治动荡而引发的闽南社会灾难,与蒲寿庚的叛宋降元、助纣为虐直

---

①　脱脱,等.宋史[M].北京:中华书局,2000:40.

接相连。

蒲寿庚(1205—1290),又称蒲受畊,号海云,阿拉伯商人。南宋嘉定十年(1217年),蒲氏家族从广州举家迁往泉州定居。至南宋咸淳年间,蒲氏已经拥有一支较强大的海上商队。

蒲寿庚的一生,亦官亦商,官商合一。南宋时,南海海寇猖獗。南宋咸淳十年(1274年),海寇袭泉州。蒲寿庚与其兄蒲寿宬为保护家族利益,帮助官兵击退了海寇,因功授福建安抚使兼沿海都置制使(合称福建安抚沿海都置制使),统领海防,执掌福建兵事民政要职。南宋景炎元年(1276年),蒲寿庚升为闽广招抚使,总海舶,兼主市舶。

凭借权力,蒲寿庚曾在泉州从事香料海外贸易近30年。他拥有大量海舶,以善贾往来海上,致产巨万,家僮数千。1973年,在泉州后渚港发掘出一艘载重量200多吨的远洋货船,船上香料遗存丰富,有降真香、檀香、沉香、乳香、龙涎香、胡椒等。一些学者认为,这艘海船可能就是蒲氏家族的香料船,与蒲家香业有密切的联系。

南宋德祐二年(1276年),元军队攻占南宋都城临安(今杭州)。南宋陆秀夫、文天祥和张世杰等人连续拥立了2位幼小的皇帝,并逃往泉州,"欲作都泉州"。而此时的蒲寿庚却从个人的私利出发,不念宋室皇恩,主动通敌降元。他不但闭城不接纳宋室君臣,还尽杀南外宗室3000余人,甚至追杀2位幼帝。

在南宋岌岌可危之际,泉州晋江东石镇许汉青夫妇招募义兵,抗击蒲寿庚,掩护二帝南逃。但寡不敌众,夫妇先后殉难。《南诏许氏家谱》载,之后,"元兵实行剿乡灭族策略,叛将蒲寿庚配合元军对泉州许氏及泉南沿途的许氏族人进行大剿杀,火烧东石畲家寨,许夫人①的故乡许宅巷被铲平,许汉青的府第化为灰烬"。

此时,泉州清源少林寺僧众也举义旗,反蒲寿庚之降元,结果遭到蒲寿庚和元将奇握温思的镇压,千余僧众被屠,只剩数十人逃出。

通过残酷屠杀和镇压,蒲寿庚终于将泉州控制在自己手里。元廷重用蒲寿庚,元至元十四年(1277年)"进(蒲寿庚)昭勇大将军,闽广都提举福建广东市舶事,改镇国上将军,参知政事。并行江西省事"。元至元十五年(1278年),又升蒲寿庚"行中书省事于福州,镇抚濒海诸郡"。

---

① 许夫人(1252—1282),抗元英雄,姓陈名淑桢,福建莆田人,民族英雄陈文龙(1232—1276)之女。

二、元末亦思法杭兵乱

蒲寿庚的残暴行径给泉州乃至闽南带来很大的灾难,而元末所发生的亦思法杭[①]兵乱,更给兴化[②]、泉州两地带来巨大的灾难。

亦思法杭兵乱也称"亦思巴奚兵乱",是元至正十七年至至正二十六年(1357—1366)发生在兴化、泉州的一场近十年的以亦思法杭兵为主的军阀混战。

为什么亦思法杭兵如此嚣张呢? 主要原因有以下两个方面:

第一,这首先与当时条件下泉州之地外来民族所占之重要地位、所拥有的强大的经济实力有密切联系。

历史上,泉州曾是一个世界性的城市。早在唐代时,沿着海上丝绸之路,善于航海、经商的阿拉伯人、波斯人就开始来泉州经商,并定居下来。宋元时期,由于官府的提倡与支持,泉州的海上贸易空前繁荣,拥有当时我国乃至世界最大港口,泉州也成了福建最大的城市,当时泉州的人口超过 20 万,城墙长度达 30 里,晋江江面和港内停靠的船只超过 1 万艘。这使得外籍人在泉州越聚越多,城内使用的语言竟达到 100 种之多。

我国旧时称这些外国人为"番人"。泉州番人以阿拉伯人、波斯人为多,还有部分欧洲基督徒、中东犹太人、印度人、非洲人等。

泉州城内不仅有汉人和番人大量杂居的情况,还形成了许多大规模的番人聚居区,这些聚居区被称为"番坊""番人巷"。这些番人还和汉人通婚,番汉混血儿被泉州人叫作"半南番"。

泉州这些番人特别是阿拉伯人、波斯人的定居,在历史上起到了积极作用,促进了泉州的海上贸易活动。泉州港当时出口的大宗商品是丝绸、陶瓷、铜铁器和泉缎,而输入的商品则主要是中东各国的珍珠、象牙、犀角、乳香、吉贝布、贝纱以及药物等。阿拉伯人、波斯人也带来了伊斯兰文化。

南宋咸淳年间,泉州的阿拉伯人和波斯人形成了强大的经济实力,开始掌控

---

① 亦思法杭,应该为波斯(即现代的伊朗)城市伊斯法罕,但多数古籍按亦思法杭记载。这里指的是定居在泉州的波斯人。

② 兴化,即今莆田。元至元十五年(1278 年),改宋时之兴安州为兴化路,统莆田、仙游、兴化三县,治所在莆田。元至正十九年(1359 年),改兴化路为兴化分省。后,明洪武二年(1369 年),改兴化分省为兴化府。

泉州的经济命脉。前述蒲寿庚及其家族，就是其代表。元朝统治时，实行歧视性的民族政策，将国内民族分为四等。第一等级为蒙古人；第二等级为色目人，包括阿拉伯人、波斯人等非汉族人；第三等级为汉人，即北方汉人；第四等级则是南人，即泉州汉人这样的南方汉人。元廷给蒙古人、色目人很高的政治特权，当时的泉州汉人就处于第二等级的色目人统治之下，受到的民族歧视和阶级压迫最严重。这更使得泉州阿拉伯人和波斯人势力越来越大，一些穆斯林商人还成为泉州的巨富。比如蒲寿庚家族在南宋末年到元朝初年期间主持泉州市舶司，家产不计其数，其仆人就有数千人。

有了雄厚的财富资本，便自然会滋生政治方面的野心。泉州色目人巨商发动亦思法杭兵乱就是这种政治野心不断滋长的结果。

第二，在元廷迫于政治形势更出于对经济利益的攫夺目的（泉州港巨额的课税和舶来商品）而对泉州色目人巨商的重用与放纵之下，色目人巨商在泉州之地拥有了极高的政治地位和强大的军事实力。

元朝末年，政局动荡，各地民众起兵反元的事件频繁发生。史籍记载，元至正年间，闽地的反元势力形成了燎原之势，彼落此起。《闽中金石录》记载，至正三年（1343 年），同安、仙游、安溪各地人民起义。至正十二年（1352 年）正月，闽北寇逼郡城（福州）越二十六日。乾隆《泉州府志》记载的实例更多：至正十二年（1352 年），仙游陈君信聚众数百人，攻占县治。夏，仙游流贼剽掠泉州。至正十四年（1354 年）夏，安溪李大、南安吕光甫聚众为乱，七月围泉州。至正十六年（1356 年），山寇李大攻同安。至正十七年（1357 年），泉寇伊守礼啸聚复攻同安。

值此混乱之际，上自朝廷，下至福建、泉州的地方政府，均已自顾不暇，这给了各地的豪强势力以可乘之机。各地的一些豪强家族便纷纷成立了各自的乡族武装——"义兵"，并逐步控制了地方政权。泉州波斯人的亦思法杭军就是这样成立的。

其时，元廷起用在泉州经商的色目人巨商，只要他们向政府交纳额定的舶来货品和额定课税，即可授官，掌握实权。亦思法杭军的将领赛甫丁和阿迷里丁，就主要是因贸易捐官而被授予"义兵万户"这样的官职的。"万户"是武职，据《泉州府志·军制》载，元至元年间，泉州有上、中、下万户府之设置。《元史》载："诸路万户府：万户府，管军七千之上……正三品；中万户府，管军五千之上……从三品;下万户府,管军三千之上……从三品……其官皆世袭,有功则升之。"①可见,"义兵万户"称得上是拥有重兵的高官。

泉州历史网《泉州人名录·卢琦》还记载,元至正十九年(1359 年),惠安人卢琦(1306—1362)任福建行省照磨盐课司提举时,泉州港"有番商以货得参省,势震中外,胁户部令下四盐场引自为市"。所谓"参省",即"参议中书省事",该职为秩正四品,参与军国重事。《泉州人名录》中所提到的这位番商,其权力竟达到能够"胁户部令下四盐场引自为市"的程度,正说明元代泉州色目人巨商经济实力和政治势力之大。

元廷对泉州色目人巨商的重用,使得波斯人成为当时泉州城内人口较多、势力最强的一个民族,也使得亦思法杭军的力量变得十分强大,逐渐掌控了泉州,最终发动两次亦思法杭兵乱。

亦思法杭兵乱给兴化、泉州等地带来巨大的伤害和破坏,使这些地方"哀鸿遍野,遗骸遍地"。兵乱的中心之一泉州甚至出现了前所未有的严重的"食人"现象。

亦思法杭兵乱还重创了兴化、泉州一带的社会经济,导致当时世界最大港口泉州盛极一时的海外贸易大幅衰落。其直接后果,就是明廷"严加取缔"海上贸易活动,从此番舶不敢进港,商贾不敢抵泉,外商绝迹,盛极一时的泉州港元气大损,一蹶不振,降为私商活动和华侨出国的地方性港口。

在亦思法杭兵乱期间,南安情况如何? 史籍没有记载。不过,南安距离泉州咫尺之遥,距离兴化也并非遥远,"城门失火,殃及池鱼"是必然的。十年动乱,同遭灾难,民不聊生,是不难想象的。

第五节　明中后期的倭患

历史上,南安乃至闽南人民的灾难并不止于亦思法杭兵乱。明代中后期的倭患以及 17 世纪中期的明清政权更迭,这两大动乱,对南安的影响更大,造成了南安人的大量死亡和外逃,使南安户口急剧减少。

---

① 　宋濂,王祎.元史[M].北京:中华书局,1976:2310-2311.

一、倭患的形成

元末明初,日本分裂成了南北两朝和许多割据势力。为了掠夺财富,他们彼此除了相互征战之外,还常常支持和勾结海盗商人骚扰和掳掠我国沿海地区,致使我国北起山东,南到福建,深受倭患。日本由北朝统一后,南朝的武士、浪人失去了依托,于是盘踞海岛,不时侵扰中国沿海。

明代倭患的形成,不仅由于日本的倭寇,还由于我国沿海的海盗,今天的"倭寇"实为二者的统称。本来意义上的倭寇,学术界称为"真倭";相对应,我国沿海的那些海盗则被称为"假倭"或"从倭"。明代的郑若曾在《筹海图编》一书中指出:"今之海寇,动计数万,皆托言倭奴,而其实出于日本者不下数千,其余皆中国之赤之无赖者入而附之耳。大略福之漳郡居其大半而宁绍往往亦间有之,夫岂尽为倭也。"[①]《嘉靖东南平倭通录》也指出:"盖江南海警,倭居十三,而中国叛逆居十七也。"广东《大埔县志》也说:"倭寇非尽属日本人,大抵多漳州、泉州人挟残倭以为酋首,以其名号鼓舞徒众。"

倭患分前后两期。前期,倭寇活动于 14 世纪中叶至 15 世纪前半期,其主体是日寇。后期,倭寇活动于 16 世纪中叶以后,其主体是我国海盗。我国明代海盗具有以下几个特点:第一,多为"海禁"政策逼迫的结果(海盗王直同意投降明廷的条件是"解除海禁,开市贸易");第二,亦商亦盗,虽不断扰民,但很少滥杀无辜;第三,规模较大,拥有成千的队伍者并不罕见;第四,结局往往是被官府诱骗剿杀。

在我国东南沿海一带商品经济发展,对外贸易频繁发生过程中,私人经营的海上贸易也十分活跃。《山海经》称:"闽在海中。"[②]海洋因此对于闽地之人有着重要的意义。顾炎武说:"海者,闽人之田。"[③]为了生存,闽人需要"靠海吃海"。为了牟取暴利,一些海商大贾则不顾朝廷的海禁命令,和番舶夷商相互贩卖货物。在这个过程中,他们形成了一个个势力不等的海上武装走私集团,有的甚至亡命海外,勾结日本各岛的倭寇,扮演着"亦商亦盗"的角色。因此,我们称之为

---

① 郑若曾,胡宗宪.筹海图编[M].北京:解放军出版社,1990:815.
② 袁珂.山海经校注[M].上海:上海古籍出版社,1980:267.
③ 顾炎武.天下郡国利病书[M]//顾炎武全集.上海:上海古籍出版社,2011:2996.

"海盗商人"。

这些海盗商人，举其大者，在我国沿海各地就有徽州的徐海、许栋，广东的曾一本、黄朝太、林凤（林阿凤），漳州的陈万宁、严启盛、洪迪珍，以及称福建籍的李光头等。其成员构成，大多为破产农民，也有一些社会无赖之辈。其势力之众，有时多达成千上万。他们海上横行，陆上骚扰，能商则商，不商则抢则掠，给明王朝的统治、给沿海社会带来了极大的不安定因素，也对民风造成了恶劣的影响。至明中叶，沿海地区雨啸风吟，几无宁岁，江寇、虔寇、广寇、漳寇、海寇、峒寇、畲寇、盐寇，寇盗风起，此起彼伏。

二、明廷的海防措施

从明洪武年间起，明廷便采取了各种积极的海防措施来防御倭寇。明洪武七年（1374 年），罢福建（泉州）市舶司，严海禁，泉州官方海外通商贸易基本停止。从明洪武十七年（1384 年）起，划定辽东、山东、直隶（今江苏、安徽）、浙江、福建、广东和北平（今北京、天津和河北部分地区）7 个防区，在元代沿海设防的基础上构筑起一道沿海防线。据明初统计，沿海共筑卫城和所城①181 座，下辖堡、寨、墩等达 1622 处。按卫所的编制估算，此时的沿海兵力约 40 万，舰船千艘左右。明嘉靖年间，由于倭患加剧，又增筑了不少海防据点。

就福建说，早在明洪武元年（1368 年），明廷即设置了泉州卫，治今泉州市西，属福建都指挥使司管辖。明洪武二十年（1387 年），明廷又命江夏侯周德兴到沿海福、兴、漳、泉四府全面经略海防，并从"民户抽三丁之一充戍兵防倭②，移置卫所当要害处"。当时福建兴建了 5 个卫城，即福宁卫（在今霞浦县城）、镇东卫（在今福清方民、新安二里间镇东城内）、平海卫（在今莆田市秀屿区）、永宁卫（在今石狮永宁镇）、镇海卫（在今漳州龙海）。其中，位于今泉州石狮永宁镇的永宁卫居于首位，属东南海防重镇。明洪武二十七年（1394 年），周德兴遣泉州卫指挥金事童鼎督造永宁卫城。据乾隆《泉州府志·城池》载，永宁卫城东西长二

---

①　明代军队编制实行卫所制。一府设所，几府设卫。卫设指挥使，统兵士五千六百人。卫下有千户所，统兵一千一百二十人。千户所下设百户所，统兵一百一十二人。各府县卫所归各指挥使司都指挥使管辖，各都指挥使则归中央五军都督府管辖。

②　"民户抽三丁之一充戍兵防倭"，即"籍民为兵"，这一方面加强了海防兵力，另一方面也多少缓解了由于海禁而产生的政府与沿海居民之间的尖锐矛盾。

百九十五丈,南北宽二百零七丈,"周八百七十五丈,基广一丈五尺,高二丈一尺,窝铺三十有二,为门五,南曰金鳌(南门),北曰玉泉(北门),东曰海宁(大东门),曰东瀛(小东门),西曰水清(西门),各建楼其上,城外濠广一丈六尺,间以大石,深浅不同"①。此后明永乐十五年(1421年)和正统八年(1443年),永宁卫城还曾增高城垣、增置敌台等。永宁卫下辖5所,包括福全所(位于泉州晋江金井镇福全村、溜江村)、中左所(位于同安县嘉禾屿上,今厦门西南部)、金门所(位于今金门县旧城)、高浦所(位于今厦门市集美区杏林镇高浦村)、崇武所(位于今泉州惠安县崇武镇),下辖巡检司19个,同时筑卫所司城16座。

应该承认,明廷采取的各种海防措施,在防御倭寇过程中曾经起到了海防堡垒的重要作用,有效地维护了沿海各地的安宁和明王朝的统治。

明嘉靖四十二年(1563年)和四十三年(1564年),民族英雄戚继光(1528—1588)、俞大猷(1503—1579)等人的部队经过平海卫之战斗、仙游之战、王仓坪之战、蔡陂岭之战等几次关键性战役,杀敌近5000人之后,才最后扫清了福建境内的倭寇,福建倭患基本平定。

三、倭患之害

倭患给福建人民带来了巨大灾难。福建之境遭遇倭患最重、最惨的是兴化府。明嘉靖二十二年至四十二年(1543—1563)的二十年中,兴化府先后16次(一说15次)遭其侵犯、抢掠,沿海群众灾难深重。最重的一次是嘉靖四十一年(1562年)十一月,倭寇从福清海口登陆,直迫兴化府城和平海卫城(今属莆田秀屿区),知府陈瑞龙指挥所部与各界进行固守,倭寇屡攻不下。后因知府猝亡(一说自杀),分守翁时器懦弱无能,加上城内粮缺,瘟疫流行,兴化城遂于11月29日陷落。倭寇屠城三日,大肆放火烧掠,杀害军民5000多人,据城达60日之久。自倭寇犯东南以来,破州、县、卫、所虽有百余计,但从未祸及府城。兴化为福建大府,最为繁富,至此为倭寇所陷,远近为之震动。这一年的春节,莆田人有家难归。直至戚继光率军从浙江赶来,倭寇闻讯退守平海后,民众才陆续回城,并于正月初二互相到亲戚家探视存亡情况,初四补过大年。从此,初二作为"探亡期"禁忌走亲戚,初四"做大岁"(即过大年),就成为莆田许多地方至今保留的一个独

---

① 怀荫布,等.乾隆泉州府志(一)[M].上海:上海书店出版社,2000:224.

特的风俗习惯。

南安也深受倭患之害,倭患之际,南安及近邻泉州未能幸免于难。明嘉靖三十四年(1555年),倭寇进犯泉州,南安被掠。明嘉靖三十七年(1558年),倭寇进至石笋桥,围困泉州达20余天。一说,倭寇掳掠泉州后,直入南安,纵火行凶,鼓楼、官民廨舍尽化为焦土。明嘉靖三十八年(1559年),倭寇围攻泉州,泉州"军民守城,目不交睫者四阅月"。明嘉靖三十九年(1560年),倭寇围攻泉州不成,散据乡村,导致农不能耕,数年间,田亩沦为荒地。百姓没有储备粮,于是逃难进入泉州城,忍饥待毙,结果瘟疫流行,死者枕藉。同年,倭寇侵入南安英山、诗山一带,肆掠30余日。[①] 明嘉靖四十三年(1564年),倭寇又掳掠了南安诗山、洪濑等地。近十年时间内,南安及泉州等地深受倭害,民不聊生。

由于连年倭患,泉州经济日渐衰落,人口骤减。明洪武二十四年(1381年),泉州七县人口总数为35万多人。明嘉靖元年(1522年),泉州人口下降为21万多。至嘉靖四十一年(1562年),人口数量降至历史上的最低谷,仅为16万多。[②]

四、南安军民的抗倭斗争

面对危害巨大、不断肆虐的倭寇和海盗,南安人民与明王朝的军队一道,不屈不挠,奋起抵抗,表现出可歌可泣的英雄主义精神。他们之中的英雄是欧阳深与傅应嘉等人。

欧阳深(1500—1562),号东田,南安东田人。明嘉靖三十七年(1558年),任泉州卫指挥佥事。他以唐诗人刘长卿"家散万金酬士死,身留一剑答君恩"诗句自勉,凭借谋勇,屡败倭寇,在保卫泉州、南安过程中立下了大功,因功升指挥同知、都指挥司。明嘉靖四十一年(1562年),倭寇攻破兴化城,窃据平海卫。欧阳深奉命进援兴化,斩敌首百余级。不料,倭寇人多势众,欧阳深率众浴血奋战,终因众寡悬殊,英勇殉国。明世宗谥封欧阳深为"昭毅将军",并下诏有司,为欧阳深立祠,春秋特祀。同学俞大猷甚为悲痛,为其撰写碑铭。

傅应嘉(1524—1567),字德弼,号钟山,南安一都锦塘(今丰州镇锦堂村)人。

---

① 洪忠强.欧阳深将军抗倭斗争史略[Z]//政协南安县委员会.南安文史资料(第11辑),1990:120-121.

② 泉州历史网.泉州沿革[EB/OL].[2021-08-21].http://www.qzhnet.com/qzh359.htm.

明嘉靖三十一年(1552年),傅应嘉得中武举人,授把总,协同俞大猷、戚继光抗击倭寇。在抗倭斗争中,傅应嘉因战功卓著而与俞大猷、戚继光齐名,人称"俞龙,戚虎,傅蛟龙"。"俞龙",是说俞大猷就像一条龙;"戚虎",是说戚继光就像一头猛虎;"傅蛟龙",则是说傅应嘉像一条蛟龙。"蛟龙",是明世宗对傅应嘉的赞誉。傅应嘉担当得起这一赞誉。他一生抗倭,身历70余战,每战必身先士卒,冲锋陷阵。一次,傅应嘉率兵偷袭敌营,至阵前,军士见敌垒森严,众寡悬殊,畏缩不前。傅应嘉于是就命令士兵驻扎营外,自己则单枪匹马闯入敌营,来回冲杀,如入无人之境。明嘉靖四十五年(1566年),海寇吴平纠众倡乱,与倭寇为犄角,攻扰广东内地,广东告急。傅应嘉奉令提师南下潮州、饶平等处,于凤凰山擒吴平,示之以诚,予以释放。粤东匪寇相继被平定。傅应嘉因此而载入我国东南沿海人民英勇抗倭史册,为南安人赢得了光荣。

这里必须提及"蛇脱壳阵",该阵法在傅应嘉乃至南安乃至闽南人民的抗倭斗争中曾发挥过重要作用。

"蛇脱壳阵"最早开始于傅应嘉的先祖傅实(866—926)。傅实是南安乃至闽南历史上的一个著名人物。唐广明元年(880年),傅实被授予威武军节度招讨副使,奉敕入闽,曾驻兵于南安之周井堡,并卜地建第于莲花峰背面的莲花湖。为有效平定当时南安乃至闽南各地时常出现的匪寇之乱,傅实就将旗下精于武艺、熟悉阵法的官兵分派到南安乃至闽南的各个乡镇,组织各地居民操练一种"蛇阵",以便自卫联防。这种"蛇阵",就是"蛇脱壳阵"的雏形。

据今丰州镇桃源村傅氏后裔傅子嘉介绍,傅应嘉在与俞大猷共同抗倭作战时,认真观摩了俞大猷创立的"独轮车阵"[①],并将其精华与"蛇阵"相结合,改良定型了"蛇脱壳阵"。

所谓"蛇脱壳阵",是仿蛇脱壳时的动作而形成的一种攻守两用的阵法。该阵法采用两路纵队的队形,逆向推进,士兵依顺序不断交换敌方对手,一个个过招,一节节地进行,犹如蛇脱壳一般,环环相扣地攻击敌人。对打时,双斧、棍、月牙铲、踢(官刀)、藤牌和短刀、斩马刀、钩镰枪、钯、双刀、关刀、柳公拐、伞等十余

---

① 独轮车阵,俞大猷所开创的阻止敌兵冲锋的战阵。就是在独轮车前面插上三四个矛头,阻挡敌兵的冲击。其后面有两个支架,深插在土里,不会被敌兵撞开。与此同时,明军步兵躲在独轮车阵后面,用火枪和弓箭射击,以大量杀伤敌兵。然后,明军会从侧面冲出来,攻击失去了速度的敌兵侧翼。这种战阵,便宜又实用,制造成本低,运用起来更是方便自如,效果明显,曾帮助俞大猷多次打败敌人。

种兵器，一齐向居于圆心的敌人杀去。很多农具和家具（称为"家什"），如板凳、耙子、扁担、锄头、雨伞等也都能成为兵器，并且每种农具和家具都有自己特殊的打法和套路。其拳法套路是当地传承的桃源拳。

"蛇脱壳阵"曾在傅应嘉的抗倭战斗中大显以一敌百的威力，助其成就了不朽的功业。此后，傅氏一族世代传承该阵法，延续至今。

2009 年 5 月，"蛇脱壳阵"以"南安蛇脱壳古阵法"之名被列为福建省第三批非物质文化遗产。

谈起抗倭，南安人李贽同样值得称颂。在我国历史上，李贽以思想家著称。明嘉靖三十九年（1560 年）十一月，李贽刚刚出任南京国子监博士不久，父亲不幸去世，于是他回家守孝。时值倭患猖獗，倭寇又来攻泉州城。他连孝服都来不及脱，便带领弟侄辈夜登德济门，与全城父老兵民奋力抵御倭寇的进攻。一直到万历五年（1577 年），李贽仍对此念念不忘。即知姚安府事不久，姚安府衙就出现了由他亲自撰写的一副楹联：

> 从故乡而来，两地疮痍同满目；
> 当兵事之后，万家疾苦总关心。[1]

在抗倭斗争中，南安的地方官员也曾发挥重要作用，如明嘉靖三十八年（1559 年），南安知县夏汝砺曾动员人力、物力、财力筑起柳城，即丰州城，为防倭寇建起了一道屏障。

因此可以说，在明代倭患频仍之际，南安军民、官民同仇敌忾，表现出了值得称赞的抗倭御侮精神。虽没有资料的明确记载，但在明廷最终取得抗倭斗争胜利的过程中，南安民众的大力配合、积极参与，却是不容否认的基础力量。

---

[1]　李瑞良.李贽年谱简编［M］//张建业，等.李贽全集注(26).北京：社会科学文献出版社，2010：439.

第三章　南安古代经济及海外贸易

　　南安古代经济,主要包括两个组成部分。其一,自给自足的自然经济,即小农经济,是南安人为了获得自身起码的生存条件而从事的主要经济活动形态。其二,海外贸易经济,是南安人为了改变生存状况而在特定地理条件和社会历史条件下所从事的更为积极的经济活动及其成果。

　　我们没有确切的资料说明两晋以前南安乃至闽南的经济状况。从两晋开始,闽南的农业生产、手工业生产以及与海外贸易活动相关联的商品经济都逐步获得了发展。

第一节　南安古代农业

　　早在 1956 年,厦大考古队在永春九兜山新石器时代遗址发现了一件印纹陶大瓮,在其内壁发现了稻藁痕。1960 年,南安丰州狮子山的新石器晚期遗址也发现了印在草泥土块断面上的稻草谷壳痕迹。从这些考古发现看,南安乃至闽南有原始的农业生产,主要是种植稻谷。但直到两汉时代,南安乃至闽南的农业生产仍然还是处于"火耕水耨"阶段。

　　直至东晋时代,北方南来人口才给南安乃至闽南带来了农业科技,如犁耕、牛耕以及选种、积粪肥田等,此时还出现了铁农具。到晚唐五代时,使用牛犁耕种的技术就很普遍了。

　　统治者的劝勉和支持,对促进农业生产也起了重要作用。《新唐书·王审邦》记载：王审邦任泉州刺史时，"善吏治，流民还者假牛犁，兴完庐舍"①。南宋时，真德秀（1178—1235）曾两度知泉州。他以发展农业为急务，并亲自撰写了《劝农文》，提出："时不可常，天不可恃。必殚人力，以迓厥施。尔耒尔耜，必举以时。尔陂尔渠，必勤以治。唯根是培，唯莠是拔。"②

闽南素有"七山一水二分田"之说。安史之乱后，南安乃至闽南一隅成为中原汉人避乱的乐土，于是更出现了地狭人稠的窘迫状况。为了增加耕地，南安乃至闽南沿海各县开始了大规模的围垦，即与海争地。今日称为"埭"的地名，就反映了当年围垦的事实。清代时，围海造田的技术变得更为经济："初筑不堪种艺，则蓄鱼虾，其利亦溥。越三五载，渐垦为田，斥卤未去，宜咸水允稻……数十年后成熟耕，始克早晚二收。"③

与此相关，南安乃至闽南内地则大量开辟梯田。北宋婺州（今浙江金华）人方勺在《泊宅编》中说："七闽地狭瘠，而水源浅远，其人虽至勤俭，而所以为生之具，比他处终无有甚富者。垦山垄为田，层起如阶级，然每远引溪谷水以灌溉，中途必为之砲，不惟碓米，亦能播精。朱行中④知泉州，有'水无涓滴不为用，山到崔嵬犹力耕'之诗，盖纪实也。"⑤五代时清溪县（今安溪县）首任县令詹敦仁（914—979）曾写下"晋江江畔趁春风，耕破云山几万重"⑥的诗句，描写的就是闽南到处都是梯田的情景。宋清溪县令黄锐（1106 年进士）在《题大眉小眉山》一诗中也写道："一岭复一岭，一巅复一巅。步邱皆力稼，掌地也成田。线引山腰路，线穿石眼泉。"⑦这描写的也是闽南到处都是梯田的情景。

为了保证丰产，从唐代开始，闽南便注重兴修水利。今日之水利工程，那时称"湖"，称"塘"，称"埭"，称"淮"，称"陂"。泉州与晋江的东湖、尚书塘、仆射塘、㳇田塘、湮浦埭、天水淮、五里陂、留公陂以及南安的万石陂等，都是唐宋时代修建的水利工程。据泉州明代理学家蔡清（1453—1508）所著《修海岸长桥记》记载，沿泉南里许经陈江、玉涧至龟湖，本来都是咸流侵蚀不可耕之地。南宋乾道

---

① 欧阳修，宋祁.新唐书[M].北京：中华书局，2000：4230.
② 真德秀.西山先生真文忠公文集[M].上海：商务印书馆，1937：718.
③ 施伟青，徐泓.闽南区域发展史[M].福州：福建人民出版社，2007：156.
④ 朱行中，即朱服（1048—？），湖州乌程（今浙江吴兴）人，北宋诗人。
⑤ 方勺.泊宅编[M].北京：中华书局，1983：15.
⑥ 曾阅.晋江古今诗词选[M].福州：海峡文艺出版社，1998：17.
⑦ 林有年.嘉靖安溪县志（卷三）[M].影印版.上海：上海古籍书店，1963：418.

年间，人们筑大堤以止其流，而内蓄涧水以溉田殆千余顷，傍堤之边架石，以通行者，计770余间，通名海岸长桥。某些水利工程，建成后还一再维护和改进。

围垦、开辟梯田以及兴修水利，几乎成了从唐开始历朝历代南安乃至闽南农业经营的主要内容。

南安乃至闽南的农业经营主要是种植水稻，人民生活以米食为主。至于闽南人什么时候种植水稻，学术界还没有较为肯定的说法。

从唐代开始，闽南即种植双季稻。五代时泉州附郭竟出现了"种稻三千顷"的盛况。北宋僧人文莹撰写的《湘山野录》一书记载，大中祥符年间，宋真宗"深念稼穑"，闻占城稻耐旱，便"遣使以珍货求其种"二十石。占城即今越南。占城稻穗无芒，粒较小，耐旱，对土地肥力的要求也比较低。南安乃至闽南最早试种占城稻，不仅扩大了双季稻的种植区域，也提高了水稻产量。此后，占城稻迅速向江淮、两浙各地推广。官府还力倡勤耕细作，以提高产量。除占城稻之外，南安乃至闽南还种植其他水稻品种，如粳稻、小稻。

汉代我国就发明了水碓，在南安乃至闽南利用水碓舂米不知起于何时。明万历年间嘉兴人陈懋仁在《泉南杂志》中说："余所经之金衢，达建安，始有水碓。田开山垄，闽实为多，故余诗有'湍中累石开泉碓，天半（际）锄云种水田'。"①

据说唐光启二年（888年），王审知攻占泉州之后，因为其士兵多为光州固始人，习惯于面食，所以就在泉州一带传授种麦技术。宋代泉州知州王十朋（1112—1171）写有《出郊观农，饭蔬于法石僧舍，时方闵雨，有无麦之忧，因成八绝》（其二）诗，有"二麦青黄雨失时，老农相顾但嗟咨"②之句，说明泉州当时已经普遍种植大麦和小麦。

明万历二十一年（1593年），多年在吕宋（即菲律宾）经商的福建长乐人陈振龙、陈经纶父子从吕宋引入番薯（地瓜）。闽地瘠土沙地，皆可以种，由此大量种植。此后，又引入台湾。这对于缺少粮食的南安乃至闽南来说，可是解决了一个大问题。南安著名的"番薯之乡"是官桥的"内三乡"（现名曙光村）。有资料说番薯还曾对泉州人有大恩救过不少泉州人的命。

宋元时代，南安乃至闽南的经济作物生产也得到了发展。宋元之间（约13世纪70年代），棉花（时称"吉贝"，有说古籍中别称"木棉"）从印度（迦毗罗卫城）

---

① 陈懋仁.泉南杂志［M］.北京:中华书局,1985:24.
② 曾阅.晋江古今诗词选［M］.福州:海峡文艺出版社,1998:42.

传入闽南。元至元二十六年(1289年)，元廷在福建设置了木棉提举司。南安乃至闽南人竞相种植棉花，获得了很大的经济效益。明代，南安乃至闽南种植木棉更加普遍。晋江人何乔远在《秋日安平八咏》之一中的"巷女能成苎麻布，土商时贩木棉花"两句，即是对这一现象的真实反映。

南安乃至闽南是龙眼的主要产区之一，据传2000多年前即已种植。因为它成熟于桂花飘香之时，所以俗称"桂圆"，古时被列为重要贡品之一。到了宋代，它已经和荔枝同样普遍种植。

荔枝是南安乃至闽南的又一特产。南安乃至闽南培育出了蓝家红、法石白等良种，还发明了"红盐法"，能使荔枝得到长久保存，因而远销中外。蔡襄的《荔枝谱》是我国第一部专著，内中介绍说："悉为红盐者，水浮路转，以入京师，外至北戎、西夏，其东南舟行新罗、日本、琉球、大食之国，莫不爱好，重利以酬之，故商人贩益广而乡人种益多，一岁之出，不知几千万亿。"清初，南安锦田人傅会元曾大力推广与改良种植荔枝与龙眼，说明此时南安乃至闽南的荔枝优良品种又有增加。

除木棉、龙眼、荔枝外，南安乃至闽南所生产的经济作物还有花生、甘蔗、茶叶、烟草、柑橘、杨梅、柿子以及蓝靛等。

在南安乃至闽南，蔬菜种植的历史和粮食作物一样古老，如芥菜、白菜、葱、姜、韭、蒜等，在唐代的时候就已盛行种植。到了宋元时代，还从海外引进了南瓜、蕹菜(俗称"空心菜")、茄子、番茄、菠菜、甘蓝等新品种。万历《泉州府志》中，收录"蔬之属"有47种。乾隆《泉州府志》中，收录"蔬之属"有68种。可见，南安乃至闽南的蔬菜品种还是很丰富的。

第二节　南安古代手工业

伴随农业的兴起与发展的是手工业的兴起与发展。南安乃至闽南的手工业也很发达，在纺织业、制糖业、制盐业、制瓷业、矿冶业和造船业等方面，都显示出较高的工艺水平。

一、纺织业

南安乃至闽南的纺织业出现得比较早。在南安乃至闽南所发现的新石器时代遗址中,出土了多个陶纺轮,现按发现发掘的时间顺序,简要罗列如下:

1956 年,在泉州永春五里街遗址,采集到陶纺轮 8 件。

1956 年,在南安丰州镇华侨中学北面狮子山遗址,出土陶纺轮 6 件。

1956 年,在南安水头大盈村蔡盈自然村寨山遗址,出土有陶纺轮。

1957 年,在漳州东山县西埔镇坑北遗址,采集、出土有纺轮。

1977 年,在南安英都镇大新村福社尾遗址,出土有陶纺轮。

1977 年,在南安仑苍镇仑苍村古村寨遗址,出土有纺轮。

1985 年,在漳州诏安县梅岭乡腊洲山遗址,出土有大量陶纺轮。

2007 年,在泉州晋江深沪庵山遗址,出土陶纺轮残件。

2007 年,在泉州永春县介福乡苦寨坑古窑遗址,出土有纺轮。

上述罗列,说明原始社会晚期闽南各地已经普遍有了纺织业生产。

接下来的考古发掘,纺轮出现了断空。到了五代闽国时期,闽国的纺织业有了巨大发展。后梁乾化元年(911 年),王审知向梁进户部所支榷课葛,多至 3.5 万匹;后唐天成四年(929 年),王延钧向唐进贡锦、绮罗 3000 匹;后晋天福六年(941 年),王延羲向晋进度支商税葛 8880 匹。而且,还有了"锦文织成菩萨幡"之类的高级丝织品。

唐代时,江南七州已发展到"茧税鱼盐,衣食半天下"的程度。明人顾起元在《客座赘语》中说:"而考唐贡绫,多州亦多品,如……建州花练,……福州、南安及潮州蕉布,绢则唐所在有之。"与纺织业相关的养蚕和植桑,在南安乃至闽南也有一定规模。因此,贡物并非只有蕉布。《新唐书·地理志》记载,泉州的贡物有绵、丝、蕉、葛数种。当时,南安及泉州已是全国绢和纻的主要产地之一。但可能质量不是很高,绢和纻在全国排名都在第八位。[1]

北宋时,曾任宰相的同安人苏颂(1020—1101)写有《送黄从政宰晋江》一诗,内中有"绮罗不减蜀吴春"[2]一句,说南安乃至闽南丝织品可与四川、江浙相

---

① 施伟青,徐泓.闽南区域发展史[M].福州:福建人民出版社,2007:54.
② 曾阅.晋江古今诗词选[M].福州:海峡文艺出版社,1998:39.

媲美。

南宋建炎三年(1129年),一说绍兴三年(1133年),南外宗正司由镇江迁置泉州,宋室宗亲几千人聚居泉州。于是,"贸易的需要和统治阶级的生活需求,刺激了泉州纺织业更快发展",使得南安乃至闽南所出产的绸缎质量越来越好,不但得到外国人的好评,还成为馈赠外邦的佳品。摩洛哥旅行家伊本·白图泰在元至正十四年(1354年)写成《伊本·白图泰游记》,评价泉州说:"这是一座宏伟壮观的大城,以生产锦缎而闻名,并以城名命名叫刺桐锦。这种锦缎比行在缎和大都锦更好。"①元至元年间,元廷赠送给印度国王的礼物中有绸缎500匹,"其中百匹制自刺桐城"。② 这说明"刺桐缎"的纺织技术,已达到全国的先进水平。

道光《晋江县志》记载:"蚕,本地种皆出翁山。"③南安英都翁山的"翁绢"在南宋淳祐年间就已闻名,至明代中后期技术更加成熟。但这种翁山蚕出的丝较粗而色黄。为改变地产蚕的缺陷,翁山引进苏吴一带良种,并借鉴了江浙"缫为丝,也屡易清水"的缫丝技术,进一步提升了翁绢的质量。

明代南安乃至闽南纺织业有了更大发展,"新的纺织机器的发明和流行,使生产的质量和效率有了很大的提高。""随着交通的日益发达,外省的棉花也大量地运入福建。"既有原材料,又有新型的机器,促进了南安乃至闽南纺织业由家庭副业向家庭作坊式生产转变,纺织已成为城市手工业之一。地方志都提到了此类的例子。《闽书·闾巷志》记载,明朝时晋江的黄廷榜,一门三十口,机织为业。乾隆《泉州府志》记载,明万历年间,同安的陈以廉,也以织绢为业。④

南安乃至闽南纺织业的发展与官府的倡导也有很大关系。前述南宋时曾两知泉州的真德秀在其《劝农文》中,强调"有妇女,当课之以蚕织"⑤,并对破坏者绳之以法。自此,男耕女织成为南安乃至闽南广大农村的习俗。元世祖诏修《农桑辑要》,提倡栽桑种棉,对发展南安乃至闽南的纺织业也起了重要作用。南安县《榜头吴氏族谱》载元陈大规唱和诗,描写了当时"桑柘千村曙色新"的田园气象。明初以行政命令推动民间发展纺织业。《泉州府志》载:明洪武(1368—

① 伊本·白图泰.异境奇观:伊本·白图泰游记[M].北京:海洋出版社,2008:543.
② 施伟青,徐泓.闽南区域发展史[M].福州:福建人民出版社,2007:103.
③ 周学曾,等.道光晋江县志[M].影印版.福州:福建人民出版社,1990:1775.
④ 施伟青,徐泓.闽南区域发展史[M].福州:福建人民出版社,2007:150.
⑤ 真德秀.西山先生真文忠公文集[M].上海:商务印书馆,1937:718.

1398)初，"令民有不种桑、麻、木棉者，罚之布帛。后又令民于官旷地种桑，每亩四十株"。这对发展南安乃至闽南的纺织业同样也起了重要作用。

南安乃至闽南纺织业的发展还与当地很善于学习外地如江浙一带的技艺有关。南宋建炎三年（1129年），南外宗正司从江苏镇江迁到泉州，把吴地先进的蚕桑纺织技术带到了泉州。如明代何乔远著《闽书》所说：泉州人"百工技艺，不能为天下先，敏而善仿，北土缇缣，西夷之氍毹，莫不能成"[①]。这说的就是闽南人对江苏、浙江一带的丝织品和毛织品技艺的借鉴。

清代，外贸中心转移到了广州，导致福建手工业开始逐步衰落。至民国，西风东渐，"价廉物美"的洋纱、洋布输入，市场上外货充斥，导致历史悠久、享有盛誉的南安乃至闽南纺织业走向沉寂。

宋元时代，南安乃至闽南的棉布生产也很普遍。宋代泉州诗人林夙有诗描写闽南女子弹棉花的情景："玉腕竹弓弹吉贝，石灰莪叶送槟榔。泉南风物良不恶，只欠龙津稻子香。"[②]南宋绍兴年间，泉州每年贡棉布5000匹，可见生产数量之多。元至元二十六年（1289年），元廷在福建设置了木棉提举司后，南安乃至闽南人的棉布生产有了更大发展。据南宋福建路市舶提举赵汝适（1170—1231）所著《诸蕃志》记载，泉州生产的棉布还被印染成各种颜色和花纹，销往国外。明代民间航海家汪大渊（1311—?）在《岛夷志略》（1349年）一书中，还说到泉州出口的印花棉布很受外国人欢迎。

二、制糖业与制盐业

宋元时代，南安乃至闽南各地广泛种植甘蔗，为制糖业提供了丰富的原料，促使闽南的制糖业开始在我国崭露头角。宋代时，南安乃至闽南已能制造冰糖、红糖、白砂糖、黑砂糖。元代时，南安乃至闽南不仅发明了蔗糖加灰凝固法和蔗糖盖泥脱色法两项技术，还能生产牛皮糖。明代时，闽南制糖业持续发展，一些地方家家都生产蔗糖。明中叶发明的榨糖车，更大大提高了生产效率。《泉南杂志》记载，"甘蔗干小而长，居民磨以煮糖，泛海售焉"[③]。但到了清代后期，由于

---

① 何乔远.闽书[M].福州:福建人民出版社,1994:942.
② 黄仲昭.八闽通志(上)(修订本)[M].福州:福建人民出版社,2006:743.
③ 陈懋仁.泉南杂志[M].北京:中华书局,1985:7.

台湾糖的竞争,闽南制糖业开始衰落。

唐代时,闽南的晋江、南安之地就开始产盐。唐代后期,唐廷在福建设置官吏,官吏制盐业,可见此时南安乃至闽南的制盐业已经很有规模。宋代时,南安乃至闽南占据了福建海盐生产的半壁江山,设置了很多盐场、盐亭,并且"盐多与他郡"。元至元十三年(1276 年),元廷开始在福建征收盐课。清代时,闽南制盐业的中心转移到了漳州一带。

三、制茶业

南安的茶树栽培和茶叶焙制技术工艺起源也很早。南安九日山莲花峰有"莲花茶(茶)襟,太元丙子"石刻,证明南安在晋代时,种茶已有一定规模。"莲花"指莲花峰,"襟"比喻莲花峰周围茶园之广袤之绵连。"太元"为晋孝武帝司马曜的第二个年号,"丙子"年即 376 年。这是福建省最早有关茶叶的文字记载,比唐代"茶圣"陆羽所著《茶经》(760 年)的记载要早 380 多年。

晚唐时,南安乃至闽南种茶更为普遍。一到采茶季节,山上茶园到处响起采茶歌声。韩偓寓居丰州时,写有《信笔》一诗:"柳密藏烟易,松长见日多。石崖采芝叟,乡俗摘茶歌。"[1]描写的就是茶园泛歌的情景。

相传,宋末延福寺僧人净业、胜因两人在莲花峰岩石间发现了茶树,便加以精心培育,细加采制,用来供佛,招待游客。是为"石亭[2]绿"。此茶色泽银灰带绿,汤色碧绿,叶底嫩绿,因此又有"三绿"之称。又因其香气会因季节变化,产生类似兰花、绿豆和杏仁的不同香气,还被誉为"三香"。因茶叶质佳,再加上产于佛门古刹,故饮茶者日增。

清道光二十一年(1841 年),僧复本带"石亭绿"上京进贡,道光御书"上品莲花"赐赠复本。在莲花峰的石刻中,有一处即题为"贡品石亭茶"。从此,"石亭绿"驰名中外。甚至有不少英国商人来闽买茶,专挑"石亭绿"。[3]

南安的制茶业由此得到迅速发展,以莲花峰为中心,乌石山、石坑、石马山、

---

[1]　齐涛.韩偓诗集笺注[M].济南:山东教育出版社,2000:113.

[2]　明正德元年(1506 年),莲花峰上建"不老亭",因北宋熙宁二年(1069 年)戴忱题诗而得名。戴忱诗刻于莲花石上,内有"一莲花不老,过尽世间春"两句。不老亭所有构件都是花岗石雕刻成的,因此俗称"石亭"。

[3]　黄乐德.泉州科技史话[M].厦门:厦门大学出版社,1995:64.

法华山、五华山等数十座山间均发展了"石亭绿"的生产,使南安的制茶业一时兴盛起来。

此后,"石亭绿"还随着较大规模的"过番"而成为南安乃至闽南"送顺风"习俗中的礼品,因此畅销南洋诸岛,甚至远销英伦。[①]

四、制瓷业

制瓷业是南安乃至闽南手工业的重要组成部分,"制瓷业的进步是闽南手工业日益发达的最显著表现"[②]。

如第二章所述,考古资料证实,古南安的制陶业有着悠久的历史,最早可追溯至新石器时代。南安本土所发现的东、西溪两岸的丰州、英都、仑苍、城关、美林,以及南安中部、鹏溪上流的官桥,沿海地区的水头等乡镇的20多处新石器遗址,出土了很多泥制软陶、夹砂陶,器形有作为炊器的釜、鬲和作为盛器的罐,装饰以典型的"百越文化"类型的几何形印纹为主,采用拍印的装饰方法制成。

夏商时代,南安乃至闽南由烧陶发展到制瓷,制瓷业出现。2014年10月发现并发掘的泉州永春县介福乡苦寨坑9座古窑遗址,其年代在距今3770—3400多年的夏朝中后期到商代中期。遗址发掘出土大量陶瓷器中,绝大部分为原始瓷和窑具。原始瓷器形制有尊、罐、豆、钵、纺轮等。专家确定,辽田尖窑址和苦寨坑窑址是我国最早使用龙窑烧制原始瓷器的遗址,它们的发现把我国烧制原始瓷的历史向前推移了200年,把福建陶瓷烧制历史向前推移了1400年。

有资料说,早在西晋泰始元年(265年),晋江磁灶就有"江南人来业于陶。至南朝、隋唐之后,施加工艺,釉彩青绿青瓷各色",可见南安乃至闽南的制瓷业此时受到了外来技术如越窑技术的影响。[③]

1998年,发掘泉州晋江池店镇霞福村南朝齐隆昌元年(494年)墓,出土的瓷器有双系罐、三足炉、盏、钵、三足砚等。1956年,泉州晋江磁灶镇所发现的窑址

---

① 1952年,石亭绿被原农业部定为历史悠久的名茶。1954年,石亭绿跟随周恩来总理参加了"万隆会议",招待亚非各国记者和友人,深受人们的赞赏。2019年,石亭绿茶制作技艺被列入南安市第七批非物质文化遗产名录项目。

② 施伟青,徐泓.闽南区域发展史[M].福州:福建人民出版社,2007:52.

③ 施伟青,徐泓.闽南区域发展史[M].福州:福建人民出版社,2007:53.

有 7 处属于古南安范畴。[①] 南朝窑出土有罐、钵、碗、盘口壶等青瓷器,呈灰白色,施半釉,釉色青灰泛黄。唐、五代窑产品为灰白胎,施青绿、黄褐釉,器形有盘口壶、双系或四系罐、盘、钵、瓮、灯盏、缸、釜等,采用托座叠烧工艺烧成。晋江池店霞福六朝墓和磁灶窑址出土瓷器,大致上反映了南朝至五代时期古南安制瓷业的一般情况,此时的制瓷工艺已反映出较高水平。

南安本土的发掘成果更丰厚,证明南安的制瓷业绝不落后。1984 年,丰州镇旭山乡庙下村发掘出的西晋初(3 世纪末)墓葬陪葬品青瓷,虽历时 1700 年,质地仍然十分坚硬,说明此时古南安的青瓷生产已经相当成熟。1957 年,丰州狮子山东晋咸康元年(335 年)墓葬出土的青蛙小瓷盂、三足瓷盘、平底小碗,都属于绿釉,在制法和上釉方面都很精致。1973 年,南安丰州狮子山东晋宁康三年(375 年)墓葬中出土的壶和虎子以及鸡首壶、平底罐、碗、钵、三足砚,东晋墓葬中出土的瓷器,均施青釉、青绿釉、青黄釉,端庄古朴,莹亮雅美。2006—2007 年,在南安丰州皇冠山抢救性地发掘了 34 座六朝墓葬。[②] 该古墓群被认为是目前福建地区发现的六朝时期最大的古墓群。出土的瓷器有盘口壶、双系大罐、双系小罐、四系罐、双系带流罐、唾壶、托盏、托盘、博山炉、鸡首壶、镰斗、砚、虎子、盘、碗、盏、盅、钵、灯、插器、器盖、水盂等,为灰胎、灰白胎、灰黄胎,施青釉、青灰釉、青黄釉、青绿釉,在工艺上都反映出较高的水平。

至唐五代之时,南安乃至闽南的瓷器制作技艺更加精良,开始大量进入海上陶瓷之路,"远泛于番国"。晋江地区文管会 1977 年在南安普查时,发现唐五代窑址 3 处,即洪濑镇前窑村的四甲墓边窑、坝头窑,都心村的大尾洋窑。产品以大型的罐、壶、缸、器盖等青釉瓷为主。产品的胎质坚硬,器形美观大方。《清源留氏族谱·鄂国公传》记载:"陶瓷、铜铁远泛于番国,取金贝而返,民甚称便。"这里说的可能并不限于泉州瓷器,也包括南安瓷器。

南安乃至闽南瓷器之所以在唐代时能够"远泛于番国,取金贝而返",应该归功于滨海的地理条件。凭借海外交通贸易的优势,适应国外市场之所需,闽南的制瓷业自然发达,产品的质量自然会不断提升。

---

①　泉州晋江磁灶镇所发现的窑址共 26 处,除上述南北朝、唐、五代的 7 处属于古南安范畴之外,另有宋、元窑址 12 处,清窑址 7 处不属于古南安范畴,不在本书介绍范围之内。

②　根据从墓葬出土的纪年砖确定 5 座墓葬的时间,3 座分别为东晋咸安二年(372 年)、东晋太元三年(378 年)、东晋元兴三年(404 年),另 2 座均为南朝梁天监十一年(512 年)。专家推断,南安丰州皇冠山的 34 座墓葬为六朝墓葬。

所以,当历史进入宋元时代时,南安乃至闽南的制瓷业便进入了鼎盛时期。由于占有充分的地理优势,彼时之南安乃至闽南各地,称得上是"陶瓷之国",制瓷业获得了空前发展。据不完全统计,闽南所发现的窑址,宋元时期的就有127处。① 主要有泉州德化窑、南安东田南坑窑、晋江磁灶窑、同安汀溪窑、漳州漳浦窑等。它们基本代表了闽南宋元时代制瓷手工业的基本面貌与水平,在装饰工艺方面显示出地方特色,某些工艺还影响深远。

而仅南安一地,宋元时期的窑址就多达47处②,古瓷窑在这里简直是"遍地开花",比前代速增十几倍。这些窑址,主要分布于洪濑四都、罗东、梅山、东田、仑苍、官桥、水头、康美等地。现按发现、发掘的时间顺序,罗列部分如下:

1953年,发现康美梅星村顶东宋代窑址、水头碗盒山南坡宋代窑址。

1958年,发现梅山梅峰村羊弯桥边芸头山宋代窑址。

1961年,发现罗东高塘许村白扩山宋代窑址,罗东高塘村西北面折叠梧毛寨宋代窑址,罗东荆坑村棠子埯、侯破埯、房仔口、瓷窑口等地的荆坑窑址,罗东荆坑村直坑自然村过沟山、碗匣山、乃墩扩山的直坑宋代窑址。

1977年,发现东田蓝溪村大垄内寮仔山北面山坡寮仔窑遗址、东田镇东田村后垄山宋代窑址、东田汤井村汤井村汤井村汤井宋代窑址、东田高山村高山宋代窑址、梅山灯埔村许田自然村东北面山坡许田宋代窑址、仑苍园美村白土宋代窑址、官桥下洋村家山寨宋代窑址。

其中,以1977年发现的东田南坑窑为最重要,共发现33处,分布在南坑村抢仔岭、长埔、大坝、牛路沟、顶南埔、大官后等地山岭间,面积约20万平方米,为闽南沿海烧制青瓷的最大规模窑场。2003年,省考古队发掘整理出南坑窑中蓝溪寮仔山宋代窑址龙窑、南坑加冬井大宫后宋代古窑址、南坑坪扩古窑址3处。

南坑窑址依山而建,出产青瓷、白瓷、青白瓷,以青瓷和青白瓷为最多。主要产品有碗、碟、盏、洗、壶、瓶、杯、罐、盆、炉、器盖和动物玩具等。胎骨里呈灰色、白色、灰白色,质地坚硬细腻,釉色晶莹润泽,釉水均匀。装饰技法有莲瓣、菊瓣、草叶、缠枝、斜直线、篦纹和弦纹等,风格活泼奔放,线条刚劲流畅,达到了很高的技艺水平。③

---

① 一说130多处。

② 一说,已发现窑址53处;一说58处,其中唐代3处,宋元51处,明清4处。

③ 1991年3月,南坑窑遗址被列为第三批省级文物保护单位。2006年5月,南坑窑址被列为全国重点文物保护单位(归入全国第三批重点文物保护单位屈斗宫德化窑)。

考古专家在对南坑村附近的蓝溪村寮仔窑发掘清理中发现,该窑做出的产品质量很高。该窑址几乎没有什么成品,瓷片上釉特别讲究,清理出来的窑具也是做工细腻。①

然而遗憾的是,正当南坑窑群进入鼎盛时期,元末一场战争阻碍了陶瓷生产力的发展,加上特大的地震、黑蜂成灾,把这一带的古窑址推向灭绝。明清时,这里只剩下 3 个窑址。在技艺方面,此时已从宋元时期的青瓷、白瓷、黑瓷等单色釉发展为青蓝色的釉下彩青花瓷。②

五、矿冶业

考古发掘出的青铜器出现于青铜器时代,铜器、铁器更大量出现于秦汉时代,但福建的矿冶业何时出现,史籍不载。曾玲所著《福建手工业发展史》一书推测,福建在六朝时应该有冶铸业。③南安关于矿冶业的明确记载出自《新唐书·地理志》,该书说南安唐代时"有铁",是当时主要产铁县之一。与矿冶业密切相关的铸钱业,也出现于唐会昌年间。五代时,南安也产铁。泉州在留从效割据时期也注重发展冶铁业。据乾隆《晋江县志·寺观》的记载,泉州城西龙头山的铁炉庙就是留从效的冶铁遗址。1974 年,泉州南俊巷发现了五代时期的铸钱遗址,出土了"永隆通宝"钱范,证明泉州在五代时曾是闽国的铸币场。资料表明,闽南的冶铸品当时还曾输至国外,"陶瓷铜铁,远贩于番国,取金贝而返"④。宋至清代,闽南的矿冶业、铸造业有了较大发展,冶银、冶铁、冶铜、铸币都有史籍、考古发掘可证,但南安却未见此方面信息。

六、造船业

南安乃至闽南的造船技术出现得较早。东汉会稽(今浙江绍兴)人袁康(约

---

① 2005 年 5 月,寮仔窑遗址与"南坑窑遗址"合并,被列为第五批省级文物保护单位。2006 年 5 月,寮仔窑址被列为全国重点文物保护单位(归入全国第三批重点文物保护单位屈斗宫德化窑)。

② 黄宝玲.南安陶瓷浅说[Z]//政协南安县委员会.南安文史资料(第 6 辑),1985:111.

③ 曾玲.福建手工业发展史[M].厦门:厦门大学出版社,1995:35.

④ 《泉州港与古代海外交通》编写组.泉州港与古代海外交通[M].北京:文物出版社,1982:22-23.

公元 40 年前后在世)、吴平合著的《越绝书》最早记载了闽越人所造的船,说"越人谓船为'须虑'"①。北宋宜黄霍源村(今属江西)人乐史(930—1007)所著《太平寰宇记》讲到了闽南的船与浙江古越人所造的船一致:"船头尾尖高,当中平阔,冲波逆浪,都无畏惧,名曰了鸟船。"②

历代统治者大多极其重视闽地的海外贸易,因此福建造船业也很早出现并拥有了先进的技术。就南安乃至闽南而言,有一则史料说,南朝梁太清二年(548 年),印度僧人拘那罗陀由南海到建康(今南京)到南安九日山,再由九日山前的金溪港乘船到楞伽修国(今马来半岛),南朝陈天嘉六年(565 年)又返回再乘大船回国。这证明,6 世纪时南安的造船水平就达到了很高的水平。唐朝与南诏发生战争时,唐廷自福建泛海运米,所用千斛大舟,至少有一部分也是泉州制造的。9 世纪后,来往于中国与印度洋以西的,大多是中国船。至五代时,王审知积极从事海上贸易,进一步促进了造船业的发展。当时,泉州的海舶,北上可达辽东与新罗,南下可到三佛齐(苏门答腊岛国)与印度,说明泉州的造船业已经达到了相当高的水平。

宋元时代,闽南的造船业获得了更大的发展。迫于生计,许多沿海居民纷纷选择造船出海谋生。宋代曾任南安县主簿的惠安人谢履(1017—1094)写有著名的《泉南歌》,反映了这种社会状况。诗中说:"泉州人稠山谷瘠,虽欲就耕无地辟;州南有海浩无穷,每岁造舟通异域。"③《宋会要辑稿》也记载:"漳、泉、福、兴化,凡滨海之民所造舟船,乃自备财力,兴贩牟利而已。"从中可见其时闽南海上贸易的兴盛程度。1973 年,厦门大学历史系教授庄为玑在泉州后渚港发现了一艘沉睡千年的宋代古船。专家们在 1974 年,对古船进行了考古发掘,发现这是一艘从东南亚归航的香料船。该船是迄今我国发现的年代最早、体形最大的木质海船,残长 24.2 米,残宽 9.15 米。据推算,该船载重量在 200 吨左右。2014 年,晋江市池店镇溜石村渔民朱永太又打捞上一根重达 2 吨、长达 17.85 米的古船桅杆,专家推测该船同样具有远洋能力。

伊本·白图泰(1304—1377)在《伊本·白图泰游记》中,说在印度洋曾目击

---

① 袁康,吴平.越绝书[M].上海:上海古籍出版社,1985:26.

② 乐史.太平寰宇记[M].北京:中华书局,2007:2030.

③ 曾阅.晋江古今诗词选[M].福州:海峡文艺出版社,1998:34.

很多中国商船,每一大船役使千人。他还说此种巨船只在中国的刺桐城①制造,或在广州制造。

元至元十六年(1279年),忽必烈征日本时,令扬州、湖南、赣州、泉州四省造海船六百艘。至元二十九年(1292年),征爪哇,令福建、江西、湖广三行省发舟千艘。这都说明,元代时,南安及泉州的造船业很有规模。

1959年,泉州涂门外法石村乌墨山澳、鸡母澳一带发掘出一批船桅、船板、船桩、船索等,可推测这里是宋代造船、修船和海舶停泊的遗址。南安及泉州古代海上贸易的繁荣,当然与当时精湛的造船技术分不开。

清代时,朝廷对造船业予以种种限制,无论官方还是民间的造船业都处于衰落状态。

第三节　南安古代商业

随着农业、手工业的发展,南安乃至闽南的商业也逐渐兴起。我国古代以农耕为本,工商为末。但南安乃至闽南的情况特殊,如真德秀所言:"生齿繁而可耕之土狭,良农寡而逐末之俗成。"②由于自然条件的限制,生存危机导致南安乃至闽南人不得不"舍本逐末"。北宋至和、嘉祐年间两次知泉州的蔡襄,还曾从社会心理层面对闽南人有过这样的评价:"凡人情莫不欲富,至于农人、百工、商贾之家,莫不昼夜营度,以求其利。"③这道出了南安乃至闽南人有着较强的商业和致富意识。而欲致富,从某种意义上说,非经商莫属。这使得南安乃至闽南从宋代至今商业都比较发达。

南安乃至闽南的商业贸易,大致上可分为市镇集市贸易和海上贸易两大块。无论是哪一块,历史上都曾风生水起,在我国的商业经济发展史上占有重要地位。

---

①　南唐元宗保大四年(946年),留从效扩建泉州城,环城遍植刺桐,泉州因此获得"刺桐城"的别号。

②　真德秀.西山先生真文忠公文集[M].上海:商务印书馆,1937:977.

③　蔡襄.五戒[M]//黄仲昭.八闽通志(下)(修订本).福州:福建人民出版社,2006:1398.

一、市镇墟市贸易

福建农村集市在五代时即相当活跃,到北宋时已遍布八闽大地。随着宋代福建商品经济的发展,一大批以墟市、庙市为代表的集市贸易场所不断出现,商品贸易开始从政治中心区域向城区外发展。

墟市即今所谓集市,也叫"草市",是六朝时代以后在离城镇稍远,交通便利的一些地点自然形成的民间集市。闽地的墟市如同岭南的墟市,属于临时性的市场,所以聚集卖货的时间由民间习惯而固定下来,或数日一市。在墟市上做交易的,有本地农民,也有外来商人。本地农民卖土特产,外地商人卖的是当地缺乏的商品,再买走本地的土特产。

至北宋宣和年间,泉州城市规模已十分宏大,商品经济的发展速度远远超过了福州,一跃而成为福建商品经济的中心。等到南宋中期,泉州即被世人称为"富州""乐土"。以泉州为起点,向四周扩散而成很多贸易区,大批的墟市镇应运而生,如石井镇、溜石镇、潘山镇、海口镇、涵头镇、宁海镇、黄石镇、太平镇、龙华镇、石碧潭镇、安德镇、峡口镇、敦照镇。

其中,南安石井镇最为繁华。这主要与其地理位置有关。石井港位于围头湾腹地,有避风良港,内通安平(安海),外达厦门、上海,东南亚诸国;南北分别依托漳州、晋江两大平原,物产丰富,人杰地灵,物资集散便利。因此,南宋建炎四年(1130年)建镇之后,石井镇便扶摇直上,在南宋前期全盛时有店铺四千余爿,年商税三万贯,地方经济获得快速发展。元代,泉州港进入极盛时期,而石井津商旅络绎。元末明初,泉州港因战乱而衰落,但在厦门港口开拓前,石井港与漳州月港一样,仍然繁荣一时。[①]

道光本《晋江县志·风俗志》中有一段话,说到了当时晋江等地的墟市贸易活动:"致天下之民,聚天下之资,交易而退,各得其所,其后世墟集之始乎?晋之四方,东西地域较短,不设墟集。其北郊外曰濠市,其南郊外若塘市、石狮、永宁、蚶江、龟湖、祥芝、深沪、青阳、安平等处,各有墟集。皆遐乡僻壤应期而集于墟,仿古之交易而退。非如郡城通衢四达,居者素积,行者求售,自朝至暮,随时得以

---

① 潘用庭,洪成宗.南安石井海港初探[Z]//政协南安县委员会.南安文史资料(第7辑),1986:69.

如取如携,故不言墟集。墟集惟郭外有之,而村落亦常置小墟集,不待行数里以求一物。"①

南安洪濑镇的墟市贸易也很兴盛。洪濑在邑治丰州北三十五里,乃永德通衢,水陆交冲之所。丰州成为南安郡治后,毗邻的洪濑便逐渐形成集镇,周围三十里左右的山货和土产,都到此地交易。直至民国时期,其势头仍然不减。民国修志载:"洪濑今则户约千余,阛阓四百余间,开路通车后贸易益繁,其盛犹并于晋邑之安海。"②从宋代开始,洪濑还成为上下游货运之停靠、转接、盘载的运输站。"得水陆之利",东溪上游山区所盛产的生铁、苎麻、木材、陶瓷、药材,特别是永德之大木、德化之陶瓷等,都通过洪濑码头,大量运往泉州,供泉州港贸易与制造之需要。

洪濑码头之下,古时还有着众多渡口,如位于五都祠口街尾的祠口渡,位于十九都琉塘乡(今前峰村琉瑭大桥边)的郑山渡,位于鸭母桥顶(今康美镇园内村)的园内渡,位于今西林村的湖尾渡,位于今东林村的猛虎渡,位于今扬美村的洋尾渡,位于今梅山镇的格后渡,位于今康美镇的东坂渡、坑尾渡等。这些渡口的存在,反映出南安古代经济贸易之活跃。

南安的英都也很早就形成了墟市。英都镇位于南安市西部,四面环山,形成天然盆地。贯穿全镇的英溪,蜿蜒曲折流入晋江西溪,自古是英都的交通要道。据记载,宋代以来,英溪中游的董林溪埔码头常有数十艘驳船停泊。英都因农业发达而富甲一方,盛产丝绸、茶叶以及稻、麦、花生、番薯等。这些产品,都从董林码头装船,沿英溪、西溪、晋江航运到泉州销售。英溪水上运输的繁荣,促进了英都区域经济的发展,依托董林码头的优势,历史上这里曾形成墟市,叫"英墟"。"英墟"五日一大集,交易面辐射附近的东田、翔云、仑苍以及属于安溪县的墩坂等乡镇。英都的粮食、油料,东田、翔云的薪炭及其他特产都是通过英墟交易而销往泉州的,英墟成为南安西部最大的物资集散地。一些商品还通过丰州的金溪港而远销国外。

南安的诗山在唐代就已建埠,并迅速发展了起来,成为南安西北部的商贸中心;宋时,建有山头塔脚街,商贸活动也十分活跃;到明洪武年间,据说南安县治

---

① 周学曾,等.晋江县志[M].福州:福建人民出版社,1990:1756.

② 陈存清,杨亚果.洪濑镇工商业的今昔[Z]//政协南安县委员会.南安文史资料(第9辑),1988:88.

曾拟迁于此,可见其经济发展之一斑。

福建还有庙市。所谓庙市,也叫"庙会",是墟市的另一种形式。福建于宋元时代寺庙林立,僧侣众多。各寺僧人常利用佛祖诞生日等宗教节日举行盛大的庙市,用以增加经济收入和扩大寺院的影响。每当庙市之时,不仅寺中僧尼竞售商品,众多的商人和农民也将其看成商品交易的极好时机,携带大批货物,前来出售。泉州的开元寺、兴化的广化寺等庙市,对于活跃所在地的商品经济,促进城乡商品交流,都起了一定的作用。

除了墟市贸易和庙会贸易之外,南安乃至闽南还有坐商、行商、居间商。坐商是固定性的经商方式,有固定的店面,积货待需,坐等顾客上门。泉州民谚说:"和气生财,顾客挨挨来。""嘴水甲你抹,价钱无走啜。"这讲的都是坐商的服务特征。对于行商,道光本《晋江县志·风俗志》中有生动的记载:"富者上吴下粤,舟车所至,皆可裕生涯。贫者背负肩挑,里巷遍招,亦堪资贸易。而屯籴稻谷,鬻贩鱼盐,种种有之。濒海之民,又复高帆健橹,疾榜击汰,出没于雾涛风浪中,习而安之,不惧也。趋利之多,自昔为然。其小者如卖饧、卖饼、卖荔、卖柑、卖桃李、卖杨梅、卖甘蔗者,熙来攘往,声满街衢,朝暮不息。"[1]这说的是行商中的两种类型:一种是我们下面要讲到的海商之一,属于大商人的经商方式;另一种则属于小商小贩,靠肩挑手提、沿街叫卖,赚点儿辛苦钱。居间商,民间或称为"伢商",是一种纯媒介性的经商方式,如各处集市上的"牛伢""猪仔伢""羊伢"即是。他们手上并没有可以买卖的商品,而是凭借自己所掌握的商品信息,通过向买家介绍耕牛、猪、羊等来获取一定的报酬。

墟市贸易和庙会贸易的出现与发展,与南安乃至闽南经济生活中另一个重要现象直接相关,即:"由于经济作物的普遍种植,明代农村家庭副业生产日益扩大,并逐渐由自给自足变成交换而生产。城镇手工业在元代主要为宫廷和官府生产,到了明代则转为商品生产。从事手工业的人口逐渐与农业分离,无论是销售产品还是补充原料,抑或生活必需品的供给,都越来越依靠市场。"[2]

二、海上贸易

南安商业的发生与发展,最早与海外贸易有关。南安乃至闽南滨海的地理

---

① 周学曾,等.晋江县志[M].影印版.福州:福建人民出版社,1990:1754.
② 施伟青,徐泓.闽南区域发展史[M].福州:福建人民出版社,2007:152.

条件,使得古代南安乃至闽南人很早的时候就可能与海外诸国建立起了贸易关系。

(一)唐代南安乃至闽南的海上贸易

南安丰州的金溪港处于东溪、西溪的交汇处,港区方圆近 1 平方千米,水深8~12 米,有足够的码头及造船、修船的场所,上溯可与山区腹地相通,下行可与海上主航道相接,是天然的停泊港、避风港和启航港。早在六朝时代,南安丰州的金溪港便已船舶罗布,桅樯林立,成为"海上丝绸之路"的起点。宋代时,泉州州府、市舶司经常在九日山举行祈风祭海活动,大舶仍可航抵金溪港,金溪港仍为当时水陆交通贸易的枢纽。直至清代至民国期间,金溪港仍保持水陆物资转运重要港口的地位。

由于闽南海外交通贸易的发展,沿海一些港口相继开发,加上晋江河床泥沙不断淤积,以金溪港为主的丰州口岸难以承载海外交通贸易的需求,航运港口便逐渐外移至泉州港,从而拉开了泉州港雄起的历史序幕。自此开始,南安的海外贸易活动便融入了以泉州为主导的闽南商业经济发展的大潮之中,成为其重要组成部分。

我国对外贸易的主要出口货物是瓷器、丝绸等手工业品,进口货物有象牙、犀角、明珠、乳香、玳瑁、樟脑等。这些舶来品很多是通过阿拉伯商人从东非等地贩来的。

早在 7 世纪初,阿拉伯即已正式派遣使节来中国,随后来者日多。唐武周天授年间,阿拉伯人住在广州、泉州、扬州诸港的数以万计。至 8 世纪,阿拉伯帝国的阿巴斯王朝与我国的通商贸易活动更为频繁。

唐代来我国贸易的外国商人除阿拉伯人和波斯人之外,还有东南亚一些国家的。当时的海上贸易,有的是通过使节往来的形式进行的。唐天佑元年(904年),三佛齐国[①]曾派使节来福建进行商业活动,此时的泉州商贾云集,"船到城添外国人","市井十洲人"。外国商人带来了香料和珠宝诸物,贩回的则是我国出产的丝织品和瓷器等。唐大和八年(834 年),唐廷不仅下令保护广东、福建、

----

　①　三佛齐国,自唐太宗贞观二十一年(647 年)至明宪帝成化六年(1470 年)存在于苏门答腊岛上的一个古代王国。其鼎盛时期,势力范围包括马来半岛和巽他群岛的大部分地区,控制诸蕃水道之要冲。

扬州的外商,还在泉州设立了参军事四人,掌出使导赞,专门负责接待和管理外国使节和商人。

与此同时,我国商人也开始了海外贸易活动。至五代后期,出现了闽南商人出海贸易的盛况。五代莆田诗人黄滔在《贾客》一诗中写道:"大舟有深利,沧海无浅波。"①这说的正是闽南商人冒着惊涛骇浪争逐财利的情形。

(二)宋元时代海外贸易的兴盛与发展

唐文基主编的《福建古代经济史》一书介绍说,宋代,闽商极为活跃,在长达数千里的海岸线上,到处都留下了他们的足迹。泉州海船每年必至海南岛,以酒、米、面粉、纱、绢、漆器、瓷器等货物与黎族人交换土特产。再一路北溯,凡广、恩、惠、潮、温、明、杭州、青龙、澉浦镇、江宁府、顾迳、黄姚市、通州、板桥镇等处港口,都可见"闽商海贾,风帆浪舶,出入于江涛浩渺、烟云杳霭之间",乃至僻远的通州狼山山下水澳,"皆闽艘吴舰,与渡而渔目漕者之所出入"。②

施伟青、徐泓主编的《闽南区域发展史》一书也介绍说,此时,广东化州的典质铺大多是闽商开设,广州城南更是"濒江多海物,比屋尽闽人"。浙江也遍布闽商,《嘉泰会稽志》说"今越人衣葛出自闽贾"。山东亦然,"闽粤商贾常载重货往山东"。③

《闽南区域发展史》一书还介绍了此时闽南商人中的著名人物,如泉州商人佛莲已经发展到拥有海船80艘,泉州商人杨客资产达2亿,晋江商人林昭庆家资巨万,泉州商人王元懋"其富不赀"等。④ 遗憾的是,此时仍未见南安籍商人的身影。

在海外贸易方面,宋元时期的闽南特别是泉州一跃而为最活跃的区域,进出口货物的品种、数量之丰富,建立有贸易往来关系的国家、地区之广泛,都远远胜过前代。

北宋初期,宋廷置专卖机构榷易院,管理泉州等地的海外贸易。这促进了泉州港的崛起,使之成为一个"有番舶之饶,杂货山积"的繁荣港口。北宋元祐二年(1087年),宋廷在泉州设置市舶司,确立了泉州的贸易大港的地位,自然也进一

---

① 曾阅.晋江古今诗词选[M].福州:海峡文艺出版社,1998:11.

② 唐文基.福建古代经济史[M].福州:福建教育出版社,1995:317.

③ 施伟青,徐泓.闽南区域发展史[M].福州:福建人民出版社,2007:109.

④ 施伟青,徐泓.闽南区域发展史[M].福州:福建人民出版社,2007:109.

步促进了泉州海外贸易的发展。

南宋时,闽南一度成为赵宋统治集团的后方基地之一。宋廷非常重视海外贸易,出台政策,鼓励外商来泉州港贸易。这使泉州港的市舶收入迅速增加。南宋建炎三年(1129年)至绍兴四年(1134年)的六年间,泉州市舶司的净收入为98万缗。至绍兴末年,泉州市舶司的年收入已达100万贯。南宋末年,宋廷任用阿拉伯人后裔、海商蒲寿庚主持泉州市舶司,促使泉州港成为南宋海外贸易的重要门户。

据《宋会要辑稿》《云麓漫钞》《诸蕃志》等书记载,宋时,与泉州市舶司发生贸易往来关系的国家和地区多达31个,泉州港进口商品种类达300多种,主要包括宝货类、香药类、金属及其制品、纺织品、副食品、手工业原料,还有鸟兽、吉贝、翠毛等。其中香料输入最多,占进口商品总数的1/3以上。而从泉州港出口的商品则主要有丝绸、陶瓷、茶叶以及农副产品等,计有60多种。泉州丝绸远销近20个国家和地区,陶瓷器主要输往日本、朝鲜以及东南亚各国,甚至远达东非地区,共有30多个国家和地区。[①]

此时南安生产的经济作物如荔枝,纺织品如翁绢等,茶叶如石亭绿等,以及大量的陶瓷器,都纷纷外销到国外,并由此带动了南安地方经济的发展。

其中,最重要的外销商品是陶瓷器。

南安瓷窑所生产的大量的瓷器,除了满足本地的基本需求之外,更多的是销往海外,有的销往日本、朝鲜,有的销往东南亚的印度尼西亚、菲律宾等地。国外的发现以及沉船遗物的打捞,充分证实了这一点。

"海上丝绸之路"也被称为"海上陶瓷之路",说明此一阶段南安乃至闽南的海外贸易所输出的商品主要是瓷器。可以说,让外国人见识我国文化的创造力,瓷器立下了不能埋没的功劳。

在《马可·波罗游记》[②]中,马可·波罗曾赞誉宋元时期的晋江两岸"瓷香弥漫",130多处瓷窑出产的一批批青瓷、白瓷,装进木船经泉州刺桐港,从海上丝

---

① 施伟青,徐泓.闽南区域发展史[M].福州:福建人民出版社,1995:116.

② 马可·波罗(Marco Polo,1254—1324),意大利旅行家和商人。据说,他17岁时曾跟随父亲和叔叔在中国游历了17年,自大都(今北京)南行至杭州、福州、泉州等地。以后在狱中口述了大量有关中国的故事,其狱友鲁斯蒂谦(Rustichello da Pisa)执笔,写下了《马可·波罗游记》,记述他在中国的见闻,激起了欧洲人对东方的热烈向往,对以后新航路的开辟产生了巨大的影响。

绸之路源源不断地运往日本、朝鲜、东南亚以及非洲。近年来,考古专家也证实,游记中提到的"距城十里"的产瓷地,被日本学术界称为"珠光青瓷"的宋元古瓷产地,就是位于南安南坑一带的古窑址。

需要指出,宋元时期,南安乃至闽南海外贸易的兴盛与发展,极大地促进了当地的农业、手工业、交通状况以及城乡经济贸易活动,给当地的社会生活和文化内涵的改变带来很大的正面影响。

(三)明代的海贸与走私

明初,明太祖朱元璋主要为了巩固海防,厉行海禁。廖大珂在《福建海外交通史》一书中,把明代的海禁概括为三方面:一是禁止民间出海贸易,二是实行出口商品的严格管制,三是取缔舶货买卖,禁止民间使用番货。违者,处以重刑甚至杀头。①

明廷厉行海禁,却禁而不止。海禁之初,即有以身试法者"交通外番,私易货物",以"走私"贸易的形式来对抗海禁。明中叶以后,这种走私贸易活动与日俱增,沿海居民"结党成风,造舡出海,私相贸易"。明嘉靖年间,走私贸易更加炽盛,下海通番之人遍布沿海各地,走私商舶"往来络绎于海上"。走私贸易的规模也越来越大,竟至成群结队,动辄达数百人,甚至成千上万。有的地方,整个村庄都靠走私通番为生。走私者的身份也有重要变化,不但有由中小商人构成的"散商",还有由官僚、地主、巨商亦即"豪门巨室"所组成的海外贸易集团,更有很多既掳掠又贸易的海寇商人。②

在明代闽南的走私贸易活动中,安海港的地位变得越来越突出。闽南境内的安海港位于围头湾内,港口有白沙、石井二澳夹峙而成的海门,过了海门则水面宽阔,岸弯流平,而且有避风的船坞。由于其优越的地理位置,又离郡治偏远,官府的管制常常鞭长莫及,"刁豪便于为奸",所以,安海港成为南安乃至闽南走私贸易活动的基地。至明后期,安海发展为闽南之大镇,有户十余万,其商人势力足以与徽商相匹敌。③

自明天启年间至南明永历十四年(1660 年),安海港在郑芝龙、郑成功父子

---

① 廖大珂.福建海外交通史[M].福州:福建人民出版社,2002:204-205.
② 廖大珂.福建海外交通史[M].福州:福建人民出版社,2002:208-209.
③ 施伟青,徐泓.闽南区域发展史[M].福州:福建人民出版社,1995:166.

的经营下,发展成了当时我国东南部海外交通的中心枢纽。

南明永历十五年(1661年),清廷实行"迁界",安海被夷为平地,安海港关闭,对外贸易活动中断。30年后清廷"复界",安海港逐渐复苏,但已不再有往昔的兴盛繁荣了。

明代虽有海禁,南安乃至闽南之地却走私不绝,究其原因,主要有两方面。其一,"海者,闽人之田"。自宋以来,出海贸易就被视为福建沿海居民的衣食之源。如顾炎武所说:"闽地斥卤硗确,田不供食,以海为生,以津舶为家者十而九也。"[①]因此,厉行海禁,则沿海居民没了生路,只能铤而走险,拼死一搏。其二,海外贸易,利润丰厚。当时,沿海居民"每以贱恶杂物,贸其银钱,满载而归,往往致富"[②]。这自然也具有强烈的刺激作用,使得人们不顾一切,对走私趋之若鹜。

(四)明末清初郑芝龙、郑成功的海外贸易活动

在明末清初时南安乃至闽南的海外贸易活动中,郑芝龙、郑成功是最为著名的人物。

郑芝龙(1604—1661)坐镇闽海时,有部众3万余人,船只千余艘。明崇祯六年(1633年),他在金门海战中击溃了荷兰东印度公司舰队,从此控制了海路,成为当时的海上霸主。他以安海港为基地,大力发展海外贸易。从明崇祯十四年(1641年)至南明隆武二年(1646年),由安海港行向国内沿海各港口以及国外的船只穿梭往来,络绎不绝。他收取各国商船舶靠费用,并对缴保护费的商船给予通行令旗。

郑成功起兵抗清复明之后,安海港也一直是郑成功的重要军事据点和对外贸易基地。据有关资料记载,从南明隆武元年(1645年)至南明永历九年(1655年),共有郑成功的商船41艘从安海开往日本长崎。与此同时,郑成功还据有厦门港,大力发展厦门的对外贸易,从长崎至琉球、东京(越南北部)、广南,以及东南亚各地,包括柬埔寨、暹罗、北大年、爪哇、西里伯和吕宋,都有郑成功商船的身影。

在商贸活动中,郑成功建立了组织严密的五大商行。这五大商行实际上包

---

① 顾炎武.天下郡国利病书[M]//顾炎武全集.上海:上海古籍出版社,2011:3096.
② 施伟青,徐泓.闽南区域发展史[M].福州:福建人民出版社,1995:169.

括由"五常"(即仁、义、礼、智、信)和"五行"(即木、火、土、金、水)来命名的各"五商"。[①]"五常""五行"各成独立经营的系统,互不统属。仁义礼智信属于海路五商,即海五商,行址设在思明州(即今厦门)。木、火、土、金、水属于山路五商,即陆五商,行址设在杭州;"山"指的是陆地。海五商负责出口物资的派运,把舶来洋货配发陆五商销售内地,而把陆五商采购的细软(即丝、绸、缎、绫、罗)运往日本、菲律宾等地。而陆五商则负责采买苏杭细软及中药材。五商之外,另设别行,都由户官郑泰主管。郑泰(?—1663)是郑芝龙的堂侄、郑成功的堂兄,深得郑成功的信任。

郑成功的贸易活动,是直接为其军事政治斗争服务的。其庞大的海上舰队则是五商的强大基础。明末清初,郑成功的五商不仅独占东南沿海的对外贸易,而且使当时的思明州成为中国对外贸易的中心。因而,郑成功的经贸活动,在我国商业史上占有一席重要之地。

郑成功驱荷复台后,以台湾为大本营,继续发展海外贸易。不幸病故后,其子郑经继承了他的基业,同样重视并善于经营海上贸易,"上通日本,下达吕宋、广南等处,火药军器之需,布帛服用之物,贸易具备"[②]。这样的贸易活动,一直延续到台湾的郑氏政权被清朝推翻。

(五)清代海贸与郑运锦

明末清初,为了打击郑成功、郑经的军事活动,清廷实行严厉的禁海、迁界,正常的海外贸易活动随之中断,但仍然存在着走私贸易。直到清康熙二十三年(1684年),清廷才开放海禁。

不过,有清一代,南安乃至闽南的海商仍然很多,但由于清廷把出洋港口限制于厦门港一处,很多商人不得不将外贸活动向外省港口转移。不过,任何时代都有幸运者,南安商人郑运锦就是其中著名的一个。

据郑万进、伍天辉所著《郑运锦"中宪第"》一文介绍,郑运锦是南安石井人,

---

① 吕荣芳所著《郑成功的五大商行》一文认为,"五行"的名称,取自郑成功兄弟的名字。据《石井本(郑氏)宗族谱》,郑成功,名森,飞黄公(郑芝龙字飞黄)长子;郑焱,飞黄公次子;郑垚,飞黄公三子;郑鑫,飞黄公四子;郑淼,飞黄公五子。郑成功兄弟名字中所含正是"木、火、土、金、水"这"五行"。(吕荣芳.郑成功的五大商行[Z]//政协南安县委员会.南安文史资料(第9辑),1988:5-6.)

② 杨英,施琅.从征实录 靖海纪事[M].台北:台湾大通书局,1987:1.

年轻时到厦门一海商家做仆人，为人笃实，办事干练，胆略过人，深得东家赏识，出海后被提升为"出海"（即管理人员），因对台贸易时赚了很多钱，获得重赏。有了资本，郑运锦就购置船只，开始自己独立做生意。最初在厦门，后来定居于台湾，开设"渤兴行"。

清廷迁界之时，闽南很多灾民逃到了台湾。台湾彰化县令朱山爱护百姓，曾私自动用库银赈济灾民，致使亏空上万两库银。适值朱山得罪了清廷钦差，要查国库以治其罪。朱山十分焦急之时，与他素不相识的郑运锦仗义以万两白银相助，使他躲过一劫，被从轻处置，罢官返乡。三年后，朱山的罪名得以澄清，清廷认为他无罪，并任命他为台湾知府。朱山到台湾任后，即拜访郑运锦，并下令：凡"渤兴行"之船只，海关一律免税放行。从此，借助于台湾官府的特殊关照，郑运锦的买卖越做越大，资产越来越雄厚，成为当时的首富。

在朱山的帮助下，郑运锦花钱买了一个"中宪大夫"的官衔。清雍正六年（1728 年），郑运锦返回家乡，建造大型府第——中宪第。按清朝的规定，如果不是皇亲国戚，府第不得超过一百间，所以中宪第历经祖孙三代而建成后，虽然实际建成一百一十二间，对外却佯称"九十九间"。此府第位于南安石井镇延平东路，整体结构至今保存完整，2001 年 1 月被列为第五批省级文物保护单位，2013 年 5 月被列为第七批全国重点文物保护单位。

纵观南安古代经济的发展史，我们注意到：第一，南安古代经济以自给自足的自然经济为主，辅之以与海外贸易活动相关的商品生产。第二，滨海的地理条件使得南安古代的海外贸易活动十分活跃，至明末郑芝龙时最为兴盛。就现有资料来看，南安古代经济的繁荣期，正是与海外贸易活动的兴盛期吻合的。可以说，海外贸易经济兴，则南安经济兴；海外贸易经济衰，则南安经济衰。第三，南安古代的海外贸易活动促进了南安的陶瓷业生产，南宋时本地的陶瓷业与周边的德化、晋江等地一样发达。

第四章　南安名镇名村

1993 年,南安撤县设省辖县级市,由泉州市代管。2018 年,南安市辖有 3 个街道、21 个镇、2 个乡、2 个经济开发区,分别是:

街道:溪美街道、柳城街道、美林街道。

镇:官桥镇、省新镇、仑苍镇、东田镇、英都镇、翔云镇、金淘镇、诗山镇、蓬华镇、码头镇、九都镇、乐峰镇、罗东镇、梅山镇、洪濑镇、洪梅镇、康美镇、丰州镇、霞美镇、水头镇、石井镇。

乡:眉山乡、向阳乡。

开发区:南安经济开发区、雪峰华侨经济开发区。①

南安历史悠久,开发较早。所辖丰州,早在三国吴永安三年(260 年)即已成为县治,成为闽南政治、经济、文化的中心,比起毗邻的泉州早了 440 年。还有资料说,丰州北邻周井堡早于丰州被开发,还曾出现商业繁荣的局面。② 而据林建、林文代编著的《南安》一书介绍,美林开发于晋代以前,溪美、诗山、洪濑、梅山、罗东、仑苍、翔云开发于晋代,水头、洪梅、官桥开发于南北朝,英都、眉山、石井、康美、东田开发于隋唐,其他各地则开发于宋元。③

较早的开发,使得南安之地文化逐渐发达,出现了很多名镇名村,比如丰州、

---

① 南安市人民政府.行政区划[EB//OL].[2021-03-30].http://www.nanan.gov.cn/zjna/xzqh/.

② 该文指出:"从周井堡市镇的东向,还留有'行口'地名可知,这是当时'栈会'的遗址,有 20 多间,说明当时商业是繁荣的。周围到丰州一带还依稀留有石围墙,这是劳动人民围海造田,长期与自然斗争的见证。"该文还认为:"周井堡确曾发挥过它的历史作用,它是唐以前晋安郡,南安县丰州、武荣州的郡、州治,是闽南开发最早的地区。"(张家瑜.古九日山胜地形成初探[Z]//政协南安县委员会.南安文史资料(第 12 辑),1990:30.)

③ 林建,林文代.南安[M].北京:旅游出版社,2004:125-285.

诗山、古井、英都以及大庭村等。这些名镇名村,不仅诞生了众多名人,而且也因其地理位置、历史地位等原因,在 1000 多年的历史沿革、沧海桑田中形成了自己的文化特色。

第一节　闽南文化发祥地丰州

丰州别称"柳城"[①]。丰州者,丰美、丰饶之州也。在闽南历史上,丰州占有非常重要的地位,是闽南文化的发祥地,也是闻名遐迩的古代"海上丝绸之路"的起点。

1961 年 5 月,丰州镇桃源村桃源宫宋代陀罗尼经幢被列为第一批省级文物保护单位。1996 年 9 月,位于丰州镇桃源村莲花峰石亭寺后的莲花峰石刻被列为省级文物保护单位。2007 年,"南安市九日山及周边社区"作为重点区域列入第一个国家级文化生态保护区"闽南文化生态保护区"范围。2009 年 5 月,南安(丰州镇桃源村)蛇脱壳古阵法被列为第三批省级非物质文化遗产。2009 年 11 月,位于丰州镇旭山村、桃源村等地的丰州古墓群(包括狮子山古墓群、庙下古墓群、凤冠山古墓群)被列为第七批省级文物保护单位。2013 年 1 月,位于丰州镇燕山村的燕山黄氏家庙"百柱庙"被列为第八批省级文物保护单位。2016 年 5 月,丰州镇被评为第五批福建省历史文化名镇。2019 年 7 月,丰州入围第一批福建省地名文化遗产千年古镇(村落)。2019 年 10 月,位于丰州镇的南安桃源宫陀罗尼经幢被列为第八批全国重点文物保护单位。境内另有丰州书院等多处泉州市级文物保护单位。

作为千年古镇,丰州显示出其历史地位和文化价值,并焕发出勃勃生机。

一、丰州概况

丰州位于泉州市区西郊,东与泉州丰泽区接壤,西与南安康美镇为邻,南与

---

① 丰州曾垒石为城。此前插柳为界,故名"柳城"。1936 年,县治移到溪美,溪美顺延了"柳城"之称。

南安霞美镇交界,北与南安洪濑镇毗连。地处晋江下游,晋江东、西溪之水汇流于丰州的双溪口,流经丰州境内有 8000 米。其地势,东北高,东南低,由中低丘陵山地逶迤而至河谷平原。它前瞰晋水,清源紫帽屏列;后枕葵山,九日莲花诸峰翊戴。耕地面积 1.15 万亩;森林面积 4.47 万亩,覆盖率达 53.2%;境内水利资源丰富。

丰州属南亚热带季风气候,受海洋性气候影响显著,燠多寒少。年平均温度19℃。由于气候燠多,则田土暖,可一年三熟。由于冬不甚寒,则华木荣,冬树不凋。土壤肥沃,适宜种植水稻、大小麦、甘蔗与花生等农作物。[①]

丰州现下辖 11 个行政村和 1 个居委会,共 10998 户,人口 44980 人。旅居海外的侨胞和港澳台同胞约 3.8 万人。

二、丰州的历史沿革

考古资料证明,一万年前,古人类就在丰州这块土地上开始了艰难谋生之旅,开始了以使用打制石器为标志的人类物质文化发展阶段。更有大量的考古资料证明,四千年前,原始初民在这里繁衍生息,开拓进取,步入了以渔猎、农耕为特征的新石器时代。此后,又经历了漫长的历史变迁,不断的民族融合,至公元 3 世纪时,默默无声的丰州才终于进入了历史家的视野,并逐步发展成为闽南举足轻重的文化之都。

闽南素有"先有丰州,后有泉州"之说。三国吴永安三年,即公元 260 年,吴廷即在今丰州首置东安县。这是今丰州成为治所的开端。[②] 此后,西晋太康三年(282 年),为晋安县治所。南朝宋代时,为晋平县治所。南朝齐代时(479—502),仍为晋安县治所。南朝梁天监初(502—503),改为梁安县治所;天监三年(504 年),升为南安郡治所。南朝陈光大二年(568 年),仍为南安郡治所。隋开皇九年(589 年),改为南安县治所。唐武德五年(622 年),为丰州治所;"丰州"始为今丰州之地名。唐嗣圣元年(684 年),为武荣州治所。唐武周久视元年(700年),改为南安县治所。此后,无论朝代如何更迭演变,丰州始终为南安县治所。

① 黄威廉.丰州镇史略[Z]//政协南安市委员会.南安文史资料(第 22 辑),2000:89-90.
② 唐武周久视元年(700 年),武荣州治所由丰州迁到今泉州鲤城,今泉州始为治所。相比于丰州成为治所,晚了 440 年,所以闽南才有"先有丰州,后有泉州"之说。

1936 年年底,南安县治所迁到溪美,丰州成为镇治所,延续至今。

由上述可知,丰州是因历史上的政治、经济、文化的地位而成为名镇的,而这种政治、经济、文化的地位又有一个"有升有降"的历史变迁过程。大致上说,自公元 260 年起至 700 年以前,为其上升期;自 700 年起至 1935 年,属于其平稳发展期;自 1936 年后,比较起来看,在政治、经济、文化地位上,有了明显的衰退。

不过,丰州作为郡、州、县之治所,历时达 1700 余年,已足见其重要的历史地位。

虽然由于历史上的种种原因,如民国时期拆毁城堡等,丰州文物古迹被破坏严重,但丰州至今仍属整个闽南地区文物古迹最为丰富的古镇。镇内现有史前遗址、南安古城、金溪古港、古墓葬、古建筑、石刻、近现代史迹等,经第三次全国文物普查登记不可移动文物就有 68 处。

历史地看,丰州历史地位的形成,反映出古人"傍山依河"的聚落选址思想,与闽南的地理变化有关,还与丰州境内的九日山、金溪古港以及延福寺等具有密切关联,这三处古迹所留存的丰富厚重的文化信息使丰州的历史地位更为突出。

三、金溪港

金溪港又名金鸡港、梁安港[1]。丰州的兴衰,与金溪港的兴衰有着密切联系。

九日山见证了闽南的沧海桑田。有文章认为,登上莲花峰,纵目四顾,九日山南一片平地。晋江之北,现称为"大洋"的地方,当年是"大海"。今天习惯称它为"内洋"。东北港口一带,新中国成立后多次发现船绳、船锭。大洋东北,有一地名"港口",这是古航路的出海口。据此可知,晋江应该是一条古航道。相对于大洋之为"内洋",晋江之南则属于"外洋"。九日山西北,有狭长的洼地,一直延伸到苏盘洋,世代口碑相传,这里是船坞,也是避风港。[2]

九日山前的一段晋江名为"金溪"。近年的研究表明,历史上,此处曾有重要港口——金溪港。有民谣说:"金溪通行人,状元方始生。"可见当时溪水很深,连

---

① 南朝梁武帝天监年间,此地属梁安县境,故称金溪港为"梁安港"。

② 张家瑜.古九日山胜地形成初探[Z]//政协南安县委员会.南安文史资料(第 12 辑),1990:30.

架桥都很不容易。^①汉唐以来,一般海船都可抵达金溪渡口。

金溪港早于泉州其他港口,六朝之时即为"海上丝绸之路"的起点,在闽南的海外贸易中发挥过非常重要的作用,从这里即可航舶商贸于南洋诸国。因此,学术界对金溪港又有"六朝港"的评价。后来,经历了近五百年之久的变化,地壳上升,泥沙淤积,货运剧增,吨泊加大,以及政治、经济、文化中心东移泉州,海交港口才从晋江中游的丰州迁徙到滨海的后渚。但是,金溪港作为内河航运港口仍为内地与沿海贸易交往的重要交通孔道。

在我国古籍及九日山史迹中,都涉及了闽南文化交流史中的一件大事,这件大事也足证金溪港当年的繁盛。九日山下有寺名延福寺。延福寺最早称为建造寺,西晋太康九年,即公元288年建,原址距离九日山二里许。唐大历三年,即768年,移建今所。^②北宋端拱年间,进士曾会在《重修清源郡武荣州九日山寺碑》中记载:南朝梁普通年间,印度高僧拘那罗陀"泛大海来中国",途经延福寺(时称"建造寺"),"因取梵文,译正了义"。唐代释道宣(596—667)著有《续高僧传》,其说虽在时间上不同于曾会,不过却同样证实了拘那罗陀曾在南朝梁、陈期间住锡于延福寺,翻译佛经。今九日山西峰留有翻经石,为其遗迹。拘那罗陀几次到南京、广州等地,都是从金溪港登船的。《续高僧传》中有拘那罗陀于南朝陈天嘉二年,即561年,"又泛小舶,至梁安郡。再装大船,欲返西国",以及天嘉三年(562年)九月"发自梁安,泛舶西引"等记载。^③这些记载,侧面证实古时的金溪港水深可行大舶,为海上交通要津。直至宋元时代,泉州州府、市舶司经常在九日山举行祈风祭海活动,大舶仍可航抵金溪港。

---

① 宋宣和年间,邑人江谨常首建金溪浮桥。(林和胜.风景殊胜九日山[Z]//政协南安县委员会.南安文史资料(第12辑),1990:32.)

② 陈国仕.丰州集稿[M].杨清江,校.北京:商务印书馆,2018:305.

③ 唐代释道宣著《续高僧传》记载:拘那罗陀应梁武帝之请,从东南亚古国扶南泛海出发,"以(南朝梁)大同十二年(546年)八月十五日,达于南海(今广州)。沿途所经,乃停两载。以(南朝梁)太清二年(548年)闰八月,始届京邑(建业,今南京)……陈永定二年(558年)七月,还返豫章(今江西),又上临安(今杭州)、晋安诸郡。……(陈天嘉二年,561年)又泛小舶,至梁安郡。再装大船,欲返西国。学徒追逐,相续流连。太守王方奢述众元情,更申邀请。谛又因循人事,权止海隅……至(天嘉)三年(562年)九月,发自梁安,泛舶西引。业风赋命,飘还广州……"拘那罗陀在所译《金刚般若波罗蜜经》后记中也说:"经游闽越,暂憩梁安,太守王方赊乃勤正心法,性爱大乘,仍于建造伽蓝(建造寺)请弘兹典。"(释道宣.续高僧传[M].北京:中华书局,2014.)

所以,北宋熙宁年间曾任都水丞的谢履,在《泉南歌》中才会写道:"泉南有海浩无穷,每岁造舟通异域。"①

第二节　人文重镇诗山与英都

诗山与英都也是闽南人文重镇。前者以"开八闽文教之先"而扬名,后者以"解元传胪鸿博第,将相公侯郡马家"而著称。

一、"开八闽文教之先"的诗山

诗山风光旖旎,名胜古迹众多。有孕育唐朝文豪欧阳詹的高盖山,有建于宋代的福建省文物保护单位婆罗门塔,有享誉中外的古刹凤山寺、龙山宫、西碧岩及依托凤山寺规划建设的凤山风景区,还有各呈异彩的"诗山十八景"等。

诗山开发于西晋,原名"山头城"。唐时就已建埠,称"山头社",并迅速发展了起来,成为南安西北部的商贸中心。五代时,闽王王审知曾在此发动兵变,拉开创立闽国的序幕。宋时,建有山头塔脚街,商贸活动十分活跃。到明洪武年间,据说南安县治曾拟迁于此。诗山虽基本上属于镇的建制,但辖区面积最大时,曾包括现在的诗山、金淘、码头、蓬华、眉山等地。

诗山之名,始于南宋。其得名,应归功于两位历史名人——欧阳詹和朱熹。

欧阳詹(759—800),字行周,祖籍晋江潘湖欧厝(时属南安),从小随祖父母居住于高盖山。高盖山在今诗山、码头、金淘三镇交界处,因山顶平坦如盖而得名。唐贞元元年(785 年),在高盖山"白云书室"刻苦攻读的欧阳詹满怀"射百步期必中,飞三年而必鸣"的信心,经过近一年的艰难跋涉,到达京师长安。又经过六年的努力,终于在唐贞元八年(792 年)如愿以偿,一举荣登"龙虎榜",名列第二。

唐大历七年(772 年),一个叫作独孤及的礼部员外郎,为时任福建观察使李椅将府学搬到城南兴贤坊而撰写碑记,内中有"缦胡之缨,化为青衿"之句,意思

① 曾阅.晋江古今诗词选[M].福州:海峡文艺出版社,1998:34.

是说福建此时大兴人文教化(并无贬抑之意)。但时至欧阳詹考中进士之前 180 多年的时间里,闽南却没有士子参加科举考试。欧阳詹一举成名后,闽南的读书人备受鼓舞,参加科考的人数日益增多,儒学风气渐渐形成,促进了闽南与福建文教事业的繁荣,使之接近乃至赶上中原地区的先进水平。从欧阳詹开始到清乾隆二十六年(1761 年),泉州登进士第者达到近 2000 人,中举人、秀才者不计其数。因此,后人评论欧阳詹科考成功的意义时,赞欧阳詹"开八闽文教之先"。

清代学者戴凤仪记载:"诗山为文物奥区,唐行周先生破荒于此。论者谓闽中儒宗之倡自欧阳始,闽中文物之蕃,则自诗山始也。"①

于是,欧阳詹发迹之处高盖山因欧阳詹而声名远播,文人雅士纷纷登临于此,争相吟诵凭吊,留下了遍地墨迹和琅琅诗声。南宋理学家朱熹(1130—1200)也慕名而至,瞻仰各种遗迹。他由衷感叹:"此诗山也。"于是,"山头城"遂更名为"诗山"。后人为了纪念欧阳詹,也为了表示对朱熹的崇敬,便把境内的溪流、村庄、学校等多冠以"诗"名,于是就有了"诗溪""诗园""诗坂""诗鳌""诗南""诗口""诗门""诗钟""诗宅"等名号,更有了南安英杰的接踵而出,其中著名者有戴廷诏、郭瑄第、戴凤仪等。

二、"解元传胪鸿博第,将相公侯郡马家"的英都

英都古称"翁山",名称始于隋代。元代编为第廿七都。明代废"都"为"乡",名"英山",别称"英内"。1935 年,政府将"英内第廿七都"取首尾二字,定名为"英都"。

英都被确认为南安西部开发最早的地方。20 世纪六七十年代,英都曾发掘出新石器时代的遗址、遗物和青铜器时代的遗物,说明 4000 多年前的远古时代,这里就有人类繁衍生息了。

据资料所载,五代后唐时,有一僧人名智绪,在龙山创建了寺庙"禄寿院",后年久而废。南宋端平年间,乡人于此修建了龙山书院。传说,元代时,有一个儒生在此寄寓,供奉清水祖师于书院,致志笃学。某夜,儒生梦到清水祖师对他说:"宜树人宜才为生。"从此,儒生便无意于功名,专心设馆授徒。可能他知识渊博,水平很高,所以学生尊他为"云从先生"。这取的是《易经》中"云从龙"的意思,既

---

① 戴凤仪.诗山书院志[M].厦门:厦门大学出版社,1995:74.

赞美了教师,也对后生辈寄予了厚望。明成化年间,洪氏六世祖洪旸道在此设馆,首创乡学,乃并寺院、学馆,更名为"云从古室"。

"云从古室"不但是英都现存最早的名胜古迹,距今已有1300多年,而且是英都文化的策源地,历代乡人相继在这里设馆办学。时至明清两代,这里的兴教办学蔚然成风,成为英都历史的一大特色。

英都的古代教育,其成功的经验之一是重视宗族"规创宏远"兴学之风的形成。英都居民主要为洪姓。洪瑞生在《英都地方史略》一文中介绍说:英都洪氏五世兄弟二人,六世兄弟十二人。他们分别到各个主要村落去开拓创业,形成了"规创宏远"的传统宗风。五世洪观生、六世洪旸道相继考中秀才,深知树人育才之重要,遂订族例,拨公田部分田租收入,来奖励子孙求学。此后,累世相承,便蔚成宗风,至明万历年间,洪氏便出现了数十家书香门第、科第世家。据府志、县志和族谱所列科第资料,可理出洪宙、洪有秩、洪科捷、洪庭时、洪有兴、洪世贤等六个科第世家。这六个科第世家,有夺科第榜首之荣,有官居极品之贵,有青胜于蓝之显,有编修族谱之功,有政绩卓著受封之誉。[1]

洪瑞生的文章还谈到了英都古代教育成功经验的另一方面,即"名师出高徒"。明代中叶,乡学移到英圩街后的水沟馆,先后有洪有相、洪启胤、洪承胄、洪士誉、洪世泽等名师执教。许多儒生,后来科第接踵,都是从这几位名师门下脱颖而出的。

从整体方面看,英都的古代教育还有一个成功经验,即"文武并重"。英都不仅出现了很多学文的学馆,清初以后还设有一些武馆,如树乾、坂埔、坂脚等处学馆,就是招收学生习武的。

无论是习文还是习武,古代英都学馆都培养出了很多人才,甚至出现了儒生成批登科的现象。洪瑞生在文章中统计说,自明嘉靖至清光绪末的350多年间,英都洪氏考中秀才714人,贡生63人,举人65人,进士17人。先后在各级官署任职的官员有:朝廷16人,省司22人,州府36人,邑县50人,另有荐任御授官员20人,合计144人(其中,有各级武官22人)。历任显贵官职的有:宰相1人,尚书1人,侍郎3人,监察御史3人,大理寺、太仆寺卿2人,各部主事、郎中8人,国子监学政2人,翰林学士2人,布政使3人,按察使3人,按察副使3人,道台4人,知府12人,同知、通判、推官8人,知县22人,府学、县学学官35人,掌

---

① 洪瑞生.英都地方史略[Z]//政协南安市委员会.南安文史资料(第22辑),2000:122.

管兵权的尚书、侍郎、总督、禁军统领、轻车都尉、总兵、守备、提辖、冠带总旗、县尉等各级武官 22 人。还有受封赠的：一品 5 人，二品 2 人，三品 4 人，四品 3 人，五品 6 人，六品 2 人，七品 10 人。①

英都洪氏五世家庙东西轩大门的楹联写着："解元传胪鸿博第，将相公侯郡马家"；"宪台方伯大夫第，布政司徒侯爵家"。这绝不为过。英都被誉为"人文荟萃之乡，文武郁集之邦"，这也绝不为过。

第三节　英雄文化之乡石井

石井地处福建省东南沿海突出部，位于北纬 24°34′，东经 118°02′。东与晋江市隔江相望，西与同安县接壤，南临大海遥对金门岛，北连水头镇。石井与厦门航程 27 海里，距金门仅 6 海里，至鹿港只需 18 小时。东沿围头湾可达上海、天津等地，南通厦门、台湾。陆上交通由水石莲公路可达安溪、永春、德化、大田直至鹰厦铁路。②

"石井"得名于境内白鹤山下的一口天然石井，该井水甘美，闻名遐迩。明初江夏侯周德兴（？—1392）巡防海疆时，曾题"石井"二字，镌刻井旁。俗称"海都"。

石井开发颇早，隋唐时代就有人于此渔耕生息，开疆拓土。南宋高宗建炎四年（1130 年），始置石井镇。朱熹之父朱松（1097—1143）为首任石井镇监。明清时代，石井曾出现鼎盛局面。

在南安文化史中，石井作为滨海重镇，具有极其重要的地位，享有赫赫声名。2012 年，石井镇入选第四批省级历史文化名镇。2019 年 10 月，石井镇入选"2019 年度全国综合实力千强镇"。

---

①　洪瑞生.英都地方史略[Z]//政协南安市委员会.南安文史资料（第 22 辑），2000：122.
②　李金表.石井良港古今谈[Z]//政协南安县委员会.南安文史资料（第 12 辑），1990：75.

一、石井商贸口岸

石井赫赫有名,首先是因为它是通贸海外的良港,在开拓"海上丝绸之路"的过程中曾发挥过非常重要的作用。

石井港古称"石井澳"。循围头澳转西,入港处有白沙、石井两澳东西对峙,是为海门。舟入海门,海面开阔,港岸湾深,流平无礁,随处有天然避风良坞。据记载,隋炀帝时,遣使开发台湾时,曾停泊于此,并招募船只引航渡海峡。盛唐时,曾有石井奎霞人林灵仙造船通渤泥,又有王尧从渤泥运来木材在石井造船。北宋哲宗元祐二年(1087 年),泉州建市舶司[①],使得石井的地位和作用开始提升。南宋高宗建炎四年(1130 年),建"石井津",专征海舶税。其时,石井"海港千帆百舸,乘风顺溜,转输货物如山积,装卸货物工数以百计"。南宋高宗绍兴十四年(1144 年),置"石井巡检司",管理口岸工作。此时的石井港属于泉州港之一安海港之要冲,港湾之内千帆百舸,码头之上客商云集,货物山积。元代时,泉州港进入极盛时期,石井津随之而商旅络绎。[②]

据施伟青、徐泓主编的《闽南区域发展史》一书介绍,明朝初年实行禁海政策,泉州港的后渚港一蹶不振,但民间的海上走私贸易活动却兴盛起来,其中心逐渐地转向了安海港。该书指出:"由于安海港优越的地理位置,而且离郡治偏远,官府的管制有所不及,沿海的走私商人和豪强势族就把它当作走私贸易的基地。"[③]另外,"安海离(漳州)浯屿很近,而那里是外商的巢穴,便于贸易。于是安海港便与(漳州)月港一同成为 17 世纪闽商的活动基地"[④]。有资料显示,此时的石井港湾借安海港之繁盛而仍有"大江南北渡千帆"之盛。

自明熹宗天启年间到清世祖顺治年间石井郑氏崛起,郑芝龙、郑成功父子以石井澳为据点,把安海港经营成为当时我国东南部海外交通的中心枢纽。

在大海商黄程、李旦的悉心栽培和雄厚资本支持下,精明、勇敢、富于"爱拼才会赢"精神、"心向天边外"的郑芝龙,迅速崭露头角,聚集义兄颜思齐的势力,

---

①　市舶司,我国宋、元及明初时在各海港设立的管理海上对外贸易的官府,相当于现在的海关。

②　李金表.石井良港古今谈[Z]//政协南安县委员会.南安文史资料(第 12 辑),1990:76.

③　施伟青,徐泓.闽南区域发展史[M].福州:福建人民出版社,2007:166.

④　施伟青,徐泓.闽南区域发展史[M].福州:福建人民出版社,2007:166.

以台湾为根据地,不断壮大势力,建立起了一支拥有"十八芝"①的当时海上最强大的私人武装。最盛之时,这支私人武装统辖船只3000艘、军力20万。

郑芝龙凭借着这支强大的海上武装,旁若无人地纵横驰骋于东洋、南洋各地,从事频繁的商贸活动。史载:"凡海舶不得郑氏令旗者,不能来往。每舶例入三千金,岁入千万计,以此富敌国,自筑城安平镇。""从此海氛颇息,通贩洋货,内客外商,皆用郑氏旗号,无徵无虞,商贾有二十倍之利,芝龙尽以海利交通朝贵,寖以大显。"不过数年,郑氏家资巨万,豪宅百间,富可敌国。明廷奈何他不得,只得几次招抚授官,任其独霸东南海上。

关于郑芝龙,历史学家以及学者多站在古代官方立场,称之为"海盗""海贼王""亦商亦盗亦官"。但历史是纷纭复杂的,无论怎么看,关于郑芝龙的下述四方面都是不容抹杀的:第一,他对于开拓"海上丝绸之路"建立了别人无法替代的丰功伟绩。第二,他对闽南人民有很多"善行义举"。除了他的海贸活动促进了闽南经济的发展之外,史载:他"礼贤而上(尚)士,劫富而施贫","所到地方但令报水(打探官府消息),而未尝杀人。有彻贫者,且以钱米与之"。第三,他开垦台湾,并开创了大量移民以开发台湾的壮举。明思宗崇祯元年(1628年),闽南大旱,饥民甚众。郑芝龙"解君忧,苏民困"②,招纳漳、泉灾民数万人,赴台湾垦荒,"人给银三两,三人给牛一头"。第四,他打败了荷兰东印度公司的海上势力,成为当时名副其实的"海上霸主"。明崇祯六年(1633年),荷兰东印度公司舰队突袭厦门等地,郑芝龙率军阻击,在金门料罗湾发生海上决战,大获全胜。福建巡抚邹维琏奏捷书称:"此一举也,生擒夷酋一伪王、夷党数头目,烧沉夷众数千计,生擒夷众一百一十八名,馘斩夷级二十颗,烧夷甲板巨舰五只,夺夷甲板巨舰一只,击破夷贼小舟五十余只……闽粤自有红夷以来,数十年间,此举创闻。"自此,郑芝龙完全控制了海路。史载:"凡海舶不得郑氏令旗者,不能来往。""从此海氛颇息,通贩洋货,内客外商,皆用郑氏旗号……""八闽以郑氏为长城。"虽然郑芝龙为了商业利益,曾有与外国殖民者相互勾连之事,但此举毋庸置疑是维护了我国的民族利益,彰显了我国强大的海上实力。

---

① 十八芝,指以郑芝龙为首的十八位结拜的海上私人武装首领,包括:郑芝龙、郑芝虎、郑芝豹、郑芝莞、郑芝凤、李国助、杨天生、陈衷纪、施大瑄、洪旭、甘辉、杨六、杨七、钟斌、刘香、李魁奇、何斌、郭怀一。郑芝龙从此不再自称"一官",而改为"郑芝龙"。

② 郑广南.中国海盗史[M].上海:华东理工大学出版社,1998:268.

郑成功抗清复明,转战几十年,应该说,对其父郑芝龙给他奠定的强大的海上基业是多有仰赖的。

李冬青、曾庆芳著《石井镇史略》一文介绍说,郑成功抗清复明时,以石井澳为据点,屯师金、厦两岛,编组东西洋船队,专事对外交通贸易。[①]

荷兰东印度总督《关于日本的贸易》的报告中写道:"自 1654 年 11 月至1656 年 9 月,各地开来巴达维亚的中国船 57 艘,其中安平船 47 艘,绝大部分是'国姓爷'的。"《热兰遮城日志》1655 年 3 月 9 日记载:"从石井江来台之船舶获得消息云:'属于国姓爷的船 24 艘,自中国沿海开到各地贸易,开向巴达维亚 7艘,开向东京 2 艘,开向开罗 10 艘,开向广南 4 艘,开向马尼拉 1 艘。'"[②]上述信息,从一个侧面证明郑成功当年海上贸易之盛。

在郑芝龙、郑成功的整个海上商贸过程中,安海港以及石井津作为郑氏之根基,始终是东南亚各国贸易往来的重要港口。就此而言,它们对于促进"海上丝绸之路"的广泛开辟,无疑是建立了不可埋没的丰功伟绩的。

郑成功在台湾所建立的明郑政权覆灭以后,石井津在海上商贸活动中的作用逐渐减弱。到鸦片战争之后,石井成为五口通商口岸之一的厦门港的重要后援港。清光绪年间,石井客货轮川走厦门,成为晋江、南安、同安货物集散地。1918 年,设石井海关。石井客商日达数百,进出口货源不断。1928 年,建石井码头。抗日战争前后,石井成为对台贸易的重要出入港。总的说来,石井港虽远没有当年郑芝龙、郑成功时代的辉煌,却仍然在通贸的过程中发挥着重要作用。

二、石井海防要塞

石井赫赫有名,还因为它曾是我国的海防要塞,在防御倭寇及其他外国侵略者的过程中发挥过非常重要的作用。北宋熙宁年间,石井即建靖海寨,以防御来犯之敌。明初,设烽燧四所(即石井、街内、溪东、下吴),并筑铳城,以抵御倭寇。

明代中后期,这里曾发生抗击前来窜犯的倭寇的战斗。《南安县志》载明云南知府郑普(约 1575 年前后在世)于明嘉靖年间所题《平寇碑记》:"明郡守程秀

---

①　李冬青,曾庆芳.石井镇史略[Z]//政协南安市委员会.南安文史资料(第 22 辑),2000:104.

②　李冬青,曾庆芳.石井镇史略[Z]//政协南安市委员会.南安文史资料(第 22 辑),2000:105.

民破贼于此,石上刻'海上视师'四字。"①有明一朝,常有倭寇来犯。对于当年在石井海上发生的这场平寇战役,《平寇碑记》有详尽描述:海上巨寇阮其宝、四师老、林剪毛等,为患于闽浙交广之间的沿海一带20多年之久。海寇掠夺小嶝岛成一片废墟,又洗劫东石,围攻深沪及进犯惠安崇武沿海。泉州郡守程秀民亲临石井巡视防务,建会馆以监司于铳城南(鳌石山顶烟墩),备战舰数十艘,募水兵千余人,分派文武要员把守海防要塞。其年5月,海寇犯石井,程秀民率南安县丞马一洪及指挥孙廷槐一举破三舟,擒贼30余人,寇遁草屿。程秀民亲登铳城墩台指挥兵员围攻草屿,全歼海寇,自此海况宁矣。如今,鳌石山顶尚有烟楼墩台遗址。据说墩台边石板叠成的小宫仔是人们供奉这场平寇海战阵亡将士灵牌的地方。② 郑普的碑记证明,作为海防要塞,石井当年曾是抗倭的战场之一。

明末清初,石井港曾是郑成功操练水师的军港、抗清复明的基地。

三、鳌山郑成功文化园及其他历史遗迹

石井赫赫有名,还因为它是英雄文化之乡,沉积下了很多内涵厚重的历史遗迹,建设有很多富于民族正气的纪念馆祠与碑林,为我们缅怀民族英雄郑成功当年的辉煌业绩提供了丰富的实物佐证。

石井境内,景点众多,遗迹众多,成为我们汲取英雄主义精神、民族正气的永不枯竭的源泉。其中,以全国首批百个爱国主义教育示范基地之一的民族英雄郑成功纪念馆为中心,以延平王祠和开台圣王纪念堂等景点为辅助建设的鳌山郑成功文化园最为著名。

富有民族风格的三进宫殿式的郑成功纪念馆坐落于鳌石山北麓,由旅港同胞吕振万、余新河先生捐建,由第五届全国人大常委会副委员长廖承志题写馆名。馆内陈列有:郑成功的须发、玉带、龙袍碎片(国家一级文物)、藤盔、手迹等真品,郑成功夫妇原始画像、墓志铭、神主牌、匾额,《石井郑氏本宗族谱》《先王实录》等大量典籍,国内外知名人士题赠的诗词、字画、论文等。

延平王祠原是宋代石井郑氏家庙,1992年恢复为南安市级文物保护单位,

---

① 李金表.石井良港古今谈[Z]//政协南安县委员会.南安文史资料(第12辑),1990:76-77.

② 郑普.平寇碑记[M]//陈国仕.丰州集稿.杨清江,校.北京:商务印书馆,2018:312-313.

1996 年被列为第四批省级文物保护单位。祠内悬挂着郑氏始祖郑隐石画像,厅中供奉郑成功金身神像,另有"三世王爵""威风雄烈""忠臣""三圭世锡"等匾额及名人题赠的楹联等。

紧邻郑成功纪念馆的郑成功碑林,由旅港同胞吕振万、李成义先生捐资兴建,由我国著名书法家赵朴初题写匾额。碑林园内集国内外知名人士 300 多幅题字、诗词、辞赋、楹联,有楷、行、草、隶、甲骨、钟鼎等书体。

石井"海上视师"石刻、靖海门、铳城等文物景点,也具有丰厚的历史文化内涵。

石井港区边有块凿刻着"海上视师"四字的礁石,是南宋理学家朱熹到此一游,见海天一色而欣然挥毫题写的。其顶端竖着一块南宋景定甲子诏立、由进士吕大奎手写的"石井"两字的地名牌。石旁还有供奉朱松神像的"石井宫"(又名"境主宫")。郑成功当年曾在"海上视师"石旁,操练精锐的虎骑亲军。

靖海门既是海防城楼遗址,也是明代船舶停泊处。郑普撰写的《平寇碑记》的石碑,立在靖海门内东侧。这里也是郑成功率部抗击清兵的古战场。邻近渔村中有天然花岗岩丛石叠成的圆拱门楼、平台城墩式的操台,是明代抗倭的铳城,人们又称其为"成功楼"。站在铳城上,人们可观赏"马江堆碧水,港湾布黄金"的美景,聆听"波涛卷春风,潮汐传佳音"的声响[①],感受当年的烽火岁月、英雄年华。

石井还有杨子山读书处、中宪第、清水岩("半山岩")等遗迹,烙印着朱熹、郑运锦等历史人物以及南安宗教的丰富文化信息,其内涵也十分厚重。

第四节　兼得诗山、码头两种文化精髓的大庭村

在南安名镇名村中,现属码头镇的大庭村也占有重要一席。大庭村境内有一座古式大厝,门口铺砌乌砖晒谷埕,位于村落中心,俗称大庭,遂作村名。古时,此处也称"大廷"。大庭村既是欧阳詹家族的故里,也是闽南戴氏最早的开山

---

① 李冬青,曾庆芳.石井镇史略[Z]//政协南安市委员会.南安文史资料(第22辑),2000:108.

祖居地。

有两种重要因素，决定了大庭村文化的鲜明特色。黄国盛、戴景星二先生主编有《大庭千年古村研究》一书，对大庭村的历史、文化做了全面研究，也对大庭村文化的特色进行了解说。该书认为："大庭村文化"融合了'诗山'与'码头'二者文化精髓。'诗山'突出的是文化教育，'码头'突出的是先进商贸理念。二者在古大廷乡得到完美结合与演绎。"①

依据上述说法，我们注意到，历史上的大庭村文化，其发展基本上遵循了两条线索，即：一是由欧阳詹所开创的"文脉"，属于国内发展的脉络；二是由码头文化及"海上丝绸之路"文化所影响而逐渐形成的"商脉"，属于向海外发展的脉络。沿着这两条脉走下来，大庭村戴氏涌现出了很多名人，如戴梦申、戴廷诏、戴凤仪、戴金华、戴愧生、戴宏达等。

一、大庭村的"诗山"文化

《大庭千年古村研究》一书指出："诗山戴氏居住地与欧阳詹故居地同属一个'诗村'。"但是，若论起来，戴氏却为"吾闽望族"，与欧阳氏相比各有千秋。《诗山戴氏谱志》记载：戴氏始祖九郎公以民籍于唐光启元年（885 年）随王绪军"自河南光州固始县石壁潭戴家巷入闽"，定居于高盖山下，世代繁衍生息。吴鲁撰《诗山戴氏族谱序》说："诗山为吾闽名区，戴氏为吾闽望族。自欧阳四门破荒于此，诗山之名踔绝古今，而足以欧阳后先辉映者，莫如戴氏唐光启间启宇是山"，"南安氏族虽多，求其自唐开基，千余年聚族于斯，而世阀累累相望者，惟北门傅氏、诗山戴氏二家。是戴氏在诗山岿然一鲁灵光矣。陈介石称为诗山第一家"。②

作为"诗山第一家"，戴氏自戴梦申起，就"高度重视欧阳詹勇于'破荒'之拼搏精神，世代以传承欧阳詹'诗山'文化为己任"③，逐渐形成了重视文化教育，积极入世的"文脉"。我们称由这条"文脉"所形成的文化现象为大庭村的"诗山"文化。开创大庭村"诗山"文化的代表人物有戴梦申、戴廷诏、戴凤仪等人。

---

① 黄国盛,戴景星.大庭千年古村研究[M].北京:中国国际广播出版社,2017:36.

② 黄国盛,戴景星.大庭千年古村研究[M].北京:中国国际广播出版社,2017:9.

③ 黄国盛,戴景星.大庭千年古村研究[M].北京:中国国际广播出版社,2017:66.

(一)"甲第开先"的戴梦申

据戴宽南、黄秋硕著《清官戴梦申与戴廷诏事略》一文所载,戴梦申为诗山戴氏九世祖,于北宋宁宗嘉泰二年(1202年)特奏第一名进士[①],"故有甲第开先之称"。

在诗山戴氏家族史中,戴梦申是最早倡导传承"诗山"精神的。他著有《登高盖山谒欧阳坟》一诗,礼赞欧阳詹的"破天荒"精神。诗云:"高登绝顶近斜阳,亟向欧坟爇瓣香。一冢缘何千古贵,只因有子破天荒。"[②]

戴梦申还以"清德"之官风影响了后人。《诗山戴氏谱志》记载:"公授将仕郎广东番禺县判薄,履任后清德自持,不妄取百姓一钱,时人以吴隐之酌水比之。任满归家,仅以石砚遗子孙,皓皓然有赵清献琴鹤之风云。"[③]内中以著名清官吴隐之(?—414)和赵清献(1008—1084)来比戴梦申,足见其"清德"之引人瞩目。

戴梦申还著有《郭山庙记》《郭山庙古歌》,对传播广泽尊王信仰发挥过重要作用。另外,戴梦申还有《易经解》传世。

(二)"冰清仁让"的戴廷诏

诗山戴氏另一颇有影响的人物是戴廷诏。在诗山戴氏家族中,戴廷诏备蒙尊崇。戴氏祖宇中,有小宗祖宇,又称"藩侯宅""大方伯第"。其"藩侯""方伯"之谓,即源于戴廷诏。戴廷诏字道阶,明神宗万历二十三年(1595年)进士,后累官至江西按察使、江西布政使。

《诗山戴氏谱志》赞戴廷诏:"历任宦途冰清仁让,廉惠宣猷,二十年如一日也。"[④]可见,在为官期间,戴廷诏继承了祖辈"清德"之遗风,并表现得更为出色。

《诗山戴氏谱志》从两方面讲到戴廷诏的"清德"。

一是,戴廷诏做京官时,"昭雪名将俞大猷前功"。俞大猷(1503—1579),晋

---

① 戴宽南、黄秋硕著《清官戴梦申与戴廷诏事略》一文解释说:"按县志云:宋进士有一甲至五甲,有一举至十五举,其取士非一科,惟进士为盛,时殿试有升黜。至开宝举进士,诸科不中,阅贡籍曾经十五举以上,终场者,试论一道,皆赐本科出身,谓之特奏名进士。"(黄国盛,戴景星.大庭千年古村研究[M].北京:中国国际广播出版社,2017:173.)

② 黄国盛,戴景星.大庭千年古村研究[M].北京:中国国际广播出版社,2017:66.

③ 黄国盛,戴景星.大庭千年古村研究[M].北京:中国国际广播出版社,2017:174.

④ 黄国盛,戴景星.大庭千年古村研究[M].北京:中国国际广播出版社,2017:179.

江人,明代的抗倭英雄,与戚继光齐名,却屡遭陷害而被免官。为俞大猷这样的人昭雪前功,不仅反映出戴廷诏富于正义感,还表现出了很大的勇气。

二是,戴廷诏做地方官时,以"救世济民"为己任。万历三十七年(1609 年),戴廷诏在蜀地为官,正值"蜀旱大饥",他就"捐俸三百两煮粥"。而且,他还"惧弗遍,遣官于楚中籴米数千石斛贱粜施给,全活数千人"①。万历四十一年(1613年),戴廷诏迁江西按察使,不久转江西布政使。"时水旱频仍,民艰粒食。公与巡抚议改折、议减盐税以便民,种种事宜,俱报可。民赖以苏。"②勤政爱民已属可贵,捐俸济民实不多闻,如无父母之心,绝难想象。

戴廷诏的所作所为,既大有古循吏之风,又类似广泽尊王之"行仁赐福"。而这一切,又都是戴氏家风族风使然。《大庭千年古村研究》一书列举了很多实例,来彰显诗山戴氏的"行仁赐福"家风族风:十九世戴启,"慷慨乐施,正直无伪";二十一世戴武,"为人慷慨";二十一世戴广坡,"好士喜施之慨仍不少减","有待公举火者,公随之赈之,不责后券。有以构居事求公排解者,其人怀金以谢,公辞弗受";二十二世戴一阳,"慷慨好施,四方咸戴其恩";二十三世戴邹教,"俭以自奉,丰以待人";二十三世戴明仑,"沉潜仁厚,深得父传,以医学名世……救人不望报,远近德之";二十三世戴阳沛,"勤俭拓业,笃于天伦,厚亲戚,礼宾师,新修祠宇,不惜捐金,凡借欠货贷,火焚其券而悉宥之";二十五世戴起铨,"厚礼待师,且捐赀筑砌,以济水利"③。另有戴凤仪修筑龙潭陂,"自耗四百七十余金"④;戴金华,为孙中山领导的民主革命倾家助饷,为家乡创办崇诗学校。

戴廷诏有很多著述传世。《诗山戴氏谱志》说他:"平生所著,有历代帝王纪、历代名臣录、古诗选、诗山草游、西山记、家训宝鉴等书行于世。"⑤

(三)"南邑文章泰斗""诗山办学先驱"戴凤仪

戴凤仪(1850—1918),字敬斋,号松村居士,晚年取名"希朱"。清光绪八年(1882 年)举人。光绪二十四年(1898 年)入直中书兼派颐和园领事,诰受奉政大夫。清宣统元年(1909 年),被举荐以博学宏词科,与林纾(1852—1924)、严复

---

① 黄国盛,戴景星.大庭千年古村研究[M].北京:中国国际广播出版社,2017:179.
② 黄国盛,戴景星.大庭千年古村研究[M].北京:中国国际广播出版社,2017:180.
③ 黄国盛,戴景星.大庭千年古村研究[M].北京:中国国际广播出版社,2017:182-183.
④ 黄国盛,戴景星.大庭千年古村研究[M].北京:中国国际广播出版社,2017:46.
⑤ 黄国盛,戴景星.大庭千年古村研究[M].北京:中国国际广播出版社,2017:181.

(1854—1921)等人齐名。

《大庭千年古村研究》一书称戴凤仪为"南邑文章泰斗""诗山办学先驱",突显了戴凤仪在著述和办学两方面突出的历史贡献。

作为"南邑文章泰斗",戴凤仪勤于笔耕,著述很多。其内容集中在两方面:一类是"以韩柳欧苏之文,载周邵程朱之理"的理学之作,包括《四书阐义》《松村语类》《松村文集》《理学源流考》《朱子配义》《弘子全书》《朱陆异同论》《松村诗草》等;另一类是地方文史志书,如《南安县志》《郭山庙志》《诗山书院志》《诗山戴氏族谱》等。这些著述,不仅彰显了戴凤仪的学识渊博深厚,也反映了他治学的严谨扎实。

作为"诗山办学先驱",戴凤仪自清光绪十二年(1886年)起,先后主讲于安溪崇文学院、崇德书院以及丰州书院。清光绪十九年(1893年),戴凤仪历经十几年的筹划,创办了诗山书院。虽然此学校于辛亥革命后因经费不足而停办,但戴凤仪倡办学校之功不可埋没。他为家乡培养了大批优秀学子,在当地较有名望的就有百人之多。泉州知府陈雪楞称他为"课士圭臬",督学戴文成赠其匾额为"功在菁莪"。其办学的动机,与其著述的目的一样,仍在"坚守朱子宗旨",弘扬朱熹学说。

这一点,在他的穿着举止等方面也表现得很充分。《大庭千年古村研究》一书介绍说:"戴凤仪生活于清末民初的社会转型期,却"角巾朱履,独守古风,不与俗伍。"[1]其性格的"坚守""传统"一面,可见一斑。

大庭村戴氏家庙中,赫然写着这样的祖训:"文物继四门而起,巍科显宦,誉振欧闽,还期庭苗芝英,材储柱础,为忠为孝为节为廉为贤哲,风范成第一等人。"[2]千百余年间,大庭村戴氏一族恪守祖训,多出"清德"之官和博学之士,因而赢得了"诗山第一家"之誉。

二、大庭村的"码头"文化

古时,发源于永春小岵的诗溪(晋江之上游)从大庭村中向西流过,约5千米处为"码头"。宋代时,码头称"鳌头",为晋江流域货物集散地之一。由泉州沿晋

---

① 黄国盛,戴景星.大庭千年古村研究[M].北京:中国国际广播出版社,2017:225.

② 黄国盛,戴景星.大庭千年古村研究[M].北京:中国国际广播出版社,2017:76.

江上运货物,经东溪上溯至此停泊起卸;而上游的土特产品则由此船载到泉州等地。在土皮芸,宋代时还建有驿站。明代时,宫占村则设有巡检司。可见,宋明之时,此地的航运以及商贸活动十分活跃。

这样的地理状况,使得大庭村戴氏一族不仅具有商业意识,还"心向天边外",具有开拓意识。由此,由明末戴云程、戴昆琏开始,当地逐渐形成了重视商贸,不惜漂洋过海以求发达的"商脉"。

《大庭千年古村研究》一书称,自清代以降,大廷乡戴氏家族前往海外经商与发展者为数甚多。据《诗山戴氏谱志》记载:戴氏家族居住海外者,主要分布于菲律宾、马来西亚、新加坡、印尼、越南、缅甸、加拿大、美国等地。

我们称由这条"商脉"所形成的文化现象为大庭村的"码头"文化。开创大庭村"码头"文化的代表人物有戴金华、戴愧生、戴宏达等人。他们均可称为"义商",其共同点在于:身在海外,却不忘桑梓,慷慨解囊,或支持民主革命,或投资家乡建设,或办学兴教,以大量的善行义举来利国利民,为自己的故国故乡做出了突出的贡献。我们所在的闽南科技学院,就是这种善行义举的载体之一。

大庭村的发展,得益于上述文商二脉延续中所开创的"诗山"文化和"码头"文化。

第五节　其他具有特殊文化意义的村镇

在闽南,南安是最早开发的区域,这使得今天南安所辖的村镇中,多留存较为古老的文化,具有特殊意义。如梅山,开发于晋代,唐宋以来,芸溪之畔的芸尾街,即成为泉州至永春等地航运货物的集散地和古梅山的经济贸易中心。再如洪濑,南朝梁时,便随着毗邻的政治、经济、文化中心丰州而逐渐形成集镇,隋唐五代之后,其商埠码头也曾出现繁荣局面。

南安的很多村落,不但很古老,而且往往具有某种特殊的文化意义。现择要罗列如下:

东田镇南坑村,其于1977年发现的宋元明窑遗址,1991年被列为第三批省级文物保护单位,2006年被归入第三批全国重点文物保护单位屈斗宫德化窑遗址。

官桥镇漳里村,其兴建于清同治四年至宣统三年(1865—1911)的蔡氏古民居建筑群,1996年被列为第四批省级文物保护单位,2001年被列为第五批全国重点文物保护单位。2008年蔡氏古民居营造技艺被列入第二批我国非物质文化遗产名录闽南传统民居营造技艺。

官桥镇竹口村,其境内龙水山五塔岩寺前肇建于宋的五塔岩石塔,1996年被列为第四批省级文物保护单位,2013年被列入第七批全国重点文物保护单位。

省新镇满山红村,其兴建于清光绪三十四年(1908年)的林氏民居(林路厝),2005年被列为第六批省级文物保护单位,2013年被列为第七批全国重点文物保护单位。

官桥镇漳州寮村,2013年被国家住建部列入第二批传统村落名录,2016年被列为第五批省级历史文化名村。

眉山乡观山村,2016年被国家住建部列入第四批传统村落名录。其兴建于清光绪十六年(1890年)的观山李氏民居,2018年被列为第九批省级文物保护单位,2019年被列为第八批全国重点文物保护单位。

丰州镇桃源村,其建于北宋时期的桃源宫陀罗尼经幢,1961年被列为第一批省级文物保护单位,2019年被列为第八批全国重点文物保护单位。莲花峰石亭寺后宋至清摩崖石刻,1996年被列为第四批省级文物保护单位。

东田镇蓝溪村,其于1977年发现的寮仔窑遗址,2005年合并于第三批省级文物保护单位南坑窑遗址。

诗山山二村,其建造于南宋宝祐四年(1256年)的诗山塔(阿育王式塔),2001年被列为第五批省级文物保护单位。

柳城祥塘村,其雕琢于南宋庆元年间的开化洞阿弥陀佛像,2001年被列为第五批省级文物保护单位。

仑苍镇蔡西村,其境内雕琢于南宋淳熙二年(1175年)的妙峰山阿弥陀佛造像,2005年被列为第六批省级文物保护单位。

金淘镇朵桥村,其兴建于清乾隆年间的聚奎楼(朵桥土楼),2005年被列为第六批省级文物保护单位。

丰州镇旭山村、桃源村,其于1957年发掘的分布丰州华侨中学附近狮子山上的西晋、东晋、南朝、隋唐时期墓葬群(合称"丰州古墓群"),2009年被列为第七批省级文物保护单位。

蓬华镇大演村,其建造于清嘉庆至道光年间的洪氏民居,2009 年被列为第七批省级文物保护单位。

眉山乡高田村,其建于北宋雍熙四年(987 年)的凌云叶氏家庙(原名凌云祠堂),2009 年被列为第七批省级文物保护单位。

霞美镇霞美村,其兴建于 1931 年、1941 年的陈氏民居("番客厝"),2009 年霞美被列为第七批省级文物保护单位。

丰州镇燕山村,其兴建于明正统二年(1437 年)的黄氏家庙,2013 年列为第八批省级文物保护单位。

康美镇福铁村,其建于清康熙三十四年(1695 年)的福铁都督墓(林贤墓),2013 年被列为第八批省级文物保护单位。

金淘镇占石村,叶飞故居 2005 年被确定为省级国防教育基地、省侨联爱国主义教育基地、泉州市爱国主义教育基地、南安市爱国主义教育基地及南安市国防教育基地,2017 年被列为第九批省级文物保护单位。

金淘镇金淘村,其兴建于清宣统三年(1911 年)的金淘书院,2018 年被列为第九批省级文物保护单位。

石井镇奎霞村,其兴建于清至民国(18—20 世纪中期)的奎霞建筑群(含林文质故居、四桃大厝、世庵大厝、应源楼、典当大厝、远胜大厝、柳姑楼等建筑,以及奎霞古街、林氏宗祠、绍东楼、下行份大厝等),2018 年被列为第九批省级文物保护单位。

英都镇良山村坂埔自然村,其兴建于清乾隆年间的洪氏民居,2018 年被列为第九批省级文物保护单位。

另外,柳城榕桥三保村,为明代著名思想家李贽的祖籍地。

石井镇岑兜村,为闽南著名剧种高甲戏的发源发源地;2006 年,高甲戏由泉州市、厦门市申报为我国第一批非物质文化遗产名录。

上述这些村落的遗址遗迹等,都属于南安宝贵的文化遗产,都应该加以保护,并有必要相应地开展其历史的、文化的、艺术的研究。

第五章　南安名山古刹

　　南安位于福建东南沿海"闽南金三角"的中部区域,地势西北高且宽,东南低且尖,山峦起伏,河谷、盆地穿插其间,丘陵山地、水域、平原分别占全市总面积的73%、6.3%和20.7%,素来有"七山一水二分田"之称。[①] 南安群山环绕,风景秀丽,全县有一万余座山、岭、丘、寨,海拔超过1000米的山峰有翔云的云顶山、东田的芹山、向阳的五台山及蓬华的天柱山。虽无高山,但位于丰州古镇的九日山是"海上丝绸之路"的起点,有着重要的自然历史人文价值。并且,南安无山不佛,名山藏古寺,更使其自然景观与历史人文景观和谐相衬,浑然天成,显示出南安历史文化的厚重性。

第一节　九日山文化

　　丰州之西,矗立着著名的九日山。九日山距南安市区16千米,距泉州市区约7千米。1961年,九日山被列为福建省首批省级文物保护单位。1988年,九日山又被列为全国第三批重点文物保护单位。

一、"九日山"名称的由来

　　九日山曾名"麒麟山",名"九日山"与重阳节俗有关。《泉州府志·九日山志》称:"邑人以重九日登高于此,因名。"民间将其"落实"为,晋末中原战乱,汉人

---

① 中共南安市委宣传部.南安概览[M].福州:海潮摄影艺术出版社,2003:8.

南迁于晋江两岸而居后,每于重九日到此登高远眺家乡,寄托乡思,久而成习,故称此山为"九日山"。

二、九日山人文景观

其实,九日山仅有 110 米,并非高山。它成为名山,在历史中完全是"因治而盛"(因丰州为治所而兴盛)的结果。确切地说,最初,它以峰、岩、林、泉的优美而称盛;逐渐地,"地以人重"(戴廷诏语)[①],它更以文史信息的丰富厚重而传世。

九日山有东、西、北三峰。

东峰也称东台、麒麟山。唐谪相姜公辅曾寄迹此山之中,卒后葬此,因而东峰还叫"姜相峰"。

姜公辅(730—805),字德文,爱州日南(今越南清化)人。唐建中四年(783年)十月,朱泚率叛军进攻奉天,姜公辅护驾、献策有功,被升为谏议大夫,同中书门下平章事。后因言而忤德宗,罢为太子左庶子、右庶子,再贬为泉州别驾。贞元二十一年(805 年),唐顺宗即位,起用为吉州刺史,未及到任而卒,葬于九日山姜相峰南麓。宋泉州太守王十朋(1112—1171)赋诗称颂姜公辅说:"姓名端合上麒麟,当世哪知相是真。遗冢尚余封马鬣,孤忠曾记犯龙鳞。三巴流落知音士,九日迢遥避世人。精爽不迷祠宇后,俨然唐室旧冠中。"另一宋泉州太守真德秀(1178—1235)也赞曰:"巍巍姜公,巉巉东峰。峰以公名,千古并崇!"[②]

西峰也称西台。唐代诗人秦系曾在此隐居,因而西峰也叫"高士峰"。顶峰有五代石佛造像,因而西峰也称"石佛山"。石佛为泉州最早的石雕造像,五代时清源军节度使陈洪进(914—985)所倡刻,高 4.5 米,宽 1.5 米,袒胸盘坐于莲座上。

秦系于唐建中元年(780 年)由浙江若耶溪乘舟南下,隐居九日山,过着"不逐时人后,终年独闭关"的生活,读注老子《道德经》,终年不出。他还经常在石崖水畔垂钓,自号"东海钓客"。后与姜公辅结为好友,两人结邻而居,饮酒赋诗,评史论文,十分投契,一起生活了十三年。著有诗集一卷。去世后,泉州人在九日山西峰当年秦系所居之地建亭纪念他,称"秦君亭"。

北峰叫北台,连接东、西两峰。三峰环抱,围成一坞,清泉潺潺长流,犹如琴

---

① 黄国盛,戴景星.大庭千年古村研究[M].北京:中国国际广播出版社,2017:3.
② 真德秀.西山先生真文忠公文集[M].上海:商务印书馆,1937:967.

声,号称菩萨泉。周围有九峰山、葵山、莲花峰、狮子山等,过溪有金溪山等。山下有金溪,为晋江中游,其水滚滚流淌,经泉州而注入浩瀚东海。[①]

据说,九日山曾经拥有很多奇景。有人在文章中罗列了四十余处,包括:神运殿、灵乐祠、肉身佛、檀越林、石佛岩、菩萨泉、仙人桥、东峰道场、秦君亭、姜相台、无等岩、水陵堂、放生池、御书阁、墨妙堂、乱峰轩、聚秀阁、廓然亭、思古台、一眺石、钓台、翻经石、碧玉峡、小清凉石、自然磔、白云堂、惠泉、翠光亭、晋朝松、无名木、醉石、百级石、砌石庭、石龟、石碾、石盆、石砚、宾月轩、二贤祠、三贤祠、四贤祠、圆通阁、石墙、赛鹅沟、藏杉井、出米石、锦桥、葫芦石等。[②] 遗憾的是,时至今日,很多景观,或湮没,或毁圮。幸存下来的还有姜相台与姜相墓(唐谪相姜公辅栖隐之处及其墓所)、翻经石(南朝梁代印度高僧拘那罗陀校译《金刚经》之处)、无等岩(唐高僧无等禅师栖隐之洞穴与塔墓)、石佛巨雕(闽南最早的石雕佛像)与白云坞、菩萨泉等,以及近年重新修复的秦君亭与廓然亭。

秀丽的山川,使人赏心悦目。再加上丰州兴盛时期在这里陆续形成的许多人文景观,更使此山成为仕宦之辈、文人墨客之属经常光顾、流连忘返之地。

三、九日山"文人题刻"

九日山不仅存有祈风石刻,还存有很多文人题刻,几乎"山中无石不刻字"。

唐宋以降,名相高士,文彦硕儒,如唐之高士秦系、谪相姜公辅、四门助教欧阳詹以及稍后的名士韩偓等人,北宋的漳泉观察史、检校太师陈洪进,福建提刑观察使苏才翁、内相苏绅,泉州知州蔡襄、陈偁,南宋宰相李邴、状元宰相梁克家、知州王十朋、真德秀,大理学家朱熹,名士陈知柔、傅自得等人,都曾与九日山结缘,或筑庐栖隐,或燕饮雅集,或登临游览,或赋诗咏和。明清时期,骚人墨客,流连于此者,不胜枚举。

九日山东、西两峰摩崖上,迄今留存北宋至清代的题刻 75 方。其中,景迹题名 15 方,登临题诗 11 方,游览题名 29 方,修建记事 7 方,海交祈风及市舶司事 13 方。此外,还有唐代高僧无等禅师"泉南佛国"题刻,宋代蔡襄、朱熹等人的遗

---

①　张孙章.九日山峛发祥地,海滨邹鲁注史篇[Z]//政协南安县委员会.南安文史资料(第 12 辑),1990:20.

②　王丽水.九日山三十六奇[Z]//政协南安县委员会.南安文史资料(第 12 辑),1990:40-49.

墨。1991年,联合国教科文组织"海上丝绸之路"考察团曾登山参观,也留下了20多国专家联合签署的登游纪事摩崖石刻1方。

1961年5月,包括祈风石刻在内的九日山摩崖石刻被列为第一批省级文物保护单位。1988年1月,九日山摩崖石刻被列为第三批全国重点文物保护单位。

四、九日山祈风石刻

在九日山摩崖石刻中,最重要的是宋代的70余处祈风石刻。

宋元时代,泉州海外交通十分发达。凭借着属地港湾深邃,丝绸、瓷器、茶叶等特产丰富,造船业发达,靠近南宋首都临安(杭州)等优越条件,泉州"每岁造舟通异域",积极与海外57个国家、地区进行贸易交往。为了管理海交外贸和税收,从北宋元祐二年(1087年)起,宋廷就在泉州设立了专门的海关外贸机构——提举市舶司。元朝时,泉州港超过广州港,"梯航万国",成为世界最大的海港之一,与其有贸易关系的国家增至98个之多。[①]

宋代造船业比较发达,能造尖底或平底的巨型海船,安装罗盘针,远航日本、朝鲜、南洋、印度、波斯湾、阿拉伯、东非等地。但当时出入泉州港的番舶(中外的远洋商船)还都是木帆船。它们在浩瀚无边的海洋中航行,要靠信风的驱动,一年两度,夏季御西南风而来,冬季逐东北风而去。由于天有不测风云,在尚无能力完全掌握气候变化的情况下,两宋政府为鼓励海外贸易以满足他们的经济需要,便规定在番舶往返的季节,须举行祈风典礼,以求海神保佑一帆风顺,平安抵达目的地。因此,当时的泉州郡守和提举市舶司,每年夏冬两季(也有一年一次,或夏季,或冬季),率领有关僚属到九日山延福寺的通远王祠(也称"昭惠庙"),举行祈风盛典,向海神通远王(又称善利王、广福王、显济王)祈求番舶顺风。[②]

其时,祈风典礼非常隆重。南宋绍兴年间,资政殿学士李邴在《水陆堂记》中就曾记载说:"泉之南安有精舍曰'延福'。其刹之胜,为闽第一。院有神祠曰'通远王',其灵之著,为泉第一。每岁之春,之冬,商贾市于南海暨夷番者,必祈谢于此。农之水旱,人之疾病亦然。车马之迹盈其庭,水陆之物充其俎,牲物命不知

---

① 廖渊泉,黄天柱.勒石题诗辉翠峦　祈风送舶到瀛涯——唐宋时期游览送舶胜地九日山[Z]//政协南安县委员会.南安文史资料(第12辑),1990:17.

② 郑焕章.全国仅有的九日山宋代祈风石刻[Z]//政协南安县委员会.南安文史资料(第12辑),1990:81.

其几百数焉。已而散胙饮福，觞豆杂进，喧呼狼藉。"①

祭典结束之后，则举办宴会，登游山林，赋诗留念，勒石纪事。这"纪事"所"勒"（雕刻）之"石"，就是我们所说的"祈风石刻"。

现存的九日山祈风石刻都是宋代的，最早的是南宋淳熙元年（1174年），最迟的是南宋咸淳二年（1266年），时间跨度近百年。这些祈风石刻，反映了宋代政府对海交贸易的重视，是研究泉州港海外交通的珍贵史料，也是中外人民友好往来的历史见证，因而具有重大价值。

五、王审邽、王延彬父子的"招贤院"

与九日山文化兴盛相联系的是唐天祐年间，为了礼四方名贤，泉州刺史王审邽（858—904）、王延彬（886—930）父子于南安三都招贤里（今属泉州市北峰镇）创建"招贤院"。

《十国春秋·武肃王审邽》记载："中原乱，公卿多来依闽，王审邽遣子延彬作招贤院礼之，振赋以财，如唐右省常侍李洵、翰林承旨制诰兵部侍郎韩偓、中书舍人王涤、右补阙崔道融、大司农王标、吏部郎中夏侯淑、司勋员外郎王拯、刑部员外郎杨承休、弘文馆直学士杨鄩图、王倜、集贤殿校理归传懿，及郑璘、郑戬等，皆赖以免祸。"②先后出入该院的名士还有秘书省正字徐寅，右拾遗户部员外郎、京兆府参军翁承赞和太学博士倪曙等人。

招贤院的创办，成为中国历史上尊重知识、尊重人才的一次里程碑式的举措，使南安乃至闽南自此蔚然而成尚文之风。

第二节 延福寺、雪峰寺等古刹

南安也是一个具有悠久的宗教历史文化的佛道之邦。历史上，南安出现了很多宗教建筑和场所，其中影响比较广泛的主要是九日山的延福寺、杨梅山的雪

---

① 陈国仕.丰州集稿[M].杨清江，校.北京：商务印书馆，2018：270-271.
② 吴任臣.十国春秋[M].北京：中华书局，1983：1363.

峰寺、玳瑁山的灵应寺、天柱山的天柱岩、诗山的凤山寺、琼山的天心洞、朝天山的云山寺、金淘的千金庙、罗东镇罗口村的田都元帅府（今称"坑口宫"）等。

一、九日山延福寺

坐落于九日山麓的延福寺是闽南最早的佛教丛林。其前身名"建造寺"，于西晋太康九年（288年）始建于九日山西北二里许，后于唐大历三年（768年）迁建于此，至今已有1700多年的悠久历史。

（一）延福寺流传的古迹

南朝梁大同年间，印度高僧拘那罗陀泛海来中国，曾到延福寺，在九日山西峰翻译《金刚经》，至今九日山仍存有一块"翻经石"。

唐高僧无等禅师在此长期驻锡，在九日山西峰留有无等岩史迹。后人在岩下雕刻无等禅师造像，并在岩壁上留有"泉南佛国"石刻。

北宋高僧无可禅师是丰州人，曾任延福寺住持，与当时的文人交往甚深，其所住的奉先堂壁上有蔡襄题书，苏子瞻、黄鲁直、陈莹中、李老汉、谢任伯、郎儒冠、温叔皮等人都有赞诗赠字。

九日山西峰绝顶有一尊阿弥陀佛石雕造像，为五代陈洪进所倡刻，是闽南最早的石雕佛像，外筑石室，以保护石像。佛像高（包括底座）7.5米，肩宽1.86米。原建被木屋遮护，屡遭损毁，现存石室是清康熙三十三年（1694年）由南安知县李延基重建的，李知县还在石室正门题匾"洞天别现"。

（二）延福寺祀奉的主要神

九日山延福寺及其宗教信仰的历史在八闽当是首屈一指，所祀神祇的属性也一变再变。

据传，唐咸通年间，延福寺重建大殿时，一僧人到永春乐山搜求木材，遇一白须老翁，指引其处，果得巨木大杉。是夜，又梦见老翁应许将木材代运到延福寺。后果然溪水暴涨，木材顺流而下，直至大殿建成，取用不缺。因木材乃神力所运，故大殿取名为"神运殿"。又于寺中另建一"灵乐祠"，奉祀这位"乐山王"。此时的乐山王，无疑是一位山神。

有说这位山神原名李元溥，大约于唐中叶因避安史之乱而隐居于八都五台山,民间俗称"白须公""红帝公""帝君公"。最初是永春与南安交界处乐山的山神。民国《永春县志》就载:"乐山王,古之隐士也。尝居台峰。俗谓白须公。升仙之后。人为立祠祀之。"

北宋嘉祐二年(1057年),蔡襄任泉州太守时,多次向这位乐山王祈雨,据说每次求雨均"灵验"。于是上报朝廷,乐山王遂被敕封为"福佑帝君"。北宋熙宁八年(1075年),又被敕封为"崇应公"。这时,山神已经变成了雨神。

随着泉州地区海外贸易的日益繁华,又广为流传这位"乐山白衣叟"于海上显圣的事迹,而且"舟或有临于艰阻者,公易危而安之","舟人赖以灵者十常八九"。越传越神,变成了"其灵之著,为泉第一"。由此,山神—雨神,又逐渐成为闽南地区能够庇佑航海平安的一方海神,被朝廷加封为"通远王",并立"通远王祠"以祀之。此后,又不断被加封为"善利王""广福王""显济王"。故如石刻所说:通远、善利、广福、显济,实为一人。[①] 通远王祠又改而为庙,赐名"昭惠"。

蔡襄接手修建洛阳桥后,在洛阳建造一座昭惠庙,并特意到九日山"恭请"通远王前去"镇海安澜",由此延福寺中通远王的海神地位在闽南得以正式确立。

昭惠庙的通远王还有两位"从神":一位叫陈益,另一位叫黄志,封"辅国忠惠王"。据乾隆《泉州府志》记载,陈益为泉州郡守陈称的随从武官。"元丰年间,(陈益)从守祈风南安延福神运殿,睹庙貌森严,显灵奇异,誓舍身为佐,遂植杖立化。"[②]寺僧将其尸身封泥贴金供奉,配为通远王的"从神"。"淳祐间,累封仁福王"。[③] 这就是人称"九日山三十六奇"之一的"肉身佛"。

北宋乾德、开宝年间,清源军节度使陈洪进曾对延福寺加以增筑扩建,共有五十四院落,五十余支院,几乎占据了九日山前至金溪边全部的平地及东、西峰半山以下、白云坞山坡山麓所有地方,规模宏大,达到全盛时期。

宋时,每到农历四月至六月西南季风来临和农历十月至十二月东北季风吹袭之际,泉州州县官员及市舶司主事便会到延福寺通远王祠为远航船舶祈风。其仪典隆重肃穆,规模很大,礼毕还要勒石记事。这样,通远王又成了"海上丝绸

---

①　黄柏龄.九日山志[M].上海:上海辞书出版社,2006:149.

②　怀荫布,等.乾隆泉州府志(一)[M].影印版.上海:上海书店出版社,2000:396.

③　怀荫布,等.乾隆泉州府志(一)[M].影印版.上海:上海书店出版社,2000:396.

之路"最初的海上保护神。

此后,虽然元代时通远王的海神地位逐渐被妈祖所取代,但在南安一些地区仍被视为地方保护神,并形成了一种很有影响的通远王信俗。2019年2月,该信俗被列入第六批省级非物质文化遗产代表性项目名录。至今,除九日山昭惠庙外,南安地区奉祀通远王及其从神仁福王的庙宇尚有多处,如英都昭惠庙(董山宫)、水头昭惠庙(海潮庵)、乐山昭惠庙、郭田昭惠庙(青塘宫、青龙宫)等。在英都,海神信仰还影响了拔拔灯习俗的形成。

二、杨梅山雪峰寺

(一)杨梅山雪峰寺的由来

杨梅山处于康美、洪濑、梅山的交界处,傲立在四周丘陵平原之上,是一座久负盛名的佛教名山。杨梅山郁郁葱葱,古木参天,不产杨梅,却诞高僧,梵刹林立。据记载,鼎盛时期的杨梅山有18座寺庙,至今山巅尚有慧泉寺,山麓有山本岩、北有西真寺,西南有太湖岩,而以地处康美境内的雪峰寺独占中区,诸峰朝拜,气势磅礴,钟灵毓秀,佛之圣地。

据载,雪峰寺开山祖师义存大师,是唐代杨梅山下西林村湖尾官田人,俗姓曾,十二岁出家到福州学道,后成为一代高僧,是禅宗云门宗大师。唐僖宗曾经赠义存大师紫衣袈裟,赐号"真觉大师"。王审知为闽王时,聘其为国师,入馆于王府说教。泉州太守王延彬也对他大加礼敬。义存大师游遍全国名山宝刹,在福建闽侯创建了雪峰寺。

晚年,义存大师欲葬父母。传说,因他道行高洁,孝感天地,有白马现身引路,于是在杨梅山中择得龙马吉穴,并建庵守坟(俗称"白马坟")三年。北宋宣和二年(1120年),教谕黄祖舜在义存大师父母墓前,竖立一块"雪峰开山父母坟"石碑,植一株罗汉松于墓旁。南宋淳祐三年(1243年),天锡和尚(号樗拙)在杨梅山父母坟依山筑庵梵修,历代扩修,规模越来越大,遂成大寺,取名"小雪峰寺",以别于闽侯雪峰寺,后人简称为"雪峰寺"。入门寺联云:"冷冷清清雪,茫茫杳杳峰。"

（二）雪峰寺流传的古迹

雪峰寺始建于唐代,历史悠久,现还留有唐光化二年(899年)唐昭宗李晔的"应天广福"题匾。此寺高僧辈出,是闽南禅宗祖庭。

寺院四周,素有秀丽奇特的"四景八趣"之景:"洗心泉""缓步径""山月楼""芭蕉阪",称为"四景";"晴窗晓日""花坞晓雾""萝薜凝烟""北牖凉风""苔阶泡露""山楼夜月""石窦鸣泉""香庭蕉雨",称为"八趣"。

历代名人游山览寺题咏颇多,宋代大儒朱熹来游时,曾以"地位清高,日月每从肩上过;门庭开豁,江山常在掌中看"一联,书赠雪峰寺。寺内至今仍悬挂着明代大书法家张瑞图(1570—1644)为雪峰寺题写的"法界藏身"匾额。清代博学鸿儒洪世泽(约1708—1791)也曾为雪峰寺撰写碑文。历代高僧著述颇多,有《瘦松集》《雪峰寺志》《续志》等。寺中还存有杜文臣、释佛化、释在奎、黄妙应等人雕像。

近代曾有佛教三大法师弘一、太虚、芝峰会聚雪峰寺谈禅释义,书诗写悟,留下诗文墨宝。尤其是弘一法师(1880—1942)于1929年和1930年先后两度游住雪峰寺,留下十分珍贵的题匾和诗联,其六根清净、独具一格的手迹,处处可见。亭内立有一碑石,记弘一法师两度莅临宝刹事宜。亭柱上镌刻由赵朴初(1907—2000)题写的楹联:"千古江山留胜迹,一林风月伴高僧。"此外,还有寺左殿后的"狮吟虎啸"、寺右殿边的"松风水月"及清乾隆武进士、福建提督马负书(?—1768)所题写的"玉笏""朝天"等珍贵古迹。

（三）雪峰寺祀奉的主要神

雪峰寺为闽南名刹、佛教重地,主要供奉释迦牟尼佛、观音大士等。

雪峰寺为八闽禅宗佛寺输送了诸多的住持高僧,南洋禅寺不少名僧方丈,门出雪峰。世界佛教名僧,宏船法师、妙灯法师、广净法师、瑞今法师均任过雪峰寺的方丈、监院。为此善缘广播,回赠祖庭,众多名僧曾多次乐施巨款重修雪峰寺。

1984年,新加坡龙山寺广净法师、普济寺妙灯法师为雪峰寺送来了一尊高2米、重5.5吨的释迦牟尼玉佛。

1988年,第三次重修雪峰寺,寺前有山门,寺宇分前后两殿,前殿"万福堂"明亮宽敞,后殿为大雄宝殿,供奉释迦牟尼、观音大士等十多尊大佛像。

三、玳瑁山灵应寺

(一)玳瑁山灵应寺的由来

玳瑁山地处南安东北部洪梅境内,海拔仅 660 米,却一峰独奇,"天生玳瑁众山低",山峰峭拔,高耸云端,时有云雾盘绕峰巅,酷似一顶大帽子,故名"戴帽山",雅称"玳瑁山"。

灵应寺就坐落在这钟灵毓秀的玳瑁山半山腰上。寺宇始建于五代后唐(923—936),距今已有 1000 多年历史。据传,后唐时,有个神童李文愈,自幼父母双亡,投奔姑母家,家贫有志,常现神异,后坐化于玳瑁山间枞吊藤上。乡人柯长者将其真身塑造成佛,就地建道场,祀奉为"灵应祖师"。此道场称"紫帽岩",又名"灵应岩"。

灵应寺入口处有护界亭,寺西南有灵应祖师"真身塔",寺后山崖上有竹丛盘石而生,竹竿腰弯如弓状倒垂,俗称"倒抛竹",相传为灵应祖师成佛前亲手栽植的,距今也有千年历史。

(二)灵应寺流传的古迹

相传清道光十五年(1835 年),南安大旱,知县梁韵清到玳瑁山向祖师求雨,顿降甘霖。梁知县当即为"灵应寺"修匾额。又传,玳瑁山下宅乡人黄培松少年学文,终不成器,祖师出灵签劝他学武,后来高中武状元。黄培松特地送了四个不同字体的"灵"字匾,以表答谢。至今灵应寺还留有达官贵人、士民工商所题写的一些匾额,匾匾皆与"灵"有缘。

历代高僧、文士在此游而忘返,留下了很多诗文、对联、墨宝。惠安人如幻法师题有《寓居灵应寺同井公》一诗传世。1940 年 10 月,弘一法师在住持定眉法师恳请下驻锡灵应寺半年余,闭门著述,研究佛经,并为重修祖师真身塔撰写了碑文《唐神僧灵应祖师现化记》,还写了大量诗文,留下了很多珍贵墨宝,如:"念佛不忘救国,救国不忘念佛。""不为众生求安乐,但愿众生得离苦。""即今休去便休去,若欲了时无了时。""净地何须扫,空门不用关。"这些佳联,在宣扬劝善修性的佛家哲理的同时,也蕴含着某种程度的忧国忧民。

（三）灵应寺祀奉的主要神

灵应寺大殿为硬山式屋顶，面阔五间，进深四间。位于群屋中间的肉身殿，殿中供奉灵应祖师肉身像，右边供奉其父母神主灵位，左边供奉观音菩萨以及韦驮、伽蓝诸菩萨，殿后供奉十八罗汉。

2013年1月，洪梅灵应寺被列为第八批省级文物保护单位。

四、天柱山天柱岩

（一）天柱山天柱岩的由来

峻极于天、云遮雾绕的天柱山位于安（溪）南（安）永（春）交界处的蓬华镇，原名万寿山，古号湖坪。据地方志书载：南宋度宗年间，云岩开山祖师维真云游至南安蓬岛乡，遥指峻峰，如柱擎天，故更其名为"天柱"。[①] 维真法师在山巅的湖坪结庐，得到蓬华、夹际等地乡人的支持，开基垦地，建起岩宇，寺名为"天柱岩"。维真法师住寺12年，不曾下山，开坛讲佛，有"信徒178人，四方听者多达1800人"[②]。

（二）天柱寺流传的古迹

建于山巅的天柱岩，长年烟雾笼罩，寺旁古木参天，一片苍翠。因其泉林之胜，云石之奇，曾引许多文人墨客慕名来游。历代登临天柱岩的名士有宋代的诸葛廷瑞、陈龙复，明代的张瑞图、戴廷诏、翁梦周、王慎中，清代的陈万策、李道泰、周青山以及戴凤仪等十余人，他们纷纷吟诗纪胜，达67首之多。明代大书法家张瑞图所书的"华藏世界"，清进士李道泰所书的"不坠天"匾额，高悬在大殿上。清康熙年间，南安进士郭瑄第曾吟出《天柱八景诗》，内有"万寿石巅，双湖茗香，山门引翠，花径流觞，奕对八仙，望入双阳，春烟锦柱，石井盈梁"之句。山巅有"一柱参天载九重，千峰俯地拜万寿"的石刻。寺门匾"天柱岩"三字为原佛教协会会长赵朴初于1995年所题。当初，岩寺还曾附设书院。

---

① 林建生.大泉州风物志[M].香港：香港飞翔国际出版社，2006：368.
② 贾琼娜.南安宗教概览[M].福州：海潮摄影艺术出版社，2003：32.

(三)天柱岩祀奉的主要神

天柱岩大雄宝殿面阔五间,进深四间。大殿供奉的是 1985 年旅居海外的圣忠法师从缅甸迎来的高 2 米、宽 2.5 米、重 3.8 吨的大玉佛,还有云岩开山祖师维真的法像,左右是韦驮菩萨和伽蓝菩萨。

五、诗山凤山寺

(一)诗山凤山寺的由来

诗山凤山寺,原名郭山庙,又名将军庙、威镇庙,位于诗山境内的文章山麓,建于五代后晋天福三年至开运三年(938—946),供奉郭圣王。

郭圣王,俗名郭忠福,南安郭山人,生于后唐同光元年(923 年)二月二十二日,死于后晋天福三年(938 年)八月二十二日。传说郭忠福为长工出身,7 岁丧父,牧牛俸母,乡邻称“郭孝子”。后身体不支,死于荒野。后人念其孝,以将军礼为其立庙,故又称“将军庙”。南宋高宗绍兴年间,敕封郭忠福为“威镇广泽侯”,并赐庙额“威镇庙”,廓大其制,庙宇初具规模。到了南宋宁宗嘉定十六年(1223 年),乡邻增修庙宇,使之殿寝、廊庑、门庭、层阶齐全。南宋理宗开庆元年(1259 年),加封为“威武英烈广泽尊王”,并赐建寺宇以祀。至清同治九年(1870 年),累封至“威镇忠应孚惠威武英烈保安广泽尊王”。因郭山地形类凤盘舞,从此改名为“凤山寺”。

(二)凤山寺祀奉的主要神

诗山凤山寺庙宇分为前后三层,主殿除主祀郭圣王外,东夹室祀尊王、尊妃像,其神像是白眼黑珠直视,炯炯有神,素称“白目佛,益外境”。西夹室供奉观世音等神像金身。前殿中祀尊王,旁祀崇德侯、显佑侯、黄太尉、陈将军,以其有功于王;后殿还祀文昌夫子、关圣夫子诸神像。

在南安民间,广泽尊王被看成忠孝和仁义的化身。这使得凤山寺香火鼎盛不衰,逐渐形成了广泽尊王信俗。每年农历二月二十二以及八月二十二为广泽尊王诞辰,凤山寺和广泽尊王故居龙山宫内香烟缭绕,世界各地的信众都到凤山祖庙举行祭典仪式。仪式主要以祭典、庙会(巡境)、晋香、分灵和故事传说为表现形式,以及音乐、舞蹈、体育、游艺等各种民间表演。该信俗中,还保留了闽台地区共有的"过十六岁"的独特习俗和闽南传统建筑营造技艺等。

明清时期,泉南一带人大批移居台湾,现台湾民间有282座广泽尊王庙。泉南一带出洋谋生的华侨也很多,在东南亚的新加坡、马来西亚、印尼、缅甸、泰国、越南、菲律宾等地,凤山寺分炉多达300多座。诗山的凤山寺为其祖庙,一年四季内外进香朝拜者多达60余万人次。因此,广泽尊王信俗可看成维系同胞情感的精神纽带。

2012年1月,广泽尊王信俗被列为福建省第四批非物质文化遗产代表性项目名录。

六、琼山天心洞

(一)琼山天心洞的由来

琼山天心洞,位于水头镇呈美村境内。民间传说,观世音菩萨云游至此,因爱其群峰丛峙,状似琼花玉蕊,幽谷飞瀑,彩虹迭现,流水淙淙,琴韵频传,遂将扬州琼花之精华洒遍群山,使之更增灵异,自此泉南一带物富民安。乡民深感菩萨恩德,即于隋代(581—618)始创寺宇,并把山命名为"琼花山",寺名为"天香寺",与当时的国瑞——琼花并美。

另说,以李铁拐为首的八仙各显神通游东海,龙太子夺宝被诛,龙王与八仙结仇,多次寻隙陷害八仙。为消弭战祸,保护沿海生灵,观世音前来调和,并割爱将琼山天香寺让给八仙,把八仙与龙王隔开,避免再起争端。自己则移宝座到安海龙山寺。从此,琼山改建为道观,供奉八仙,易名为"天心洞"。

泉南一带的善信们根据地域,把马甲双髻山的何氏九仙山称为"北仙公",把琼山八仙公称为"南仙公"。

天心洞是闽南及海外各地的八仙的祖庭。

(二)天心洞流传的古迹

天心洞为三连拱古牌坊式山门。正背两面的匾额刻着常悲禅师手书的"别一洞天"及"锁云",二者均可回首反读为"天洞一别"及"云锁"。主殿正中门匾是中国道教协会会长闵智亭所书的"天心古地",双边门匾是省民族宗教厅副厅长余险峰题的"济世""为民"。主殿楼上楹联为清代名人所书,楼下留有弘一法师真迹"佛放净光明,心生大欢喜"。仙主殿后是 20 世纪新建的"天香禅寺",其门匾"天香禅寺"及"大雄宝殿"均为原中国佛教协会会长赵朴初之墨宝,其楹联、匾额汇聚了常凯法师、尤慎、王乃钦等中外名家的珍品。

寺、观之西的"龙潭",有明代隆庆六年(1572 年)泉州知府、抗倭名宦丁一中的"秋日天心洞观泉"崖刻诗。对面的岩壁间,嵌有清代道光十年(1830 年)的碑记。柱上,有弘一法师所书"净地何须扫,空门不用关"的真迹。

(三)天心洞祀奉的主要神

"未进山门,先敬土地"是天心洞的特色。据说该土地是八仙礼聘的总管,因而有此殊荣,其香火之盛冠甲一方。

天心洞主殿供奉八仙,分别是铁拐李、汉钟离、吕洞宾、张果老、曹国舅、韩湘子、蓝采和、何仙姑。

七、朝天山云山寺

眉山乡的高田村与天山村交界处,有座俗称南安"五大山头"之一的朝天山。该山又名凌云山,海拔 990 余米。其烟墩峰下东北山麓的云山寺,祀奉威武英烈惠泽尊王叶森。

(一)朝天山云山寺的由来

云山寺前身叫慈济宫,原址在今寺前下方山下村中,建于宋代。

叶森(1189—1208),眉山乡高田村人,生于南宋淳熙十六年(1189 年)。据民间传说,叶森少时颖异,勇而豪杰,不茹荤,不受室,亦不与庸俗人偶,言吉凶多奇中。嘉定元年(1208 年),正值弱冠之年的叶森,一日沐浴更衣,端坐而蜕。乡人德之,立庙以祀。据载,叶森"嘉定末有功于朝,敕封'威武惠泽尊王',并赐祀典"[①]。

---

① 贾琼娜.南安宗教概览[M].福州:海潮摄影艺术出版社,2003:92.

（二）云山寺流传的古迹

云山寺历经 800 多年，几经坎坷辗转，宫宇久圮，乡人移奉尊王神像于祖祠，神光依然。直至 1993 年，高田村华侨纷纷集资在凌云山重新修建，但大殿仍存有圣旨和宋代皇帝敕封的牌匾、主殿惠泽尊王真身神像。

（三）云山寺祀奉的主要神

云山寺是释道综合性宝殿。主殿神龛上供奉惠泽尊王的真身神像，左右两殿是二副、三副尊王神像。后殿中龛供奉玉皇大帝，右龛供奉如来佛、阿弥陀佛、药师佛，左龛三清宝殿供奉上清、太清、玉清道祖，殿中左右分别供奉十八罗汉和十星军，中龛的背面祀观音菩萨。

八、罗东坑口宫

名闻闽台的戏神雷海青祖庙坑口宫（俗称），坐落在罗东镇坑口（今称振兴村）境内。主祀戏神雷海青。

（一）雷海青其人

雷海青（696—756），罗东镇人，畲族。相传其出生后即被丢弃在田垄，过了三天还活着，人们认为他有异能。小时候不能说话，但是喜欢音乐，擅长弹琵琶。唐开元二年（714 年），唐玄宗挑选乐工时被选入梨园。安史之乱爆发的第二年（天宝十五年，755 年）六月，叛军攻下长安，梨园弟子均被俘虏。安禄山在凝碧池设庆功宴，用刀威胁各梨园弟子歌舞共庆。雷海青掷乐器于地，拒绝奏乐，并怒斥安禄山叛国。安禄山大怒，以五马分尸之刑处死了雷海青。安史之乱平定后，唐玄宗返回长安，深为梨园弟子宁为玉碎不为瓦全的忠诚节义所打动。特赐雷海青遗骨回闽埋葬，筑庙祭奠，追封为田都元帅。农历正月十六为公祭日，食邑三百户，由坑口城内坑林氏奉祀。

相传，唐将郭子仪反攻安史叛军时，雷海青曾显化助战（另说在唐玄宗逃往四川的途中，在云端显灵保驾），天空中出现"雷"字旗号，而上半字被云雾所遮，仅现"田"字，故民间称雷海青为"田都元帅"（也称"田公元帅""相公爷""雷元帅""会乐天尊""昊天帝子"等），称其祠为"田都元帅府"（今称"坑口宫"）。

《南安县志》关于雷海青还有下面的一说:"田都元帅雷海青,唐玄宗时人。精通音律,擢为梨园班头,为玄宗宠臣。安史之乱时被作为误国魁首贬出京师,逃难南来,隐居于罗东坑口,研修《易》理,善岐黄术。又设馆授徒,教授歌舞。死后,其徒星散于闽南、潮州一带,各自组班传艺。后代闽潮戏班,梨园子弟尊其为戏神。"①

(二)田都元帅信俗

坑口宫现存殿宇面阔三间,进深一间,大门匾书"坑口宫"。殿内靠山墙筑一三屈神龛,中间神帐横眉标"田都元帅府",奉泥塑田都元帅神像,头戴插满金花的学士纱帽,衣着红色蟒服,两侧分立侍神,左为金鸡,右为玉犬。

罗东镇振兴村的坑口宫是南安地区奉祀戏神田都元帅影响最大的宫庙。它是泉南一带田都元帅祖庙,现莆田、台湾等地寺庙凡供奉田都相公均发源于此。泉州有民谣:"十四结灯棚,十五上元丸,十六相公生。"农历正月十六为雷海青祭日。泉州的高甲、梨园、傀儡诸戏班常在这一天结队到坑口祖庙进香,场面颇为热闹。

坑口宫为祀奉雷海青的祖庙,分炉遍及泉漳潮汕各地,并随闽南移民传播到香港、台湾地区,以及东南亚地区。"田都元帅"不仅被梨园戏、嘉礼戏、高甲戏、打城戏、莆仙戏、闽剧、闽西汉剧、潮剧、白字戏、正音戏、广东汉剧、南管、歌仔戏、宋江阵、台湾皮影戏等戏班以"戏神"之名崇祀,还作为"挡境神"崇祀,分炉多达800多个。至今全台有200多座庙宇奉祀田都元帅,坑口宫田都元帅庙每年都接待数千名台湾返乡谒祖的信众。②

田都元帅信俗2012年被列入第四批泉州市级非物质文化遗产名录,2017年1月被列入第一批至第四批福建省非物质文化遗产代表性项目名录扩展项目名录。

九、金淘千金庙

金淘千金庙位于下圩街西端,原是山后村人陈目五在浯洋圩的府宅,后改为

---

① 福建省南安县志编委会.南安县志[M].南昌:江西人民出版社,1993:819.
② 肖斯炜.坑口宫探源[Z]//政协南安市委员会.南安文史资料(第37辑),2015:104.

寺。传言:"先有千金庙,后有金淘镇。"该寺建于五代后梁开平年间,至今已有千余年历史。

千金庙古称泉州西岳庙,与厦门南普陀、泉州开元寺为闽南三大古刹。

(一)"千金救父"传说

千金庙原名"干全朝",金淘至今仍流传着陈目五女儿陈千金巧改"干全朝"为"闽王生祠"的"千金救父"传说。三王入闽之时,金淘富豪陈目五献粮数万石。王审知成为闽王后,特赐赠陈目五一件黄龙袄及一批金银财宝,以表彰其功。但陈目五飞黄腾达之后,忘乎所以,不但为富不仁,欺压百姓,夺人妻室,还大兴土木,营建豪华府第,名为"干全朝"。于是,有人告发他图谋不轨,意欲称王。闽王为此大怒,严令泉州府前往查抄。陈目五听说此讯之后,惶然不安,急得似热锅上的蚂蚁。父亲有难,身为女儿的陈千金焉能不救。她让陈目五马上把"干全朝"改为"闽王生祠",并速塑"白马三郎"(当地民间称王审知为"白马三郎")形象于府内。结果,闽王释疑,不仅没有治罪,还亲题"忠义"金匾。就这样,陈千金巧计救父,使陈目五去祸而生福。

后来,此府第变而为寺庙之时,人们就把"闽王生祠"改成了现在的"千金庙",来褒扬陈千金之孝之智。

(二)金淘千金庙祀奉的主要神

金淘千金庙内,供奉开闽王王审知、仁圣大帝、西岳大帝、文昌帝君、注生娘娘、城隍公等十六尊文武诸神。

金淘千金庙香火旺盛,福建各地以及港澳台地区等香客络绎不绝。金淘地区之地名、车站、邮局等,以前均称为"千金庙",一直沿袭至20世纪60年代末方才改为"金淘"。

从上述各处古刹祀奉神祇可见,南安的宗教信仰范围广泛,类型繁多,并且反映出明显的"俗信"特征,属于一种带有世俗的、强烈功利性的内心寄托形式。

第六章　南安民俗

　　汉至两宋先后有大批中原汉民南移,给南安带来传统中原文化。由于地理环境、社会发展、外来文化影响,南安人形成吃苦耐劳、敏锐豪爽的品性和勤俭节约、礼节文明的风尚。随着宋元时期海上交通的发展,这种风俗习惯又传播于东南亚地区,以及我国台湾等地。

第一节　生活民俗

　　生活民俗指的是由于自然环境、社会条件、经济水平的差异,在服饰、饮食、居住等方面所形成的风俗习惯。在这方面,南安民俗有明显的地域特殊性。

一、服饰民俗

1.女士服饰

　　服装的变化同社会环境紧密相连,因此在体现时代精神方面,表现得尤为突出。

　　清代南安女性服装,上装为右面衽"大裙衫",高领宽袖,布筋纽扣。下装为裙或裤,长至踝。裙有布裙、绷裙、百褶裙等。新娘少妇穿肚裙,裙上前部连一肚兜至胸。农家妇女多穿宽筒"斗笼裤"。上、下装同色者居多,年老妇女多选黑、蓝、褐三色,年轻女子不拘,大致夏求淡雅,冬多浓艳。富有人家的女装,其襟、袖、裙、裤之边缘,常以配色镶边来美化。

　　城镇妇女多缠足,裹以脚带,穿上小弓鞋。弓鞋由尖形的鞋底、前面的鞋头和后面的鞋跟三部分组成。那三寸鞋尖常用红缎为原料,再以五彩丝线绣花。鞋尖的后面是用细布制成鞋后,两边还有细纱带作为扎紧之用。靠足跟的鞋底,再缝扎一个两寸见方、高两寸多的"木高底",走路之时,身躯的重量,全由这"木高底"来支撑。农村妇女多天足,劳动时习惯赤足,只有出嫁、过年或祭祀典礼等才穿鞋。城外妇人负担入城时,常穿草鞋。草鞋是以几条细麻绳为经线,加上前后左右的"草鞋耳",再用旧布条及湿稻草混合搓成的草索,由鞋后跟逐步向前纺织成一个鞋底,然后用细麻绳由鞋后跟兜起,再向前把左右及前面的"草鞋耳"一并拢起;穿用时把这根细麻绳向足背中心拉拢,并打一个活结,走起路来就不会脱落。另一种档次较高的草鞋,其原料全用粗麻,称为"麻草鞋",更为好穿耐用。不过,穿草鞋一般以男性为多。

民国改制,不愿为封建礼制所束缚的开放妇女,力求依照自己的主观情趣来表达自己对现实生活的感受。女装渐趋短化,手臂较多外露。经改进后的旗袍,至 20 世纪 40 年代在南安城镇已成为通式女服。因不少旗袍为紧身短袖体式,故穿者以中青年妇女为多。冬季则多穿长衫而少穿旗袍,有穿者则为长袖,外加外衣或短套。其质地一般为家庭用棉布,富有之家用丝绒绸缎。女长衫也为上层家庭妇女以及受过教育的妇女穿着,质地同样有棉布与丝绸之分,也有用羊毛绒纺织为羊毛长衫者。被称为"番仔衫"的连衣裙,也出现在侨乡番客婶的身上。这种连衣裙,是抗战胜利以后,旅居菲律宾华侨携带侨生子女回国时传入闽南侨乡的,先是侨属妇女的穿着,后发展为侨乡妇女流行之服式,至新中国成立后仍受欢迎。这一时期的初中、小学女学生,统一着装为黄上衣配黑裙,女高中生则着蓝大裙衫配黑裙,裙长初及胫中,后改短至膝。至于一般劳动妇女,其服装大体变化不大。

新中国成立后,衣着以朴素为荣,男、女服装的色彩、式样均较为单调,年轻女性多穿机织花大裾衫。20 世纪 50 年代后期及 60 年代,则以穿西式长裤为多。改革开放以后,人们思想大解放,衣着也发生了巨大变化,服装讲究美观、时尚,注重质地、名牌。尤其是女装,款式变化繁多,令人目不暇接,有的甚至由遮蔽保守趋向坦露开放,其程度比民国时期有过之而无不及,且在不断地发展变化中。

2.男士服饰

清代南安男装,有便服与礼服之分。便服上着短式汉装,初为大裾,后改对襟。对襟汉装衫在开襟的正面,从领口往下缝五至七对布条制的纽扣、纽球,俗称布纽,并在前襟缀三或四个敞口衣袋。下着宽筒深裆裤,折叠腰间系以裤带。裤带或用长布巾,或用粗纱带,各随所习。衣裤常为蓝、灰、青、棕等纯色。礼服是长衫加马褂。长衫为大裾右衽,同样缝七对布纽,下摆齐脚。旧时比较有身份的人,私塾学究、掌柜的生意人、地主绅士、较有成就的读书人等,常穿蓝布长衫,上层社会多用绸缎缝制。马褂常用较深色的绸缎缝制,夹层常用丝绵、骆驼绒或高级羊羔皮为衬里,男女老幼皆系兜肚护腹,至 20 世纪 30 年代后渐废。

南安气候温暖,戴帽主要为老人、儿童,以男性为多。清代至民国期间,脚夫及其他体力劳动者,常以长巾绕头,代帽御寒,名曰"缠头"。农民出门,多戴竹笠。男子的鞋一般为鸡公鞋或圆口鞋,配以布袜,多于大年大节或做客时才穿。平民百姓,许多人整年没鞋穿,打赤足,长途肩挑或远行则穿草鞋。

中山装自 20 世纪 30 年代起在南安逐渐流行,其穿着范围,至 40 年代已由城镇发展到农村。中山装因创制者为民主革命先行者孙中山先生而得名,其体式是一种改制过的学生服,正翻圆领,正面合襟,自上而下,上下左右各有一个带盖和纽扣的口袋。这种服装,既有西服的优点,又比西服更适合当时中国人的口味,穿着起来,显得朴实、庄重、大方,颇具中国气派。男学生与女学生一样统一着装,初中、小学生为童子军服,戴船形或平边的"童子军帽";高中学生为中山装,戴"鸭舌帽"。俗称"遮飘"的呢礼帽,由上层社会逐渐扩展到城乡平民。鞋袜多为男女通用。男女式全革皮鞋、全胶雨鞋、皮革凉鞋也逐渐进入人们的生活中。周岁幼童穿虎仔鞋,前绣虎头,以辟邪纳福。婴儿穿袜不穿鞋。

新中国成立之初,西装、长衫几乎绝迹,灰色和蓝色的"列宁装""八角帽"等风靡一时。列宁装就是一种双排纽扣的西装体上衣,这种服装首先是由北方南来的部队及干部穿着,后来南方一带干部和居民,无论男女,也普遍仿制穿着。八角帽为灰色或深蓝色,帽较宽大并略为八角形,但没有明显的八角,常为干部所戴,故又称"干部帽"。

20 世纪 50 年代后期及 60 年代,青年男装多为小翻领对襟衫及西式长裤。50 年代以来,青少年偏爱富有朝气的 T 恤衫、牛仔服、运动服等。儿童服装更是五彩缤纷,其价格甚至不亚于成人服装。最为大众化的当为夹克衣。出席庄重的场合,男人多穿西装、结领带、着皮鞋。

3.发饰、体饰

与注重形式、理性和偏爱整齐划一的传统文化心理有关,中国人对发式的态度,曾是非常慎重和严肃的,甚至把它纳入礼法统辖的范畴。古代儿童"垂髫",让头发自然下垂;稍长"总角",把头发束为左右两结。成年时,女子束发穿搭,男子结发加冠。清代发式与政治挂钩,"留头不留发,留发不留头",强制汉人男子改变民族习俗,剃发留辫,即把头中间的头发垂于脑后;劳动阶层盘辫于头上或颈项间。

辛亥革命后,剪辫留发,南安男人的发式,有平头、分发、满堂发、"新生活头"等。女子留全发,结单辫,辫根、辫梢扎以红绳。出嫁后,梳髻于脑后,罩以髻网,簪以银、铜、锡或荆钗。平头是把头发剪短,至前额略凸,为儿童及少年的常用发式。分发即发分两边,左边短而少,右边长而多,然后由项后及鬓边往上推剪,此为最普遍之男子发式,一直沿用至今。满堂发是剪掉辫子后,把全部头发后梳,至颈剪齐,很像古越族断发的样子。

清代至民国期间,幼童囟门上常蓄留一小撮头发,以护囟门,称护囟发;后脑近颈间也蓄一簇头发不剃,以护后脑。老年妇女加扎黑布。东田老年妇女多加戴印有白花的蓝色方巾。遇上喜庆节日,青壮年妇女或插鲜花,或别花串,老妇则插"金花",富者或别金梳。

五四运动以后,城镇青年女子逐渐开始剪辫,留齐耳发,额上有刘海;男子多留西发。农村则无多大变化。新中国成立后,城乡女青年先后流行齐耳发、结双辫,以不同色彩的花、叶、蝶形发夹为饰,辫梢或扎以黑色或彩色蝴蝶结。20世纪60年代后流行运动发、童发。80年代以来,女子烫发、留披肩发或扎成马尾式的渐多,发根装饰以绸缎、棉纱、呢绒材料的色彩鲜艳的各式花边、蝴蝶结等。青年男子则喜欢留长鬓发、半发。

旧时少数男子还留有在手背或臂部文身的习俗。管家妇女有耳环、戒指、手镯、项链等。新中国成立后,逐渐消失。20世纪80年代以来,女青年戴戒指、耳环、项链的渐渐增多,也有少数带金银手链和各式胸花者。少数青年男子也戴戒指、项链。农村婴儿基本上不分男女多有戴银质手环、脚环的,或佩戴香囊,后领用红丝线缀上花纹。城乡女孩则有戴耳环、项链的。

二、饮食民俗

饮食民俗在生活民俗中,最具群众性和生命力,覆盖面极广,几乎影响到人类饮食生活的全部领域。

1.一日三餐

南安人的居家食俗,在用餐时间和次数方面,与我国大部分地区一样,均实行一日早、午、晚三餐制。

南安人以大米为主食,地瓜、小麦次之,芋头为辅。旧时贫苦人家三餐难以果腹,以杂粮、瓜菜充饥。因地少人多,历来粮食不能自给,民众相沿成习,以粗细粮相搭配,以稀为主。新中国成立后,粮食实行统购统销,城镇居民定量供应,日食三餐,机关学校两餐干饭一餐稀饭,一般居民两餐稀饭一餐干饭。农村则除农忙、节日有一餐干饭外,平时多三餐皆稀,或以大米煮粥,地瓜煮汤,或以大米掺芋头、瓜菜、干鲜地瓜同煮。焖成菜饭则为改膳。还有以地瓜磨渣、小麦磨粉煮糊吃的习惯。

大米除煮饭外,还加工成米粉、磨浆蒸糕粿。小麦磨粉煮糊煎饼或筛出面粉加工面条、面线,大豆磨粉制"签",芋头与地瓜粉混合蒸制芋圆。这类副食品,农村以前多用来待客、过节,20世纪80年代以后才作为常食,而大麦和质量较差的大米,在农村充作饲料。

城镇居民日常荤素随家境而异,基本上有猪牛肉、鸡鸭蛋、鱼虾蚝蛏、瓜菜茄豆、大豆制品和各式酱菜,现买现吃。农村则以自种自养为主,平时为素菜,或辅以杂鱼虾皮,并自己腌制瓜菜、萝卜、芥菜。沿海农家还自制豆豉以备日用。20世纪80年代以后,蛋品、海鲜、猪牛肉普遍进入农家餐桌,城镇居民则讲求瘦肉、鸡鸭鱼等低脂肪高蛋白的营养食品。

南安民众于三餐之外,一般没有吃点心的习惯,但逢农忙季节,或家里来了客人,或家里有人生病了,也会煮点心。一般人家以鸡蛋面线同煮待客,或加肉丝、香菇、蚝干、虾米,招待贵客则煮甜汤荷包蛋或团蛋,所煮鸡蛋一般为一双,礼重者为两双。也有以鸡鸭肉、瘦肉片、鸡蛋、香菇、虾米同煮待客的。20世纪80年代以后,逢大事来客较多时,则以牛奶,或麦乳精,或花生汤,或水果罐头作点心。

2.佳肴小吃

南安人的小吃,包括咸点心和甜点心,而且还可大致分为汤类小吃与干类小吃。南安地区饮食习惯大同小异,有许多风味独特的小吃。

润饼、春饼:这两种都是用面粉制成圆形薄皮,包上菜肴,卷成圆筒,捧在手里吃的一种大众菜。菜肴基本上有豆腐干、猪肉、红萝卜、花菜或包菜、豆芽、米粉、蚝煎等,分别煎炒装盘或炒熟后混合。润饼皮稍厚,菜可粗些;春饼皮薄,菜须切细。食时,在饼皮上涂上辣酱,撒上炒过的海苔、花生粉及炸过的米粉,包上各式菜肴捧吃,风味独特。

花生卷:将红糖和饴糖煮成酱,趁热起锅摊于平板上,反复揉搓碾压至呈白色,摊成薄片,包上炒熟去膜的花生仁,捶打成薄片,加蒜蓉,卷成扁圆长条,切成二寸左右的条块取食。香甜酥松,美味独特。花生卷以山仔后隘门头吴光托店中产品为佳。

嘴口酥:将面粉和糯米粉拌和,加酵母发酵后,加砂糖拌匀,摊成薄片,印成银圆大的圆饼,用油炸之即成。食之香甜酥松,配以甜花生仁汤,别有风味。以丰州城内顶街泉珍号产品为佳。

水丸:用海鳗鱼或鲨鱼刮成细蓉,和清粉搅拌,然后捏成直径半寸大的丸子,有的还可包油葱肉蓉为馅,放于清水煮沸熟后捞起,即是水丸。多煮汤食,也可作小点。以旧县城内顶街黄卿椅的水丸最为闻名。

另外,在南安的岁时节俗中,也有不少别具风味的应节小吃,如除夕蒸发糕,做龟粿。上元吃汤圆,称上元丸。清明节沿海各地备润饼菜,溪美地区吃春饼,山区蒸九重粿。立夏吃虾面。端午吃粽子,沿海各地吃麦粉煎饼,洪濑、梅山、罗东、九都一带则多用糯米浆煎海蛎。七夕与冬至煮糖粿。中秋节吃月饼和芋包。立冬炖鸡鸭,称为"冬补"。冬至吃冬节丸。而回族兄弟在过开斋节和古尔邦节时,其应节食品为糯米油香等,是吉祥、幸福的象征。回民要炸油香。

3.早茶晚酒

作为饮食结构的补充,饮料在日常生活中也占有重要的地位,尤其是茶和酒。南安人向来有"早茶晚酒"的说法。南安人饮酒大多在晚上,而饮茶的时间则表现出更大的随意性。

据传,宋末延福寺僧人净业、胜因在莲花峰采制出"石亭绿"。清道光二十一年(1841年),石亭绿成为贡品,促使南安制茶业在大发展的同时,产生了两种与茶叶相关的习俗,即"斗茶"和"送顺风"。

先说"斗茶"。斗茶是在品茶的基础上发展起来的。品茶也称品茗,由主人邀请三五知己,将泡好的茶,盛在小酒杯一样大小的茶盅内,像饮酒那样细细品尝。斗茶则与此不同。相约三五知己,各取所藏好茶,轮流品尝,决出名次,以分高下,即为"斗茶"。一般说,属于有闲人特别是文人的一种雅趣。有一处记述茶事的摩崖石刻说:南宋嘉泰元年(1201年)十一月,"郡守倪思正甫,遵令典祈风于昭惠庙,既事,登九日山憩怀古堂,回谒唐相姜公墓,至莲花岩斗茶而归"。

再说"送顺风"。南安乃至闽南为我国著名的侨乡,从秦汉时起即有人为了生存而"过番"。大规模的"过番"则是在明清末年。"过番"就是"下南洋",就是漂泊过海到菲律宾、新加坡、印度尼西亚、马来西亚、泰国、越南、缅甸等地谋生。"过番"之人后来称为"番客",即华侨。早年,南洋尚未开发,遍地荒野。前往南洋的交通只是靠帆船,顺冬季西北风漂流南下,少则十来天,多则一两个月。如果途中遭遇风浪,则有性命之忧。因此,"过番"实为无奈甚至于"赌命"的选择。闽南有《过番歌》,唱出了当年"过番"的艰辛和危险:"喇狸空,喇狸窟,会得入,不得出;卜想掘金去过番,哪知死得无身骨。"为了祈祷一帆风顺,一路平安,南安乃至闽南便形成了"送顺风"的习俗。"过番"前,"过番"之人要到祖宗牌位焚香,祈求先人的庇护;要到亲朋好友各家登门辞行,接受他们赠送的礼品。有的亲友,特地为"过番"之人备办酒席饯行,谓之"送顺风桌"。亲友赠送给"过番"之人的礼品中,就少不了茶叶。南安乃至闽南人又称茶叶为"茶心";送一包茶叶,有希望"过番"之人不要忘记祖宗和家乡的意思。与之相联系,"过番"之人逢年过节汇款回乡,则称之为寄"茶资"。由于石亭绿曾为贡品,便自然成为南安乃至闽南"送顺风"的礼品,随着大量的"过番"之人而逐渐畅销南洋诸岛,甚至远销英伦。

此外,南安人还喝一种用中草药材制成的保健药茶,以吴范志神曲和秋水轩百草神曲最有名,这两种药茶专治中暑痢疾、呕吐泄泻和伤食腹痛等症,也曾畅销海内外,并成为闽南侨乡赠送华侨的主要礼品之一。

新中国成立后,南安人民饮茶之风渐盛,尤其是 20 世纪 80 年代以来,饮茶已成为日常生活中不可缺少的存在。

南安人饮酒,重酒不重菜,个人品饮,小菜一碟,或花生半把,也无碍饮兴。款待客人,即使满桌佳肴,如无酒下菜,主人也会自愧不成敬意。酬酢宴会,更离不开酒,无酒不成宴,乃至宴席直接被称为"酒宴""酒席"。

酒宴上常要闹酒,以活跃气氛,并调剂饮者酒量,同时还具有娱乐性和趣味性。闹酒古时已有,其方式五代时称"手势令",明代时称"拇战"。南安人俗称"喊拳",如用普通话讲则称"划拳""猜拳"。喊拳时,对喊的两人要同时出手指,同时报数,谁报的数正好为两手指数之和,即为赢拳,对方输拳要喝酒。一般在开拳之前,两人会齐呼"哥俩好""满堂红"等吉利语,然后正式喊拳。喊拳的用语称"拳谱"或"拳辞",每句都是以数字开头,其内容多为吉祥如意和荣华富贵一类的话,或有其故事性的内在联系,或为围绕主题的自由组合,只要能凑足十句,且其开头分别有一至十的十个数字即可。如《杂糅酒拳辞》:"单身一人,两个相好,

三哥留伞,四海为家,五娘思君,六六顺来,七夕相会,八仙过海,九州大同,十分
如意。"《旅途酒拳辞》:"单身出门,两个相好,三人相随,四时花彩,五子登科,六
六大顺,七巧乞针,八马行空,快快(九)到家,合(十)家快乐。"当喊拳趋于高潮
时,两人喊的节奏越来越快,喊的声音也越来越高,再加上同桌人一阵阵的欢笑
声,使宴会的气氛更为热烈。此外,还有比手势,采取锤子、剪刀、布的方式,以锤
子打剪刀、剪刀剪布、布包锤子来决定胜负。这是不会猜数字喊拳的人,临场应
付的一种闹酒方式,酒宴上较为罕见。

三、居住民俗

1.古式大厝

泉州传统民居的典型为"皇宫式"民居,俗称"大厝"或称"官式大厝"。

古式大厝的布局,具有按中轴线对称排列、多层次进深、前后左右有机衔接
等特点。其间数取奇数,一般作三开间或五开间,进深有一进、二进、三进,乃至
四进、五进。例如二进三开间大厝,是由"下落"(或称"前落")、天井及两厢、"上
落"等三部分组成。其临街一面有三间"手巾寮"(为近街小巷居民住宅,一般面
宽3～4米,深度不等)之宽,中一间开大门,大门左右各有一间下房,合称"下
落"。"下落"之后为天井,天井两旁各有一间厢房(俗称"崎头"),一般左厢房作
厨房,右厢房作书房(农家则作农具间)。过天井便是主屋正厝,中间是厅堂及后
轩,其左右各有前、后房四间(皆称"大房",为主要起居室),合称"上落"。厅堂及
两侧的前房前有横廊,在廊之两头各于前房与"崎头"之间辟一门,可通厝外或护
厝。厅堂是奉祀祖先、神明和接待客人的地方,面向天井,宽敞明亮。卧室房门
悬挂布帘或竹帘,房顶天窗甚小,房内幽暗。"光厅暗房"是南安传统民居的特
点。有的大厝前加门庭(俗称"大埕"),东、西两侧及后轩外面或加护厝,有单护
厝、双护厝、环护厝之分,作卧室或杂物储藏间,并于门庭四周筑起围墙,成为一
个规整独立的建筑群。

为避免外人窥视院内活动,大门要逢大事才启开,平时由两侧边门进出,大
门入门处正中又有木板壁,或置屏风。室内地面铺砌耐湿耐磨的红方砖,窗横门
扉则雕镂以花鸟、山水、人物等图案。厅口、天井、厢房、墙础、台阶、门庭等铺砌
平整条石,四周墙面贴砌红砖,并构成各种几何形或吉庆喜彩的图案。大厝屋顶
多为悬山式曲线燕尾脊;屋面铺设红瓦间瓦筒,檐口装配瓦当和滴水。而下房、

厢房、护厝等次要房屋,则多为硬山式屋顶或马头式山墙。豪华士绅之大厝,还于宅外增辟花园,园内挖池垒山,构筑亭榭,为居宅锦上添花,或于宅内天井缀以盆景假山,以成幽静自然之趣。

南安民居习以聚族,大厝规模不一,豪华士绅之大厝,往往可以住上一族几代的数十人乃至上百人。自明、清以降,大厝长期盛行不衰;至民国时期,仍为农村民居的主要形式;新中国成立后,始渐由其他形式的建筑所取代,但农村中尚有新建的古式大厝出现。

南安现存明清时期的古式大厝不少,其典型代表有南安官桥的蔡氏古民居建筑群和石井的郑运锦中宪第等。

2.土楼

南安人旧时居住土楼的并不多,现在更为少见,可视为一种特殊的民居类型。其分布主要在南安北部等内地,以及部分沿海地区。

土楼民居归属于汉民族传统的大家族聚居模式,但又有别于普遍通行的村落聚居模式,故相应的居住民俗也更具特色。南安土楼在其建筑外观上,给人最深刻的印象是封闭性和防卫性。尤其是后者,不能不使人联想到土楼民居形成时期的战乱频繁、土匪出没的历史背景。新编《南安县志》卷四第三章的"住房建筑"一节中,在提及南安诗山、码头、金淘、罗东等地的土楼时,即明确指出,这一座座状如城堡的土楼,"是当地人们为了维护宗族兴旺,抵御土匪强盗进犯修建的建筑"。而在土楼的内部结构方面,则又使人感受到一种囿于封闭棚里的相对开放性,至少在各家日常生活隐秘性方面,就不如村落聚居模式的一家一宅。

南安土楼主要是方楼和圆楼两种。关于土楼的成因,日本东京艺术大学中国住宅研究小组的片山和俊说:"环形土楼产生的理由,据说是为了防御外敌,容易集中人力而建成圈形的,也为了躲避夏秋之际常常来袭的台风的影响。高大的四方形建筑容易招来风灾,为挡风而建成圆形,实际上,在环形土楼的旁边建成方形土楼的例子也不少。"

3.石构民居

石构民居以杂石奠基,条石砌墙,板石(俗称"石枋")盖屋顶(如盖楼房,也可作楼板),包括梁、柱、悬臂楼梯、门窗框、栏杆等建筑构件,也全用石料。民居外观甚少装饰,有朴素自然之美。

20世纪70年代以来,泉州农村新建的石结构住宅,比较流行四平屋。这种平屋为开敞式厅堂,两侧各有两房。厅前有门庭,护窗厨房建于房侧或厅后。各房及厅皆有大扇玻璃窗加钢筋护窗(俗称"铁枝窗")。

与木结构民居相比,石结构民居具有经济耐用、寿命较长、不生白蚁、维修费用少等优点,以花岗石为建筑材料,也比较能够满足沿海民居抗御台风和防盐碱腐蚀的特殊要求。但石构民居也存在着抗震性能差,石构件的笨重使其加工、运输及安装比较困难等缺点。尤其是抗震性能差的致命弱点,对广大群众安居乐业的美好愿望来说,是个潜在的严重威胁。

第二节　生产民俗

生产习俗是指一定社会群体中的大众为了获得物质财富,而在一定自然条件下所开创、享用和传承的物质文化事象,它是人类生存文化的主体。生产习俗反映的是人和自然的关系。由于自然条件的限制,南安人民自古以来就形成了一种多元的综合性生计模式,其传统的生产习俗,主要包括农业习俗、手工业习俗等。在这些生产习俗中,以农业习俗的内容最为丰富多彩。

一、农业习俗

农业生产自古以来就是我国最为重要的物质生产方式,这其中存在着大量的民俗文化现象。我国农业生产习俗的传承,有着极其悠久的历史,而且形成了物质生产民俗中"以农为本"的尚农特点。

1.立春祈年

立春是二十四节气中的第一个时节,代表着春季的肇始,时在公历2月的3日至5日之间。

"一年之计在于春",立春也就成为一年中农业民俗正式的起点。传统的中国以农立国,因此古人对立春节令非常重视,历代都要举行隆重的迎春礼仪活动。

迎春的时间,在汉代是立春当日,后来由于增加了鞭春牛的活动,故迎春的时间就有了两种安排:其一,在立春当日先迎春,后鞭春牛(又称打春);其二,在立春前一日迎春,立春当日鞭春牛。南安的做法属于后者。

鞭春牛的原意是要把耕牛打醒,让它振作精神,在新的一年再为农业生产辛勤耕作。鞭春牛的柳枝长度规定为二尺四寸,以与一年二十四节气的数字相符,其寓意也在于此。

鞭春牛之后还有抢春。所谓抢春,即百姓自己动手争抢塑造春牛的泥土。宋陈元权《岁时文记》转引《皇朝岁时杂记》说:"立春,鞭牛讫,庶民杂沓如堵,顷刻分裂都尽。又相攘夺,以致毁伤身体,年年有之。"可见此俗在宋代已大为盛行。抢春之俗在南安旧方志中均不见记载,据当代民俗学者的介绍,大致情况是这样,春宴结束后,即抬春牛游春。春牛及芒神由雇来的四至六个乞丐抬起。鼓乐彩旗前导,成队的兵勇随从,走在队列后面的是穿戴整齐的各级官吏,浩浩荡荡往城中走来。因传说若能抓得春牛土或投石子掷中春牛者皆可得福,所以围观者纷纷上前抓牛土或掷石子,众手和乱石之下,抬春牛的人就难免头破血流了。因此,抬春牛一般是雇乞丐来充当。[①]

立春日的迎春节俗因鼎革而消亡,但与农业生产有关之俗,有的仍在民间得以延续,直至当代,如春牛图。春牛图在清代十分流行,且与官方的迎春礼俗关系密切。民国以后,这种朝廷颁布的春牛芒神图消失了,但民间年画中的春牛图依然存在,1919年刊行的春牛图还兼有年历的功能。

2.农事活动

降水充沛,热量丰富,温暖湿润,这种亚热带季风气候,为南安的农业生产提供了有利的条件。但是,人多地少,长期以来成为制约南安农业生产发展的一个极为不利的因素。南安人民不辞劳苦地向山地要田,这就成为历史上南安农业的特点之一。由于地形的差异,各地农田开垦的方式也不一样。在西北山区,农田开垦以营造梯田为主。南安耕地少,但由于农村地权不均、地块分散等原因,农民在已耕地上投入的农业资本也不足,难以达到地尽其力。[②] 因此,南安使用的农具,至民国时期仍基本上停留在明清时代水平。

据1940年教育部编的《农民经验调查录》记载,那时南安的主要农具有犁耙、锄、水车以及耕牛等。犁耙,"耕作时用之,使用方法,牛拉人按"。锄,"耕作时用之,用以造床及其他工作"。水车,"酷旱时用以灌溉,用法籍人足踏水"。[③]

---

① 陈国强.闽台岁时节日风俗[M].厦门:厦门大学出版社,1992:149.

② 费梅儿,林仁川.泉州农业经济史[M].厦门:厦门大学出版社,1998:40.

③ 费梅儿,林仁川.泉州农业经济史[M].厦门:厦门大学出版社,1998:41.

农户自家有耕牛的仅为少数，多数农户或合股喂养，轮流使用，或向田主、大户租借，或以人工换牛耕。

南安农户普遍使用的肥料，据1940年油印本《福建省农产调查报告》（陈子英编）的介绍，有人尿粪、畜粪、堆肥、绿肥、豆饼、茶仔饼。山区农户兼用石灰、草木灰。沿海地区使用肥田粉。山区的农民对肥料的作用不如沿海各地重视，尤其是畲族，刀耕火种，对土地进行粗放式经营。

在南安现有耕地中，水田约占三分之二，大部分种植水稻，旱地种植的粮食作物主要为番薯、小麦等。南安农业民俗崇尚精细，尤其是收获季节，有关习俗不少，略举数例如下：

搭草寮看山。民国时期，每逢作物收获时节临近，为避免损失，农民往往在山边田畔搭草寮，通宵达旦守更防盗。为此，各农户事前须统一举行"放兵"做敬仪式，祈求所谓"代天巡狩七大巡"集结阴兵协助，并于田间地里立插神符令箭，以神助人威，祈庇五谷无损，守更人无恙。守更期间，每逢农历初一、十五，均须"犒兵"。直至农作物全部收获完成，全村再举行"收兵"仪式。届时，村中要摆筵演戏，以酬谢"七大巡"的护助之功。中华人民共和国成立后，农村虽然有时还出现寥寥无几的"看山"草寮，但酬神敬鬼的仪俗基本废除。

"扎草人"和"打簸箕鼓"。为使庄稼不受损坏，农民还在谷物将熟的地里田间，插上几尊草人。草人手足俱全，穿衣戴帽，头上挂扎一串用于敬神祭鬼的金冥纸，其态狰狞可怕，旨在吓鸟驱鼠，防止庄稼被损。但天长日久，草人竟被崇奉至如神似鬼，乡村农家遇有鸡、鸭、猪、牛失窃时，常常有人会时而举起火把，时而擂打簸箕，对草人哭诉骂贼，俗称"打簸箕鼓"。据说这样做，是要使草人闻声后去惩贼治恶。20世纪60年代以后，"扎草人"与"打簸箕鼓"的习俗已甚少见。

割稻饭。在稻谷成熟季节，为防范台风暴雨的损坏，或个体农户因劳动力缺乏而导致过早脱粒，亲邻之间往往义务互助抢收。其时，主人必须准备较为丰富的饭菜，送到田头款待诸位亲邻，称"割稻饭"。但大家在食用前，必须先敬祀"田头公"（后土神或土地神）。不仅是农忙时节，就是平时起厝、红白喜事等大忙时，乡亲们也有帮工的习惯。来帮工的乡亲一般不待主人开口，即主动询问，登门帮忙，不收工钱，仅在主人家用餐而已。

"压园头"。即农民在每年的端午节、中元节、中秋节，到田头压冥币，以简单的菜肴或水果烧香敬祀，称"压园头"（"园"为"田园"的简称，农民称土地为"田园"），又称"敬出头公""烧田头金"。

尝新。农历七月,新米登场,沿海有旱地瓜、芋头登场,加火箭枣、芋圆,于是月十五备酒饭祭祖先,称"做七月半"。有亲戚居城镇的,或请下乡,或送少量新米、新地瓜、新芋入城,称"尝新"。水果之乡每逢果熟,也有采送亲友品尝之例。过往行人采食,主人一般不予计较,但"许吃不许带"。

祭冬。冬至门,秋谷登场。一年农事已毕,搓米圆、备酒饭祭祀祖先及土地神,有祝谢一年保庇之德,再祈来年丰收之意。[①]

3.岁时占验

干旱、暴雨、水涝、虫害、风霜等对农作物的种植、管理和收成影响极大。在比较落后和封闭的传统农业社会里,农事禳灾活动曾被作为一种生存手段而存在,并被信奉和进行。

勤劳、智慧的南安农民,在长期的生产实践中,形成了相应的占天象、测农事的习俗。同时,创作了许多有地方特色的农谚。这些占天象、测农事的习俗,虽不一定绝对可靠,但在我国古代科学不发达的情况下,一直对农业生产起着指导作用,直至今天,仍为农民所欢迎和使用。

二、手工业习俗

在人类的物质生产活动中,手工业生产历史与人类社会史同步发展。随着生产力的发展,手工业终于同农业分离成为独立的部门,由副业变为主业,并有了进一步的社会分工,各类专职工匠也越来越多。由于行业杂多,因此过去有"三十六行",乃至"七十二行""三百六十行"的夸张说法,并形成了诸多各具特色的行业习俗。现择要介绍如下:

《泉南杂志》中说:"南安县英山茶,精者可亚虎邱,惜所产不如清源之多也。"[②]这说的是清代乾隆年间的情况。但南安人积极引进闽北武夷的制茶工艺,并加以改进和提高,因而青出于蓝而胜于蓝。如改变武夷茶二炒二揉为一炒一揉,并增加布巾包揉等工序;改制茶工具水筛为吊筛,提高工效十多倍;茶叶"做青"的时间比武夷茶长些,较有把握制出高香茶等等。

清乾隆补刻本《泉州府志》中说:"有黑砂糖、白砂糖。白糖有三种:上白曰清

---

① 福建省南安县志编委会.南安县志[M].南昌:江西人民出版社,1993:815-817.
② 陈懋仁.泉南杂志[M].北京:中华书局,1985:7.

糖,次白曰官糖,又次白曰贩尾。其响糖、冰糖、牛皮糖皆煮白砂糖为之。凡甘蔗汁煮之为黑糖,盖以溪泥,即成白糖,煮冰糖乃以鸭蛋搅之。盛黑糖者曰漏,下有孔,置于小缸上,上置泥则下注湿,是为糖水,其清者为洁水。盛冰糖以钵凿其底而注湿为霜水,不用盖泥。初人不知盖泥法。相传元时,南安有一黄姓墙塌压糖,去土而糖白,后人遂效之。”

建筑包括了土木瓦石等行。以民间建筑住宅为例。

南安民间俗称建宅为“起大厝”或“建业”。在南安方言中,“业”的含义有二:一为家业;一为凡事多磨,备尝艰难之意。故建宅之始,先请风水先生前来选择宅地。宅址选定之后,风水先生还要用罗盘来确定所建住宅的朝向和方位,俗称“牵庚”。民宅普遍为坐北看南。沿海村落一般是一姓一宗的住宅同向,山区或近山的村落则以顺山势龙脉为主屋正厅之朝向。

建宅是由木工师傅定尺寸的,木工师傅把整座建筑物的尺寸都标在一根楠枝上,称“弋尺”。兴工之时,木工、土工均需依照“弋尺”所标定的尺寸施工。因此在建筑业中,木工师傅最有权威,每有宴请,必尊之坐大位。在制定建筑规制的工具中,还有一根不起眼的“篾刺”,劈成小薄片后,蘸墨斗里的墨水书写代笔(据说这种“篾刺”还能辟邪)。但后来图简便,也有用扁铅笔代替。

择址合利和确定建筑规制后,即可动土兴工,但兴工之前,需先以住宅主人的八字合以住宅方位之干支,请择日师择定动工及以后安门、下砖、升梁等重要工序的吉期。动工之时,要先敬土地神,请求庇佑,即于择定宅基地正中南向合瓦两片作 A 形,中立小石一块,上书“福德正神”,祭以米饭一瓯,且插香三柱、奠酒三盏,烧纸放炮。然后,再用铁钎(有的地方用锄头)自东向西把宅基的土挖戮一遍,称“动土”或“破土”。动土之后,土木即可兴工。先奠基,俗称“定碟”,随后沿划好的墙路灰线,开挖基础,是为“开基”。开基时如偶然掘到骨骸等异物,要设法“解替”,或请本村当境庇护神到现场作法,或请道士烧符咒,并把骨骸择地重埋,以消灾求吉。

在建宅过程中,凡是重要的工序,均有相应的仪俗。如安装石大门时,须敬土地公,在门柱顶端与大门顶斗衔接之处,各压置红布一块,以兆吉利。大门安装完毕,要燃放鞭炮以志喜庆,并给师傅红包。如是传统古代大厝,要在厅口安放一条比大厅的长度更长的石砖。同样也要敬土地公,给泥水工及扛大石砖的小工发红包,并于当夜设筵宴请他们。大家开怀畅饮,以寓“大发”之意。其后还要举行由石工师傅主持的“点石砖”之仪,将包有大麦、春粟和红豆等五谷种子的红包置于大石砖正中预先留好的孔穴,以祈福禄富贵。升大梁一般于凌晨进行。大梁正中要系上一块画有八卦图的一尺一寸见方的红布。升梁前,主人要请工匠、帮工及其他在场的人吃"塞嘴丸",意为不可多嘴多舌,妄加议论,以免分散工匠精神,影响施工。上梁完毕,同样要宴请木、土、石工师傅及众小工。豪富之家,也常于吊梁系八卦之时演嘉礼戏庆祝。

当新宅两侧主体山墙的"归尾"用白灰涂砌合拢之时,称为"封归",表明整座建筑物的墙体砌筑工程已经全部完成。而整条屋脊合拢造好,屋面工程即告结束,称为"合脊"。其时,主人均要敬土地公和备办酒席宴请师傅和小工,故民间俗谚有"封归、合脊,师傅小工吃到毕(肚撑欲裂)"之说。

民间建宅,甚忌工匠暗下镇物,俗称"做扣"。旧时工匠往往出于某种原因,在安门、上梁等重要工序时,故做手脚,或在某一角落暗置纸鸢、竹哨。据说,这样能使屋宅的主人致病招灾,祸殃不断。因此,主人对各类工匠皆以礼厚待,尽量客气,唯恐款待不周而招惹麻烦。

第三节 人生礼俗

古人以冠、婚、丧、祭为四礼,现在人们则是把诞生、成年、婚嫁和丧葬,视为社会生活中普遍要遵循的人生四大仪礼。古人重祭,今人重生,反映了古今人生观的差异。但有一点是一致的,顺利地按照习惯完成转变人生状态的仪式,本身就是"喜",同时也是"福"。

一、生育礼俗

1.诞生

旧时卫生和妇幼保健条件很差,孕妇十月怀胎,一朝分娩,婴儿安全降生人世,被视为一大喜事,要燃放鞭炮。亲友问讯,要送鸡蛋、面线祝贺。婴儿三朝、七旦、十四旦、满月、四月日、度晬(周岁)、新生日(两周岁),都要备五味敬神灵,意在感谢神灵保佑。新中国成立后,卫生保健条件逐渐改善,一般只在满月、度晬表示庆贺。满月要煮油饭分送亲友,表示对亲友关心的答谢。度晬则分送龟粿和花包(面粉制成,有豆馅,皮棕红色),亲友则答以鸡蛋面线,有的则送红包(红纸包钱),预祝健康长寿。农村孩子周岁时,常拜"七娘妈"为干娘。家境较好的人家,常为孩子找一个贫苦人家甚至是乞丐为干娘。意在接受贫苦人家熏陶受得饥寒,容易健壮长大。以后每逢生日(诞辰),则吃鸡蛋面线(鸡蛋要带壳煮熟,一般为两个)。年届十六,意味着成年,则备五味菜祭告祖先,保留封建时代男子加冠、女子及笄礼之遗意。

2.命名

命名也是人生礼俗中的重要内容之一。古代在婴儿诞生后三个多月,即由父母为其命名,多以父亲的意见为主。也有请爷爷或村中长者、族内有威望者为之命名,据说这样便能得到长者的荫庇。

乳名是人们小时候的非正式名字,其取名时间或早于正式名字,或同时取定。乳名可根据孩子出生时的情况来命名,如张亦乳名"癸郎",但更多的是取狗、憨等鄙俗轻贱的文字,其用意与婴孩满月时拜贫苦人家甚至乞丐为干爹娘的习俗相似。乳名为昵称,年长后即不用,只让家里人或亲戚呼唤,外人及晚辈均不称呼,以示尊重。

3.生日

南安民间自周岁始,普遍年年做生日。婴儿周岁,俗称"度晬",这一天实际上也就是人们的第一个生日,但南安人却是把婴孩两周岁时的生日称为"头生日"。旧时为婴儿"做度晬",大户人家甚为隆重,不仅敬神祀祖,设筵请客,而且于厝内奏"八音吹打",屋外大庭演嘉礼戏,诚心酬神。有的人家甚至还请来巫婆跳神,以祈求神灵保佑婴儿平安成长。主人还要特别印制以糯米或面粉为原料的"度晬龟"或"四脚龟"赠送亲友,祈望婴儿能像善爬的龟那样,较早地开步走路,又像龟那样健康长寿。外婆家为外孙送来的礼品甚为丰厚,有衣帽鞋袜、披风、童被、布料,以及八卦项链、长命锁链、手铐脚环等金银饰品。其中以"度晬裘"(披风)和虎耳帽、虎仔鞋等最有特色,寓有辟邪、吉庆、长寿之意。长命锁链亦称"天官锁",较为贵重,一般用薄银片(或铜片)打制成一个横形的长锁,正面铸上"长命百岁""天官赐福"等字样;两头连接一条银链,让婴孩系于脚前。同样也寓有辟邪、吉庆、长寿之意。一般佩至十岁左右,才由家长取下收藏。

南安人亦称抓周为"爬龟",于"做度晬"时进行。父母为周岁时的婴孩沐浴后,给穿上外婆家送来的新衣服鞋袜,然后即可抱到厅堂八仙桌上去"爬龟"。这时,八仙桌上早已摆满了书、笔、算盘、秤、尺、剪刀、食物、玩具等,令婴孩双脚踏在"度晬龟"上，任其自由抓取桌上的东西，以他所抓着的东西，来预测其未来的一生和前途。如婴孩抓取书、笔，预示将来喜爱读书；抓取算盘、秤，则预示日后善于经商；抓取食物，围观者心里就不免暗自担忧，因为这是预示一生好吃懒做。

二、成年礼俗

1.冠笄之礼

我国古代的成年礼仪，主要是冠礼和笄礼。所谓冠礼，是指男子的成年礼仪；笄礼则指女子的成年礼仪。囿于男尊女卑的传统偏见，古人在言及成年礼仪时，一般只称冠礼。冠礼素为儒者所重，"朱子曰'男子年十六至二十皆可冠'，司马温公曰'古者二十而冠'，皆所以责成人之礼。益将为人子、为人弟、为人臣、为人少者之行于其人，故其礼不可以不重"①。

但是，作为人生四大礼仪之一的成年礼仪，在封建社会后期已经衰弱了。当时社会上已出现"三加不举"的无礼现象。所谓三加之礼，乃举行冠礼仪式过程中的三道重要程序。《民国南安县志·风俗志》中说："泉俗吉凶仪节，多依《朱子家礼》，帷冠礼从略……一其礼以前期戒宾，厥明陈冠服，主人以下序立。宾至，主人迎入，升堂，揖将冠者就席，为加冠巾。冠者适房，服深衣，纳履，出；再加帽子，服皂衫革带，系鞋；三加幞头上，服革带，纳靴，报笏，乃醮宾，字冠者，冠见于祠堂尊长，乃礼宾，出见乡先生及执友，女子亦如之。此冠礼之吉也。今则少行三加，惟届婚期，男女俱择吉加冠，延双亲兼全之人为之理栉。冠毕，先拜祖先，次拜父母及诸父、昆弟、族戚，拜毕，各修贺冠之仪。按：《礼记·冠义》一篇，所以责冠者堪重，盖教考、教悌、教忠、教尊卑之义，皆于冠礼肇之，决不可从略。后君子能遵古礼而行，则天下多成人有德矣。三加之法俱在，居海滨者欲希'邹鲁'，何以旧俗自囿哉？"②

《民国南安县志》虽说是成书于"冠礼从略"的民国时期，但对于三加之礼的内容，记载还是较为详细。看来古时男子行冠礼时需穿戴的服饰甚多，包括冠巾、帽子、横头、衣衫、革带（古时革制的腰带）、鞋靴等，其中最重要的是头上所戴部分，即一加之冠巾，二加之帽子，三加之幞头。三加之后，理发为髻，以示成人。

---

① 苏镜潭.民国南安县志[M].影印版.上海：上海书店出版社，2000：39.
② 苏镜潭.民国南安县志[M].影印版.上海：上海书店出版社，2000：39.

此外,还需要另起个名字,即"字",只有冠而字之男子,才具备日后择偶成婚的资格。成年女子所行之笄礼,时间或在十五六岁时,或于订婚以后出嫁之前,如果一直待嫁未许人,则年至二十岁时,也要行笄礼。

2.十六岁生日

大约自清代开始,南安人就把男子之冠礼推移至要结婚成家时才举行,且一般至多只行一加之礼。如今,男女的冠笄之礼仅作为一道例行的小手续,保留在婚姻仪礼之中,而且十分简化,只要于结婚的当天早晨,双方各请一位福寿俱全的长者,分别用木梳在新郎、新娘的头上象征性地梳三下就行了,俗称"上头"。因此在当代南安民俗中,只有十六岁生日,才可称得上一种独立存在的成年仪礼。

泉俗视男子十六岁为"成丁";若是女孩,则称之"及笄",表示孩子已经长大成年了。因此,是岁的生日仪式比较隆重,家里要备办"三牲",即公鸡、猪头、大鱼或猪肉,以及果盒、线、鸡蛋等,以供奉床母、檐口妈和夫人妈。因为这是最后一次答谢诸尊妇幼保护神于孩子成年前的庇佑之恩,所以仪礼较为隆重,有的人家甚至要献演嘉礼戏或高甲戏以酬神。

与做头生日一样,做十六岁生日也要以糕、粿、粽、面线等物分送亲友、邻居,以告知孩子已长大成年,亲友们也会前来送礼祝贺,应邀赴宴。宴席上,家长要带已成年的子女向客人敬酒,以示感谢。

三、婚庆、丧葬礼俗

1.婚庆

旧时,男女婚嫁依父母之命、媒妁之言,婚姻包办,礼俗烦琐靡费。民国时期,在一部分知识界、富商、华侨家庭中,也有文明结婚。新中国成立后,提倡婚姻自主,男女青年自由恋爱,到了法定婚龄,向政府办理婚姻登记,领取结婚证书,即成为合法婚姻。20世纪50年代,婚礼最为简单,双方赠送纪念品,开茶会招待祝贺的亲友。20世纪60年代初期,重新出现收聘金、讲彩礼现象。以后虽不断宣传婚事新办,提倡集体婚礼,但由于城乡生活水准提高和攀比心理增强,当地结婚礼品、用品、嫁妆档次越来越高,尤以沿海地区为甚,山区重金厚聘,结婚仪式总体较简单,一般只贴喜联、放鞭炮、宴请亲友等。

南安婚嫁习俗具体流程如下:

（1）初始阶段

随着现代社会快速发展，男女青年的婚恋观也较为开放。但是，很多在外打拼事业的青年才俊，在事业蒸蒸日上的同时，却无暇顾及爱情，便选择走"相亲"这条路。一般相亲可以分为三个阶段。

第一阶段，先托媒人四处打听适婚的男子（女子）。一旦"目标"出现，便托人先去偷偷看一下，这一步骤称之为"初瞥"。

第二阶段，若是"初瞥"顺利，对对方的初印象满意，便可进行"对看"。"对看"即为男女双方正式见面，地点一般选在女方家，双方进一步沟通了解。现今，大多数人为图省事，也有略过"初瞥"直接进行"对看"的。

第三阶段，议婚，媒人先去提亲。在这过程中有一重要步骤，就是"看三天彩期"。"看三天彩期"，就是给过世的长辈上香，简单叙述双方结亲之意（略带迷信色彩）。

（2）发展阶段

如果"相亲"成功了，那么接下来女方就要到男方家里"探家风"了。探家风，顾名思义，就是打探家中情况，由女方以及女方的父母、婶婶、叔叔等亲友团，在媒人的带领下浩浩荡荡地到男方家中，看看男方的家庭环境、经济条件、文化氛围等。综合各方面条件，女方决定是否同意进行"定亲"。有的不放心的，还托朋友或是亲戚询问其背景以及年轻人的情况。

（3）确定阶段

在"探家风"后，如果女方觉得不错的话，就要进入下一个环节，定亲。在南安婚俗中的"定亲"又叫"过定"，即送一定的信物以及喜糖作为凭证，确定双方结亲之意。这一阶段要涉及几个重要事情。比如，谈聘金和衫裤钱。衫裤钱，是女方买首饰和嫁衣的钱。谈好之后，准备"系三带"，即男方选一吉日到女方家系红包，先拿一部分钱给女方父母。然后，女孩子要从中拿出一小部分给自家的父母、兄弟姐妹买一身新衣裳。现在有的地方也将这些风俗简化了。

（4）巩固阶段

"送日头"即为古代婚姻礼仪"六礼"中的"请期"。古代，男方要用专门文书写帖子送到女方家，告知婚期等相关事宜，女方再回帖应允。而今，男方按照男女双方的生辰八字找喜日，确定在哪一天举行婚礼，然后把装有"喜日"的红帖子及喜糖送到女方家，女方收下喜糖表示应允。女方知道日期后就得紧锣密鼓地准备嫁妆，男方则忙着准备请客、办酒席等方面事宜。

（5）布置阶段

结婚前一天就有几件重要事情需要完成。

首先，开脸。担盘过后，在结婚前一天，新娘要找有经验的婶婆开脸，婶婆把粉涂满女孩的脸，用一根线把脸上的小绒毛扯下来。这个过程即为开脸，也有一种美容的作用。

其次，铺床。在结婚前一晚，男方要请人铺床。铺床是十分讲究的，应根据新郎的生辰八字摆好床的方位，床底的四角还需垫上"金纸"，同时新郎当晚还得请个童男（最好是属龙的，较为吉祥）跟其同睡。

再次，担盘。即是男方准备好一些东西，载到女方家去。仑苍、英都镇准备的是猪脚、面线、麻糍，康美镇则还有花包（大的面包，在面包上画上漂亮的花）等。但是，女方不能全收，只收一部分，然后再加进些芝麻、五谷之类的东西，让担盘的人载回去。由于古时都是用人力挑的，因此叫"担盘"。担盘这一天，媒人也要同去。这些盘不是自己吃，而是要大摆筵席请亲戚过来一起吃，通过这样的形式正式告知亲戚，女儿将要出嫁。通常，这一顿也不是白吃的，要添嫁妆。

最后，喝茶。在结婚前一晚上有婶婶、闺蜜等亲友团到女方家喝茶聊天。一来是看嫁妆，二来看哭嫁。现今，大多数已没有哭嫁这一环节了。

（6）亲迎阶段

婚礼这一天，是最重要的一天，也是最繁杂的一天。

老话说："脚踩茫（芦苇扫把），上头过去是大人。"意味着只有"上头"过的人才能算是真正的大人。"上头"，实质上是一个成人礼。在结婚当天的早上，用猪头、鸡、鸭、鱼、羊等敬天公（贡品一定要双数，代表成双成对），由家长上香。然后男（女）坐在"交椅"上，脚踩在放扫把的矮板凳上并且踩在扫把上，头顶米筛。这种仪式由年长的阿婆主持，一个属龙的人帮新人用梳子从头往下梳三次：一梳梳到头（白头偕老之意），二梳案齐眉（相敬如宾），三梳儿孙满堂。礼毕，将梳子扔在地上。

新娘子出门前，还要在被窝里"犹抱琵琶半遮面"，直到"千呼万唤始出来"之时，还哭着向父母辞行。即使你是满心欢喜，也要硬挤出几滴眼泪，以示对父母的不舍和对父母养育之恩的感激，否则会被别人笑话的。新娘的母亲及嫂婶也需哭着为其送行，俗称"哭缘"。出门之前，新娘的兄弟要帮新娘打开红伞（用红伞取代红盖头），新娘要出门时需撑着红伞从一个上面放着燃香火炉上跨过，据说是可以辟邪。新娘的叔伯还要帮其"挑花担"。新郎则要前来将新娘接到车轿中。到了新郎家中，两个新人也同样要跨过相同的火炉以驱邪，新娘也需撑红伞直至"进房"。新郎新娘"进房"的时间也是有讲究的，"进房"时新郎的家属需回避。然后新婚夫妇仪式就完成了，之后喜宴正式开始。

（7）喜宴阶段

喜宴的操办总是十分丰盛的。旧式喜宴需要有二十四道菜。现在虽然有所改革，但有几道菜是有内在含义不能更改的，比如：整鸡一出，表示宴席到了一半；最后一道菜是一个甜汤，表示甜甜蜜蜜。喜宴到了一半时候，新郎新娘要出来敬酒（或请茶），答谢亲朋。宴席的座次安排也是十分讲究的，席位按房子的左右来分主次，主席坐的一般是新郎的舅舅等主要亲戚，大舅是坐主位，与之相对的次席主位上座的是新的舅爷，称作"国老位"。

喜宴结束，待好友散去，新娘还要在新郎的陪同下给双亲和直系亲属敬"乌糖茶"。敬茶应按长幼顺序逐一进行。新娘在敬茶时还需准备给公公和婆婆的礼物，并第一次叫声爸和妈，其他亲属也需在新郎指引下一一称呼。到了晚上，夫妻还要同喝"合欢茶"，要以红枣、花生、桂圆、龙眼等泡入茶中，是取"早生贵子跳龙门"之意。有的地方晚上还安排"闹洞房""认亲同"等节目，大家都会玩得很尽兴。

（8）回门阶段

婚礼结束后第二天，新娘子就要第一次回娘家（方言叫"头桌客"）。女方父母要张罗着请女婿，到时参加的人是：新郎和伴郎、新娘和一个未婚女孩（有的地方是未婚男孩）、女方的亲戚。男方那天还要带足那天用的烟和钱，因为那一天请客的烟和钱要由男方出。宴席结束后，新郎要和伴郎先回家，而新娘则要等到即将天黑后跟挑甘蔗的小女孩（取甘蔗寓意为甜蜜和节节高）回婆家，取义为"入门乌，生搭补"（入门天黑可以生男孩）。新娘回到婆家时，新郎的家属仍需回避。婚礼结束后第三天，男方就要准备请亲家（方言叫"台亲家"）。这一天参加人数比较少些，分别是：男方父母及其直系亲属、女方的父亲、陪同女方父亲一起来的两三个同辈人，女方的母亲在这一天则不能参加。婚礼后大约五日内，女方还需回一趟娘家。到了那一天，女方的兄弟还需来到男方家带新娘回家。

（9）其他

旧时有姑表结亲、抱童养媳、转房（夫死，寡嫂与小叔成亲）和招赘（男到女家落户）等习俗。现今，寡妇改嫁不再被人歧视。除个别山区农村女子仍有早婚习惯外,广大城乡晚婚蔚然成风。

2.丧葬

旧时南安丧葬礼俗繁多,五十岁以上人死后,有收殓、停枢、出殡、服丧、做功德等礼仪。从人死到出殡,直系亲属必须披麻戴孝,穿草鞋,执孝棒。亲戚依关系亲疏或于头或于臂戴白巾,并缀以红点。前来吊唁的亲友要送金银礼(奠仪)或挽轴,丧家备点心、饭菜接待。出殡以后,直系亲属戴孝三年,有的家庭还在丧后七七期内(也可嗣后另择时日)为死去的亲人"做功德"三天或七天。新中国成立后,丧葬礼仪简化,废除封建陋俗,逐步用追悼会代替吊丧,以鞠躬代替跪拜,用遗像代替神位,用戴黑纱、白花代替披麻戴孝。

南安葬俗旧时沿用土葬,后来逐步改革为火葬。

第四节　岁时节俗

所谓岁时节日,"主要是指与天时、物候的周期性转换相适应,在人们的社会生活中约定俗成的、具有某种风俗活动内容的特定时日。不同的节日,有不同的民俗活动,且以年度为周期,循环往复,周而复始。"①我们这里按"岁时"分为春、夏、秋、冬四个季节进行叙述。

一、春季节俗

农历新年伊始,即是春节,其后有天诞节、元宵节、花朝节、清明节、上巳节等。这里我们只叙述春节、元宵节和清明节。

1.春节

春节(旧称元日),农历正月初一,是民间最重视的节日。节日活动从农历十二月下旬开始,直到正月十五过元宵节后才结束。

南安人在二月初二这天敬土地公,俗称"做头牙"。农历十二月十六日为"尾牙"(一年最后一个祭神日)。在这天过后,民众陆续做一年来的清理工作:清理

---

① 钟敬文.民俗学概论[M].上海:上海文艺出版社,2009:131.

财物、债务。商店清理赊欠款项，甚至连邻居互相借用的大小财物，也都乐于在除夕前清还原主。家家户户也先后进行卫生大扫除，备办年货，做新衣裳、理发、浸米、炊糕、做粿、包菜包、贴春联（或年画）。外出的人都赶回家来与家中亲人团聚，以享天伦之乐。

在除夕，南安人晚餐同吃"团圆饭"。菜肴多寡，随家庭经济状况及个人的兴趣而定，但比平时要丰盛得多。除夕夜晚，全家人团圆在一起，多聚在厅堂中或年纪最大的长辈房里守岁。长辈为未成年的孩子"分年"（送压岁钱）。20世纪70年代以来，多数是看电视守岁。

1949年以前，民间过年，在厅堂上供奉祖先龛前，除排列番炉、灼壶之类外，南安人还摆花瓶插鲜花象征"平安"，以示生机盎然的兆头；摆水果，如橘子、雪梨、香蕉等象征"吉利"。供品中要有鸡、鱼，象征"太平盛世，年年有余"。摆糖饼、蜜饯，象征"生活甜蜜"等。

在除夕前，农历十二月二十三日"送神"（祭灶君）。旧时，"送神"是道教徒的重要节日，现已废。

正月初一零时，"放鞭炮开正"，迎接新年到来。黎明即起，南安人穿着新衣裳，先向家中长辈道贺"恭喜"，然后出门向亲友拜年。新婚夫妇，都成双成对向亲友邻居串门"恭喜"。各家各房，都备有甜茶、糖果或水果、蜜饯等，请上门拜年的亲友"吃甜"，互道"恭喜！""新年好！"。此活动，谓之"贺正"。这活动并不限于初一，有的延续十几天。

初二日，除了拜年团聚之外，中、青年夫妇一般都到娘家向岳父母拜年，也有走亲戚家拜年。

以前，民间传说"初三老鼠娶新娘"（年画《老鼠嫁女》描绘的，就是这个民间风俗），其实是民间的灭鼠活动。因为正月是粮食满仓的时节，也是老鼠繁殖较快的时候，所以民间选了这天"老鼠娶新娘"来全面扑灭老鼠。深夜不点灯，在地上撒放米、盐或鼠饵，引老鼠出来扑灭之。

初四是迎神日，俗称"神落天"，欢迎上天向玉皇大帝述职的神灵回来凡间。

初五是商店开市。迷信传说是财神爷生日，所以过去有贴财神像（年画）的习俗。农村也在这天开始备耕，所以有"初五舀肥"的童谣。

初九传说是玉皇诞辰，玉皇又称"天公"，所以也叫"天公主"。厅堂挂天灯，家家户户做糕粿，杀鸡杀鸭，有的宰猪宰羊，烧香点烛，燃放鞭炮，演嘉礼戏祭献，热闹非凡。至今尚有敬祭天公的习俗。

2.元宵节

据说元宵节源于西汉。刘邦死后,吕后外家诸吕专权,周勃、陈平等平定"诸吕之乱",迎立代王刘恒为帝,这就是历史上著名的汉文帝。由于平定"诸吕之乱"的日子是正月十五,故每年此日,汉文帝即出宫与民同乐,以示庆贺,并将此日定为元宵节。后来,汉明帝提倡佛教,为表示对佛的尊敬,敕令在元宵节点灯。从此,元宵张灯便成为民间习俗,并发展为节俗的中心,故元宵节又称灯节,现已被纳入福建省第二批国家级非物质文化遗产名录。

唐末,民间开始于正月十五当夜,家家户户悬挂花灯于门前。直至宋、明,有文人墨客及仕宦之家于花灯上张贴诗、书、画及谜语,供人观赏和猜谜。丰州古城,黄、傅两姓集中于各祖祠张挂花灯,举行"灯会",并兼有猜灯谜、演唱南音、放烟花、赛象棋、演大戏等活动。此"点灯"风俗,相沿至今。民间在这个节日里,都搓"上元圆"(又称"元宵"或"汤团"),用花生末、芝麻仁、冬瓜糖、糖、猪油、桂花露揉丸为馅,外裹糯米粉成圆,以示"团圆"。新婚女子,娘家要"送灯"以兆早生贵子。原是红、白各一的莲花灯成对及壁灯"仙女送孩儿"一盏,近来因各式各样豪华灯具普遍,送灯也各有不同了。但莲花灯一对,却是不能少的。英都的洪氏自宋末以来,还有"拨灯"风俗。

3.清明节

清明为24个节气之一,既是时序标志,又是传统节日,时间约在每年公历4月5日(或前后一天)。南安俗语说:"清明不回家无墓(或曰无祖)。"外出人员在一般情况下都会回家过节。旅居海外的侨胞,在家乡的清明、七月半和除夕这三个节日到来之前,都会汇钱回家,以资备办节日所需开支。清明中午,各家各户要备办丰盛的五味筵碗,以孝敬厅中的祖先神位及厝主、地基主等。祭祀时要焚香点烛,烧金纸,放鞭炮,礼毕即阖家共进午餐。进餐的主要食谱为"润饼菜",要把各种菜肴一起倒入锅中拌和加热,然后摊开薄饼皮,撒上酥油的海苔末和花生末垫底,放上菜肴,卷起来蘸甜酱或辣酱,有的是再经油炸过才吃。

此外,清明节的应时食品还有"清明粿"。节前制作,磨糯米、舂高粱、擂黍米为粉,调水揉成为粿皮,再以绿豆、豌豆、番薯干、炒麦香和糖捏成粿馅,做成半月形或半球形,下垫菜叶或竹叶、番石榴叶。其中有一种比较特别的叫"脚目粿",其形状大小如小橡球,又像脚目,故名。制法是辗麦为粉,和冰糖调搅,有的还置些绿豆馅,制成丸状,入锅蒸熟后取食,颇为适口。俗谓清明食此粿,可以增脚力。清明节吃"润饼菜"和"清明粿",被认为是古时寒食节食俗之遗风。

中午祭祖,统称为"做节",是省级非物质文化遗产的重要组成部分之一。做节有祭私祖和祭公祖之分。祭私祖如前所述,在自家厅中进行。如是新亡之家,祭祀时更须放声大哭,令人不忍卒闻。如属大宗望族,还要在祠堂或家庙祭公祖,称"春祭"。由本宗族中的值年之家预备祭品,以齿为序,行"春蒸"之礼。是日,祠庙大门敞开,凡该姓族属子孙成丁娶妻者,均可进入祠庙享受筵席的一份。而家长乡老们,也趁这时节,讨论祠庙的重要事宜。

清明节前后十天为扫墓日。但唯南安石井一带改在农历三月初三上巳节(俗称三月节)进行。相传为郑成功举义旗反清复明,祭"清"字置于"明"字之上,而下令改家祭日于上巳节,相沿成习。

二、夏季节俗

清乾隆《泉州府志·风俗》所记载的"岁时",属于夏季的有四月初一的"洗太子"、四月初八日的"浴佛"、五月初一的"采莲"、五月初五的"端午"、五月无定日的"里社禳灾"、六月的"荐新谷于祖先"。其中能视为岁时节日的,仅有浴佛节、端午节和天贶节。但天贶节现已失传,旧方志的记载又甚为简略,不再赘述。

1.浴佛节

相传农历四月初八是佛祖释迦牟尼的生日。印度传说,佛从母亲胁下诞生时,天龙喷出香雨洗涤佛身。故后来各佛寺都在此日用名香浸水,以浇灌释迦牟尼的诞生像,谓之"浴佛",亦称"灌佛",以纪念佛的诞辰。此日即称为"浴佛节"。

据元代《敕修百丈清规》记载,四月初八浴佛的过程大致是:佛寺取诸种香料制作浴佛香汤,作方坛,敷设妙座,供上诞生佛像;住持上堂祝香、说法,领僧众上殿上香拜宣疏,唱《浴佛偈》;僧众逐一以小勺取香汤次第灌浴佛身,然后用净水淋洗,其间反复唱偈;最后,信众各取少许洗像水,淋在自己头上。[①] 这最后一个步骤使信众参与进来,佛教节日至此也就成为民间节日。

《民国南安县志》记载:"四月四日,寺僧募化人家,名'洗太子',亦曰'浴佛日',以香汤灌佛项,分馈施主家,副以饼饵。《高僧传》:摩歌利头浴佛,以五色得水灌佛顶。《岁时记》:无子者,是日以薄饼供九子母,以乞子。"[②]

---

① 高丙中.民间风俗志[M].上海:上海人民出版社,1998:281
② 苏镜潭.民国南安县志[M].影印版.上海:上海书店出版社,2000:38

浴佛节现在民间已较少听说,南安人如今仍在传承着佛教活动有关的风俗,主要为"勤佛"。

2.端午节

我国民间端午节吃粽子的习俗,早在晋代周处《风土记》即有记载:"仲夏端午。……俗重五日与夏至同。先节一日又以菰叶裹黏米,以粟枣灰汁煮,令熟,节日啖。煮肥龟,令极熟,去骨加盐豉蒜蓼,名曰菹龟,一名粽,一名角黍。盖取阴阳包裹未(分)之象也。龟表肉里,阳内阴外之形,取以赞时也。"

南安人缚扎粽子,取用糯米配入粕米,淘净后浸泡碱水,再以竹叶等缚扎成多角四方形块状。经久火煮熟凉后,可存放多日,剥去竹叶蘸着砂糖水,即可食用,尤其是夏季,甚为清凉爽口。另有一种档次较高的粽子,用料讲究,以糯米配猪肉、虾米、栗子、香菇等,吃时蘸一种香味浓郁的特制酱料,十分可口,称"肉粽"。

最能使端午节增添热闹气氛的,莫过于龙舟竞渡了。是日,沿海、沿江的群众,常利用舟楫和天然水域之便,举行龙舟竞渡比赛。此外,还有水上抓白鸭。一般是取一根长约2丈左右的笔直大杉木,杉面刨得既光又滑,一头系绳抛锚使其固定悬浮水面,另一头拴系一只白鸭(有的是放在一个竹笼内),要求参赛者徒步从杉木的这一头到达拴系有白鸭的另一头,以抓住鸭子为胜。

三、秋季节俗

1.乞巧节

乞巧节的由来与牛郎织女的传说有关。《古诗十九首》的描述已有了一定的故事情节:"迢迢牵牛星,皎皎河汉女。纤纤擢素手,札札弄机杼,终日不成章,泣涕零如雨。河汉清且浅,相去复几许?盈盈一水间,脉脉不得语。"这说明牛郎织女的传说大约在东汉时就已定型。而据《西京杂记》所记,则在西汉已出现乞巧习俗:"汉彩女常以七月七日穿七孔针于开襟楼,俱以习之。"生活于魏晋之交的周处,在其《风土记》中记载了民间于七夕摆供祈祷的风俗:"七月七日,其夜洒扫于庭,露施几筵,设酒脯时果,散香粉于筵上,以祈河鼓(即牛郎)、织女。言此二星神当会。守夜者咸怀私愿,或云见天汉中有奕奕正白气,有耀五色,以此为征应。见者便拜而乞富乞寿,无子乞子。唯得乞一,不得兼求。"可见,乞巧节作为一个女性的节日,是魏晋以后才逐渐形成的。

南安民间也过乞巧节,但重点在于为"七娘妈"做生日。关于这个节日的由来,南安民间原来的传说有二:一是牛郎织女的故事,一是董永与天帝女儿"百日缘"的故事,但后来南安人把这两个传说混为一谈,说织女是天帝的第七个女儿,并尊称为"七娘妈"。①

据说玉帝原旨意是允许织女七日一会牛郎,但喜鹊"报错喜",错传为一年一度即七月七日相会,这是一个不能原谅的过失,因此人们在七月七日大清早,把胭脂花粉用红臂索捆扎起来,抛上屋檐顶,责罚喜鹊衔送到天河边,让织女梳妆打扮,以会牛郎。牛郎会织女时,喜鹊会纷纷飞至天河上,为之搭桥,名曰"鹊桥"。人们说,喜鹊头部秃顶,那是因为七夕牛郎牵牛过鹊桥时,牛蹄子踩踏所致。是夕如下小雨,人们则谓这是牛郎、织女于分手之际,彼此依恋不舍,挥泪告别。

是日中午,敬礼七娘妈。旧时人们要备七种水果、七种花卉、七小碗"糖粿"(即用糯米搓成略小于乒乓球的圆丸,然后从中央用力捏成扁圆形的甜丸,两面中间稍为凹入,似姑娘笑脸上的"酒窝",其意在于祝愿织女、牛郎相会时笑容满脸,并企盼日后生下子女也会带有这种好看的"酒窝")、七色"甘味"(香菇、木耳、金针菜、松菰、腐皮、山东粉、花生),以及胭脂花粉七件、剪刀七把、燃香七柱、酒盏七个、筷子七双、小型纸轿七乘,内设七个座位的纸亭一座。

供奉完毕,鸣放鞭炮,焚烧金猪冥币以及纸扎的亭、轿等,送七娘妈一行返回天庭,以便七娘妈今晚同牛郎相会。家中小孩则解下端午时系在手上的"长命缕",放入猪纸冥币中一并焚烧。最后,家庭主妇收拾供桌上摆放的香粉、胭脂、花束等物,撒向屋顶,口中喊道:"给檐口妈戴花。"在供奉七娘妈时,有的人还准备一盏画有董永抱子送仙女升天图的长圆形"七娘妈灯",点亮挂于檐口,并不焚烧。

2.中秋节

吃月饼和赏月是中秋节最重要的节俗内容。南安人把中秋节吃月饼的习俗与元末人民反抗蒙古贵族专制统治的起义联系在一起。传说当时南安人要三家合养一名元兵,稍有侍候不周,即遭毒打辱骂。人们忍无可忍,于中秋节这天发动起义,杀死所养元兵。起义前,就是通过在月饼馅里密藏纸条,约定起义时间。至今南安民间还流传着一句俗语:"三家养一元,一夜杀完全。"泉俗于中秋节中

---

① 王世雄,黄卫平.黄土风情录[M].西安:陕西人民教育出版社,1991:100-102.

午要用蒸熟的番薯、芋头和月饼一起祭祀祖先神明,并作午餐。关于中秋节吃番薯和芋头的习俗,民间也有一个相似的传说,只不过朝代改为清代。也有人说是番薯内黄,芋头内白,寓有包金包银、发财致富的美好愿望。这些民间传说,于史难考,或许是附会之说,但故事本身却丰富了中秋节食俗的历史文化内涵。

四、冬季节俗

泉俗有"冬至不回家无祖"之说,故出门在外者,都会尽可能提前回家过节谒祖。冬至早晨,要煮冬节丸敬奉祖先,然后阖家以冬节丸汤为早餐。冬节丸汤有甜、咸两种吃法,风味各异,均十分可口。以甜食为多,即掺糖,并加芋头、番薯及少许橘皮等佐料,咸食则加入面线及精肉片、蚝仔等佐料。通常还于餐后留下几粒米丸,分别粘于门上、眠床等处,称敬门神或敬床神。南安于岁时节日吃丸,一年有两次,称元宵丸为"头丸(圆)",冬节丸为"尾丸(圆)",这样头尾都圆满。

大宗望族于是日敞开宗庙祠堂大门,举行隆重的祭公祖仪式。除冬祭外,有的大宗望族还利用冬至期间,进行合总谱和进主大典。所谓"合总谱",即把已经重新增修好的各房分的房谱及汇集各房谱而修的总谱,一齐拿到宗祠中去,同新进入神龛的众多神主牌,并列放在长案桌上,待举行祭谱、朱笔点谱仪式之后,总谱放入大谱匣,房谱则由各房分带回自己保管。所谓"进主",即将该宗族中各户已经去世的家长神主,经"点主"仪式之后,统一摆列在家庙宗祠的大神龛中,以永享祭祀。

第五节　"中华一绝"拔拔灯

南安英都还有一个被称为"中华一绝"的习俗,即"拔拔灯"。

拔拔灯起于何时并无记载,但当地民间口耳相传说:"有董山宫就有拔拔灯。"董山宫,即兴建于英都董山村的昭惠庙。

英都境内的英溪是古代"海上丝绸之路"的内河驿渡,溪道有"九曲十八弯"之称,水急滩险,来往航运只能用驳船运输,至逆水行舟时则需船夫拉纤,俗称"拔船"。南宋淳祐年间,陈姓船夫自九日山昭惠庙分灵,兴建英都董山昭惠庙,主祀九日山昭惠庙通远王的从神之一仁福王陈益,以祈求风调雨顺,庇佑航行顺利。宋元交替之际,洪姓成为当地望族,随之昭惠庙成为洪氏当境神庙,又在庙里增设神位,配祀太保公。

拔拔灯这一习俗即起源于海神祭祀活动。从明景泰年间该习俗就已规范成型算来,迄今已有 500 多年历史。

拔拔灯活动以游灯为主题。每逢初九之夜,英都洪氏万余人,自不同村落赶往昭惠庙。人们把数十乃至上百盏红灯笼拴在一条大的绳缆上,组成一个个灯阵。每个灯阵前方都有一青壮小伙(称为"灯首"),胸前缚一扁担,肩负大绳,作船夫拉纤状,弓身拉动灯阵向前行进,状如拔船。"拔拔灯"之说,由此而来。

拔拔灯活动还结合迎神("仁福王"神像),穿插大鼓吹、车鼓舞、花鼓唱、邰狮等,成为一种综合性的群众游乐活动。据闽南民俗专家廖榕光介绍,其程序为:①供天。农历正月初九"天公生",给天公上供。②敬神。做完"天公生",把供品挑到昭惠庙供仁福王诸神。③缚灯。准备"灯阵",每阵用一条粗大的绳索,上挂灯笼。④会灯。傍晚,各灯阵到昭惠庙前会合。每阵各有附带表演项目在巡行中表演。⑤起驾。灯阵会齐后,仁福王起驾,队伍出动。⑥脱壳。也称"脱蛇壳",队伍沿庙前名为"五斗"的田地环行三圈。⑦谒祖。灯阵向洪氏家庙前进,绕庙巡游一环,大放鞭炮,表演各种游艺节目。⑧迎灯。灯阵返回本村,开始全境大巡游。所到之处,各户都在门前燃烧篝火以迎灯。⑨回銮。巡游全境后,留一灯阵为仁福王护驾回銮。⑩报灯。仁福王回銮入庙后,决定下一年灯首,旧灯首当晚到新任灯首家报喜,放鞭炮祝贺。

廖榕光指出,拔拔灯是一种全民参与的民俗文化游乐活动,游灯者自娱自乐,以其质朴、粗犷的风格,体现了古代劳动人民勇于拼搏,乐观向上的精神风貌,而且和民俗信仰、生产劳动紧密结合,独具特色。它还是凝聚亲缘的纽带。世界各地的洪姓族人,不远万里,回归故里参加拔拔灯,借此契机共叙亲情,促进了宗族感情的融洽。

英都拔拔灯属于我国九大灯会之一,于 2005 年 10 月被列为福建省第一批非物质文化遗产代表性项目名录;于 2008 年 6 月被列为第二批国家级非物质文化遗产名录。

第七章　南安民间信仰

　　民间信仰是南安传统文化的重要组成部分。根据泉州市民族与宗教事务局统计的宗教寺庙、宫观数据，南安地区面积在 10 平方米以上的宗教和民间信仰活动场所有 1000 个以上。在万物有灵观念基础上产生的自然崇拜、祖先崇拜、功臣圣贤崇拜等，是南安民间信仰主要的崇拜对象。林立的宫庙，频繁的民间祭祀活动，众多的信徒，构成了南安民间信仰的基本内容。

第一节　自然崇拜

　　自然崇拜是指将自然物、自然力、自然现象当作有生命、有意识而且具有某种超自然力的对象加以崇拜。自然崇拜在世界各民族中普遍存在。它的产生与人类早期受自然力量的支配有关，肇始于原始社会。这种神秘力量长期以来仍在不断地影响着人们的日常生活，至今自然崇拜仍存于民间。

　　南安人虔信万物有灵，其自然崇拜的对象包括天地崇拜、天象崇拜、动物植物崇拜、石灵崇拜等。

一、天地崇拜

　　天地崇拜是中国传统信仰中历史最悠久的信仰之一。一般来说，对天地的崇拜可以追溯到原始社会。由于古代社会生产力水平及科学技术水平相对低下，在与大自然的抗争中，人类常常感到自身力量的弱小。同时又因自身知识水平的局限性难以解释天地的无穷变化，因此对上天和大地产生了敬畏。古人认为,天地是宇宙万物的主宰,掌管着世间万物生长。大约到商周时期,人们逐渐将天、地人格化为神祇,产生了天地崇拜。

(一)天公崇拜

玉皇大帝是中国民间家喻户晓的至高无上神灵。在民众心中,天公立于太虚,高居"天宫",统辖天界、人间、阴司三界,掌控人间万物生长和赏罚等大权。南安民间俗称玉皇大帝为"天公"。

南安民间以农历正月初九为"天公生"(天诞日),"阳数始于一而极于九,原始要终也"[①],象征着玉皇大帝地位之尊贵,浩瀚天威之永垂。"天公生"是一年当中最隆重的祭祀日,每家每户几乎都要备办丰盛的祭品来祭祀。其祭品包括牲礼(五牲大礼、三牲小礼)、五果(五种水果)、六斋(六种干素菜)、"天公圆"、爆竹和特大号的"天金"等。在南安传统习俗中,天公生当天午夜时分,家家户户燃放鞭炮,在厅堂点燃红烛灯,曰"天公灯"。梳洗焚香之后,在家中正厅摆一张八仙桌,八仙桌的摆放位置没有严格要求,有人摆在大厝天井里,有人摆在大门口,还有人直接摆在大厅上,但桌面一定要摆横材,也就是要与吃饭摆法不同。因为天公不同于其他神明,所以八仙桌的下面还要有两块矮椅(天公椅)托着八仙桌。八仙桌上供有五谷、六斋,还要有"搭饭"和花瓶等;桌旁分别用两块琴椅放置刚宰杀的全猪(猪头插上猪尾表示全猪)、全羊、大公鸡等大牲。家中最高长辈上香后,全家人按辈分、年龄大小依序向天公行礼,焚天公金箔,叩谢玉皇大帝的浩荡天恩。与此同时,也向玉皇大帝请愿,祈盼来年风调雨顺、好事连绵,并许愿日后将隆重酬谢。古代南安民众对玉帝非常敬畏,所以极少供奉神像,只在神坛上设立牌位虔诚膜拜。此外,这一天往往还要"演嘉礼戏祭献",俗称"天公戏"。

因为民间非常重视正月初九的祭拜天公,所以这一天有许多禁忌需要遵守,比如不得将女性的内衣物、便桶等不洁之物拿到外面去、祭祀的鸡不能用母鸡必须用公鸡或阉鸡、不可口出秽言秽语,以免亵渎天公等。

(二)土地崇拜

土地崇拜是自然崇拜的一个重要的组成部分。原始的土地崇拜,所崇拜的是土地的自然属性及其对社会生活的影响力。中国古代社会是一个农耕社会,

---

① 王逵.蠡海集[M].北京:中华书局.1985:35.

土地是农耕社会赖以发展的基本条件。《礼记·郊特牲》曰："地载万物,天垂象,取财于地,取法于天,是以尊天而亲地也。故教民美报焉。"①大意是,土地孕育着五谷,世间万物的生存必须依附于土地。人类深受土地的恩泽,因此奉土地为神明,由此土地神逐渐被塑造出来。土地神起源于古代的社,汉应劭《风俗通义·祀典》引《孝经纬》曰："社者,土地之主,土地广博,不可遍敬,故封土为社而祀之,报功也。"最初人们供奉的是抽象化了的大地之神。相传,土地神是共工氏的儿子句龙,他能够平水土,所以百姓祀奉他为社神,也叫他土地爷。随着社会生产力的不断发展,原土地之神的地位逐步下降,自然崇拜的色彩也逐渐变淡乃至消失,转而变成人格化的土地神,民间俗称"土地公""土地爷""福德正神""伯公""大伯爷"等。其形象多为衣冠束带,手持金元宝,慈眉善目的白须白发老人。

关于土地神的出处,民间有很多传说。简单罗列以下几种:

第一种传说:"土地公是尧帝时教导人们耕作的农官石稷,可以主宰农作物的丰盛与否,祭祀颇为隆重。"②

第二种传说:土地公是周朝一位官吏,名叫张福德。他生于周武王二年二月初二,自小聪颖至孝。36岁时任朝廷总税官,为人正直,能够体恤百姓之困苦,作了许多善举。周穆王三年,他死后接任的税官,上下交征,无所不欲,民不堪命。这时,人们想到张福德为政之好处,念念不忘,于是建庙祭祀,取其名而尊为"福德正神"。

第三种传说:周朝上大夫的家仆张明德(或张福德),主人赴远地就官,留下家中幼女,张明德带女寻父,途遇风雪,脱衣护主,因而冻死途中。临终时,天帝奖励他,空中出现"南天门大仙福德正神"九字,上大夫感念其忠诚,建庙奉祀。

第四种传说:土地公是汉代的蒋子文,他曾做过秣陵尉。一天,他抓捕盗贼追到钟山下,盗贼击伤了他的前额,不一会儿他就死了。孙权建立东吴政权的时候,蒋子文显灵说:"我应当做这儿的土地神,为下界百姓造福,你可以向百姓宣传,给我立庙,否则会有大难临头。"于是孙权派使者封蒋子文为土地公。③

在南安农村的田头地角,屋前宅后,街头巷尾,经常能看到写有"福德正神"的小石碑或小石龛。除作为地方保护神外,土地公还是南安地区的财神之一,许

---

① 杨天宇.礼记译注[M].上海:上海古籍出版社.2004:312.
② 张森海.福建移民与闽台土地神信仰[J].闽台区域研究丛刊第五辑,2005:45-50.
③ 林国平.闽台民间信仰源流[M].福州:福建人民出版社,2003:72.

多商铺有供奉"招财进宝"字样的"福德正神"神龛。

南安将祭祀土地公称为"做牙"。一年中有好几次"做牙"。相传农历二月初二是福德正神(土地公)诞辰,祭祀活动称为"头牙",也有的说是六月初六或腊月初八。人们在土地公生日这一天杀鸡宰羊,祈求土地公保佑人间五谷丰登。

农历八月,一年收成大致已有定局。乡间一般在割稻时在田头用小三牲(即猪、鱼、鸭)祭祀土地神,后来演变为演戏答谢土地公。每年农历十二月十六日是一年中最后一次的祭祀活动,俗称"尾牙"。

农历十二月十六日的"尾牙"过得非常隆重。《民国南安县志》记载:"腊月十六日:商贾皆祭土地神,牲醴极丰。遍请亲友,以馐其品物。"[①]旧时这一日,南安一般平民百姓家要烧土地公金以祭土地公,还要在门前设长凳,供上五味碗,烧经衣、银纸,以祭拜地基主。各商家行号也要在这一天大肆宴请员工,以犒赏过去一年的辛劳。如果是来年不准备续聘的员工,老板便在筵席中以鸡头对准他,暗示解聘之意。

南安主祀土地公的庙宇有洪濑镇都心村岭口土地公庙、柳城与真林街道交界处龙峰岭土地公宫等。除主祀土地神的土地公庙外,南安大多数宫观庙宇都或辟出一殿或设一香案奉祀土地公,如延福寺、慧泉寺、树德寺等就是如此。

二、天象崇拜

中国自古以农立国,靠天吃饭。原始先民的生活在很大程度上依赖于自然,因此天象的变化必然对原始先民的生活产生很大的影响。原始先民认为风、雨、雷、电等自然现象的变化莫测分别是受到风伯、雨师、雷公、电母等神灵的控制,因此人们对这些神灵非常依赖,信仰亦十分虔诚。天象崇拜在南安地区的典型表现就是风雨崇拜。

(一)风神崇拜

南安地处东南沿海,经常受到大暴雨、强台风的侵袭,人们深受风雨的影响,对风神雨神的崇拜十分虔诚。宋代官方经常在九日山昭惠庙举行隆重的祈风仪式,一般十月至十一月举行"遣舶祈风";四月举行"回舶祈风"。真德秀在《祈风

---

① 苏镜潭.民国南安县志[M].影印版.上海:上海书店出版社,2000:38.

文》中写道："惟泉为川,所恃以足公私之用者,番舶也;番舶之至时与不时者,风也;而能使风从律而不愆者,神也。……俾波涛晏清,舳舻安行,顺风扬帆,一日千里,毕至而无梗焉。"南安九日山上至今还保存着祈风石刻,记载泉州郡守携市舶官员为"番船"祈风的史实。

(二)雨神崇拜

南安深受太平洋季风的影响,旱灾经常发生,因此人们对雨神的崇拜也特别虔诚。这种虔诚反映在宗教信仰上,则是众多的神灵具有布雨的职能,一旦干旱发生,各地祈雨之风盛行。祈雨在南安民间俗称"乞雨"。

古代南安地区的祈雨,从祈雨的对象来看,不仅包括龙神、雨师、山神,还包括一些地方俗神,如海上圣母——妈祖、保生大帝、通远王、清水祖师、临水夫人等。清光绪年间建于南安县署西面的龙王庙,其主要祭祀的神灵就是龙神、雨师。《闽书·方域志》记载:"琼山,在县西南。中有龙潭,旱祷辄应。"又如北宋泉州知州蔡襄在任期间,曾留下一首祈雨诗:"年年乞雨问山神,羞见耕耘陇上人。太守自如才德薄,彼苍何事罪斯民?"其祈雨的对象为山神。从祈雨的主体来看,不仅有民间的"乞雨",地方官府也往往参与祈雨活动。如旧时南安农村地区有祈雨的风俗,有的地方抬出铺境保护神"铺主"和"境主",有的地区抬出城隍爷、观世音菩萨、龙王爷等神灵,设置香案,进行祈雨。此外有关文献也记载了不少官员祈雨之事,一些官员还写了不少祈雨、谢雨、祈晴、谢晴之类的祝文。从祈雨的类型来看,有地方各级官吏率领百姓设台求雨;有县府官吏带百姓去城隍庙或龙王庙等寺庙烧香求雨。据说光绪年间,因连年旱灾,南安知县梁韵清曾到紫帽寺向李祖师求雨,结果顿时普降甘霖。梁知县深感其"灵验",即向朝廷请赐紫帽寺为"灵应寺"。除此之外,南安梅山明心寺也是历代郡守县令常去祈雨之地。某些史书迎合地方民众心理,也大书其"灵",如《闽书·方域志》就记载:"明心山,在县西北。其山高大明秀,上有明心寺,祈雨甚灵。"

古代南安人祈风求雨,并不只局限于向特定的风神雨神祈求,较多的是采取间接向其他神灵祈祷的形式,同时还表现出鲜明的行业特色。

三、动植物崇拜

动植物崇拜是人类最早产生的信仰文化之一。原始社会,人们依靠采集狩猎为生。为了求得生存,人们便把幻想和希望寄予所要采集和猎取的动植物上。这种幻想和希望后逐渐被化成精神寄托和内心信仰,于是便出现了对动植物的崇拜。

(一)动物崇拜

在古代南安地区众多的民间信仰中,动物崇拜颇为丰富,如蛇崇拜、猴崇拜、犬崇拜等。

1.蛇崇拜

蛇崇拜是百越族最重要的文化特征之一。远古时期,蛇给人类带来的极大伤害,使得原始先民对蛇产生了极大的恐惧心理。认为蛇具有某种神秘而强大的力量,进而对其加以崇拜。后由一般崇拜发展为图腾崇拜,即把蛇看作是自己的祖先或是保护神。南安地区虽然少有蛇庙,但仍然有与蛇有关的寺庙神祇及相关的崇蛇习俗。如南安诗山蛇王庙、洪濑天香踩街活动中的"抬龙阁"以及流传泉州晋江、南安等地区的拍胸舞等。

2.猴崇拜

在我国通俗古典小说《西游记》中,美猴王"齐天大圣"孙悟空就以其机智聪敏、武艺高超、来去如飞、爱憎分明、忠肝义胆、生动逗趣的形象影响着一代又一代的国人。在南安民间信仰体系中,由猴修炼成佛的孙大圣也是百姓信仰崇拜的神灵之一,被神化的齐天大圣孙悟空在南安民间俗称"大圣爷"。南安大圣信仰始发于何时,已无从考究。据石井《大圣公宫重建志》载,南安石井"大圣公宫"(又名慈云普济宫、大圣宫)始建于明末清初。这是当下南安地区主祀齐天大圣孙悟空的最古老宫庙。

3.犬崇拜

南安地区还有信仰犬神的习俗。在罗东镇戏神雷海青祖庙坑口宫中,戏神田都元帅左右就陪祀着从神大舍和二舍,其中二舍就是白犬精。传说陪祀田都元帅的白犬精原来为祸乡里,后被田都元帅收服为将,成为田都元帅的左膀右臂。有些百姓甚至认为白犬精比田都元帅更加灵验。

(二)植物崇拜

植物崇拜的地位虽逊色于动物崇拜,但植物与动物一样,同样被人类赋予了神格,也是民间信仰的重要信仰形式之一。南安民间信仰中植物崇拜较突出地表现在对树木崇拜上。百姓俗信树有树神,会降灾赐福于人,是村寨的保护神。民间流传着"千年古树会成精"的说法,经常有人在古树下烧香祭拜。如霞美张坑村有一"树中塔",不仅村里人把树和塔当神灵祭祀,而且年年都有许多台胞前去村中古树古塔下祭拜。此外,向阳乡郭田村青龙宫里的大枫树也被当地视为树神,逢年过节村民都会前去瞻仰祈福。

四、石灵崇拜

石灵崇拜最早可以追溯到原始社会。原始社会,人类使用石制工具狩猎、宰杀禽兽、切割兽皮等。作为主要工具的石器对人们的生产、生活起着极为重要的作用,因此原始人对石器怀有特殊的感情,并逐渐形成石灵崇拜。南安先民认为有的石头是死石,供人们作为生产和生活的基本材料,但有少数有"灵性"的石头是"活石",冲犯"活石"就要遭殃。

"石敢当"是南安地区的石灵崇拜的表现形式之一,具有镇宅驱邪的作用。如在南安城乡一些"路冲"之处的房屋墙上或门前,时常可见有"石敢当"或是"泰山石敢当"字样的方形石碑。

第二节 祖先崇拜与功臣圣贤崇拜

一、祖先崇拜

祖先崇拜又称"祖灵崇拜",它的产生与古老的灵魂信仰观念有着密切关系,是鬼魂崇拜的一种形式。原始先民认为,人死后灵魂不灭且具有一种神秘的超自然力,能够庇佑本氏族成员。因此在原始社会的氏族公社时期,逐渐出现了祖先崇拜,将祖先的灵魂作为本氏族成员的保护神加以祭祀。

汉代以后,中原地区由于常年战乱,人口频繁南迁。在渡江南迁的过程中,陆续迁徙入闽的汉民多是举族举乡。在漫长的迁徙过程中,人们无形中加强了家族成员之间的团结,巩固了血缘关系。长期以来,南安一直保持着聚族而居的传统。如此特殊的社会历史条件决定了南安地区特别发达的家族制度,与家族制度相适应的祖先崇拜也十分盛行。遍布各地的宗祠、频繁的祭祖活动、繁缛的祭祖仪式,是南安民间祖先崇拜的重要内容。

在南安,祖先崇拜是最为普遍的一种信仰。无论是大宗家族或小姓弱族,都建有祠堂以祭祀列祖列宗,所谓"家家建追远之庙,户户置时祭之资"。祖先崇拜集中地反映在祭祖活动上。人们通过敬祀仪式,来表达对祖先和祖籍地双重敬意,同时又祈望祖先之灵能够庇佑子孙,福荫后代。

南安民间祭祖活动不但十分普遍,而且相当频繁,形式也多种多样。有自中原传承的宗教规仪,也有基于本地文化生态形成的习俗。祭祀祖先按范围分,有族祭和家祭;按地点分,有墓祭和庙祭。

(一)家祭和族祭

家祭指的是以家庭为单位在室内设神龛祭祀祖先,规模较小。20 世纪 40 年代前,南安家祭地点一般在祖厝,以后多在家中厅堂正中设龛供奉祖先神位,称"木主"(如今已以祖先遗像代之)。

就祭祀仪式而言,古时很讲究繁文缛节,如旧时有些文人士大夫在祭典上要求"是日不饮酒,不食肉,不听乐,素服以居,夕寝于外"[①]。后人有所变通,祭奠礼仪多有简化,一般小姓之家通常在祭祀当天由家长带领全家焚香致敬,跪拜祈祷。只有世家大族或士大夫家,才有严格遵行旧俗者,以求合于古礼。

家祭的时间有定时祭和非定时祭。定时祭是指在近亲祖先的生辰、忌日和传统节庆时的祭祖活动。在祖先的生辰与忌日(特别是忌日)举行祭祀活动时,家人沐浴更衣,在家长的率领下,在祖先的牌位前烧香礼拜,供上若干菜肴祭品。

传统年节的家祭主要安排在春节、元宵、端午、中元、冬至、除夕等日子里进行。其中以中元、冬至和除夕的家祭最为普遍和隆重。

农历七月十五日的中元节,南安又称"鬼节""七月半"。传说这一天地狱门开启,阴间的孤魂野鬼纷纷到阳间求食,各地都要举行盛大的祭典,超度亡魂,称之"普度"。南安有句俗语是"七月半祭祖",家家祭祀亡亲。每到中元节这一天(有的乡镇也过十三或者十四),家家制作纸钱、冥包,以鸡鸭鱼肉、糖饼水果,甚至全猪等供品祭祀先人,在门前路边烧纸钱放爆竹,普度孤魂。

---

① 林国平.闽台民间信仰源流[M].福州:福建人民出版社.2003:87.

冬至又称"冬节""长至节""亚岁",是中华民族的一个重要的岁时节庆。古人认为这天是阴尽阳至,万物复苏的日子。在南安地区至今依然保留着浓重的冬至祭祖的风俗。《南安县志》记载冬至日的"祭冬":"秋谷登场,一年农事已毕,搓米圆,备酒饭祭祀祖先及土地神,有祝谢一年保护庇佑之德,再祈来年丰收之意。"①

除夕,在南安地区同样也是祭祀祖先的重大节日。吃年饭前,在厅堂的八仙桌上摆上丰盛菜肴。家长率家人在祭祀天地诸神的同时,祭拜祖先,即所谓祀先礼神,祈求祖先庇佑子孙后代来年平安。

除了定时祭外,还有根据现实生活中的实际需要,不定时进行的家祭。如家人出生、年满十六、婚嫁、寿庆、致富、脱险、解厄等,都要拜谢祖先。甚至受欺蒙冤无助者,也会拈香哭诉于祖先灵前,以祈求庇护。

族祭以同姓族人为单位,参加拜祭的亲属范围更广,礼仪隆重繁复。除墓祭外,族祭地点均在家族祠堂。族祭时间为每年的清明节和冬至,称春、冬两祭。另外,各姓始祖诞生日(俗称"祖公生")也举行祭祖仪式,宗祠修建完成进主日也祭祖。

(二)墓祭

墓祭是指在坟墓上致祭祖先。扫墓之举早在秦汉以前就有了,但没有固定的日期和祭祀程式。秦汉以后,墓祭逐渐风行,时间也慢慢固定在寒食节前后。唐开元年间,玄宗下诏寒食上坟祭祖,永为恒式。不过,平民百姓上坟墓祭的对象也仅限于祖、祢两代,不得僭越。宋代以后,随着家祭祖先的代数放宽为高、曾、祖、祢四代,一般百姓也可以参加远祖的墓祭活动。

墓祭的对象可以分为近祖和远祖两种,在祭祀形式上也相应有家庭式墓祭和家族式墓祭之分。

家庭式的墓祭对象为近祖,故一般由血缘较亲近的族人参加,甚至以家庭为单位举行墓祭。祭祀仪式简单,一般是供三牲、烧纸钱,依次跪拜,同时打扫维修墓茔、挂纸。

家庭式的墓祭时间比较灵活,寒食、清明、端午、中元、中秋、重阳、冬至等时节均可上山祭墓,其中"春祭"和"秋祭"是最重要的墓祭。

----

① 福建省南安县志编委会.南安县志[M].南昌:江西人民出版社,1993:815.

　　春祭。是指清明时节的墓祭,但时间并不限定于清明这一天。在南安的大多数乡镇,春祭可以在清明前后十天之内进行,但石井一带的春祭是在上巳节(初为阴历三月上旬的巳日,后改为三月初三)进行。相传郑成功曾驻兵故乡南安石井。一天,他见全村男女老少络绎不绝地上山去,一问才知道清明节到了,人们上山扫墓去了。郑成功听到"清明"二字,心中很不是滋味,想:"我要反清复明,岂容'清'置于'明'之上。"于是废止族人清明节上坟扫墓的习俗,改为上巳节祭扫。此后,便成为定例,流传至今。秋祭一般在中秋前后举行。

　　家族式的墓祭,是以家族为主体的祭墓活动,一般可分为"支房祭"(或称"柱祭")与"合族祭"(又称"族祭")两种形式。支房祭的祭祀对象是本支房的先祖,参与祭墓的也仅限于本支房的族人。其规模虽比家庭式的墓祭大,但比合族祭小。由于家族的繁衍,列祖列宗的坟墓越来越多,难于遍祭,久而久之,人们较注重于近祖的祭祀,而疏于对远祖的祭奠。

　　墓祭中合族祭的规模最大,仪式也最隆重。合族祭的对象是远祖,故各支房都要派人参加。

(三)祠(庙)祭

　　祠祭是指在家族祠堂举行的祭祀祖宗之灵的典礼,是祭祖活动中最正规的一种。主要有"春祭"和"秋祭"二祭。一般规模较大,祭祀仪式也更加隆重繁复。世家望族尤为隆重。《民国南安县志》载:"泉俗祭礼,凡世家巨族,每于冬至祭始祖。前一日,设位、陈器、省牲、具馔。祭时,主祭盛服就位,引赞、通赞读祝,俱序立。主祭奉神主出,就正寝降神、参神、进馔、初献、亚献、终献。侑食受胙,辞神纳主,馂。春分祭先祖,间有不出主、纳主者,其余祭仪略同始祖庙。季秋祭礼仪略同始祖庙。"①除了定期的春秋二祭之外,有的家族把祠祭与传统节日结合起来,使得其祠祭更为隆重。

　　就祭祀的礼仪而言,南安各地大同小异,多遵循古礼,十分繁缛。有一种超度先人的祠祭叫"做功德",规仪完整,要糊纸厝、设神坛、拜忏、牵桩、普施、跑特赦、劝愿,至烧库银、纸厝化火结束。同时,唱道情、掷铙钹等民间艺术表演穿插于其间。祭祖仪式以追思祖德的祠祭最为隆重,要挂红灯、贴红联、搓红丸、穿红衣,设主祭、陪祭、司仪,鼓乐、鞭炮、上香、献花、上供、敬酒、读祭文、跪拜,有的也

---

① 苏镜潭.民国南安县志·风俗[M].影印版.上海:上海书店出版社,2000:42.

请僧道做法事。

南安地区的祭祖习俗是闽南人祖先崇拜的集中反映,在社会生活中加强了宗亲之间的团结互助,如对贫困族亲的赞助、婚丧喜庆的帮办、家庭纠纷的调解、生产劳动的互助等,对于凝聚家族力量、增强血缘感情、亲属联系,乃至民族归属、国家认同有积极意义。其祭祖习俗中的相关规仪有丰富的历史文化内涵,传递着深厚的家族和乡族观念,是闽南文化的鲜明特征。这种习俗在南安地区至今依然接续不断,慎终追远、孝敬祖先长辈的理念在民间得到普遍认同。

二、功臣圣贤崇拜

中国人对有功于国、造福于民的功臣和圣贤,皆立祠建庙。《礼记·祭法》曰:"礼法施于民则祀之,以勤死事则祀之,以劳定国则祀之,能御大灾则祀之,能捍大患则祀之。"在传统儒家忠孝节义观念影响之下,大批的功臣和圣贤被塑造成神,成为民间信仰的重要组成部分。南安地处素有"海滨邹鲁"美誉的泉州,儒家忠孝节义观念更是深入人心,功臣圣贤崇拜盛行,民间多有各种奉祀功臣圣贤的宫观庙宇。

(一)开闽圣王崇拜

开闽圣王王审知,字信通(又字详卿),光州固始(今河南固始)人,生于唐懿宗咸通四年(863年),五代十国时的闽国创始祖。唐末黄巢起义,群雄迭起,王审知及其兄长王潮初跟随王绪,后王潮废杀王绪取而代之。唐景福五年(893年),王审知随兄长王潮带兵南下,占据福州。唐乾宁四年(897年)王潮去世,王审知继王潮为威武军节度使,累迁至检校太保、同中书门下平章事,封琅琊王。唐天祐四年(907年),后梁太祖朱温升任王审知为中书令,封闽王。在位期间,王审知采取保境息民的立国方针,选贤任能,轻徭薄赋,辟港通商,为闽地的开发和发展做出了巨大的贡献。志载,"他处犹干戈扰攘,而闽不知兵者亘二十九年"。后唐同光三年(闽同光三年,925年),王审知去世,终年64岁,谥号忠懿王。其子王延钧称帝后,追谥为昭武孝皇帝,庙号太祖。闽人为感其治闽之功绩,尊其为"八闽人祖",誉称"开闽王"。南安金淘镇千金庙奉祀开闽圣王王审知。据《南安县志》载:王审知随其兄开府泉州,入主福州期间,曾派兵巡视南安各地,除暴安良。金淘及石井等地,先后建庙塑像以祀之。

(二)大宗惠泽尊王崇拜

大宗惠泽尊王,俗称"祖伯公""祖王""叶尊王""叶圣王"等,圣号为"广德忠应威武英烈惠泽尊王",是源于南安的地方性神祇。本名叶森(1189—1208),南宋淳熙十六年(1189年)己酉十二月初十出生于南安眉山高田,凌云叶氏始祖三翁公的第十一世孙。

相传叶森少时颖异,勇而豪杰,不吃荤,不婚娶,能预言吉凶祸福。南宋嘉定元年(1208年)戊辰,羽化登仙。后显灵于乡里,神通广大,每祷辄应,人称"救急拯危,妙药挽回恩同再造;行仁赐福,慈云普遍利群生"。

乡民感其德,立庙奉祀。自宋至清,获历朝皇帝五次敕封祭典,《民国南安县志》载戴廷诏撰《惠泽尊王传》,说惠泽尊王"嘉定末有功于朝,敕封'威武惠泽尊王',并赐祀典。……受封以来,神光愈炽。水火盗贼,王则捍之;灾殃疾疫,王则御之。历今数百余年,其所以护国裨民者,功难殚述"[1]。

因而,惠泽尊王逐渐成为南安民间信仰体系中的高级神祇,祭祀由民间纪念逐渐升为朝廷派大臣致祭。

南安地区奉祀大宗惠泽尊王的宫庙有:凌云山云山寺大宗惠泽尊王祖庙(前身名慈济宫),良田境凌凤庙(黑旗盟主尊王府邸)、诗山社坛云龙寺(黄旗盟主尊王府邸)、柳城云山殿、金淘埔后王府等。

(三)武德英侯崇拜

武德英侯,又称"章府元帅""章侯""琉璃相公公",俗名已失(民间有武德英侯原姓章名成武的说法)。相传武德英侯为官刚正不阿,爱惜百姓,奉命由河南光州率军护送移民入闽,开拓南方山区。为抵御匪寇侵袭,安定民心,武德英侯亲自组建军队,荡平匪患,使得百姓可以安心生活。后因当局腐败,对朝廷心灰意冷,常年寄情于山水之中。某日,他手持竹杖带一少年到安南永大山中游览,行至永春、安溪、南安交界处的岵山,醉心于此处景色,遂将竹杖倒插于石缝中,在鸡心石上坐化。后竹杖显灵,竟变青、萌芽,复枝繁叶茂,当地民众遂尊章侯为神,立庙祀之。成神后,百姓每祷必应,深得乡民崇奉,南宋时被敕封为"武德英侯"。武德英侯信仰在南安地区流传甚广,南安洪濑香火尤胜,后廊宫主祀章侯。

---

① 苏镜潭.民国南安县志[M].影印版.上海:上海书店出版社,2000:450-451.

《南安县志》载:"章侯祠在十九都洪濑街……每岁春,乡人往石竹取火,远近从之者以万计。"现今每年农历三月十六日,洪濑合境百姓为章侯庆生日,连唱大戏,热闹非常。

(四)高姑娘崇拜

高姑娘,指的是南安水头镇埕边村高氏三女高榜娘、四女高瓜娘,又称"佛姑娘"。高榜娘生于清乾隆四十六年(1781年)六月十四日,高瓜娘生于乾隆四十八年(1783年)十二月二十七日。

相传,榜娘和瓜娘降生时均有祥云绕梁,满室飘香,似闻空中鼓乐之声。姐妹俩自幼天资聪颖,厌荤食。相传,榜娘14岁时,父亲因病去世,临终嘱咐她们学医。后来,姐妹二人遍访名医,勤学岐黄之术,精研医理、佛经、草药,配成许多良方,广施义医,救了不少人的命。榜娘16岁时,已是远近闻名的"女大夫",这时14岁的瓜娘也成了姐姐的好帮手。但凡上门求医者,两姐妹皆以慈悲为念,有求必应,且不求回报。村民称之"广结善缘、广交善友、广施善事"。埕边村《高氏族谱》载:"三女讳榜娘,持斋二十一年,少为后山乡朱家所聘。十月朱家欲行婚礼。榜娘辞婚绝粒,至四十六日,端坐龛中十二昼夜,而成正果也。佛号真人,迁入宫中。""四女瓜娘,持斋亦是。山前王家所聘,行礼期近,学三姐辞婚绝粒,两月有余,亦成正果。开龛门,现真容,男女环视者至三日皆见其颜不变焉。迁入与三姐同龛并坐,佛号四姑娘。"榜娘和瓜娘姐妹生前医术精湛,常行善事,埕边乡人为感念两姐妹之德,将其坐化之肉身粉塑供奉而建庙。时人称榜娘、瓜娘"双美绝粒登仙",朝拜者合称"高姑娘菩萨"或"双灵菩萨"。200年来,双灵寺香火鼎盛,信徒遍及闽南。

(五)关圣帝君崇拜

关圣帝君关羽,又称"关帝""关老爷""关公""恩主公"等,字云长,东汉延熹三年(160年)农历六月二十四日(另一说为五月十三日)生于河东郡解县下冯村人(后解县升为州,亦称关羽为解州人)。

相传,关羽自幼秉承家学,身上有一股忠义之气。29岁时,击杀当地欺压百姓的恶霸盐商后被迫出逃到河北涿州,先后结识张飞、刘备。后感情日笃,三人于桃园结义,拜为异性兄弟。从此跟随刘备,东征西讨,为匡扶汉室、建立蜀国建立了累累战功。东汉建安二十四年(219年),孙权偷袭荆州,关羽败走麦城,为吕蒙所杀。刘禅追谥关羽为"壮缪侯"。

历代对关羽都有敕封:隋封"忠惠公",唐封"伽蓝神",宋封"显烈王""忠惠王""武安王",元封"武安英济王""忠义神武关圣大帝""辅正利济昭忠侯",明封"三界伏魔大帝""神威远震天尊""关圣帝君""真元显应昭明翊汉天尊",清封"忠义神武关圣大帝""公爵""山西夫子""灵佑""忠义神武灵佑仁勇威显关圣大帝"。直至清德宗光绪五年(1879年),关公获26字封号"忠义神武灵佑仁勇威显护国保民精诚绥靖翊赞宣德关圣大帝"。清代朝廷下令各州建武庙,春秋致祭,关帝信仰逐渐遍及天下。

南安人崇祀关帝由来已久。670年,陈政、陈元光奉旨开发闽南,带来了家乡所奉祀的关羽神像香火入闽,此后关帝信仰逐渐为百姓所信奉,建庙立祠以奉之。隋唐时期,随着东溪船运的开通,洪濑商埠开始繁荣。其时街坊商贾为了祈求平安和生意发达,开始崇奉关公,并以他的"忠义仁勇"为楷模,唐僖宗年间乡民们建龛亭奉祀关公,明代扩建为关帝庙,关公从此成为洪濑乡间的保护神。随着关帝信仰日盛,信众赋予其更多的神能,遇天灾人祸、疾病、争执时,向关帝求雨、求药、驱灾镇魔、求他正直决断,皇室求关公保国安民,地方求关公除暴安良,由此逐渐成为集武神、财神、医神、雨神、农神等职能为一身的"神中之神",地位尊崇。至今,关圣帝君信仰在南安地区仍盛行。信众不论是婚姻、生意、疾病、求职等,都会到关帝庙或是向家中关帝小像虔诚祈祷,希望得到指点,以求心理上获得安慰。

南安地区奉祀关帝的宫观庙宇有官桥义和寨(关公寨)、码头刘林关帝庙、洪濑蓬莱境关帝庙、霞美黑峰古庙(关圣夫子庙,原官坑关帝庙)、省新镇罕姑宫等。

(六)杨元帅崇拜

杨元帅,即杨景(958—1014),字延昭,并州太原(今山西太原)人,杨家将杨业的第六个儿子,北宋名将。自幼随父出征,常为先锋。后继承父志,镇守边关,英勇善战,兴兵救驾,大破幽州。守边20余年,号令严明,屡破契丹军,呼为杨六郎。后在河北任缘边巡检使,高阳关副都部署等职。并封南北都招讨成国等爵位。57岁时病故于军营,其功载千秋。后人感其忠义,祀之。有诗曰:"古称无故杨家将,功垂赵宋帝王家。成镇三关扶社稷,声扬胡虏兴中华。名登四海传千古,天下谁人不钦嘉。生作忠臣殁作佛,消灾祈福千万家。"南安地区奉祀杨元帅的庙宇有洪濑檬林庙等。

（七）林元帅崇拜

据传，隋唐时期，刘氏先祖文静公，协助高祖李渊灭隋建唐，居功至伟，官至户部尚书。后因裴寂谗言遭李渊疑忌，致文静公遭抄家灭顶之灾。当刘文静临刑时，裴寂上奏派跟随刘文静征战多年的林将军充当监斩官。林元帅素知文静公忠良，为保下忠良血脉，遂以亲生幼子替下刘文静之幼子，单骑负孤逃往荒山。在深山中遇一侯姓猎户，夫妇二人结婚多年，膝下尚无所出，林元帅说明缘由，遂将刘文静遗子托付给侯氏夫妇。后为引开追兵，自尽于悬崖之下。侯氏夫妇感林将军之大义，将忠良遗子改姓侯，决心将其扶养成人，延续忠良血脉，故后世有"刘侯连理枝，同宗并蒂花"之说。

唐末，部分侯氏后裔随"开闽三王"南下，渡江入闽，生活在南安北坑。为感念林将军舍生取义的大恩，侯氏后裔子孙先在厅堂上立牌位祭拜。宋末元初，侯氏后裔将居住地北坑（侯垾）改名刘林，并修建宫庙奉祀林将军。

清朝雍正年间，大批刘侯氏族人从南安码头、梅山一带迁居至台湾南部，同时也从南安石马宫奉请林元帅香火入台湾，在当地建庙奉祀，同号石马宫，代代相传。

第三节 行业祖师崇拜与医药神、护幼保育神崇拜

一、行业祖师崇拜

行业祖师崇拜，是人类信仰史中的一个现象和过程，是从祖先崇拜衍生出来的传统民间信仰的一大类型。最初的行业祖师大多数是某一行业的创始者，或是品德高尚者，或是地位崇高者，或是能力超凡者。后随着中国古代社会分工的不断精细化和行业的发展，以及行业观念在从业者头脑中的确立，为保护本行业的利益和接续发展，民间逐渐产生了行业祖师崇拜，祈求本行业的祖师神能给予庇佑。

（一）行业祖师的构成

行业祖师的构成十分庞杂,有一个行业奉祀一个行业祖师的,也有一个行业奉祀几个行业祖师的,还有几个行业奉祀同一个行业祖师的,不同地区的行业祖师也不完全相同。所谓"行行有祖师,业业有守护神",南安地区行常见的行业祖师见表 7-1。

表 7-1　南安地区常见行业祖师

行业	祖师	行业	祖师
木匠业	鲁　班	蚕丝业	嫘　祖
石匠业		织布业	黄道婆
造船业		鞋匠业	孙　膑
伐木业		炼剑业	欧冶子
竹匠业	泰　山	戏曲业	田都元帅、西秦王
铁匠业	李老君	乞丐业	李铁拐
中医业	华　佗	豆腐业	乐　毅
中药业	李时珍、药王菩萨	毛笔业	蒙　恬
酿酒业	杜　康	评话业	柳敬亭
茶业	陆　羽	占卜业	鬼谷子
造纸业	蔡　伦	风水业	刘伯温
理发业	罗　祖、吕洞宾	星象业	柳　庄
染纺业	葛　洪	文具业	文　昌
裁缝业	轩辕氏		

（二）戏神崇拜

在南安诸多的行业祖师崇拜中,戏神崇拜最具地方特色。一般来说戏剧界以音乐分类,北管奉祀"西秦王爷",南管奉祀"田都元帅"。南安以田都元帅为戏曲守护神,据《中国戏曲志·福建卷》载:"闽剧、莆仙戏、梨园戏、四平戏、闽西汉剧、潮剧等均以其为戏神,普遍供奉。"

关于田都元帅究竟指何人,民间有不同的说法。

第一种说法:南安人认可田都元帅为唐天宝年间乐工雷海青。

第二种说法：田都元帅是唐玄宗时张巡的部将雷逢春，因屡建战功，被敕封为大元帅（也有说雷逢春是雷海青的弟弟）。

第三种说法：田公元帅是唐玄宗的宫廷乐师即风火院的田元帅兄弟三人，三兄弟有歌舞做戏、逐疫驱鬼的功夫，因而民间又称"三田公元帅"。

从戏神的角度来看，无疑是第一种说法更为贴近。[①]

二、医药神崇拜

古代南安地区，医疗卫生条件非常落后，瘟疫流行。由于家庭经济能力不足及医疗知识的缺乏，平民百姓多不能得到较好的治疗。加之历史上闽地盛行的"信巫不信医"的陋习及巫觋的推波助澜，这一地区逐渐形成了体系庞杂的医药神崇拜与王爷神崇拜。

南安地区民众普遍奉祀的医药神主要有保生大帝、大圣公等。

（一）保生大帝崇拜

保生大帝，民间俗称"吴真人""花桥公""大道公"，俗名吴夲（979—1036），北宋泉州同安白礁人（有龙溪青礁人、安溪石门人等不同说法）。少时父母亲亡故，孤苦伶仃，遂立志学医，访师学道，寻方求药，慈济苍生。相传，吴夲17岁时游名山遇异人通往昆仑山拜谒西王母，被授以神方及济世驱魔之术。回家后，他便凿井取泉、采药为民治病，每一次都妙手回春，药到病除，且不分贵贱，不收酬谢，医德高尚受世人敬仰。北宋景祐三年（1036年）五月初二，于采药之时，羽化飞升。后南宋乾道二年（1166年），宋高宗下诏于保生大帝故乡白礁建庙奉祀，赐吴夲庙额为"慈济"，并赐谥"大道真人"。南宋庆元元年（1195年）他被追封为忠显伯，后又受封为"普祐真君"。明代先后四次敕封吴夲，其最高神格是"昊天医灵妙惠真君万寿无极保生大帝"。

保生大帝在南安地区信徒众多，是南安地区最普遍的民间信仰神祇之一，多建有庙宇以奉祀保生大帝。南安地区最早奉祀保生大帝的庙宇是丰州武荣慈济宫，现已列为南安市文物保护单位。规模较大的有梅山镇竞丰村鳌峰宫，祀主神保生大帝吴真人。大门匾额楷书镌刻"鳌峰宫"三字，冠头联曰："鳌卜白礁来显

---

① 关于戏神雷海青，详见本书第五章"南安名山古刹"部分。

圣,峰跨苍海上钟灵。"道出该宫从白礁分炉而来,到此显灵济世佑民。此外,南安地区奉祀保生大帝的庙宇还有美林慈济宫、诗山恭先慈济宫、眉山慈济宫(云山寺的前身)等庙宇。

除汉族奉祀保生大帝外,古代南安地区的畲族也奉祀医神保生大帝。码头乡一带畲民,每年正月为保生大帝举行"行香取火"仪式,且在祖宗祠堂中,奉祀檀香木雕成的保生大帝像。清末民国初,每遇疠疫流行,乡民必举行盛大的迎神仪式,求神赐药。善男信女从木雕神像臀部刮下檀香木片回去煎服,医治病人。

(二)大圣公崇拜

南安地区的医药神崇拜除了影响比较普遍的保生大帝之外,还有石井地区的"大圣公"信仰。

南安石井"大圣公宫",又称"慈云普济宫""大圣宫"。据《大圣公宫重建志》记载,大圣公宫"始建于明末清初,时因石井瘟疫蔓延,时任江苏省昆山县令、乡贤伍麟元,得悉牵动恻隐之心,且得圣爷恩准,捧其金身返乡解困",说明石井的"大圣"除了能"驱邪镇妖、保护合境平安"外,还被民间赋予了避瘟祛病的"医神"功能。每年的农历六月初三、十月十五分别是大圣公的诞辰日和成佛日。

石井地区关于大圣信仰的来历还有一种传说。明末清初,石井民众不服清政府禁海令,躲入涵洞拒出,清朝派兵引大水灌冲无果,后来改用烟火熏,结果熏死无数村民,导致此地瘟疫横行,成了"凶地",民不聊生。所以村民将齐天大圣神像请至此处,立宫建庙予以奉祀,据说从此瘟祛灾消,民众安居乐业了。

三、护幼保育神崇拜

生育信仰是人类最古老的信仰之一。关于人类的起源,有女娲造人、葫芦生人、感应生人等神话传说。进入奴隶社会后,人们对于自身的生育秘密在很长的历史时期内被神秘化,他们往往把人类的繁衍归功于神灵的赠赐,并塑造了生育神,如地母崇拜、高禖信仰,都是中国比较古老的生育神。进入封建社会后,由于受到"不孝有三,无后为大"的影响,人们更加注重传宗接代。为了满足善男信女的需要,诸如观音、碧霞元君、王母娘娘、张仙等具有全国性影响的护幼保育神应运而生。

南安地区在宋代之后,受到以朱熹为代表的闽学的深刻影响,重男轻女之风浓烈,人们多去庙宇祈子保胎。《五杂俎》卷一五记载:"大凡吾郡人尚鬼而好巫,章醮无虚日。至于妇女,祈嗣保胎,及子长成,祈赛以百数,其所祷诸神亦皆里妪村媒之属。"因此,古代南安地区的护幼保育神崇拜相当发达,其中影响较大的神灵主要有七娘妈、登台妈、临水夫人等。

(一)七娘妈崇拜

七娘妈,又称七星娘、七仙祖、七仙姑,相传是天帝的第七掌珠。南安民间将她奉为护佑孩童平安康健的神灵。

南安民间俗信,十六岁以下的儿童都受到七娘妈的护佑。在婴儿周岁左右由母亲或祖母将其带往七娘妈庙,拜七娘妈。用古钱、银牌或锁牌铸刻七娘妈的名字,串上红线为綮,系在颈上,直到满十六岁时才在那年的七月初七取下。《南安县志》载:"农村孩子周岁时,常拜七娘妈为干娘。"

南安有谚语:"七月初七七娘生。"民间将这一天定为七娘妈的诞辰,称"七娘妈生"。是日要举行祈祥活动,称"做七娘妈生"。"做七娘妈生"的祭品包括七种水果、七种花卉、七碟胭脂水粉、七色菜碗(七种"甘味":如香菇、木耳、金针菜、冬粉丝等),七盏酒盏,七只茶杯,七双筷子,一座"七娘妈亭"、七乘"七娘轿"、一盏"七娘神灯"等。祭拜时,由母亲或祖母焚烧"七娘轿",焚上炷香,走到床前,走到厕所边,恭诸床母、厕姑(一作紫姑,南安民间口头上称之为"冬丝娘")。

南安没有专门供奉七娘妈的庙堂,故人们"做七娘妈生"都在本宅厅前摆设香案,向天井空中举行祭祀,类似"烧天金",但没有那么隆重。

(二)登台妈崇拜

古代南安民间将同享一庙的金娘娘与苏夫人,俗称"登台妈",二者皆被丰州当地人民尊为妇幼保护神。丰州、霞美一带,许多孩子出生后都会到登台庙喫(闽南语发音同"啃",为"吃"的意思,也有挂寄、拜托、愿其护佑之意)登台妈。

相传登台庙原为明代黄养蒙当官前的读书处。后黄养蒙为感内宫金娘娘的关照之恩,离职回乡后将其原先在九日山的读书室重新修建为庙宇,并塑金娘娘像以奉祀。而后向朝廷请封,嘉靖帝敕封金娘娘"保婴护幼、护国注生夫人"称号。后来,村民又将苏夫人从祀于庙中。

苏夫人即苏六娘,明洪熙乙巳年(1425年),苏六娘出生在现南安市洪濑镇厝斗村。据传,苏六娘自小聪慧伶俐,预祸福多应,百姓对她十分信服。苏夫人死后多次显灵照顾幼儿,包括喂食与陪玩。民众信其有治疗幼儿疾病、护佑幼儿不受侵害,保其健康成长之神力。明正统六年(1441年),当地百姓垒石为庙,奉祀苏六娘。明成化六年(1470年),朝廷敕封苏六娘为"护国卫生夫人",民间尊称她为"苏夫人姑",是闽南地区较为有名的护幼神灵之一。

每年正月初一、七月十一、七月二十七(金娘娘神诞),十二月初一(苏夫人神诞),登台庙内都会醮坛高筑,祭祀二位保婴护幼之女神。

(三)临水夫人崇拜

临水夫人,原名陈靖姑,福州府下渡人(一说福建古田人)。南安俗称"奇仕妈""夫人妈""娘妈"等。传说陈靖姑出生于唐大历二年(767年),卒于贞元六年(790年),死后被后人尊为"扶胎救产,保赤佑童"的女神。

相传,陈靖姑出身于巫觋之家,自小耳濡目染,精通巫术。唐贞元六年(790年),福州大旱,陈靖姑脱胎祈雨,不幸身亡,临终前曾发誓死后要成为"扶胎救产"之神。死后,常大显灵异,百姓将之奉祀为神,遇上求子、问病、辟邪、难产等问题时,辄求助于她,每祷必应。南宋淳祐年间,敕封"崇福昭惠慈济夫人",后加封"天仙圣母表灵普化碧霞元君",其影响迅速扩大。清咸丰年间,晋封"顺天圣母",影响进一步扩大,遍及福建全省和浙江南部,且开始传入台湾,在福建众多的女神中其影响仅次于妈祖。

南安地区奉祀临水夫人的宫庙主要有水头镇娘妈宫、诗山镇凤山寺(主祀广泽尊王,配殿祀夫人妈)等。

第四节　海神崇拜

在历史上,南安航海和海上贸易相当发达,渔民舟子等泛海者出入变化莫测的大海之上,随时面临着倾覆的危险。因此人们逐渐开始塑造一些能够赐福人类、禳解灾害的海神,建造众多的海神庙,并且使用最隆重的仪式来祭祀海神,以祈求神灵的护佑,由此形成了具有鲜明特色的海神崇拜。南安海神崇拜体系中除了汉民南迁所带来的龙王崇拜以外,还包括通远王崇拜①、天上圣母崇拜、玄天上帝崇拜等。

一、天上圣母崇拜

天上圣母即妈祖,原名林默娘,又称"天后""天妃""妈祖婆""辅斗元君""湄洲娘妈"等。北宋平安军(泉州府)节度辖下莆田县湄洲岛人,相传生于北宋建隆元年(960年)三月二十三日,北宋雍熙四年(987年)在湄洲岛"羽化升天"。

相传,林默娘出生时天现异象,幼有神异,性格良善。她在世时常常用自己的神能帮助乡民排忧解难,为泛海者指引迷途、避凶趋吉,因此受到乡民们的爱戴。死后,湄洲岛上的渔民们奉其为海上保护神,在其"羽化升天"之处建庙奉祀。后常显灵应于海上,泛海者皆向其祈祷,尊其为"通灵神女",信仰范围不断扩大。根据杨俊的《湄洲屿志略》记载,北宋宣和四年(1122年),给事中路允迪奉旨出使高丽,航行途中遇到狂风怒浪,路允迪率全船人员祈求妈祖保佑,果然灵应,在妈祖指引之下平安抵达。路允迪归国后,"感神功,奏上。立庙江口祀之,赐顺济庙额"。妈祖信仰得到官府承认,正式纳入海神信仰体系之中。成神后,妈祖的神格得到频繁提升。从南宋绍兴二十六年(1156年)起至清朝,历代皇帝先后36次册封,封号由2字累至64字,爵位由"夫人""妃"至"天妃""天后"。

元代以前,南安地区以通远王为海上航运保护之神。宋亡元兴后,因朝代的更替及统治集团的大力干预,"至元十五年(1278年)八月乙丑(即八月十四日),制封泉州神女号护国明著灵惠协正善庆显济天妃"。"大德三年(1299年)二月壬申(即二月二十日),加泉州海神曰护国庇民明著天妃。"②"天历二年(1329年)以怒涛拯溺,加封灵感助顺福惠徽烈,赐额云慈,遣官致祭。"天上圣母地位得到不断提升,逐渐取代通远王成为南安地区海神信仰体系中影响较大的一支,时人称之为"泉州神女""泉州海神"。宋代夏冬于南安九日山延福寺祈风的仪式,到元代被在大后宫(时称顺济宫)行香祈祷妈祖所代替。人们如遇水旱、病疫、盗贼等,也前往妈祖宫庙祈祷。

---

① 关于通远王崇拜,详见本书第五章"南安名山古刹"。

② 钱大昕.廿二史考异[M].南京:凤凰出版社,2008:984-985.

南安地区奉祀天上圣母妈祖的庙宇有：霞美镇长福龙山宫妈祖庙、水头镇妈祖宫、梅山镇鼎诚村妈祖庙等。每年的三月二十三日是妈祖神诞，一些地区还举行盛大的迎神绕境活动或是妈祖文化节，如南安梅山镇鼎诚村每年农历三月二十三日前后，都要举行盛大的妈祖文化节，以传统的祭拜活动，表达对妈祖的信仰和尊崇。

二、玄天上帝崇拜

玄天上帝，又称"北极大帝""北极佑圣真君""北极圣神君""真武大帝""真如大师""开天仙帝""元武神"等，俗称"上帝公""上帝爷""水涨上帝"等。玄天上帝信仰源于对北极星辰的崇拜，其原型为二十八宿中的北方七宿（"玄武"）。《重修纬书集成》卷六《河图》载："北方七神之宿，实始于斗，镇北方，主风雨。"说明玄天上帝为水神。大约在商周时期，玄武由最初的星辰神发展为动物神，其形象为龟蛇合体动物。宋代，玄天上帝完成了由动物崇拜到人，再由人到神的塑造过程，时人描述其形象："披发黑衣，仗剑蹈龟蛇，从者执黑旗。"唐宋以降，历代统治者都极力推崇玄天上帝信仰，历朝相继敕封玄天上帝为"佑圣玄武灵应真君""镇天佑圣真君""佑圣助顺真武灵应真人""仁威玄天上帝""北极镇天真武玄天上帝"等称号。北宋大中祥符年间，避圣祖讳，改玄武为真武，尊称"镇天真武灵应佑圣真君"，简称"真武帝君"。明代，玄天上帝信仰达到鼎盛，加封玄天上帝为"北极镇天真武玄天上帝"。随着玄天上帝神格的提高，其原形龟蛇也成为部将，故现今常见的玄天上帝画像或塑像都是玄天上帝脚踩龟蛇。

南安地区的玄天上帝崇拜也是海神崇拜体系中非常重要的一部分，南安民间将其视为海神、水神、地方守护神，建庙奉祀。南安地区奉祀玄天上帝的宫庙有：溪美镇顺泽宫和荣溪宫、省新镇上帝公宫、诗山镇西碧岩等。每年的农历三月初三、九月初九玄天上帝的神诞日和忌辰以及正月十五，南安一些地区的百姓都会举行迎神巡境活动，以祈上帝公守护百姓平安。如每年正月十五，溪美镇莲塘村家家户户端出供桌，摆上香烛、瓜果、三牲，恭迎顺泽宫北极玄天上帝巡境。

第五节　道教与佛教俗神崇拜

一、道教俗神崇拜

道教俗神主要由具有神仙色彩的历史人物、传说人物和具有"法术"的方士、道士构成。在南安,道教俗神崇拜与巫术结下了不解之缘,影响较大的道教俗神有城隍、财神等。

(一)城隍爷崇拜

城隍爷,中国民间信仰中的城市保护神,原属自然崇拜诸神之一的水庸神。所谓"城"就是城墙,而"隍"即是城墙之外的护城壕沟。最初人们只是对城池本身进行崇拜,后逐渐人格化,"城隍"一词则逐渐成为城市守护神的代称。

城隍信仰,起于汉代。隋唐以后,历代统治者对城隍逐步封王爵等级,并逐步扩大其神职。至宋代,道教将城隍爷纳入其神灵体系,以其为管领亡魂之神,并负责收捕为害地方的各路神鬼妖精。其职能逐渐从守御城池、保护治安发展为主管一城降雨抗旱、五谷丰收、生儿育女、发财致富、消灾弭祸、惩恶扬善、科名升迁、生死夭寿等阳间之事,甚至到执掌阴司,掌管一城亡魂。明代,城隍信仰得到极大发展,其神能得到进一步的提升。相传,明太祖朱元璋出生在土地庙,所以对土地神的上司——城隍,极为崇敬。明洪武三年(1370年),整顿祀典,诏令天下分级建城隍庙,为城隍钦定官职。封京城城隍为帝,开封城隍为王,府城隍为威灵公,州城隍为灵佑侯,县城隍为显佑伯,下令仿照各级官府衙门规模建造城隍庙,由此城隍神系逐步建立。同时仿照衙门建制,历代相袭,天神、地祇、人鬼杂处,其主神除无名无姓的城隍神外,也常有曾在当地为官的"正人直臣"死后被奉为城隍者,甚至还有善鬼充任城隍者。此外,明太祖诏令规定新官上任,须斋戒沐浴祭祀城隍,宣誓忠于神明、忠于职守,才能入衙理事。且逢每月初一、十五,地方官员都应祭拜城隍,以阴阳互为表里,实现人神共治。至此,城隍监察职能进一步加强,成为掌握监察地方官吏和百姓命运的大权的神灵。在朝廷的大力推广之下，城隍信仰流传广泛，城隍庙遍及全国各地。

南安地区最早的城隍庙为坐落于丰州古镇的南邑城隍庙，《南安县志》载，该城隍庙为宋时建，其确切年月欠详。现如今的城隍庙为 1998 年重建。南安地区的一些民俗活动也与城隍信仰的盛行有关。如城隍赛会、城隍春巡等。

城隍爷作为一城之管理者，只掌管其本城范围内的阴阳之事，因此具有很强烈的区域性，一般没有分灵之说。但南安城隍信仰具有特殊性，有些城隍庙如水头南山宫主祀安溪城隍公，由安溪城隍庙分灵而来。

（二）财神爷崇拜

财神是中国道教俗神，俗称"招财爷"，最早产生于中原地区，后随着北民南迁逐渐传入南安地区。南安地区的财神崇拜虽在长期的演变过程中融入了地方特色，但是大体上与中原地区的财神信仰没有太大差别。财神有许多种，包括：比干、文昌帝君、玄坛元帅赵公明、关帝、五显、五通、五圣、五路神、利市仙官、招财童子、陶朱公、子贡、土地公（福德正神）等。

南安不同地区、不同行业信仰的财神，带有随意性。有的奉陶朱公范蠡为财神，有的奉土地公为财神，有的奉关帝为财神，有的奉齐天大圣为财神，有的奉招财童子为财神，有的则奉赵公明为财神。相对来说，南安地区奉玄坛元帅赵公明、关帝圣君以及福德正神为财神的比较多。多数南安人相信土地神能够保佑农业丰收、经商顺利，因此商人常在店铺内设神龛供奉福德正神，以期土地神能够护佑生意兴隆、招财进宝。财神的形态，除赵公元帅发威怒目外，其他较为慈祥。

除了在家中或是店铺等地供奉财神外，南安地区也立庙奉祀。如坐落于水头镇劳光村的财神庙。该庙始建于明景泰四年（1453 年），原为一供奉财神的洞穴，后建财神庙祀奉，祀有玄坛元帅赵公明财神爷、土地公等神灵。此外，一些寺庙也辟出一殿奉祀财神，如康美镇慧泉寺财神殿。

二、佛教俗神崇拜

佛教俗神崇拜是指以世俗化的菩萨或具有某些"法力"或"灵异"的僧尼为崇拜对象的民间信仰。在南安影响较大的佛教俗神有观音、清水祖师等。

（一）观音崇拜

在南安民间信仰体系之中，信仰群体最多、遍布范围最为广泛、影响程度最为深刻的当属观音崇拜。民间社会或建庵立庙奉祀，或雕刻塑像奉祀，或设神龛供神像、神位牌请于家中奉祀，不一而足，故古有"佛殿何必深山求，处处观音处处有"的说法。

观音，又称"观世音"，后唐代为避太宗李世民之讳，改称观音。南安民间对观音的称呼有很多，如"观音妈""观世音菩萨""观音佛祖""南海观世音菩萨""大慈大悲观世音菩萨""观音娘娘"等，法名为"正法明如来"。在佛教世界观中，佛与菩萨既无生死，也无性别。他们在世人面前可根据不同需要，示现各种化身。魏晋南北朝时期，我国的观音多为男相，自唐以后，其像则多为女性形象。随着观音以女性形象的出现，受到越来越多民众的信仰，其神能也逐渐增多，拥有更多的化身。民间认为观音有六、十五、三十三、三十七、八十四个应化身。南安地区常见的有白衣观音、净瓶观音、千手观音、送子观音等。随着其不同化身的出现，观音出现了不同的神能，如送子、救助苦难、保婴护佑、保境安民、趋吉避凶、护佑航行安全等。

观音诞生日为农历二月十九日，成道日为六月十九日，出家之日为九月十九日。每逢这三日，南安地区一些女性便三五成群到寺庙朝拜，虔诚者每逢初一、十五焚香祈祷，甚至有些妇女终年吃素奉祀观音，称"观音斋"。南安地区大部分寺庙都奉祀观音，如白云寺、华鼎岩、雪峰寺、眉山观音庙、慧泉寺、凤山寺等。

（二）清水祖师崇拜

清水祖师，圣号"昭应广惠慈济善利大师"，法号"普足"，俗称"祖师公""麻章上人""蓬莱祖师""清水真人""昭应祖师""乌面祖师""佛祖公"等，简称"清水祖师"。相传，清水祖师俗姓陈，名荣祖，北宋景祐二年（1035年）正月初六生于永春小岵乡（今岵山镇）。幼时在永春岵山镇天马山麓大云院落发为僧，后在高泰山结茅筑庵（现永春界内大鹏山）修行，师从大静山长老明禅师。

据民间传说，北宋元丰六年（1083年），安溪县大旱，蓬莱镇人刘光锐率众迎请普足作法祈雨，法驾驻于蓬莱张岩石宫，甘霖立降。后在当地民众的多方挽留之下，普足留在此处弘扬佛法。此后在此地修行十八年，云游汀州、漳州所属各县，义诊施药、治病驱疫、募捐修桥铺路，影响力波及几达闽南、闽西所有山区。

165

宋徽宗建中靖国元年(1101 年)五月十三日坐化于清水岩,享年 65 岁。

地方民众感其恩德,葬其于岩后,筑亭其上,名"真空塔",并以山中沉香木雕镂清水祖师真身供奉于清水岩殿中,四时祭祀,佛号"清水真人",世称"清水祖师"。

自宋至清,获历朝皇帝四次敕封祭典,每次二字,累为"昭应广惠善利慈济"大师,香火遍于闽南各地,影响极大,成为民众信奉的主神之一。清末学者杨浚《四神志略》中把清水祖师、圣母妈祖、保生大帝、广泽尊王并称"闽南四大信仰"。

南安地区奉祀清水祖师的庙宇有石井清水岩、洪濑清水岩等。每年农历正月初六祖师诞辰,各庙宇均会隆重举行清水祖师祭祀庙会活动,连续数日绕境游神,信众拈香祈求消除灾祸、社里平安。

总体上看,作为一种原生态的乡土文化,南安民间信仰虽然包含某种并不可取的唯心主义的内涵,但也应承认,它具有悠久的历史渊源和深厚的民众基础,曾经为南安先民们开发南安、发展经济、拓展生活空间提供精神支柱,并在维系基层社会的正常秩序、促进家族团结、发展和传承传统文化以及凝聚民族精神等方面起过重要的作用。

第八章　南安古代教育

　　南安教育活动源远流长。西晋至唐,由于中原动荡,北人相继南迁到晋江流域定居。他们带来了北方先进的生产技术和文化,延续着家师传授,逐渐形成南安早期学校教育形式的私学。随着社会经济发展和地方官员的提倡,唐代中期南安教育开始发展起来,"乡县小民有能诵书作文辞者"。唐贞元八年(792 年),南安人欧阳詹中"龙虎榜",极大鼓舞了南安教育发展,"闾里之士,竞劝于学"。唐末,南安杨子山有杨林书院,开始出现书院教育。值得一提的是,唐末五代时期泉州刺史王审邦父子在南安三都建造招贤院,礼纳中原士人,这对南安文化教育发展起到了积极的推动作用。北宋时期,在地方经济发展和科举制度的推动下,南安开始建立县学,形成以儒学为主要内容的官学体系。南宋时期,南安为"紫阳过化"之地,县学、书院、村学等教育得到较大发展,使南安出现"家诗书而户弦诵"的景象。元代,南安教育发展有所停滞,《八闽通志》说:"有元九十余年,俗沦于夷,学校之教虽未尝废,而斯文终有愧于古。"①明清时期,南安教育无论是官学还是私学都得到很大发展,"百里之间,弦诵相闻","文教为盛"。《南安县志》记载:"乾隆初,视学泉郡,于南安尤多通经学古之作。手披口吟,乃知此邦人士之秀而文,际休明之运,益大发其光,令人想象于欧阳四门与韩、李更唱迭和时也。"由于沿袭古代重道崇儒的文教政策,加之朱熹理学思想的传播,南宋以后南安的官学和私学都以儒家经典和程朱理学为教学内容,寒窗苦读以应科举。《南安县志·风俗志》记载:"南安先泉郡而治,风俗最古。自唐欧阳四门以文章破闽越之荒,嗣是家诗户礼,颖秀而文者多见重于朝廷。益以紫阳过化,流风遗泽,陶淑后生,遂彬彬然与邻治称'海滨邹鲁'矣。"②由此可知,南安古代教育发展之繁

---

①　黄仲昭.八闽通志(下)(修订本)[M].福州:福建人民出版社,2006:1.
②　苏镜潭.民国南安县志[M].影印版.上海:上海书店出版社,2000:35.

荣兴盛。清末兴新学废科举,南安古代教育体系开始瓦解,由此步入现代教育。

第一节 县 学

　　县学属于官学的一种。唐五代时期及以后的地方官学,府有府学,州有州学,县有县学,分别是府、州、县儒学的最高学府,也称学宫、庙学。因为学习儒学必尊孔子,学生不但要学习儒家经典,还要学习礼乐,定期按规定的仪式祭祀孔子。所以,完整的学宫既要有教学场所,又要有礼祭场所,即庙学一体,正所谓:"州县莫不有学,则凡学莫不有先圣之庙矣。"南安县学最早兴建于北宋靖康年间,位于县治西门;后于南宋绍兴年间迁到县治东吴亭山南。作为南安县官学,南安县学历经千年,对南安古代教育发展的影响极大。

一、南安县学的历史沿革

　　南安县学,在县治东黄龙溪左,地理位置优越:黄龙溪水环其右,清源列嶂拥其左,前挹紫帽山,后负双阳山。行家号为飞凤落洋,灵秀所钟,必有伟人间出。县学始建于北宋靖康年间,原址位于县治西半里许。自北宋创建以来,南安县学因兵乱、流寇、洪水、地震等原因,或庙址迁建,或庙殿毁废,屡废屡兴。县学初建未几,即遭兵焚。南宋绍兴年间,南安县知事刘孔修迁建于县城东吴亭山南的黄龙溪左畔。南宋乾道三年(1167年)县令鹿河加以修葺;六年(1170年),朱端章继修。南宋宝庆元年(1225年),南安县令毛淮病其卑隘,请于郡而增高之。南宋景炎年间毁于兵乱。元代延祐、泰定年间,县尹李日晔、刘孚相继修建。元元统二年(1334年),县尹刘升、火儿建有殿庑、戟门、棂星门,又于殿左建尊道堂,殿右建明伦堂。元至正初年,开泮池。元至正十七年(1357年),县尹李宗闵放弃故址,移建于县治东侧,后因县学逼近县署,于二十二年(1362年)郡学录周异观、县尹孔公俊请郡还建鹏溪旧址。元至正二十三年(1363年),复修,自是固定下来,此后均有修葺扩建。明代永乐元年(1403年),知县罗安修斋、仪门。明宣德二至三年(1427—1428)建棂星门、廨舍,拓泮池、射圃,立观德亭于圃中。明宣德六年(1431年),县学教谕包原明首倡撤大成殿。明成化十八年(1482年),

知府陈勉，知县陈廷忠重修两斋并号房十二间，改建馔堂及教谕廨舍，并增建号房八间，又重建宰牲房、库房，夹于殿之左右。明弘治二年（1489年），于学右建馔堂、号房，修礼殿、明伦堂，移建旧牌楼于县学左右，左为"义路"，右为"礼门"。明弘治十一年（1498年）又建斋堂于明伦堂西。明嘉靖九年（1530年），建敬一亭；明嘉靖十五年（1536年）建启圣祠；明嘉靖二十八年（1549年）立文昌、台甲二台，并建造应魁、毓秀二坊。明万历三十二年（1604年），南安地震，县学仪门、戟门震坏；明万历三十四年（1606年）知县陈祚重修；明万历四十一年（1613年），建文昌阁于庙右，上塑魁星像。明崇祯年间重修明伦堂和殿宇。清顺治元年（1644年），兵寇损坏文庙、明伦堂；清顺治十四年（1657年）知县祖泽茂重修庙殿、明伦堂、斋舍。清康熙三年（1664年），南安大水，文庙倾圮；康熙八年至康熙十一年（1669—1672）重修庙、庑、明伦堂、启圣祠、文昌阁。自此，经雍正、乾隆、道光、咸丰、光绪，县学先后重修石坊、戟门、棂星、大殿、两庑、启圣祠、文昌阁、魁星阁、名宦祠、乡贤祠、朱子祠、土地祠、崇圣祠、四门先生祠、教谕署、训导署，新筑吴亭一小山。1913年，重修文庙，增建明伦堂东、西房，并修葺云泮桥；1915年，修葺两庑主祐。此后，南安县学相关建筑逐渐废毁。

南安县学鼎盛时期，规模恢宏，建筑构思别致。门口广场铺八大格平板地，以示南安县城内有八铺；建有四十六格"稳龟桥"，以示南安县设有四十六都。县学内的孔子坐像号称八闽之最大。可以说，南安县学的历史沿革就是南安古代教育发展史的缩影，两者之间密切相关。

二、南安县学的人员构成

南安县学的人员构成主要是师、生两部分，即教谕、训导和生员。

（一）教谕、训导

教谕、训导就是县学的教师兼管理者。南安县学设有"儒学署"，为地方官学的行政管理机构，内置学官，主管学务又掌教官学。南安县学历代设有教谕掌文庙祭祀，宣讲儒家经典，教诲和管束所属生员；设有副职，称为训导，协助教谕教育所属生员。

历代南安县学的学官编制略有不同。宋代设学长和学谕各一人，"学长掌一学之事，学谕以经术训导诸生"。宋理宗时期下令向各县庙学派出专职教官，称

"某州某县主学"。元代设教谕或学录一人。明代设教谕与训导各一人;清沿明制。县学学官的任用须经过严格选拔,一般由举人、贡生出身充任,而且还要受到严格考核,以定升位降黜。《三山志·诸县庙学》记载宋代选任教师的规定,"委州知(知州)、通(通判)、教授,选老成有行艺,为闾里所推服者,各给俸禄,县以不系省杂收钱充"。宋代南安县学的学长、学谕今已无考。据《南安县志·职官志》记载,元代教谕二人;明代教谕四十六人,训导七十七人;清代教谕二十九人,训导三十人。南安县学的教谕、训导,虽然地位与待遇不高,但是大多都能坚持教书育人、学以致用、廉洁无私;甚至以其微薄薪俸捐修学宫,接济贫生,深受生员和当地民众的敬重。

南安历代县学中涌现出一大批学识渊博、诲人不倦的宿儒名师,现据《南安县志》,择选列举如表8-1。

表8-1 南安历代县学宿儒名师

年代	姓名	籍贯	出身	任职
明宣德元年	包原明	浙江临海	举人	教谕
明天顺元年	郭 器	广东归善	举人	训导
明天顺四年	彭显烈	江西庐陵	儒士	教谕
明天顺年间	戴 魁	广西贵县	举人	训导
明弘治二年	陈 恩	广东东莞	举人	训导
明正德八年	曹 环	庐州巢县	举人	教谕
明嘉靖三十六年	李 渫	广东四会	不详	训导
明隆庆三年	陈天瑞	广东封川	不详	训导
明隆庆五年	区鹤鸣	广东南海	举人	教谕
明隆庆年间	陈 萱	湖广公安	不详	训导
明万历年间	龚士镖	兴化仙游	不详	教谕
明万历年间	郑 鼎	尤溪县	举人	教谕
清康熙年间	潘金卣	福建建安	解元	教谕
清乾隆九年	陈翰墨	福建建安	举人	教谕

(二)生员

所谓生员就是县学的学生。明清时期,经过科举的初级考试——童生试录取的秀才,分别入府、州、县学,即成为该学的生员。故而入选的秀才被称为"进学",雅称"游泮"。各学录取的生员名额叫作"泮额"。生员按成绩分为廪生、增生、附生三种。历代对府、州、县儒学的泮额都有较为具体的规定。关于南安县儒学生员的名额,据《南安县志》记载:"廪膳生员二十名,增广生员二十名,附学生员不限额。岁科两试,每次取进二十名,后捐输广增至二十五名。武生岁试,取进十五名,捐输广增至二十五名。"清乾隆十九年(1754 年),朝廷核准泉州府学生员岁科两试,各取二十名,其中晋江县十名,南安、惠安、安溪、同安各两名。南安县学生员享有免征差役和丁粮税等特殊待遇,县衙官员对他们也要以礼相待。同时,生员要接受学官的考课,无故缺席应受处分;要遵守"学规",尊师重道等。

三、南安县学的教学工作

南安县学作为南安古代教育的最高学府,其教学工作主要包括庙制奉祀和教材内容两部分。

(一)庙制奉祀

南安县学为庙学一体制,"自皇畿至于郡邑,皆立学而祀孔子,非特以尊崇先师,亦将以萃处一方之俊士,使之朝夕肄业其中,成德立业,以备国家之用者也"。因此,祭祀至圣先师孔子和历代大儒先贤是县学教学的重要内容。据《八闽通志》记载:"天启文明,我太祖高皇帝廓清海宇,继天立极,乃令天下郡邑皆立学以教髦士。而学必有庙以祀孔子,盖欲学者一以孔子之道为宗,而不为他歧所惑也。"①另据《诗山书院志·祀典》曰:"上古无学校之祀。自殷设学曰瞽宗,使有德者师焉。没而祭之,以为乐祖。成周因之,遂有祀先贤之文。《祭义》故曰:'祀先贤于西学,所以教德也'。"②南安县学,中为大成殿。明代嘉靖辛卯年(1531年)新定典礼,诏令改大成殿为先师庙,奉祀大成至圣先师孔子。县学东设有四门先生专祠,奉祀唐代四门助教欧阳詹。欧阳詹为南安人,被朱熹称赞曰:"事业兴邦,闽海贤才开气运;文章华国,温陵甲第破天荒。"明伦堂左设有朱子祠,奉祀

①　黄仲昭.八闽通志(下)(修订本)[M].福州:福建人民出版社,2006:1.
②　戴凤仪.诗山书院志[M].厦门:厦门大学出版社,1995:111.

宋代理学大师朱熹。朱熹为南宋著名理学家,曾多次讲学于南安,故而南安被誉为"紫阳过化"之地。此外,县学东还设有名宦祠,奉祀历代知县、教谕、训导等。据乾隆《泉州府志》记载,名宦祠在文庙东,计祀宋明两代名宦28位,分别为:宋代叶宾(知县)、余武弼(知县)、徐鹿卿(知县)、薛季良(知县)、傅伫(县丞)、叶立志(县尉),明代余庆(知县)、张铎(知县)、陈廷忠(知县)、黄济(知县)、洗文渊(知县)、唐爱(知县)、夏汝砺(知县)、蒋如京(知县)、袁崇友(知县)、周绍祚(知县)、赵时用(知县)、马一洪(县丞)、包原明(教谕)、彭显烈(教谕)、曹环(教谕)、区鹤鸣(教谕)、龚士镖(教谕)、郑鼎(教谕)、郭器(训导)、陈恩(训导)、李溧(训导)、陈天瑞(训导)。

(二)教材内容

南安县学教材围绕科举考试,以儒家经典为主,兼有史书、时文、性理等内容。宋代主要以《五经》作为儒学教材。南宋以后尤为注重朱熹理学著作的传授,并以朱熹《四书章句集注》为依据。所谓"至宋诸儒发挥义理之精微,穷极道德之根本"。宋代读史要求看《史记》《汉书》《资治通鉴》等。元代县学教材基本因袭宋代。明代主要以《四书》《五经》为教材,同时兼习《律令》《诏诰》《礼仪》等书。清代县学教材有《四书》《五经》《大学衍义》《钦定孝经衍义》《朱子全集》等。明清两代以八股取士,所以南安县学要求生员必须习作八股文。八股文每篇由破题、承题、起讲、入手、起股、中股、后股、束股八部分组成;题目主要摘自"四书";所论内容主要根据朱熹《四书章句集注》。据《南安县志》记载:"书籍有四书五经大全、通鉴、性理。明初颁降,诸书俱载册查盘,至康熙三年(1664年)水灾,漂失无存。"据此可以推断,历代南安县学教材的使用情况相当清楚。

四、南安县学的教育经费

南安县学属于地方官学,其教育经费主要由县府拨发。南安县历来重视教育发展,因此县府对县学的教育经费非常重视和支持。据《南安县志》记载,清康熙四年(1665年)南安县拨发白银八百四十八两作为教育经费,占全年县财政总支出的百分之十七。除官府直接拨发教育经费之外,县学也有自己的学田,以补充教育开支。学田是古代属于学校的田地,以地租和物产作为祭祀、支付教师薪俸、补助学生及贫士的费用。自北宋时期开始,福建境内各郡县官学均有学田以保证教育的发展,所谓:"自庆历以来,(福建)郡、县皆得立学,学之有田者相望也。"南安县学的学田主要有两种途径:一是由皇帝诏赐或官府指定。南安县自宋代起官方就已开始颁置学田,此后历代均沿袭此制。如明代万历二十年(1592年)置学田,据乾隆《泉州府志》记载:"按,明代南安学田额数,旧志云:万历二十年,巡按御史邓鍊行县,将黄储器名下柳洋坑田四十四亩,僧广浩名下资福岩田地一十八亩二分,田地十亩,尽数追入官,给佣耕种,充本学师生公用,粮差照产折纳。其丈过亩数、丘段、做址字号,俱刻石立碑。"二是由私人捐输。私人通过买田捐给县学或直接捐出自己的田地给县学,这都是常见的方式。乾隆《泉州府志》记载:"康熙二十一年(1682年),总督姚启圣捐置田一十三亩五分零。雍正九年(1731年),诸生陈士鉬捐充修理文庙田七亩二分零。"总的来说,南安县学作为官学,其教育经费还是能够满足正常的教育开支。

第二节　书　院

书院是中国古代社会特有的一种教育组织形式,它是介于官学和私学之间的教学与学术研究相结合的特殊教育机构。《诗山书院志·序》曰:"书院之设,始于唐而盛于宋,所以辅学校之不逮也。"[①]南安书院创始于唐末,发展于南宋,盛于明清,绵延千年之久。南安的书院,相当一部分是由地方官员倡办的,称公办书院;也有不少是由地方名儒创办的,属民办书院。南安书院的规模一般较小,但都具有奉祀先儒、收藏书籍、教授生徒、著述等职能;教学内容以四书五经、史传为主。唐末、南宋、元、明时期的南安书院与科举关系不大。清代,官方对书院严格控制,书院才成为以考课为主的科举预备场所。

一、南安书院的历史沿革

南安书院的名称,最早见于唐景福二年(893年)的南安石井杨林书院,而杨林书院最初为杨肃的书舍。宋代朱熹曾数次来此讲学,此后杨景陆、吕大奎等在

---

① 戴凤仪.诗山书院志[M].厦门:厦门大学出版社,1995:3.

此就学,这才具有书院性质。南宋时期,南安成为"紫阳过化"之地,朱熹曾在南安丰州九日山创办九日山书院。元代统治者鼓励私人办学,提倡"先儒过化之地,名贤经行之所,与好事之家出钱、粟赡学者,并立为书院"。朱彝尊《日下旧闻》记载:"书院之设莫盛于元,设山长以主之,给廪饩以养之,几遍天下。"不过,有元一代,并未见南安有新建书院。明嘉靖十六年(1537年)、十七年(1538年)、万历七年(1579年)、天启五年(1625年),四次毁禁书院给南安书院乃至南安教育的发展带来很大的消极影响。但有意思的是,南安却因种种缘故,依然有新建书院。清初,官方对书院实行抑制,后来逐步放松。清雍正年间,令各省省会设一所书院,之后又逐渐发展至各府、州、厅、县。然而,这时的书院已受官方严格控制,与宋明时期的自由讲学性质不同,其山长、生徒、教学内容,甚至经费均需经官府审批,成为以考课为主的科举预备场所。清末兴新学,书院被要求改为新式学堂,清光绪二十七年(1901年),清政府颁布兴学诏令:"着各省所有书院,于省城改设大学堂。各府、直隶州设中学堂,各州县均改设小学堂。并多设蒙养学堂。"清光绪三十一年(1905年)朝廷正式下令废科举,南安县书院随之消失,转而为学堂所代替,如南安丰州书院、诗山书院等全部改为新学堂。

二、南安历代书院

南安书院虽然早在唐末就已经出现,但是载之于史的却不多见。遍览诸史,得其十三所,具体罗列如下:

(一)杨林书院

杨林书院在南安石井杨子山。旧传唐昭宗景福二年(893年),杨肃治愈皇太后疾病,皇帝赐其进士出身,敕封石井崎髻山为杨子山,赐建杨林书院。或传王审知为感谢杨肃治好自己夫人的疾病,而为其建造杨林书院。南宋时朱熹知同安,曾多次来杨林书院讲学,引得四方学子接踵来访求教,后人亦在此处建造朱子祠以纪念之。现尚存朱熹题字石刻数处,如"极高明""仙苑"等。又题有楹联"题石井杨子山杨林书院杨樵(杨肃)读书处。仙子友英贤,一局曾消千日瞬;天王旌国手,三军为浚万人川"。此后,宋代杨景陆、吕大奎,明代郑普、许拱、李文缵、吕复清、黄华瑞、黄华秀,清代郑怀陔等均就读该院。明代黄石崖虽于明正德六年赐进士出身,但终身不仕,执教于杨林书院。清道光甲午年(1834年),南安石井人许廷珪举于乡,应聘杨林书院授徒,曾在书院东北角石壁上刻"读书处"三字,并记述先贤于此读书。今存摩崖石刻题字:"读书处。唐杨肃、宋吕大奎泊有明、清诸先辈俱读书于此。"此题刻历史价值很高。

(二)九日山书院

九日山书院在南安丰州九日山。南宋绍兴二十三年至二十七年间,朱熹任同安主簿时与南安名士傅自得创建,并在此设坛讲学,宣传儒家教化。书院在南宋时期曾培养出一些著名人物,如傅伯成、傅伯寿等。明代黄养蒙有诗曰:"曾榻茅屋九山曲,时望金溪小径通。堆叶扫云寻老子,烹茶读易梦周公。几年司计惭明主,何日乘舟挂晓篷。江上清风犹旧否,沙汀为我问渔翁。"

(三)五桂堂书院

五桂堂书院在南安丰州桃源。明嘉靖年间建,为傅阳明讲学处。傅阳明,南安丰州人,曾任南陵县令,后辞官归家,在自己原来的读书处设书院讲学授徒,称为五桂堂书院。

(四)孔泉书院

孔泉书院在南安罗东厚洋村。明末潘鲁泉建。清康熙五十二年(1713年),进士潘晋晟在此读书,敕"皇天诰命"匾额犹存。在清代康雍乾年间培养出一进士、八举人、九贡生,由此闻名遐迩。

(五)正音书院

正音书院在南安丰州武荣铺。清雍正七年(1729年)建。乾隆《泉州府志》记载:"正音书院在城内武荣铺,国朝雍正七年奉文设立。"值得注意的是,正音书院是清雍正皇帝下令教当地人学习官话而特别建造的,据《闽杂记》记载:"闽中各县,从前皆有正音书院,所以训习官音也。"

(六)丰州书院

丰州书院在南安丰州旧县署东侧。清乾隆元年(1736年),知县曹銮建盖衙署,旧署改为丰州书院。乾隆二十年(1755年),知县邹召南改建。中为讲堂,后祀朱子,旁设学舍,延师集生徒肄业其中。乾隆二十二年(1757年),知县伍炜复及地方绅士建置膏火费。清嘉庆年间倾圮,邑人同知陈俊、武举黄駉重修。清咸丰七年(1857年),永春人林俊率农民起义军入城,复因城内外械斗,书院被夷为平地。清光绪元年(1875年),知县程鹏偕同绅士叶应祥、洪志荣、李春云等募资,有华侨李廷芬捐银千两重建,并拓东西廊为考棚,规模大备。光绪十五年(1889年),知县李春辉偕绅士王澄瀛等募捐三千余金充膏火。光绪三十一年(1905年)废科举,改书院为学堂。今为丰州中心小学校舍。丰州书院有两副楹联尤为值得注意。一是丰州书院山长洪世泽所题:"溯遗泽于当年,石井金溪百代渊源如昨;奉宏规于曩哲,鹅湖鹿洞千秋矩矱常新。"一是《民国南安县志》总纂戴凤仪所题:"丰州为文物奥区,虎榜鸿词先声谁嗣响;书院是人才基础,鹅湖鹿洞正学勉希踪。"

(七)池后书院

池后书院在南安罗东高塘。清中叶把私塾扩为书院。后废。

(八)芸圃书院

芸圃书院在南安罗溪。清乾隆四十年(1775年),由南安邑庠生黄叔桃创建。书院以"圃"字形设计建造,共九十九个门。礼堂祀朱子、二程、周敦颐和张载等濂、洛、关、闽四学派五位宋代理学大师。讲堂在"圃"字形外围平房。内"幸"字形房间,充当各种个别研读或学武的场所。书院自建立以后,以兴学养士为号召,招生、讲学,直到1921年西厅倒塌为止。

(九)观海书院

观海书院在南安水头五里桥西。清乾隆年间建。崇祀朱子,有讲堂、学舍。1912年改为"观海学校"。今建筑物尚存,为水头中心小学部分校舍。

(十)秀峰岩书院

秀峰岩书院在南安小眉山。清乾隆年间,当地乡绅建。后废。

(十一)金淘书院

金淘书院在南安金淘镇金淘村。清光绪元年(1875年)建。后废。2018年9月,金淘书院被列为第九批省级文物保护单位。

（十二）双溪书院

双溪书院在南安丰州溪口。清光绪年间建。傅国英讲学于其中。傅国英，字允若，号菊生，光绪十八年（1982年）进士。

（十三）诗山书院

诗山书院在南安诗山。清道光年间举人吕延琼、洪文成塑朱子像于郭山庙。清同治十一年（1872年），禀贡生黄春江以梵宇非崇奉儒宗之地，捐千余金建祠于山头城岳庙后，奉朱子为宗主，祀欧阳詹于左。清光绪十六年（1890年），举人戴希朱等倡募巨款，拓为书院，增学舍二十余间，购学田，延师开课。《诗山书院志》记载诗山书院的兴建缘由："国家养士，学务为先；都邑储才，经畲为重。教泽将绵诸百世，院规宜酌夫万全。矧闽海传邹鲁之风，惟诗山为权舆之地。自博士名高虎榜，八郡破荒；至紫阳车抵鹏峰，一时过化。嗣是巍科显宦，代有传人；铸史笺经，时多名宿。洵有山川胜概，蔚为邦国翘才也。"[①]光绪三十二年（1906年），奉诏改书院为学堂。学规悉依新法，颇有成效。书院今已拆除，旧址改建为诗山粮站。清代戴凤仪撰《诗山书院志》，保留了书院的相关珍贵资料。

三、南安书院的人员构成

南安历代书院的人员构成虽因不同时期而有所差异，但大体相同，主要包括山长、斋长、主讲、生徒。

（一）山长

山长是书院的负责人。每所书院一般设有山长一人，兼任掌教，既是书院的主持者又是书院的主讲者。较大的书院另聘有教习，宋代公办书院多聘请名流宿儒担任，私办书院则多由山长自任。自元代起，书院开始官学化，一些新办书院和"列为学宫"的书院由官府任命山长，其待遇与学官相同。清代官办书院由官府任命山长，地方办书院山长则由众董事公举品学兼优者担任。但无论如何，书院对山长选择任用的要求都很高，所谓"道高德厚，明体达用""经明行修，堪与

---

① 戴凤仪.诗山书院志［M］.厦门：厦门大学出版社，1995：65.

多士模范"。因此,担任书院山长者多为名儒或老科翰林、进士、举人。如,丰州书院山长洪世泽为清乾隆年间进士,诗山书院山长黄尔沤为清光绪年间进士。

(二)斋长

斋长之设源自宋代,清代普遍成为规制。斋长的主要职能是协助山长督视生徒的课业勤惰、奖掖调和院中学徒。清代南安的书院设斋长一人,由每年官期第一次月课时,其文章录取为第一名的生徒充任。同时,斋长还负责师期考课时收卷和领发录取奖学金。

(三)主讲

主讲就是教师。规模比较大的书院,除山长进行讲学外,一般还设有主讲,人数不定。主讲一般由山长聘请,主要配合山长开展教学工作。

(四)生徒

生徒即是书院的学生,这是书院最基本的组成人员。书院面向广大平民子弟开放,无论贵贱均可来学习,所谓"其有向慕而来者,即草野之齐民,总角之童子,皆得环而听,教所联属多矣"。宋代书院学生无定额,多是慕名而来,经面试同意就可以入学。自从书院确立为考课为主的制度以后,生徒要参加考课以定奖学,就分两种成员:一种是曾经参加过岁考或符合岁科考标准但还没有进学(即取录为秀才)的童生;一种是已经进学的生员。清代官办书院生徒的选择录取由官方掌握,既有较为严格的标准要求,同时辅之以某种激励措施,规定"诸生中材器尤异者,准令荐举一二,以示鼓舞"。

此外,书院还有其他人员。司账,管理书院后勤与财务工作。院丁,管理书院卫生与夜晚巡视工作。董事,参与书院各种重要问题的讨论与决策。

四、南安书院的教育经费

教育经费对于书院教育发展至关重要。南安书院的教育经费开支项目繁多。有学舍的营造与修葺,有教学设施的添置,有教学活动的花费,有教师的俸禄等。另外,还有诸生中贫乏无力者,酌给津贴费用。

书院的教育经费主要依靠书院创建者出面筹募,或由官方财政拨支。这类书院大多带有官立性质,如丰州书院。清光绪十五年(1889年),知县李春辉与绅士王澄瀛等募捐三千余金充膏火。另外,书院的教育经费依靠立学田收学租来维持。芸圃书院设有学田,由里人拨出一部分田地,除供岁时祭祀祖先之用,余者尽归书院教育之用。诗山书院将学田称之为"书田",并对书田相关事宜做出详细规定。据《诗山书院志》记载,诗山书院书田内容分为购田规条、量田议、田券、田图、粮额、租额等。至于学田(书田)的重要作用,《诗山书院志》指出:"书院,古乡学也;书田,古学田也。书田设而士得所养,学术人才胥赖焉。粤稽三代,士有世田,俯仰无累,故力学众而成材多。"①

五、南安书院的教学工作

宋代南安书院一般具有奉祀、教学、著述、学术研究等职能,学术研究风气比较浓厚,学习的目的在于明理、修身、治人。学习方法以自学为主,强调教学相长。明清时期,南安书院虽然成为科举的预备场所,但教学上比官学自由,注重生徒自学与教师个别辅导,有时还请名贤硕儒来院讲学。

(一)教学内容

南安书院的教学内容以四书五经等儒家经籍为主,兼有史传,这一点和县学教材内容并无差别。不过,南安各书院所学书籍的种类还是很多。以芸圃书院为例,需要学习、阅读以下著述:《钦定学政全书》《钦定国子监则例》《御论》《圣谕广训》《钦定周易折中》《钦定书经传说》《钦定诗经传说》《钦定古文渊鉴》《钦定朱子全书》《钦定子史精华》《钦定四书文》《易经注疏》《书经注疏》《孝经注疏》《论语注疏》《春秋注疏》《仪礼注疏》《周礼注疏》《礼记注疏》《孟子注疏》《尔雅注疏》《公羊注疏》《谷梁注疏》《通鉴纲目前编》《通鉴纲目正编》《通鉴纲目续编》《史记》《昭明文选集成》《汉魏丛书》《唐宋八家古文》《王步青前八集》《王步青后八集》《小学集注》《道统录》《思辨录辑要》《二程文集》《居业录》《李延平集》《许鲁斋文集》《胡敬斋文集》《学规类编》《罗整庵存稿》《读礼志疑》《四书蒙引》《易经蒙引》《四书存疑》《四书浅说》《易经通典》《四书达衷》《日损斋稿》《宋元学案》《明儒学案》《南雷文定》《郡国利病书稿》《洪范明义》《明夷待访录》《船山遗书》《日知录》《四存编》。

---

① 戴凤仪.诗山书院志[M].厦门:厦门大学出版社,1995:78.

（二）院规

南安各书院都有制定章程、院规或学约，以保证教学工作的顺利实施。

宋代朱熹创办九日山书院时，曾制定九日山书院教条：

> 一为五教之目：父子有亲，君臣有义，夫妇有别，长幼有序，朋友有信。
> 二为学之序：博学，审问，慎思，明辨，笃行。
> 三为修身之要：言忠信，行笃敬，惩忿窒欲，迁善改过。
> 四为处事之要：正其宜，不谋其利；明其道，不计其功。
> 五为接物之要：己所不欲，勿施于人；行有不得，反求诸己。

芸圃书院创办人黄叔桃亲自为书院拟定十条院规：

> 一曰重人伦。二曰端志向。三曰辨理欲。四曰励躬行。五曰尊师友。
> 六曰定格致。七曰读经文。八曰正文体。九曰惜分阴。十曰守民贵。

诗山书院拟有《诗山书院课规十则》，书于诗山书院讲堂之东厢，"录悬四壁，俾诸生常触目而懔步趋"。课规引言中备录陈文恭学约十则，并在课规第九则明文规定执行。陈文恭学约十则为：

> 一曰立志向，一曰明义利，一曰立诚敬，一曰敦实行，一曰培仁心，一曰严克治，一曰重师友，一曰立课程，一曰读经史，一曰正文体。

诗山书院还对具体教学原则予以详细规定。诗山书院课规十则之二规定：

> 生员《四书》、《六经》自必诵过，然故者尤不可不温。温者，非徒读其文，务须绎其义，且必以圣贤之言，时时反身体验，唯恐有乖，即是心体力行功夫。《四书》、《六经》温毕，然后再读他经。细阅历代史、时务书，以广识见。如有暇晷，则习书法，读古文、古诗，运其腕力，廓其胸襟。但日间所习，要有定限，不可一时贪多，致始勤终怠。

诗山书院课规十则之三规定：

> 童生十六岁以下,宜先熟读《孝经》、《小学》、《四书》、《六经》,以植根柢。如《孝经》、《小学》、《四书》、《六经》未经读毕,切不可躐等,遽教以子史、时务等书,致荒本业而坏初基。

由此可见,南安书院关于教学的院规、学规内容非常详细。南安其他书院亦有自己的教学学规,兹不一一征引。

（三）考课

为了检验书院教学工作成效,清代书院还实行考课制度。生徒要逐月参加考试,称为月课。书院一般都会规定每月分官期和师期各一次考试。官期由地方官出题,考卷由地方官评阅;师期由山长出题,考卷由山长评阅。考试内容仿照科举考试形式,其目的都是为了适应以后参加科举考试需要。考试成绩会公布名次,并予以适当奖励。

（四）奉祀

奉祀即祀典,也是书院教学工作的重要组成部分。《诗山书院志·祀典》曰:"上古无学校之祀。自殷设学曰瞽宗,使有德者师焉。设而祭之,以为乐祖。成周因之,遂有祀先贤之文。《祭义》故曰:'祀先贤于西学,所以教德也。'"[1]南安为朱熹过化之地,故书院都有祭祀朱子,所谓"吾闽诸先贤惟考亭为万古儒宗","然则求圣人之道者,舍朱子何之焉"。书院祀典的内容,据《诗山书院志》记载,包括祭期、斋戒、祭器、祭物、祭文等。整个过程礼仪烦琐,气氛严肃庄重。

第三节 村 学

古代在乡里村间所设的各类教育学习场所,统称为村学。村学是地方私学

---

[1] 戴凤仪.诗山书院志[M].厦门:厦门大学出版社,1995:111.

的一种,其种类繁多。就组织形式而言,有私人读书处;有塾师开设的教馆;有创办者多元的义学;有以祠堂、寺观为场所的村塾;有官倡民办的社学等,"皆老生、宿儒教授之所"。这些村学所传授的知识程度也各不相同,有的是启蒙性教育;有的是专门儒家经典教育。总而言之,这些村学是对官学的一种补充,甚至"保贩隶卒之子,亦习章句",这对当时南安教育的普及和推进起到了很大的积极作用。

一、私人读书处

私人读书处,就是私人读书的场所;或在家中设斋读书,或居于山中幽静处读书,或借舍立馆读书,不一而足,称之书屋、书房等。由启蒙到读经,日后学有所成,以求仕进,于是地以人重,塾以人名。私人读书处一般规模不大,是南安古代教育的重要场所,史载即有数十处之多。

白云室。白云室在南安十一都高盖山,为唐代欧阳詹读书处。《诗山书院志·形胜》说:"四门(欧阳詹)曾筑室读书于此。"[①]欧阳詹于唐贞元八年(792年)登进士第二名,被誉为"温陵甲第破天荒",后被授予国子监四门助教。由此,白云室名声大噪,后世众多名人争相参观、访学。明万历乙未年(1595年)进士戴廷诏曾肄业于此,学博陈时谦、陈际可亦在此肄业。

欧阳行周书室。欧阳行周书室在南安一都莲花峰。欧阳詹曾在此读书。宋代建有欧阳行周书室以示纪念,元代以后书室倾圮。

九日山书室。九日山书室在南安一都九日山,相传为唐代欧阳詹读书处。北宋时期,一些学子相继在此读书学习,如曾任工部郎中、同知枢密院事的南安名宦刘昌言。南宋时期,朱熹与傅自得一起在九日山书室的基础上创办九日山书院。

白云堂。白云堂在南安一都九日山,因白云井而得名。唐代开成年间,傅笋登进士前曾在此读书。《闽书》曰:"白云井,在北峰之南,唐进士傅笋寄褐于兹。旭旦汲水,见云覆井上,波涌其中,有龙跃起,又名钓龙井云。"宋人曾在此构筑白云堂。

铎楼。铎楼在南安三十五都白石乡。据《南安县志》记载:"铎楼在邑三十五

---

①　戴凤仪.诗山书院志[M].厦门:厦门大学出版社,1995:21-22.

都白石乡,有二楼相连,宋蔡和讲学于此,朱子往谒焉。"

不老亭书室。不老亭书室在南安一都莲花峰。《南安县志》记载:"不老亭书室,为宋朱子、陈休斋建。"

友松读书处。友松读书处在南安三十四都官桥梅岭石室岩。明代天顺至正德年间,张友松读书于其中。后来,曾孙张维新于万历年间刻"友松读书处"于岩上。清光绪辛巳年(1881年),张光远题《重修石室岩碑记》。

云从古室。云从古室在南安二十七都英都良山。明成化年间,洪旸道创建,延请陈尚礼掌教。后来,洪庭桂、洪有声、洪有第、洪有夏、洪有助五人均登进士。

五桂堂书室。五桂堂书室在南安一都莲花峰。明代正德年间,南安知事王冕重建"欧阳行周书室"。明代嘉靖年间,傅阳明父子读书于此,相继登第,被誉为"五子青衿三甲第",其堂号为"五桂堂"。由此,父子读书处又称为"五桂堂书室"。

黄养蒙读书山斋。黄养蒙读书山斋在南安一都九日山,又称"半山别墅""半山书室"。明代黄养蒙曾筑室读书于此,于明嘉靖辛丑年(1541年)登进士。

后厝书房。后厝书房在南安三十都章田里。明嘉靖三十一年(1552年)举人李贽幼时读书处。清代王靖在此读书,于清嘉庆庚申年(1800年)中举。

石岩室书房。石岩室书房在南安一都莲花峰。明代嘉靖年间傅履约创建。

五房祠堂书房。五房祠堂书房在南安县治丰州外四铺桃源。明代傅翰表读书处,于嘉靖年间中乡贡。

溪溢馆。溪溢馆在南安二十七都英都镇霞溪村。明嘉靖二十六年(1547年),翁山洪氏五房八世洪恒轩创建。洪承畴幼时在馆受诲。书馆规模至今保留完整。明清时期经溪溢馆启蒙而中秀才四十八人;举人六人;拔贡十二人;进士及第三人;恩科进士一人。

法华山书房。法华山书房在南安县治丰州外四铺桃源。明代傅宾凤读书处,于明万历己丑年(1589年)登进士。

云桥书室。云桥书室在南安三十二都覆船山。明代万历壬辰年(1592年)榜眼史继偕少时读书处。上面刻有"云桥深处,山川出云"字样。

梅坑书房。梅坑书房在南安五都梅溪。明代名宦陈储秀、陈学伊、陈应堂、陈烜奎幼时读书处。陈储秀、陈学伊于嘉靖年间先后登进士;陈应堂、陈烜奎于万历年间先后登进士。

荣星水沟馆。荣星水沟馆在南安二十七都英都镇荣星村。明代万历年间洪启范创建,延请洪启胤掌教。洪承畴幼时读书于此。

独善山房。独善山房在南安九都，明邑人欧阳秋读书处。明代蔡清作《独善山房记》曰："适友人武荣欧阳时察来致其尊甫元之君之命，属予为作独善山房记。"

白兔岭书房。白兔岭书房在南安县治丰州外四铺桃源。明代傅启光读书处，于明崇祯戊辰年（1628年）登进士。

天柱岩文昌祠。天柱岩文昌祠在南安十二都蓬岛天柱岩。郭琦第、郭瑄第兄弟读书处。天柱岩左侧所设文昌祠于明末清初，设塾以课山下学子。

钓鳌亭书房。钓鳌亭书房在南安县治丰州外四铺桃源。清代傅儒英读书处，于清雍正丙午年（1726年）中举。

田墘书房。田墘书房在南安十七都罗东厚洋村。清代潘新图课学子弟。潘新图于清雍正十年（1732年）中举。

鸡蛋石脚书房。鸡蛋石脚书房在南安县治丰州外四铺桃源。清代傅应时读书处，于乾隆丁丑年（1757年）登进士。

如舸堂书房。如舸堂书房在南安县治丰州外四铺桃源。清代傅渊季读书处，于清乾隆庚子年（1780年）登进士。

桥头书房。桥头书房在南安二十七都英都。清乾隆年间洪世贤营造书轩，延师掌教。洪鹏上就读于此，于清乾隆己酉年（1789年）中举。

西林书房。西林书房在南安十二都蓬岛。清乾隆年间创办。清道光年间举人洪文成、清同治年间举人洪荣都曾读书于此。清光绪年间洪荣讲学于西林，"游其门者，皆深造之"。光绪二十九年（1903年），举人洪锡畴曾到此"执经问字，与诸子如坐春风中一也"。

莲花湖书房。莲花湖书房在南安县治丰州外四铺桃源。清代傅炳煌读书处，于清咸丰元年（1851年）中举。

斌园书房。斌园书房在南安十一都诗山。清同治七年（1868年）创办。清光绪丙午（1906年）优贡陈世杰读书处。

平宫祠书房。平宫祠书房在南安二十七都英都。清光绪年间，由洪绍珏所创办，洪维领掌教。

二、教馆

南安教馆大多属于个人创办。其中比较著名的人物有：

柯翰。南安丰州人柯翰，一生笃正于学，无意功名，以教授后学为乐。除主持同安县学之外,亦设馆课徒,听其讲者常百余人。

诸葛季文。南安人诸葛季文以学行闻于时,著有《六经诸子解》等。设馆课徒,从学者众。长子诸葛延瑞,幼从父学,南宋绍兴年间登进士第,官至太子少保。次子诸葛延材,从学朱子之门,又承父业,授徒梅山故里,究心学问。

傅烈。南安人傅烈精通经史,尤其深谙《易》,举进士前长期设馆授徒,听众甚多。

杨景陆。南安人杨景陆博闻强识,著有《汉唐通鉴》《春秋解》等。居南安莲塘时聚徒讲授经史,数百人跟从学习。《八闽通志》记载:"钩玄提要,生徒常数百人。"[①]

三、武馆

古代科举制度中有为选拔武官而设立的武举科,故有武乡试、武会试之制。南安武馆一般文武兼授,是南安古代教育机构中一种不常见的形式。

中园武馆。中园武馆在南安二十七都。明代创办,洪培官中武秀才。

坊脚武馆。坊脚武馆在南安二十七都。清道光壬午年(1822年)洪高攀中武举。

点金书房。点金书房在南安二十七都。清代洪连生执教,读经史兼习武。

四、义学

义学就是免费招收贫寒人家子弟学习的教育机构,属于启蒙教育性质的一种学校。南安义学的创办方比较多元,或为富有人家捐资创办,或为宗亲乡党筹资创办,或为宗教团体募资创办,或为官府创办,或为官民合办。一般说来,义学基本上属于私学范畴,规模较私塾为大。

南安自宋代以来就办有义学。元、明、清三代由于推行社学,义学随之减少。不过,清代前期朝廷还是相当重视义学。清康熙五十四年(1715年),朝廷下令"穷乡僻壤皆立义学"。南安历史上较为有名的义学有丰州城南义学和城北义学。南安乡间义学则多借用乡村书馆办学;教学内容与其他类型学校基本相同,

---

① 黄仲昭.八闽通志(下)(修订本)[M].福州:福建人民出版社,2006:831.

主要为儒家经典内容;其教育经费主要来源于义田之田租和募捐。

五、私塾

私塾是乡村民办文化教育场所,有村塾和家塾两种,是南安私学最常见的一种形式。

早在西晋时期,北方中原士人南迁南安,就有以家传师授形式出现的家塾私学,可谓是私塾的萌芽。唐代中期以前,南安地区的教育主要以这种私学教育方式存在。南安最早的私塾学校建于何时,已无从查考。不过到唐代就已经出现"长材秀民通文书、吏事"之人,而且"乡县小民,有能诵书作文辞者"。宋代时期,南安私塾教育发展较快,科场失意或辞官回乡的儒士多有设立私塾,居乡授徒。如南安诸葛季文"家贫,授徒以养,学者多从之游"。元代,南安私塾仍有一定规模。明代,南安因深受程朱理学影响,各类私塾仍然不少,民间"家诗书而户业学,即卑微贫贱之极,亦以子弟知读书为荣"。清代,南安私塾发展迅速,遍及城乡各地,成为当时南安教育的基础,仅丰州桃源村就有读书馆、堂、室、房等场所三十七处。

清末南安县有三百三十六保,每保均有一塾,其中比较著名的私塾有:养拙轩、觉园、松竹斋、西园、桂园馆、顶书房、石角、水磨、尚后、新丰、斗南、宫后、坝头书房、英亭馆、新枫书房、芸林书房、桂园书房、潘榜义馆、关寮、南垹等。

南安私塾所用教材,多采用蒙学读物,如《三字经》《百家姓》《千字文》《幼学》《声律启蒙》等。然后逐步加深,如《五言杂字》《增广贤文》《幼学琼林》。直至儒家经典、诗文、史书,有《四书》《五经》《史鉴》《古文辞》等。南安人黄谦于清嘉庆年间编成的闽南语字典《汇音妙悟》在私塾中也普遍使用。清末,有些私塾还增加《字课图说》《地球韵言》,传授有关声、光、电、化学等自然科学知识。

南安各私塾大多依传统的教学程序:早起,入塾。拜先师孔子神像,谒拜师长。接着,读书听训:先理昨日生字,带温书一卷,背。再上生字,师长讲解;后命学生复述一遍,乃就位念一百遍。午饭后,写方字一二张,学写格言仿本百字;温书一本,背。将晚,属对。功课做完,跪叩先师孔子神像,揖拜师长。命退,乃退。一般而言,南安私塾塾舍设孔子牌位及魁星像,首席为塾师席,放有戒尺、朱笔等。其下为塾童座位,分排两侧。课桌椅为塾童自带,大小高低不一,有旧屉桌也有八仙桌。

私塾没有固定的学制,入塾与出塾较为自由。

清光绪三十一年(1905 年),明令废科举,兴新学,禁办私塾。1938 年,南安县政府全部取缔尚存的七十九所私塾。

六、社学

社学是地方官奉朝廷诏令在乡村设立以"教蒙童始学"的学校,其基本功能是教化。《社学要略》说:"乡间社学以广教化,子弟读书,务在明理,非必令农民子弟人人考取科第也。"

南安社学最早开始于何时,今已不可考。据弘治省志记载:"宋盛时,泉乡里各有社学。岁前,父兄商议择师,至日里推一人为东,以诸生姓名具关帖。"另据《南安县志·风俗志》记载:"二月初一前后,社师入学。"由此可知,南安最迟在宋代就已经有社学,且有详细规定。在每年快到年终时,开始选择社师,择定之后则以生童的名义发出聘帖。二月初一前后,社师到学校,社学开学。

元至元二十三年(1286 年),元政府颁令各县设立社学,并要求:"择通晓经书者为师,农隙使子弟入学。如学文有成者,申复官司照验。"

明朝建立后继续诏令在乡村推行社学制度,延师教民间子弟。明太祖洪武八年(1375 年)诏天下立社学,诏书曰:"今京师及郡县皆有学,而乡社之民未睹教化,有司其更置社学,延师儒以教民问子弟,导民善俗,称朕意焉。"社学课程须兼读"御制大诰"及大明律令,由此,明代南安社学兴起。明正统年间,官方"复令提学官及府、州、县于各处社学严督勤课,不许废弛",并允许补儒学生员。明弘治年间又令各府、州、县建立社学,民间蒙童十五岁以下者送入读书,讲习冠婚丧祭之礼,使蒙童"正其心术,端其志行,异日入国学而为国之用"。初入社学,八岁以下者,先读《三字经》《百家姓》《千字文》。明景泰二年(1451 年),御史许仁达按察泉州,曾下令设立社学。明天顺元年(1457 年),知府张岩又令各县乡村设社学。南安元代是否有社学今不可知,但明代确实有社学。据《八闽通志》记载:"社学。集贤学在县治西南慈济宫边,育材学在县治东城隆庙边,集英、文会二社学俱在县东北三都。"[1]不过由于没有稳定的经费保障以及其他原因,各县社学很难巩固持久,南安亦不例外。南安知县邱凌霄在隆庆年间"以礼教救民俗,令

---

① 黄仲昭.八闽通志(下)(修订本)[M].福州:福建人民出版社,2006:24.

诸乡各立社学,教诲子弟"。但成效不大,时过不久,社学再次废弛,不是成为"博戏酗饮"之所,就是被豪族大姓把持,如不行贿就不能入学。明万历《泉州府志》竟然没有记述南安社学,可见当时社学已经徒有虚名,"古者小学之法废绝"。《明史·选举志》记载:"其法久废,寝不举行。"

清朝建立后,大力提倡兴建社学。《钦定学政全书》记载,清顺治九年(1652年),"题准:每乡置社学一区,择其文义通晓、行谊谨厚者,补充社师,免其差役,量给廪饩养赡。提学案临日,造姓名册申报查考"。清雍正元年(1723年),朝廷发布上谕,要求设立社学,据《钦定大清会典事例》记载:"州县设学,多在城市,乡民居住辽远,不能到学,照顺治九年例,州县于大乡、巨堡各置社学,择生员学优行端者补充社师,免其廪饩。凡近乡子弟,年十二以上、二十以内,有志学文者,俱令入学肄业,仍造名册,于学臣案临之日,申报查考。如社学中有能文进学者,将社师从优奖赏。如怠于教习,钻营充补,查出褫革,并该管官严加议处。"此上谕发布之后,南安县立即奉文新建社学三十所,据乾隆《泉州府志》记载:武荣铺社学、仕墓铺社学、埔头乡社学、黄龙乡社学、潘山铺社学、金果乡社学、格外乡社学、彭内乡社学、竹坑乡社学、黄埔乡社学、浯洋乡社学、罗溪乡社学、洪濑街社学、官田乡社学、长岭乡社学、王塘铺社学、玉华街社学、珠渊乡社学、石跳乡社学、娘仔桥乡社学、霞美乡社学、塘上乡社学、文斗店乡社学、官园乡社学、深坑乡社学、大营街社学、朴兜乡社学、淘浔乡社学、青石宫社学、溪尾街社学。不过,清乾隆后期,社学因为缺少制度化的经费保障以及内部管理不当等原因,出现"社师员分收学租,有名无实"的现象,南安县社学也是如此。明清时期,南安社学的教学内容属于官学体系内的儒家内容。一般每天分早学、午学、晚学三段施教。早学主要教以诵书,练习句读,以能熟读为要,以《孝经》《大学》《论语》《孟子》等儒家经籍为教材。午学主要授以诗歌、书法、算学。晚学教习礼仪,温习早学所读之书。

第四节　科　举

南安自三国孙吴永安三年(260年)建县,一直是闽南地区的政治、经济、文化中心,直至唐开元六年(718年)州治迁到泉州。此后,南安虽非州治所在地,但也是泉州大邑,所谓"泉为八闽大郡,而南安违郡治最近,号称剧邑"。清代周学健《南安县学记》说:"闽中进士之选自詹始,闽中文教之兴则自南安始。"在千年的历史长河中,南安古代教育发展繁荣兴盛,被誉为"海滨邹鲁"之地,其辉煌业绩主要体现在科举方面。

自隋唐以后,教育与科举就密不可分。古代学校学生通过教育学习,其目的就是参加科举考试,成为国家选拔的人才。明清时期正式的科举考试分三级:乡试、会试、殿试。在此之前还有县试、府试、院试。

乡试。乡试每三年在省城举行一次,即在子、卯、午、酉这四个年中的八月举行。参加乡试的是秀才,但是秀才在参加乡试之前先要通过本省学政巡回举行的科考,成绩优良的才能选送参加乡试。乡试考中了以后就称为举人(唐宋时期称为乡贡士),举人实际上是候补官员,即取得做官资格。乡试第一名称解元,乡试中举叫乙榜,又叫乙科。放榜之时,正值桂花飘香,故又称桂榜。南安古代教育发达,历代中举人(乡贡士)者众多,仅明清两代就有举人798名。

会试。会试每三年在京城举行一次。乡试次年,即丑、辰、未、戌年春季,由礼部主持,皇帝任命正、副总裁,各省的举人及国子监监生皆可应考。又称"礼闱""春闱",考三场,每场三日。考中者均称贡士(但习惯上每于会试考中后即称为进士),第一名称会元。会试后贡士再由皇帝亲自御殿覆试,择优取为进士。南安自唐欧阳詹中进士以来,历代进士共有272名。

此外,明清时代的生员,除参加乡试外,另有出仕门径,就是获得贡生出身。凡由府、州、县学选拔到京师国子监学习的学生,通称贡生。明代有岁贡、选贡、恩贡和纳贡;清代则有岁贡、恩贡、拔贡、副贡、优贡,合成五贡。另有捐纳取得的贡生,称之例贡。清代五贡都算正途出身资格。南安县历代贡生共有591人。

清代刘佑《南安学宫记》说:"南安虽为泉郡岩邑,而唐、宋、元、明以来,迄于今日,名卿硕士,代不乏人。"就历代科举取士情况来看,南安县可谓人才辈出,不愧"海滨邹鲁"之称号。现据《南安县志》《泉州府志》,以及私人家谱资料等,将南安历代进士题名具列入表8-2。

表 8-2　南安历代进士名单

朝代	数量	类别	姓名					
唐	6		欧阳詹	欧阳秬	傅 笋	欧阳澥	王 虬	吕 占
宋	111	109　文	欧阳澡	刘昌言	欧阳玑	钱 熙	刘昌龄	欧阳经
			吕 晏	欧阳纬	钱梦吉	钱贞吉	柯庆文	吕 造
			林 杞	林 植	吕 璹	吕夏卿	苏 颂	钱 效
			欧阳靖	吕德卿	吕惠卿	吕和卿	吕虞卿	吕京卿
			柯世程	林 序	柯 述	柯 迪	吕 谅	吕温卿
			欧阳弼	欧阳恭	林世规	傅 岳	吕升卿	欧阳亮
			刘 勃	欧阳徽	傅惟肖	林 骈	王 炳	林元定
			张 过	吕修卿	林景渊	欧阳度	黄 泌	欧阳珣
			钱大荣	林文卿	欧阳陶	叶 升	吕 靖	欧阳岩
			傅惟康	傅惟深	欧阳敦	柯宋英	柯知彰	诸葛延瑞
			傅 佑	欧阳规	张承祖	傅 伸	傅思谦	蔡霆发
			柯应宸	王克恭	叶延佑	钱德谦	欧阳崇	傅 烈
			林 鼎	钱祖承	戴梦申	杨景陆	刘用行	欧阳诠
			傅天骥	柯 汪	陈 洪	傅思义	欧阳祚	叶 准
			陈 浩	钱景良	洪天锡	刘 复	傅 迈	傅应子
			王 稼	吴叔吉	柯 洪	傅 光	梁开芳	欧阳枚
			傅直方	傅坤厚	欧阳燎	欧阳衡	吕大奎	洪天骥
			陈龙复	吴有定	欧阳烟	苏 敬	欧阳禽	欧阳焜
			傅定保					
		2　武	黄 甫	黄 旦				
元	1		梁 政					
明	85	80　文	辜敏道	蒋 畴	吴应宗	傅 凯	胡 询	傅 浚
			黄天爵	黄河清	傅 機	苏 麟	韦尚贤	黄 缵
			黄 澄	郑 普	王良柱	陈储秀	洪庭桂	黄养蒙
			傅夏器	黄大节	欧阳模	洪有第	黄 襄	陈学伊
			黄思近	赵秉孜	苏希栻	洪有声	黄师颜	洪有复
			傅履礼	傅履阶	傅道统	傅庆贻	傅宾凤	黄华秀
			李 欂	洪启睿	洪有助	戴廷诏	许国抒	黄一良
			吕图南	陈应堂	洪启聪	李佺台	王继曾	李夔龙
			王振熙	张鼎睿	洪启初	洪承选	张鼎翰	周思谦
			洪承畴	洪赞字	苏兆先	陈烜奎	吴天策	王万金
			黄梦松	傅文龙	谢玄珧	李日晔	黄学元	傅启光
			吴 澧	洪启遵	王龙震	傅元初	朱希莱	黄士藻
			许金砺	洪垣星	洪鼎渭	陈履贞	郭符甲	王龙贲
			黄士翼	沈佺期				
		5　武	欧阳建彬	洪有则	李梦麟	郑鸿逵	张南任	

续表

朝代	数量	类别	姓名					
清	69	51 文	郭瑄第	叶献论	洪士铭	陈立礼	吴黄龙	洪承龙
			苏尧松	吴曾芳	林思睿	苏 坝	梁国宝	杨宗泽
			高镇峰	李茂华	潘晋晟	李天宠	侯之缇	杨询朋
			黄允肃	郑拔进	陈亮世	吴镇蛟	黄孕昌	洪世泽
			洪科捷	陈桂洲	徐时深	洪应心	郑 蒲	傅应时
			洪世仝	吴焕彩	王 炯	傅渊季	谢重灿	傅修孟
			吴国乡	黄辅清	王克敬	徐云骧	李书耀	潘渭春
			王玉书	陈寿嵩	叶应祥	黄尔沤	卢芳年	傅国英
			汪春源	林 乾	吴 增			
		18 武	王中璜	李建功	马新庄	黄良士	林奏功	方玉矶
			林时龙	黄国英	黄大山	吴得升	黄廷玉	苏徽典
			吴得元	吴虎臣	黄时沂	戴蚩声	黄培松	黄 德

　　南安人著述始自唐代欧阳詹,由此历经宋、元、明、清,为后世留下大量著述。南安古代著述作为文字表现形式,既是教育、文化的高度凝结,也是教育、文化的某种象征和标志,从而体现出南安古代教育的兴盛。

第九章　南安古代文学

　　《民国南安县志·风俗》中记载:"南安先泉郡而治,风俗最古。自唐欧阳四门以文章破闽越之荒,嗣是家诗户礼,颖秀而文者多见重于朝廷。利益以紫阳过化,流风遗泽,陶淑后生,遂彬彬然与邻治称海滨邹鲁。"①从这段记载可以看出,南安建郡较早,且经过南安历代文人雅士的推动,蔚然成为"文化发达、代出英才、人文荟萃"的诗礼之邦,因而素有"海滨邹鲁"之称。历史上也有"八闽文学之盛,十国文物之冠"的说法。

　　自唐代迄清末,南安的文人学者,文以载道,言为心声,得之心而笔于书者,彬彬济济,文学作品洋洋大观。唐五代时期,特别是中唐之后,随着经济的发展,教育的兴盛,人才逐渐崛起,南安的文人创作活动也日渐活跃起来。欧阳詹、欧阳秬、陈黯、黄晔、欧阳澥、谢修、王虬等一批文人潜心创作,锐意进取,创作具有相当水平的文学著作。

　　两宋时期为南安文学创作的一个高峰期,入宋以后,全国政治经济重心开始南移,经济得到快速发展,且当地士人力求上进,社会习儒成风,教育蓬勃发展,书院林立,所谓"家诗书而户弦诵","十室之间,必有书舍,诵读之声相闻"。这一时期涌现出史学家吕夏卿,经学家吕大圭,文学家吕惠卿、钱熙、刘昌言、傅自得等人。

　　明代是南安文学的再度繁荣期,科举的兴盛刺激了教育的发展,独特的地理位置和外向型的经济发展使得当时的学者思想异常活跃,出现了像李贽这样的思想"异端",他对儒家封建礼教的批评在当时的思想界是绝无仅有的。同时期的傅夏器、戴廷诏、苏希栻、黄养蒙等人在文学上也颇有建树。

　　清代是南安文学平缓发展的时期,清初的海禁对南安的经济和社会生活造

---

　　①　苏镜潭.民国南安县志[M].影印版.上海:上海书店出版社,2000:35.

成严重破坏,随着台湾统一,沿海"复界",经济才得以迅速恢复,文化再度繁荣,涌现出大批的文人和学者。史志方面戴希朱较有代表性,文学方面戴绍箕、吴增、傅为霖、洪承畯、郑成功父子等人具有较大的影响。

第一节　唐代南安文学

唐以前,闽南地区的整体文化水平低下,被中原人士讥"未开化之地"。这一时期基本无文学可言。但随着中原文化的南移,特别是在科举和教育制度的直接影响下,在南安这块土地上开始孕育了自己的作家,文学创作得到发展。

一、文起闽荒、闽学鼻祖欧阳詹

唐贞元八年(792 年),南安诗山人欧阳詹首登龙虎榜,他和韩愈、柳宗元等人共同提倡古文运动,欧阳詹的文学主张和创作对南安乃至整个闽南文学的发展产生了很大的激励和推动作用。

《闽政通考》指出:"欧阳詹文起闽荒,为闽学之祖。"朱熹祭祀欧阳詹泉州的不二祠时曾写一副对联:"事业经邦,闽海贤才开气运;文章华国,温陵甲第破天荒。"这都佐证了欧阳詹作为闽学鼻祖的地位。

之所以将欧阳詹视为闽学鼻祖,主要有两方面原因:其一,欧阳詹是闽南走向科举考场并以文赢得教职的第一人,他的人生道路和进取精神在闽南地区产生了很好的表率作用,极大地推动了闽南地区文教事业的迅速发展。其二,欧阳詹在文学上的成就标志着闽南文学序幕的正式拉开。

(一)欧阳詹的生平与创作

欧阳詹(755—800),字行周,祖上世代曾担任过瓯、闽、粤的地方官吏。

欧阳詹自幼性喜恬静,聪慧好学,不爱与人交往,却喜好于山水之间。《南安县志·欧阳詹传》这样描述他:

　　先生生而秀巚,自幼不与群儿狎,行止多自通。每见水滨岩畔片景可

采,心辄娱之。稍长,恒执一篇,随人而问章句,或有契心,移目自得。尝读书白云室,遇风月清辉,长吟高啸,不能自释……①

唐贞元初年,欧阳詹开始声名远播。当时闽地流行所谓的"欧阳独步、蕴藻横行",指的就是欧阳詹和莆田的林藻、林蕴兄弟三人。唐建中、贞元年间,薛播两次出任泉州刺史,薛播赏识欧阳詹的才华,经常带欧阳詹到城西九日山与隐士秦系和姜公辅等人交游,谈文论道。席相继薛播之后任泉州刺史,同样器重欧阳詹,凡观游宴集一定会邀请欧阳詹参加,让欧阳詹以诗记录宴集的盛况。席相还向常衮引荐欧阳詹,常衮对欧阳詹亦称赞有加,用灵芝、芙蓉比喻欧阳詹的才学。由此,欧阳詹的声名由福建传到京师,以至于当时有"瓯闽之乡不知有他人"之说。

欧阳詹本无意科举功名,后因双亲严命、亲友激励和常衮、席相等官员的提携,才参加科举考试。贞元二年(786年),欧阳詹上长安赶考,这是泉州学子第一次参加科举考试的行动。在长安,欧阳詹对科考足足用了六年时间。贞元八年(792年),欧阳詹与贾陵、韩愈、李观、李绛、崔群等二十二人同登金榜,时称"龙虎榜"。贾陵第一名、欧阳詹第二名、韩愈第三名。

欧阳詹举进士对福建产生了较大影响。从欧阳詹开始,闽南文士开始向慕读书,儒学和赶考风气开始振兴。

但欧阳詹及第后的求仕之途并不顺利,他"五试于礼部,方售乡贡进士",四试于吏部,始授"四门助教"。贞元十五年(799年)才被朝廷授予"国子监四门助教"的官职。从他离家赴长安到他踏上仕途,他的生命整整耗去十七年时间,授职时已经是四十岁出头的年纪了。

在国子监四门助教任上,欧阳詹全力支持和参与韩愈、柳宗元等人提倡的古文运动。欧阳詹在京城任职时,游历了不少的名山大川,写下了大量的吟咏神州壮丽山河的诗作。不久后,卒于长安。

韩愈写了《欧阳生哀辞》,悼念欧阳詹说:

詹事父母尽孝道,仁于妻子,于朋友义以诚,气醇以方,容貌巍巍然;其燕私善谑以和;其文章深切,喜往复,善自道。②

---

① 苏镜潭.民国南安县志[M].影印版.上海:上海书店出版社,2000:261.
② 董诰.全唐文[M].北京:中华书局,1983:5741.

由于欧阳詹曾经屡次考试境遇不佳,他常常感慨自己空怀壮志却无法施展,在韩愈作《驽骥吟》表达自己不为朝廷所用的感慨时,欧阳詹便作了《答韩十八驽骥吟》和之:

> 故人舒其愤,昨示驽骥篇。驽以易售陈,骥以难知言。委曲感既深,咨嗟词亦殷。伊情有远澜,余志逊其源。室在周孔堂,道通尧舜门。调雅声寡同,途迓势难翻。顾兹万恨来,假彼二物云。贱贵而贵贱,世人良共然。巴蕉一叶妖,荩葵一花妍。毕无才实资,手植阶墀前。樱楠十围瑰,松柏百尺坚。罔念梁栋功,野长丘墟边。伤哉昌黎韩,焉得不迍邅。上帝本厚生,大君方建元。宝将庇群甿,庶此规崇轩。班尔图永安,抢择期精专。君看广厦中,岂有树庭萱。[①]

这首诗以物寄情,抒发了与韩愈一样空怀“室在周孔堂,道通尧舜门”的志向,表达了“罔念栋梁功,野长丘墟边”的怀才不遇之慨。

欧阳詹一生坚持修齐治平的人生道路,非常注重道德修养。他与韩愈等古文运动者的注重人格内在修养是一致的。他在《上郑相公书》中自诉:

> 某虽不敏,伤窃如之。况启禀羔羊鸿雁之性,未资训导,而敬顺和合乎教者,十或四五。洁身畏人,直拙自守,始亦以孝弟忠信,约礼从义,人生合尔,博闻游艺,行义修词,人生固然,殊不以有为而为也。[②]

欧阳詹著有《欧阳行周文集》10卷,收有赋、诗、纪、传、铭、颂、论、述、序等各种文体140多篇。在诗文赋中,欧阳詹的文成就最高。韩愈积极推崇欧阳詹的一个重要原因就是欧阳詹“其志在古文耳”(《题〈哀辞〉后》)。作为唐代古文运动的提倡者,韩愈认为文章要发扬古道,不悖教化,同时也强调语言的创新和风格的个性化,主张文以载道。欧阳詹正是遵循古文运动的理论来创作,精于说理明道,注意文风创新。韩愈评他的文章“深切、喜往复、善自道”,李贻孙也称其文“文新无所袭,才未尝困。精于理,故言多周详;切于情,故叙事重复,宜其司当代

---

①　董诰.全唐文[M].北京:中华书局,1983:6020.

②　董诰.全唐文[M].北京:中华书局,1983:6033.

文柄,以变风雅"。

由于欧阳詹过早辞世,因此他在古文运动中的建树未被充分揭示,其文学上的才能也未充分发挥,但观其文集,不难发现他的文学实践正是唐中叶古文运动的实践成果,他摆脱了六朝以来的骈文羁绊,文章力求达情达意,从内容到形式都起了重要的变革作用。

(二)欧阳詹的诗赋

欧阳詹的诗赋成就虽不如古文突出,却不乏佳作,尤其那些抒发思乡之情以及描写家乡山水的诗篇,更能体现南安文学生成时期的成就。

欧阳詹离乡上京赶考,到了惠安洛阳江时,就写了一首《泉州赴上都洛阳留别舍弟及故人》:

> 天长地阔多歧路,身即飞蓬共水萍。
> 匹马将驱岂容易,弟兄亲故满离亭。

在长安时,又写了《春日途中寄故园所亲》:

> 客路度年华,故园云未返。
> 悠悠去源水,日日只有远。
> 始叹秋叶零,又看春草晚。
> 寄书南飞鸿,相忆剧乡县。

还有《除夜长安客舍》:

> 十上书仍寝,如流岁又迁。
> 望家思献寿,算甲恨长年。
> 虚牖传寒柝,孤灯照绝编。
> 谁应问穷辙,泣尽更潸然。

这些诗都表现表现的是他初离家乡时难舍亲情的眷恋。再如《将归赋》:

忆求名于薄艺，曾十稔以别离。才还乡之半龄，又三年于路歧。红颜匪长，白日如驰。苒苒皆尽，悠悠为谁。亲有父母，情有闺闱。居惟苦饥，行加相思。加相思兮宁苦饥，辞家千里，心与偕归。南陔之兰，北山之薇。一芳一菲，何是何非。归去来兮，秋露沾衣。

此赋抒写的是作者仕途厌倦的归欤之叹。赋虽简短，但"归去来兮"的情感写得极深至。

欧阳詹身在异地，遇到与家乡景物相似的风景名胜，会不由自主地涌起思乡之情，如《与林蕴同之蜀，途次嘉陵江认得越鸟声呈林，林亦闽中人也》：

正是闽中越鸟声，几回留听暗沾缨。

伤心激念君深浅，共有离乡万里情。

如《许州途中》：

秦川行尽颍川长，吴江越岭已同方。

征途渺渺烟茫茫，未得还乡伤近乡。

随萍逐梗见春光，行乐登台斗在旁。

林间啼鸟野中芳，有似故园皆断肠。

这些诗都表现欧阳詹对家乡的深厚情谊，这种乡情始终伴随他离乡出仕的全过程。这类作品不仅数量多，且情意真切，即使放在整部唐代史上，也是思乡念家方面的优秀之作。[1]

二、唐代时期南安其他作家

唐代继欧阳詹之后，南安还出现了欧阳秬、陈黯、欧阳澥等一批较有影响的作家。

---

[1] 关于欧阳詹，详见本书第十一章"欧阳詹"部分。

（一）欧阳秬的生平与创作

欧阳秬（795—844），字降之，南安人，欧阳詹之子。唐开成三年（838 年）进士。官至幕府参军。少时即颇有文名，工于辞赋。举进士后，被路州节度使刘从谏聘为幕府参军。官虽不大，耿直敢言，不趋炎附势，曾因写过嘲笑陆沨假弃官归隐的文章而声名大振。吴县人陆沨，官右拾遗，因不满降调司勋郎而弃官归隐。唐文宗即位，召还。陆沨闻诏后，急匆匆上路赴任。欧阳秬知道后，写了《移陆司勋沨书》，嘲讽他归隐是虚，买爵是实：

> 秬在闽中时，闻阁下之名十年矣。及来京师，又逾一纪，尝期阁下不出则若南阳刘子骥、会稽谢庆绪；出则如蜀孔明、殷傅说，不然亦如贾谊、朱云之徒，庶几于直道也。
>
> 今皇帝起阁下为郎，阁下俟俟而来。秬谓斯来也，向数年有见必言，有闻必论。今日复一日，仅三百日矣，岂九牧之民皆治矣，无有术耶？四夷之患皆平乎，无有策耶？天下之无贤者不可举耶？天下之无幸者不可黜耶？天下之无赃者不可劾耶？天下之无冤者不可雪耶？天下之无屈者不可申耶？天下之无骄者不可诫耶？既无所闻，又无所见，则乐尧舜之道，读周孔之书，刘鳞之、谢敷斯人也，阁下亦斯人也，岂徒鼓动以朝，廊餐而退，是何前倨而后恭？……
>
> 名利之心不可卷，正直之心亦不可转。秬谓阁下今之为，不及昔时不为明矣。[①]

通过对陆沨假归隐的讽刺，说明为人应诚实正直，不要贪图官位俸禄。陆沨读后，无地自容，半途而返。欧阳秬因此成名。唐武宗会昌三年（843 年），告假归家。不久，刘从谏死，其子刘稹窃取军权，上表指斥朝政，阴谋拥兵自重。朝廷下令讨伐，翌年刘稹兵败被杀。唐武宗认为刘稹表文出自欧阳秬之手，诏令将欧阳秬流放到崖州（今海南岛），后赐死。他自书墓志，从容赴死。泉州人皆为之痛惜，李郁曾作诗哀悼："身死为修刘稹表，名高因让陆沨书。"《新唐书·文艺·欧阳秬传》对这些事均有记载，并称欧阳秬"亦工为文"。据明代王应山所著的《闽

---

① 陈国仕.丰州集稿［M］.杨清江，校.北京:商务印书馆,2018:151.

大记·列传·欧阳秬传》及民国《福建通志·艺文志》卷五十五所载,他所写的诗文,曾结集《欧阳降之文集》。乾隆《泉州府志·唐艺文》亦载,欧阳秬有文集。但是他所写的诗文大部分已散失。

(二)陈黯的生平与创作

陈黯(约 821—898),字希孺,号昌晦。少年时代即善诗,名振州里。

陈黯因其父早丧,又无兄弟姐妹,事母至孝,不忍心远离。直到年过四十,经其母再三教勉,始赴乡试,而连续十八科不第,人称为"陈场老"。于是,宣布放弃,潜心著述,与本县丰州人林愿、同郡的王肱、萧枢等结为文友,人称"八贤"。乾符六年(879 年),黄巢起义军入闽,自福州南下进攻南安,陈黯避居于厦门薛岭,为自己所居之处起名"终南山"。僖宗朝,曾三次征召,皆婉辞不赴,以歌吟自娱。

陈黯乃晚唐泉州最有造诣的一位文人,诗文深得当时文人的好评。他死后二十多年,莆田人黄滔,举进士后返回家乡,非常仰慕陈黯的学问文章,到其家中寻求遗稿,"因经兵火也,少得其文三十首,他处得诗若干首,敬俟增而后述"。后来,黄滔又四处搜求,颇有收获,最终辑录成文集。黄滔在为文集所作的序中,曾介绍:

> 天复元年,滔叨闽相之辟,旋使钱塘,与罗郎中隐遇,曰:"咸通中与先生定交于蒲津,秋赋则五老化为流星,诗则汉武横汾。"先生之试官严郎中下都之吟讽,秋场五十人之降,仰今遗稿可丛,愿为之序。既还,不及求增,谨以所得之文赋诗箴分为三卷,收泪搦管为之前序,蒋隅正郎为之后序。正郎负宇内之雄名也,用释泉台之恨。①

可见,陈黯的著述在当时享有盛誉,连著名诗人罗隐对他都很赞赏。据《新唐书·艺文志》载,他有《陈黯集》三卷。《福建通志·艺文志》卷五十五有记载,他有《陈先生集》三卷,"集有咸通中罗隐、黄滔二序"。而《东越文苑》及《闽大记》均记载,他还有《大易神正书》三卷四十九篇。据民国《南安县志·唐儒林·陈黯传》记载,黄滔的序称:"黯之为文,词不尚奇,切于理也;意不偶立,重师古也,其

---

① 陈国仕.丰州集稿[M].杨清江,校.北京:商务印书馆,2018:169.

诗篇、辞赋、箴檄皆精而切。"①《全唐诗》收有陈黯的五绝一首,名为《自咏豆花》,即《咏歌河阳花》。

陈黯的作品,反映社会现实的居多,这与他所处的时代及怀才不遇的经历有很大的关系,他的《答问谏者》,列举历史上的大量事例,在颂扬直谏之臣的同时,呼吁君王应开谏议之路。②

他的《禹诰》则以禹让贤的史实,说明君王应以天下为公,用人无亲疏,而以德才为标准:"惟位于君,惟德于民。禅受无疏亲,惟其人德之肖。仇敌可任,道之违昵,爱不可苟。"③

他的《诰凤》则以扬雄的例子,说明为人臣者应正直,面对昏君,不可为了贪图官位俸禄而附和,甚至助纣为虐:"彼莽不臣,雄时在仕列,宜以君臣之义,兴亡之理,匡教之以行其道。苟畏其威,爱其死,则可以拔簪高谢以明其节,讵有苟禄偷生,徇非饲诈,广以秦过以谕恶德,则是稔其篡逆也,与古之持颠危,死名节者,背而驰也。"④

而其《辨谋》则指出,人都有思谋,关键是为谁而谋,不应为一己之私而谋,而应为天下百姓而谋:"递世之谋不然,小者不过谋衣食,大者不过谋禄位,督之利天下者,或未见谋。呜呼,持其心而希其道,侔于古人,是犹越山海而舍梯航,其进亦难矣。"⑤

所有这些,从不同侧面反映出他的思想倾向。

(三)欧阳澥的生平与创作

欧阳澥(820—885),字及,欧阳詹之孙。据《闽书·英旧志·欧阳澥传》载:

> 薄善辞赋,娶妇经旬,便辞赴举,离家几十年,出入场中。善和韦中令,韦在阁下,澥持行卷及门,凡十余载,未曾一面,而庆吊不亏。

《唐诗纪事》卷六十七,也有关于欧阳澥的这样一段记载:

① 苏镜潭.民国南安县志[M].影印版.上海:上海书店出版社,2000:263.
② 陈国仕.丰州集稿[M].杨清江,校.北京:商务印书馆,2018:363.
③ 陈国仕.丰州集稿[M].杨清江,校.北京:商务印书馆,2018:369.
④ 陈国仕.丰州集稿[M].杨清江,校.北京:商务印书馆,2018:369-370.
⑤ 陈国仕.丰州集稿[M].杨清江,校.北京:商务印书馆,2018:371.

闽川欧阳澥者，四门詹之孙也。澥娶妇，经旬而辞赴举，久不还家。诗云：黄菊离家十四年，又云：离家已是梦松年。又云：落日望乡处，何人知客情？自怜十八年之帝乡，未遇知己也。亦为燕诗，以献主司郑愚侍郎。其文词虽为朝贵称美，尚未第焉。诗曰："翩翩双燕画堂开，送古迎今几万回。长向春秋社前后，为谁归去为谁来。"

据此，可知欧阳澥工于诗歌，新婚才几天，即踌躇满志踏上赴举之路。本以为很快可以博得科名，求得一官半职，不辱科第家门。岂料天不从人愿，耗费了二十年光阴，屡战屡败，委实让他感到深深的失望与苦痛。唯有以诗抒情，慨叹未能遇到伯乐，同时不断发出浓烈的思乡之情。

从上述记载亦可见，他所写的大量充满离愁别绪、感叹怀才不遇的诗，颇有韵味。《唐诗纪事》记载的欧阳澥诗，包括其著名的《咏燕上主司郑愚》，均被收入《全唐诗》。

第二节　两宋时期的南安文学

两宋时期，南安渐成海上丝绸之路的起点之一，九日山上众多的祈风石刻正是这段历史的最好佐证。经济快速发展，教育兴盛，士人志于读书。尤其是"紫阳过化"，著名理学家朱熹造访闽南，他与友人的酬唱和记游之作，对南安文学的创作起到了很大的推动作用。与此同时，一批具有较大影响的本土作家和他们的作品陆续出现，其中刘昌言、钱熙等人在文学方面取得较大的建树。

一、两宋时期的南安作家

两宋时期，南安的著名作家有刘昌言、钱熙等人。

（一）刘昌言的生平与创作

刘昌言（942—999），字禹谟。北宋太平兴国八年（983年）进士。官至枢密院院事。自少聪颖，七岁能写文章，极有才华，词句绚丽。陈洪进任清源军节度使时,提拔为功曹参军,负责文书工作。北宋朝建立后,他力劝陈洪进归宋。据吴任臣《十国春秋·闽列传·刘昌言传》所载,太平兴国二年(977年),陈洪进献漳州、泉州十四县地归宋,刘为之拟《归附表》曰:

> 臣闻峻极者山也,在污壤而不辞;无私者日也,虽覆盆而必照。顾惟遐僻,尚隔声明,愿归益地之图,辄露由衷之情。自浙右未归,金陵偏霸,臣以崎岖千里之地,疲散万众之兵,望云就日以虽勤,畏首畏尾之不暇,遂从间道,远贡赤诚,愿倾事大之心,庶齿附庸之末。

文章颇得太宗赞赏,在召见刘昌言时特问道:"览洪进表,委命进心,非卿润色耶?"太平兴国八年(983年),参加进士考试,殿试第二名。太宗特召进宫,对其有关陈述更为赏识,称为"忠孝两全,东南一奇士也"。拜起居郎,后又委以同知枢密院院事的要职。这引起了一些官吏的嫉妒,借机诽谤,使太宗逐渐疏远他,最终被贬出京城,五十七岁就病逝了。刘昌言文辞精炼绚丽,诗词每有佳篇,为时人所传诵。如初试进士落第,其落第诗句写道:"惟有夜来蝴蝶梦,翩翩飞入刺桐花。"反映落第时的情绪和对家乡的眷恋。此诗一时传遍京城,争咏刺桐花。据《十国春秋·闽列传·刘昌言传》记载,宋初著名文人王禹偁为商丘尹,曾有赠刘昌言诗:

> 年来复有事堪嗟,载笔商丘鬓欲华。
> 酒好未陪红杏宴,诗狂多忆刺桐花。

刘昌言有文集三十卷。陈国仕《丰州集稿·诗》中,录有其赠吕蒙正进士第一名的《上吕蒙正相公》诗:

> 重名清望遍华夷,恐是神仙不可知。
> 一举首登龙虎榜,十年身到凤凰池。
> 庙堂只似无言者,门馆长如未贵时。
> 除却洛京居守外,圣朝贤相复书谁。

（二）钱熙的生平与创作

钱熙（953—1000），字大雅。北宋雍熙二年（985 年）进士。官至殿中丞。据《宋史·钱熙传》载："幼颖悟，及长，博贯群籍，善属文。"当时泉州节度使陈洪进因赞赏他的才华，将自己的侄女嫁与他为妻。宋雍熙初登甲第，官至殿中丞，后擢参政知事。钱熙虽才识过人，但因其为人刚直不阿，宦海浮沉，后被贬出帝京，外迁郎州、衡州、杭州、赵州等地任职。其代表作品有《四夷来王赋》和《三酌酸文》，特别是后者堪称经典。《三酌酸文》是钱熙纪念自己的生日时所作，该文叙其早年博取功名的辛酸往事，诗文大部分已佚失，只留下"渭水凝碧，早抛钓月之流；商岭排青，不逐眠云之客"和"年年落第，春风徒泣于迁莺；处处羁游，夜雨空悲于断雁"两句广为流传。钱熙也曾拟古乐府作诗作文，著《杂言》十多篇及《措刑论》，有《文集》十卷。

钱熙描写泉州山水的诗歌生动形象，追求诗中有画，画中有诗的效果。如《题清源山》：

> 巍峨堆压郡城阴，秀出天涯几万寻。
> 翠影倒时吞半郭，岚光凝处滴疏林。①

如《九日溪景偶成》：

> 渔家深处住，鸥鹭泊柴扉。
> 雨过山迷径，潮来风满衣。
> 岸幽分远景，波冷漾青晖。
> 却忆曾游赏，严陵有旧矶。②

钱熙自罢职后，幽愤成疾，于北宋咸平三年（1000 年）英年早逝，只活到四十八岁。其好友李庆孙在钱熙死后，失声痛哭。写成一副挽联，以表哀悼之情，联曰："四夷妙赋无人诵，三酌酸文举世传。"

---

① 陈国仕.丰州集稿[M].杨清江，校.北京：商务印书馆，2018：117.
② 陈国仕.丰州集稿[M].杨清江，校.北京：商务印书馆，2018：58.

二、朱熹对南安文学的影响

唐宋时期,随着闽南政治经济的发展,来闽南的外籍文人日渐增多。他们或在泉任职,或避乱流连闽南山水间。这些文人的政治活动和文学活动为南安文学的发展起了推波助澜的作用。唐代姜公辅、秦系、韩偓隐居南安九日山周边,福建观察使常衮,泉州刺史薛播、席相奖掖后进,倡导读书习文;北宋著名文学家蔡襄两任泉州知府,南宋王十朋、朱熹、刘克庄也都来过南安,他们都在南安创作了诸多诗文,为南安文学的繁荣发展做出诸多贡献。其中对南安文学影响最大的首推朱熹。

(一)"紫阳过化"的南安

朱熹(1130—1200),字元晦,又字仲晦,晚号晦庵,别称紫阳,南宋著名哲学家、教育家、文学家。南宋绍兴十八年(1148年)朱熹登进士及第,首任泉州府同安主簿,后又任漳州知府。在朝中任秘书阁修撰等职。朱熹毕生精力都用于著书立说,讲学授徒,著有《论语集注》《孟子集注》《朱子语类》等。他以儒家思想为主导,批判继承各家之长,兼采佛、道之说,成为集大成的一代理学宗师,也是两宋时期理学家中最具文学修养的人。

朱熹有相当一段时间待在闽南,少年时代即在南安度过。南宋绍兴初年,其父朱松任南安石井镇监,朱熹随父到南安。朱松在石井时写的《中秋赏月》中有"痴儿亦不眠,苦觅蛙兔看"一句,"痴儿"指的就是朱熹。南宋绍兴二十三年(1153年),朱熹任同安主簿兼领学事(同安在宋代隶属泉州府),这期间经常来往于同安、南安之间。

朱熹对南安文学的贡献首先在于培养人才,他力倡儒学,大力发展教育。朱熹自己身体力行,来到南安杨林书院讲学授徒,与傅自得登游九日山时,便与傅自得创设九日山书院,南安一时文风兴盛。

(二)朱熹的诗歌创作

朱熹对宋代南安文学的贡献主要是诗歌。他尽管在文与道的关系上,将文学视为可有可无之物,但他毕竟是个文学修养极好的理学家,他的诗作对南安文学的影响较为深远。朱熹在南安所作的诗歌作品主要有两类,一类是叙述自己为官为学的生活经历和见闻的作品，一类是吟咏南安山水名胜之作。

南宋绍兴二十三年仲秋，朱熹从同安至泉州经南安县太平、唐兴等乡里（今南安市官桥、水头、石井三镇以及同安县莲河等地），这些地方虽处于泉州至广州的重要官道上，但远离邑治（当时南安县治在丰州），开发不久，人烟稀少，草密林深，加上大盈岭（今官桥境内）至小盈岭（今南安、同安边界）之间，是有名的"虎窟"，时有猛虎伤人。朱熹因事从同安赴泉州，途经这段险途，于是写下《南安道中》一诗，该诗穷尽了此段险途的荒寒：

> 晓涧淙流急，秋山寒气侵。
> 高蝉多远韵，茂树有余阴。
> 烟火居民少，荒蹊草露深。
> 悠悠禾稼晚，寥落岁寒心。①

还有《咏二渡》（二渡指在今洪濑、康美间的湖尾渡、洋尾渡）一诗记载诗人途中所见风景："路没溪边树，蝉鸣竹处枝。"

朱熹在闽南停留的时间长，他的足迹几乎踏遍泉州山水名胜，且每到一处，大多要吟诗题词，这为闽南留下了大量的山水、楹联、碑刻，至今仍被人们所传颂。这批诗中，与南安九日山有关的诗居多。

九日山位于南安市丰州金溪畔，有东、西、北三峰，朱熹曾两次登游九日山。在九日山姜相峰西侧半山处，有座建于北宋的廓然亭（此亭废于元代），亭边有古松称"无名木"，是诗人词客雅集吟咏的胜地。朱熹曾咏《廓然亭》以记游：

> 迟留访隐古祠旁，眼底樛松老更苍。
> 山得吾侪应改观，坐无恶客自生凉。②

朱熹与傅自得游览九日山，颇有流连忘返情趣，次日又写下《寄题九日山廓然亭》五言长诗一首：

---

① 陈国仕.丰州集稿[M].杨清江，校.北京：商务印书馆，2018：60.
② 陈国仕.丰州集稿[M].杨清江，校.北京：商务印书馆，2018：119.

昨游九日山，散发岩上石。
仰看天宇近，俯叹尘境窄。
归来今几时，梦想挂苍壁。
闻公结茅地，恍复记畴昔。
年随流水逝，事与浮云失。
了知廓然处，初不从外得。
遥怜植杖翁，鹤骨双眼碧。
永啸明月中，秋风桂花白。①

此外，还有《题九日山乱峰轩》《和林择之凤凰山韵》等诗作，也颇有文名。
《题九日山乱峰轩》：

因依古佛居，结屋寒林杪。
当户碧峰稠，云烟自昏晓。

《和林择之凤凰山韵》：

木落髻鬟拥，湖平妆镜空。
荒亡余旧事，惨淡只悲风。
兴发千山里，诗成一笑中。
诸君莫惆怅，吾道固当穷。

这批诗作是朱熹留给南安的一笔宝贵的文学遗产，对闽南后来的诗歌创作产生了深远的影响。

（三）朱熹的交游及游记诗作

朱熹有关南安山水名胜的诗歌达到了较高的艺术水平。他写景不喜浓墨重彩，而是点到为止，善于通过幽静的山林、青碧的山峰、缥缈的云烟等意象营造宁静的山水之间的氛围，清新的笔法营造了幽适淡远的意境，并且常以哲人的胸

———————

① 黄仲昭.八闽通志(下)(修订本)[M].福州:福建人民出版社,2006:1338.

怀,将南安山水纳入义理之中,使山水名胜富有哲理禅思。

前面提到的《廓然亭》一诗,在写景的同时,表达出一种"年随流水去,事与浮云失"的思绪。朱熹的闽南山水诗大多闲适淡远,感情含蓄,近乎"无我之境"。

朱熹对南安文学还有一个贡献是那个时期与南安文人的交游论道,诗文唱和,这种友人间的交游唱和无疑会极大提升南安文人的创作水平。朱熹两次登游九日山,都与文人交游论道、诗文唱和。第一次在南宋绍兴二十六年丙子(1156年)八月。当年七月朱熹同安秩满,八月在泉州府候批书之际,朱熹应忘年好友、泉州通判傅自得邀请,到延福寺参加为中外海商举行的祈风盛典。仪式结束后,他们参谒延福寺东侧祀奉秦系、姜公辅、韩偓、欧阳詹的"四贤祠",又登游九日山。这次憩游历时九天。

傅自得,丰州人,与朱熹有先人之旧,是其父辈好友。在闽南时,朱熹就与他常来常往,朱熹任同安主簿时,傅自得与之过从甚密。南宋淳熙七年(1180年),朱熹请傅自得为其父《韦斋集》作序。南宋淳熙十年(1183年),傅自得病逝,朱熹从闽北来泉州吊丧,并为傅自得写了行状。

朱熹与傅自得第一次登游九日山,前后九天。傅自得写有《金溪泛舟序》一文:

> 绍兴丙子八月十一日,携酒幞被谒朱元晦于九日山。向晚,幅巾藜杖,相与彷徉于金溪渡头,唤舟共载,信流而行。老蟾徐上,四无纤云,两岸古木森然,微风摇动,龙蛇布地,溪光山色,随月照耀;远近上下,更相辉映,殆非尘世境界。朱子曰:"乐哉,斯游乎!"举杯引满,击楫而歌楚骚《九章》,声调壮大,潜鱼为之惊跃,栖鸟起而飞鸣。余亦诵东坡先生《赤壁前后赋》以和之。每至会心处,辄递起相献酬……少焉,斗转参横,风作浪涌,余曰:"乐不可极,将安之耶?"鼓棹而还,会宿于东峰道场。明日,朱子赋诗以纪一时之胜。次韵为谢,殊恨笔力衰退,无杰句以称清游也。

文中叙述他与朱熹"携酒幞被","唤舟共载,信流而行",见"溪光山色,随月照耀;远近上下,更相辉映,殆非尘世境界"。于是朱熹举杯引满,击楫而歌《九章》,声调壮大,潜鱼为之惊跃,栖鸟起而飞鸣,傅自得即诵东坡先生"赤壁前后赋",乐不可极,将安之耶?

文中"朱子赋诗以纪一时之胜"所说的朱熹诗,明代黄仲昭《八闽通志·卷八

十三·词翰·泉州府·题咏》收录《知郡傅丈载酒巘被过熹于九日山,夜泛小舟,弄月剧饮》一诗:

> 扁舟转空阔,烟火浩将平。
> 月色中流满,秋声两岸生。
> 杯深同醉极,啸罢独魂惊。
> 归去空山黑,西南河汉倾。①

傅自得所说的"次韵为谢"之诗为《九日同朱子泛舟金溪》:

> 秋月天然白,溪流镜样平。
> 唤船同胜赏,把盏话平生。
> 击楫鱼频跃,忘机鸟尚惊。
> 兹游还可继,家酿为君倾。②

诗作表达了"唤船同胜赏,把盏话平生""击楫鱼频跃,忘机鸟尚惊"的人生乐趣。

第二次重游在南宋淳熙十一年(1184年)。55岁的朱熹重到永春拜访年已古稀的陈知柔,相携游览南安天开八石的莲花峰,吟咏于九日山,寻踪觅迹王延彬手建的"云台别墅"。离开闽南近30年的朱熹再次到泉州,陈知柔与他酌酒赋诗,谈论经义,遨游于莲花、九日、凉峰、凤凰、云台各山之间,临别时置酒饯行于洛阳桥畔。此次旅行留有二人和诗两首,以莲花峰为题。一为陈知柔作《游九日山宴莲花峰》:

> 一莲峰上几人攀,千年清风起儒顽。
> 指顾乾坤千里目,世途隘甚此中宽。③

---

① 黄仲昭.八闽通志(下)(修订本)[M].福州:福建人民出版社,2006:1338.
② 陈国仕.丰州集稿[M].杨清江,校.北京:商务印书馆,2018:59-60.
③ 陈国仕.丰州集稿[M].杨清江,校.北京:商务印书馆,2018:119.

朱熹和诗《次韵陈休斋莲花峰之作》：

> 八石天开势绝攀，算来未似此心顽。
> 已吞缭白萦青外，依旧个中云梦宽。①

另外，朱熹题诗莲花峰还有《莲花峰次敬夫韵》《题莲花不老峰》。前者为：

> 月晓风清坠白莲，世间无物敢争妍。
> 如何今夜峰头雪，撩得新诗续旧篇。

《题莲花不老峰》其一为：

> 群峰相接连，断处秋云起。
> 云起山更深，咫尺愁千里。

其二为：

> 流云绕空山，绝壁上苍翠。
> 应有采芝人，相期烟雨外。

朱熹重游九日山时，也与禅僧交游唱和，写作了《奉酬九日东峰道人溥公见赠之作》：

> 几年回首梦云关，此日重来两鬓斑。
> 点检梁间新岁月，招呼台上旧溪山。
> 三生漫说终无据，万法由来本自闲。
> 一笑支郎又相恼，新诗不落语言间。

位于南安市康美镇杨梅山麓的雪峰寺，始建于唐代。朱熹与陈知柔相偕从

---

① 陈国仕.丰州集稿[M].杨清江，校.北京：商务印书馆，2018：119.

金溪泛舟溯上，游览雪峰寺，见景作联：

> 地位清高，日月每从肩上过；
> 门庭开豁，江山常在掌中看。

这副联对镌刻在雪峰寺大门楹柱上，原为木刻竖匾，年久失落，近年重修该寺时镌刻于石。

第三节　明清时期的南安文学

明清时期，闽南成为福建经济文化发展最迅速的区域。明王朝解除了民族歧视，恢复生产，休养生息，闽南一带在港口贸易的推动下，经济发展迅速。经济的发展为南安人文领域的发展提供了比较雄厚的经济基础，这一时期的文学创作有几个比较明显的特点：一是书院林立，读书考风大盛，二是思想活跃，文化领域出现激烈交锋。由于地处东南沿海，带有外向型特点的港口经济迅速发展，经济文化交流增多，这就为南安文人学者带来了较为开阔的眼界，思想显得相对活跃。有明一代，学术界出现了"固守传统"与"挑战权威"两种态势，思想界发生了激烈的交锋，在这样的时代背景下，南安出现中国思想史上第一个"异端"——李贽，他成了传统理学的"叛逆者"，以中国文人前所未有的深刻、透彻和尖锐大胆，对儒家封建礼教提出全面的批判，他反对权威，抨击道学，倡导"童心"、个性，激励工商，成为中国古代杰出的思想家。

一、"异端"李贽

李贽是明代出现的中国杰出的思想家。是中国古代第一个对封建时代的统治思想提出全面批判的人。李贽的成就主要在哲学、思想领域，他的思想及表达方式，有着中国文人向来缺乏的深刻、尖锐、大胆，在文学上也有着特别的贡献。

（一）李贽的生平与文学评论

李贽(1527—1602)，字宏甫，号卓吾，别号温陵居士。明末杰出思想家和进步史学家。李贽幼年丧母，随父读书，学业进步迅速。12 岁开始作文，反对孔子把种田人看成"小人"，26 岁中举人，30 岁左右开始为官。先后任河南辉县教谕、南京国子监博士、北京国子监博士、北京礼部司务、南京刑部员外郎和郎中，最后出任云南姚安知府。20 多年宦海生涯，他耳闻目睹官场的种种黑暗，以及民反兵变、倭寇骚扰我东南沿海等现实，深感明王朝内部的腐朽没落，毅然辞官。

李贽一生性格独立，崇尚高洁，不愿受人辖制，尤其不愿与庸人、奸邪之辈往来。他坚持独立思考，不拘泥于前人乃至圣人学说，即便学于儒家却鄙视腐儒，修于佛门却厌恶市僧，参于道学却不屑于奇谈怪论。因此常被那些守旧文人、伪佛道学者以及龌龊官僚所诟病。但他对传统观念勇于批判的思想，无论在当时还是后来都影响甚广。

其主要作品除《焚书》《续焚书》外，还有《明灯道古录》《藏书》《续藏书》等。其诗词全集由《焚书》《续焚书》整理编校，卷一收录凡 86 题，计 148 首；卷二收录凡 84 题，计 145 首。

李贽不是严格意义上的文学批评家、理论家，也没有系统的文学论著。他对文学的评论，仅为片言只语，偶尔一现。但字字珠玑，句句精彩，同样持有与传统文学思想不同的新异见解。

首先，他以"童心说"为理论基础，提出"天下之至文，未有不出于童心焉者也"[①]的文学"童心说"。李贽认为真正的文学是从童心出发，倘若"童心既障"，"发而为言语，则言语不由衷"，"著而为文辞，则文辞不能达"。所以不论什么时代，什么文体，凡是表现真实的思想情感的童心之作，都是古今至文。他说："诗何必古选，文何必先秦，降而为六朝，变而为近体，又变而为传奇，变而为院本，为杂剧，为《西厢曲》，为《水浒传》，为今之举子业，大贤言圣人之道，皆古今至文，不可得而时势先后论也。"[②]只要真心、童心之作，并不以时势先后和文体论优劣。

其次，他强调作文要"发于性情，由乎自然"，由此否定了传统的"发乎情，止

---

① 李贽.焚书[M]//张建业，等.李贽全集注(1).北京：社会科学文献出版社，2010：276.
② 李贽.焚书[M]//张建业，等.李贽全集注(1).北京：社会科学文献出版社，2010：277.

乎礼义"。在李贽看来,真正的文学作品都是作家真情实感亦即"真心""童心"的抒发。李贽在《焚书·杂说》中有一段议论,形象地表达了他关于创作的独特见解。他说:

> 且夫世之真能文者,比其初皆非有意于为文也。其胸中有如许无状可怪之事,其喉间有如许欲吐而不敢吐之物,其口头又时时有许多欲语而莫可所以告语之处,蓄极积久,势不能遏。一旦见景生情,触目兴叹,夺他人之酒杯,浇自己之垒块。诉心中之不平,感数奇于千载。既已喷玉唾珠,昭回云汉,为章于天矣。遂亦自负,发狂大叫,流涕恸哭,不能自止。宁使见者闻者,切齿咬牙,欲杀欲割,而终不忍藏于名山,投之水火。①

特别指出文学作品是"盖声色之来,发于性情,由乎自然"②。在比较《西厢记》、《拜月亭》和《琵琶记》的高下时,他认为《西厢记》和《拜月亭》是作者"当其时必有大不得意于君臣朋友之间者,故借夫妇离合因缘以发其端。于是焉喜佳人之难得,羡张生之奇遇。比云雨之翻覆,叹今人之如土"③。

所以《西厢记》《拜月亭》虽没有《琵琶记》的穷巧极工,但其所表达的感情能深入人心,要比《琵琶记》高出一筹。评判的标准是作品的真性情,而不在于字句、结构、形式上的追求。

李贽充分肯定小说、戏曲等市民文学的价值。中国文学传统以诗文为正宗,视小说为"小道之言",很多文人轻视小说、戏曲。但李贽则视"新腔""别调"为文学价值所在:

> 譬之时文,当时则趋,过时则顽。又譬之于曲则新腔,于词则别调,于律则切响,夫谁不侧耳而倾听乎。④

因此李贽特别推重被视为小道的时文——小说、戏曲。他还为《水浒传》《三

---

① 李贽.杂说[M]//张建业,等.李贽全集注(1).北京:社会科学文献出版社,2010:272.

② 李贽.焚书[M]//张建业,等.李贽全集注(1).北京:社会科学文献出版社,2010:365.

③ 李贽.焚书[M]//张建业,等.李贽全集注(1).北京:社会科学文献出版社,2010:272-273.

④ 李贽.焚书[M]//张建业,等.李贽全集注(2).北京:社会科学文献出版社,2010:225.

国志通俗演义》《西游记》等点评,认为这些市民文学"皆可师可法,可敬可羡"①。他还尖锐地反驳传统观念:"孰谓传奇不可以兴,不可以观,不可以群,不可以怨乎?"②充分肯定了小说、戏曲的社会功能和艺术价值。

李贽本着"童心说"论文学,大胆破除了一切文学领域的种种"道理闻见",深刻地提出"发乎情,由乎自然"文学新主张,抨击了传统文学旧观念,并通过对小说戏曲的评点,给中国文学批评史带来革命性变化,成为中国小说戏曲批评的实际开创者之一。

(二)李贽的诗文创作

李贽是一个思想家,并不以文学著名。但作为一个新锐思想家,他的散文完全摆脱了传统格局,内容上无所依傍,话天问地,立意奇特,富有思想性和战斗性。形式上汪洋恣肆,文风犀利坦白,别具一格。如《答耿司寇》中的一段:

> 试观公之行事,殊无甚异于人者。人尽如此,我亦如此,公亦如此。自朝至暮,自有知识以至今日,均之耕田而求食,买地而求种,架屋而求安,读书而求科第,居官而求尊显,博求风水以求福荫子孙,种种日用,皆为自己身家计虑,无一厘为人谋者。及乎开口谈学,便说尔为自己,我为他人;尔为自利,我欲利他。……以此而观,所讲者未必公之所行,所行者又公之所不讲,其与言顾行、行顾言何异乎?③

在李贽看来,这些以遵守"孔孟血脉"自居的耿定向之辈,"反不如市井小夫"表里如一,朴实有德,他们"身履是事,口便说是事,做生意者但说生意,力田作者但说力田。凿凿有味,真有德之言,令人听之忘倦矣"④。

《答耿司寇》是写给耿定向的书札,实际是向伪道学宣战的檄文,思想深刻,言辞平易而激烈,文章连用几个对比、质问,直逼论敌,剥皮见骨,一针见血。为此,公

---

①　李贽.焚书[M]//张建业,等.李贽全集注(2).北京:社会科学文献出版社,2010:133.

②　李贽.焚书[M]//张建业,等.李贽全集注(2).北京:社会科学文献出版社,2010:133.

③　李贽.焚书[M]//张建业,等.李贽全集注(1).北京:社会科学文献出版社,2010:72.

④　李贽.焚书[M]//张建业,等.李贽全集注(1).北京:社会科学文献出版社,2010:72.

安派袁中道称："其为文不阡不陌,摅其胸中之独见,精光凛凛,不可迫视。"①

李贽的诗,就其数量和篇幅而言,约占《李贽全集》的1/35。他虽诗不多作,却大有神境,诗作如其个性,发乎情,恣情纵性,不事格律雕饰,以自然为美,率真质朴,独具特色。用袁宗道的话描述就是："龙湖老子手如铁,信手诃驳写不辍。纵横圆转轻古人,迁也无笔仪无舌。"②

李贽的《读书乐并引》描绘了自己读书时的心情随着书籍内容,时而高兴,时而悲伤,时而慷慨高歌,时而低头沉吟：

> 天生龙湖,以待卓吾。天生卓吾,乃在龙湖。龙湖卓吾,其乐何如? 四时读书,不知其余。读书伊何? 会我者多。一与心会,自笑自歌;歌吟不已,继以呼呵,恸哭呼呵,涕洒滂沱。歌匪无因,书中有人;我观其人,实获我心。哭匪无因,空潭无人;未见其人,实劳我心。弃置莫读,束之高屋。怡性养神,辍歌送哭。何必读书,然后为乐? 乍闻此言,若悯不谷。束书不观,吾何以欢? 怡性养神,正在此间。世界何窄,方册何宽! 千圣万贤,与公何冤! 有身无家,有首无发;死者是身,朽者是骨。此独不朽,愿与偕殁;倚啸丛中,声震林鹊。歌哭相从,其乐无穷! 寸阴可惜,曷敢从容。③

对于李贽来说,读书就是生活,读书就是快乐,读书就是自己一生的事业和追求。如《独坐》：

> 有客开青眼,无人问落花。
> 暖风熏细草,凉月照晴沙。
> 客久翻疑梦,朋来不忆家。
> 琴书犹未整,独坐送残霞。

全诗表现了李贽晚年"独在异乡为异客"的寂寥惆怅之感,回想其坎坷的一

---

① 袁中道.李温陵传[M]//张建业,等.李贽全集注(26).北京:社会科学文献出版社,2010:158.

② 袁宗道.白苏斋类集[M]//张建业,等.李贽全集注(26).北京:社会科学文献出版社,2010:135.

③ 李贽.焚书[M]//张建业,等.李贽全集注(2).北京:社会科学文献出版社,2010:241.

生,顿生"人情冷暖,世态炎凉"之慨叹,是其晚年真切感情的流露。再如《题绣佛精舍》:

> 闻说澹然此日生,澹然此日却为僧。
> 僧宝世间犹时有,佛宝今看绣佛灯。
> 可笑成男月上女,大惊小怪称奇事。
> 徒然不见舍利佛,男身复隐知谁是。
> 我劝世人莫浪猜,绣佛精舍是天台。
> 天欲散花愁汝著,龙女成佛今又来。[1]

如《云中僧舍芍药》(二首)其一:

> 芍药庭开两朵,经僧阁里评论。
> 木鱼暂且停手,风送花香有情。[2]

《云中僧舍芍药》(二首)其二:

> 笑时倾城倾国,愁时倚树凭阑。
> 尔但一开两朵,我来万水千山。[3]

这些诗作俨然不事格律雕饰,抒情、叙事、议论、人物、事物、风景,皆缘性情而聚;语言俗雅不拘,很能显现出一位傲岸不羁、独居任性的抒情主人公形象。

李贽一生转折跌宕,他以异端自居,语非孔孟,言诋程朱,援禅入儒,带发修行、容留女客,狱中自刎,以其狂放的言行挑战封建意识形态主流,成为一个特异的文化存在,新异的文学思想与创作打开了古代文学的思想启蒙之路,影响之深远在中国历史上实属罕见。

---

① 李贽.焚书[M]//张建业,等.李贽全集注(2).北京:社会科学文献出版社,2010:250.
② 李贽.焚书[M]//张建业,等.李贽全集注(2).北京:社会科学文献出版社,2010:279.
③ 李贽.焚书[M]//张建业,等.李贽全集注(2).北京:社会科学文献出版社,2010:279.

二、明清时期南安的其他文学家

明清时期，南安的著名作家有傅夏器、戴廷诏、苏希栻、郑成功、郑经、戴希朱、吴增等。

（一）傅夏器的生平与诗歌创作

傅夏器，字廷璜，号锦泉，世称锦田先生。明嘉靖二十九年（1550 年）会元，官至光禄寺丞。傅夏器晚年居家二十余载，陶然自足，著有《傅锦泉先生文集》。《泉州府志·明列传》记载，何镜山为《傅锦泉先生文集》作序，称其文“沉理醲丽，苍然郁然”，“古文渊奥沉变，自成一家，而大旨归于经世砺俗”，“诗词原本性情，深厚悱恻，有三百篇遗意，不以声响竞工”。有《清秋》《秋楼》《岩野行》等诗存世。《岩野行》一诗是诗人自喻：

家在岩山下，岩野主人居。
虽迩郡城外，总为小隐庐。
本分傅岩派，今归版筑余。
隆冬土功动，般倕并鉏锄。
巢燕初落构，旋马仅容车。
垣墙不圬饰，茅茨不剪除。
三千望里界，六一窗前书。
默探草元诀，白守太素初。
朔风常作客，彩霞时映渠。
学曾闻一贯，骚乃比三闾。
獶人斤质亡，伯牙桐音疏。
孤庭叹凉月，吾意独晏如。[①]

此诗以平实的语言描写自己怡然自得的隐居生活，表现自己高洁的品质，颇有陶渊明之风范。

① 陈国仕.丰州集稿[M].杨清江，校.北京：商务印书馆，2018：44-45.

（二）戴廷诏的生平与诗歌创作

戴廷诏字道阶,明万历二十三年(1595 年)进士,官至右布政使。事迹见《泉州府志·明循绩·戴廷诏传》。晚年回到家乡,"与同辈结社赋诗,优游林下十余年"。著有诗文集《诗山草》《家训宝鉴》等。他对历史颇有研究,著有《历代帝王纪》《历代名臣录》等书。其诗作以游记为主,记述了自己途中的所见所闻。如《游高盖山》:

> 名山高盖几经游,览古直须到上头。
> 草蔓石门迷旧室,云连穹宇护灵丘。
> 三峰并峙台阶叠,二水中分玉带流。
> 千古破荒锺间气,于今仰止忆前修。①

如《游郭山庙》:

> 山门缥缈俯遥岑,云树苍茫玉洞阴。
> 累石嶒峻疑凤驭,环流澎湃隐龙吟。
> 当年遗迹藤萝杳,此日明神帐殿深。
> 却喜高僧如惠远,焚香诵偈一相寻。②

如《游古山》:

> 步入名山万丈溪,药苗竞秀满山畦。
> 潺湲曲涧纡余出,壁立高峰崒崒齐。
> 未向澄潭探古树,先从石径觅仙蹊。
> 飞流瀑布千寻急,双阙翘瞻望转迷。③

---

① 陈国仕.丰州集稿[M].杨清江,校.北京:商务印书馆,2018:95.
② 陈国仕.丰州集稿[M].杨清江,校.北京:商务印书馆,2018:95.
③ 陈国仕.丰州集稿[M].杨清江,校.北京:商务印书馆,2018:94.

（三）苏希栻的生平与创作

苏希栻（1531—1620），字于钦，号阜山。明万历二年（1574 年）进士及第，为奉直大夫，授河南许州知州。自勉题之：强年始登仕路，一试便为大夫。但仅仅十个月即遭权贵打击罢官。希栻归隐故里，居住于霞舒阜阳山下（今康美），甘贫守寂。率领儿孙躬耕自给，闲暇时督促诸子侄学业。自题于门联曰："心里有天皆白日，眼中无地不青山"，"家有旧书惟教子，门无新事不迎宾"。

苏希栻一门六子五庠生，将施有政，为德于乡。创办"霞舒里社"，常与乡中黄凤翔、詹仰庇等人联社赋诗，孝友敦睦。地方官员力邀希栻复出，均遭婉言拒绝。苏希栻一生任劳任怨，唯仰不愧祖，俯不愧心，曾手敕示儿子曰："凡干公事为己事，则事无不济；惜公财为己财，则费无不省。"

苏希栻归放隐居故里四十五年，手不释卷，三修《阜阳苏氏族谱》。著有《管班存质》《庄子注》《骚赋汇草》《雪峰志咏》《诗集注》《杜诗全集注》《杜诗选注》《汉魏诗注》《文选择注》《瘦生汇草》《拾存零草》等传世。《杨梅山》为其中著名的一首：

> 古寺前开得月楼，长应明月到山头。
> 出林疏影随杯转，依槛清光入梦浮。
> 未敢天花来作雨，故移云树动先秋。
> 知君对此能相忆，一任禅栖半榻留。[①]

（四）郑成功、郑经父子的诗歌创作

郑成功（1624—1662），初名森，字明俨。1647 年在小金门岛誓师起义，1650 年夺取厦门，以厦门、金门为据点反清复明，被南明永历帝朱由榔封为延平王；1661 年，率领将士二万五千多人，自金门出发，经澎湖，入鹿耳门，克赤嵌城，驱除荷虏，收复台湾，后据台抗清复明。他在台湾写的诗，既是台湾文学史上的开拓之作，也可视为南安文学的重要成果。如《复台》：

---

① 陈国仕.丰州集稿［M］.杨清江，校.北京:商务印书馆,2018:91.

开辟荆榛逐荷夷,十年始克复先基。

田横尚有三千客,茹苦间关不忍离。

这首诗在台湾文学史上具有重要的意义,它用田横这个秦末齐国贵族宁可悲壮自刎也不愿俯首称臣的典故,表明自己不屈的"遗民"气节,这种"遗民"气节成为此后数百年台湾诗文的传统之一。

郑成功的儿子郑经(1642—1681),在父亲去世后,继承父业,惨淡经营台湾,保持了台湾二十年的稳定。他也像其父一样,念念不忘抗清复明,对于明朝被清所灭表达无限的悔恨。他的诗文作品,同样表达了遗民的忠义精神。如《痛孝陵沦陷》:

故国山河在,孝陵秋草深。

寒云自来去,遥望更伤心。

再如《悲中原未复》:

胡虏腥尘遍九州,忠臣义士怀悲愁。

既无搏浪子房击,须效中流祖逖舟。

故国山河尽变色,旧京宫阙化成丘。

复仇雪耻知何日,不斩楼兰誓不休。

(五)戴希朱的生平与诗歌创作

戴希朱(1850—1918),原名凤仪,号敬斋。清光绪八年(1882年)年举人,官至奉政大夫。中举后三次参加会试不第,遂漠视科举,长期居家乡,设馆教习,并先后掌管多家书院,尤其对南安诗山书院的建设做出重大贡献。教学之余,潜心研究,勤于笔耕著作颇多,刊行的有《四书阐义》《理学源流考》《朱子配议》《松村诗草》《松村文集》《松村语类》《郭山庙志》《南安县志》《诗山书院志》等。其诗作以咏历史人物(主要是咏欧阳詹)和写南安的山水名胜为主。如《诗山怀欧阳四门》其一:

振衣千仞上高岗,欲祝先生一瓣香。

万古山灵锺间气,七闽文物破天荒。

共知龙虎名声贵,谁识鸡豚服事忙。

莆水诗山迢递甚,奔驰只为恋高堂。

《诗山怀欧阳四门》其二:

天生博士荷斯文,闽学源流自此分。

暗室垂箴真炯炯,太原浮议漫纷纷。

封茔竦气凌苍昊,书室芳踪锁白云。

唐代江山今几易,诗人终古有余芬。

另有《登天柱峰》:

兀兀危峰势插天,探奇直上此山巅。

秋光大豁骚人眼,绝顶全空下界线。

一柱高擎双日月,半岩俯瞰万山川。

花依峭石多餐露,木护禅门欲蔫烟。

玉茗香浮丹壁上,石梁水溢白云边。

两湖形胜超尘表,双塔微茫峙岭前。

呼吸可能通帝座,蓬莱应合驻神仙。

昂头不问惊人句,欲问乾坤孰转旋。

(六)吴增的生平与诗歌创作

吴增(1868—1945),字桂生,自号养和居士,又号古丰州人,清光绪二十八年(1902年),考中举人。光绪三十年(1904年),考中进士,被聘为清源书院山长。清宣统元年(1909年),点内阁中书,在京任职,因目睹朝政腐败,慨然辞官。生平著述甚丰,散佚极多,仅留《泉俗激刺篇》《番薯杂咏》各一卷。

吴增善写诗,以诗歌表达其热爱祖国、关切民众的思想感情,光绪三十四年(1908年)作《泉俗激刺篇》四十六首,揭露清末社会的黑暗和风俗的败坏。1936

年,连续创作番薯诗一百九十七首,结集《番薯杂咏》,以诗歌形式记述番薯传入及发展的历史,抒发作者爱国忧民,安贫乐道的情操。如《番薯杂咏》其一:

> 尚存薯地好归耕,于世无忧担负轻。
> 不忆秋莼名士菜,骄人敢说五侯鲭。

此首诗表现作者在社会动乱、世事不安的情况下,对避世隐居的生向往活和安贫乐道的情操,颇有陶潜之风。如《番薯杂咏》(四首):

> 一从外府失台澎,米舶千艘不得行。
> 急备食粮薯最易,防他锁海有飞鲸。

> 桃园香子最知名,有客亲尝赤嵌城。
> 今日河山风景异,樽前白发共谈瀛。

> 教战从来必课耕,屯田充国久知名。
> 种薯亦一御戎策,足食便成子弟兵。

> 荏苻剧盗聚多时,半逐风尘半苦饥。
> 多垦薯田轻劫运,此中消息少人知。

这些诗作表现出作者对国家危难担忧和人民疾苦的关心,忧愤之中,流露出一片爱国赤诚。

抗日战争爆发,他写了《抗敌歌》宣传抗日救国人人有责。1945 年,英美出兵太平洋,收复南洋群岛,他挥笔作诗:

> 比闻大复仇,西邻奋挞伐。
> 指日复台澎,破竹势莫歌。
> 复我旧山河,胸怀一开豁。

如前所述,一个地方文化的繁荣与否,与文人学者的创作有着密切的关系。

古代南安的繁荣始终与文人学者的创作活动紧密相连。中唐以前,南安文化的沉寂,很大程度上反映在文人著述上的默默无闻。中唐以后,南安文化开始振兴,最为直观的表现也就是文人学者著述的活跃。宋代南安文化繁荣,有了"海滨邹鲁"的美誉,相当程度上也是得益于文人学者在著述上取得的成就。明清时期的再度繁荣,文人学者的著述在其中也起到了重要的支撑作用。

延续千年的南安古代文学,虽然已经成为历史,但是作为南安文化的一个组成部分,对古代南安人民的思想和社会生活都产生了深刻的影响,也给后人留下了值得回味的东西。

第十章　南安古代戏曲与艺术

在漫长的历史长河中,南安人在艺术领域创造了辉煌,表现出可贵的创新精神。无论是南音、戏曲,还是民间的舞蹈等,不但均具有浓重的地域特色,而且还反映出较高的艺术造诣,在我国艺术发展史上占有一席重要地位。

第一节　南　音

南音,又称南曲、南乐、南管、弦管、郎君乐、郎君唱等,是中国现存最古老的乐种之一,被称为音乐文化的"活化石""晋唐遗音"等。它主要由"指""谱""曲"三大类组成,汇集盛唐以来中原雅乐之精华,后来又吸引元曲、弋阳腔和昆腔的特长,与闽南的民间音乐融为一体,逐渐成为词曲清丽柔曼,旋律缠绵深沉,长于抒发乡人思亲、游子怀乡的真挚情怀的美妙乐种。

一、南音的历史渊源与现状

(一)起源与传播

南音同其他中华传统文化一样,有着深厚、丰富的历史文化积淀。虽然目前尚未有史籍能够证明福建南音始于何时,但是根据目前所能找到的资料,我国黄河流域的中原古乐的许多遗响与南音有相似之处,如先秦的五音之乐、音阶与宫调理论,宫角绕商等多重角的旋法特点,汉代的谱式记号及汉代相和歌的"丝竹更相和,执节者歌"之演唱演奏形式,清商三调、相和五调等均能在南音之中找其踪影。中原古乐之所以存活于泉州南音之中,这与历史上的几次大移民现象有很大关系:第一次是永嘉之乱,晋人衣冠南渡。晋江原名南安江,南渡后晋人沿江而居,生息繁衍,故改称晋江。后来考古学家们还在晋江流域一带发现大量晋人墓地,特别是几年前,于丰州茂霞村发现晋代一墓葬,存有"部曲印"之陪葬品,更是见证了当年入泉的士大夫们连同他们的部曲,即中原文化都迁到闽南的事实。第二次是唐末王潮、王审知兄弟入闽。王审知之侄王延彬在南安设招贤院,招贤纳士,中原士人纷纷南迁,不仅带来了中原先进的生产技术,同时也必然带来中原优秀的音乐文化,这对当时泉州的经济与文化的发展,起了重大的推动作用,也为宋元泉州的鼎盛打下了坚实的基础。第三次是靖康之变后,北宋覆亡,宋朝迁都于临安(今杭州),建立南宋,赵宋皇族的南外宗正司也自临安迁来泉州。遗臣、遗民们纷纷南移,一时间,泉州成为南宋的陪都。这时泉州港处于兴盛时期,有"东方第一大港"之美誉,吸引了大量的中外客商和文人学士,各种文化交流频繁,呈现出"千家罗绮管弦鸣"的繁荣景象。元时泉州刺桐港是我国对外通商大港,泉南滨海,系国内外商船停泊之处,歌馆、酒楼、茶肆林立,拥琵琶而弹唱南乐的歌女比比皆是。

士大夫南迁带来的中原音乐,同闽南地方音乐互相渗透融合,孕育出了泉州南音。南唐顾闳中的传世之作《韩熙载夜宴图》即可印证。

南音在民间的流传,有赖于各地社团组织的传承和传播。清代以来,闽南地区各地几乎都有社团成立,并有专业的教师传艺。南安市亦如此,尤其是经济较富裕的乡镇,南音活动更为频繁。南音除了在闽南地区传播以外,还流播到了菲律宾、印尼、新加坡、马来西亚、泰国、缅甸、越南等国家,成为维系海外侨胞和家乡情感的精神纽带,对增进民族认同感起着积极的作用。

(二)发展与成型

南音还吸收了佛曲、道情文化,如"指"就有《南海观音赞》和《普庵咒》是源于佛曲的,《弟子坛》则吸取了道情的旋律。此外,还又吸收楚歌、吴歌、潮调及闽南地方音乐,并吸收弋阳腔、青阳腔、昆腔等,如《李亚仙》中的《鹅毛雪》、《胭脂记》中的《告大人》、《士九弄》中的《你听咱》等。泉州南音与泉州地方戏曲特别是梨园戏,更是互相吸纳、互相渗透,戏曲吸收南音作为它的唱腔,提高其艺术水平。福建师范大学音乐学院教授王耀华先生对曲目、音乐作了细致的分析,得出了福建地方戏曲是从南音吸取营养的结论。泉州南音也吸收戏曲的唱段来充实自己,丰富自己的内涵。例如《春今》指套就是从梨园戏的《雪梅教子》来的。还有一些歌曲是特定场合专用的,如贺寿唱《画堂彩结》,结婚唱《一对夫妻》,丧事、祭奠唱《三奠酒》,祀郎君则唱《祀郎君》。

明清之际,南乐风靡一时。传说清康熙五十二年(1713年),康熙六十寿典,内阁大学士、泉州安溪人李光地挑选五位精通唱和的南乐高手上京献演,他们是晋江吴志、陈宁,南安傅廷,惠安洪松、安溪李义,他们在御苑演奏。康熙帝听到南乐弦管和鸣、抑扬顿挫、逸韵雅致,大悦,要加封五人官职,他们推辞不受,唱《远望乡里》,奏大谱《百鸟归巢》以示思乡之情,帝心有所悟,赐予他们"御前清客,五少芳贤"匾额,赐赠曲柄黄凉伞和金丝宫灯,最后"传驿荣归"。南乐因此获得"御前清曲"的雅号。在安溪县湖头镇李光地的故乡祖居,有一副对联:"绮罗日暖将军府,弦管春深宰相家。"

此后,南乐声名大振,南乐艺术得到很大发展。闽南的许多音乐形式,如"锦歌""笼吹""十音""莆田十音""南平南词",以及许多剧种音乐,如"大梨园""高甲戏""莆仙戏""芗剧""闽剧"等,都和南乐的发展有着极密切的关系。

总而言之,泉州南音可上溯至秦汉、晋唐,定型于宋朝到明初。国际著名汉学家、英国牛津大学教授彼得·凡·德尔·龙先生所辑《明刊闽南戏曲弦管选本三种》可为佐证。《中国泉州南音集成》等书籍的编纂、出版,更展示了南音博大精深的内涵和探索不尽的研究价值。

二、南音的内容与艺术特色

(一)内容

南音包括"指、谱、曲"三类。这三大组成部分的演奏体现了南音的源远流长。"指",即标有琵琶弹奏指法以几个乐章叙唱一个历史人物故事的套曲,共有四十八大套,也就是"指套"。"曲"是戏剧性的清唱曲,也叫散曲、草曲。"指"对于"曲"有指导意义,是"曲"的典范,从大量散曲中择优挑选出来的精华。"指"较早有36套。"谱"是描写花鸟景物、抒发内心情感的器乐曲,附有琵琶弹奏指法,但没有曲词,全用各种乐器合奏。传统南音谱共十三大套,其中以"四"(四时景)、"梅"(梅花操)、"走"(走马/八骏马)、"归"(百鸟归巢)四套最为著名,称为泉州南音"四大名谱"。南音有着别具一格的记谱法,称为"工乂谱"("乂"为"尺"字的俗写），它以"乂、工、六、思、一"五个正声为基础，与全国统一的七声音阶的工尺谱并不相同，让人容易联想到我国古代先秦时期的"宫商角徵羽"五声乐谱。泉州南音工乂谱由谱字、"指骨"（表示时值和琵琶弹奏记号）、撩拍三部分组成，是记录泉州南音音乐语言的汉字化表意乐谱，蕴含了历史悠久的古代乐学理论。

在这三大部分中，"谱"形成得最早。对照泉州南音的乐器和现存的"谱""指""曲"，可以肯定"谱"遗存了唐大曲的风貌。在南音中，散曲最多，它的曲词比较简明，易学易懂，曲调亦比较活泼，有抒情的，有写景的，也有叙事的，所以流行最广，数量最多。南曲的曲牌名称有不少与唐代大曲、法曲的曲牌名称相同，如《摩诃兜勒》《子夜歌》《清平乐》《梁州曲》《婆罗门》等。宋代"南戏"有五大名剧，分别为《荆钗记》《白兔记》《拜月记》《杀狗记》《琵琶记》，南曲也演唱这些剧目。

（二）乐器

南音保留着唐大曲的琵琶、箫、弦、拍板等乐器。其中，琵琶称为南琶，为曲颈琵琶，腹大颈细，演奏姿势为斜抱着弹奏，与泉州开元寺内的飞天乐伎及敦煌壁画上的飞天造型十分相似。洞箫严格规定为一尺八寸，亦称之为尺八。十目九节，其长54厘米，延用唐代洞箫规制，声韵浑厚深沉。其演奏姿势、形制也与唐旧制相符。拍板与唐以前的"节"相同，由五块荔木片串成，演唱者双手执拍板，于乐曲强拍处撩拍。二弦与魏晋"奚琴"相似，琴杆、琴筒、琴轸均为竹制，琴弓亦为竹丝，音色柔和甜美，其声极为古朴。三弦由秦汉时代的弦乐衍变而成，其中低音浑厚坚实、高音响亮。

（三）乐律

在音乐记谱方面，南音有滚、歇拍、叠的名称。唐大曲结构可分为三大部分，第一部分是"散序"，第二部分是"中序"，第三部分是"破"。"破"中又有七个部分，其中第三段是"衮"，第五段是"衮遍"，第六段是"歇拍"，第七段是"煞衮"。而南曲中也有"滚"，但分成各种"滚门"，有"长滚""断滚""中滚"等。它们在节奏和旋律上都有不同。"歇拍"也是在大曲和南曲中共有的。大曲中的"歇拍"指速度慢下来，为全曲结束做准备。南曲中的"歇拍"则是指休止符。唐代音乐中"叠"指的是重复，而在南曲中"叠"则有重复和2/4拍的意思。

（四）规制

南音有四个管门，七个"支头"。四个管门是五空管、四空管、五空四乂管和倍思管。五空管分倍工和中倍两个支头；五空四乂管分大倍、小倍和"山坡"（山坡羊、山坡里）三个支头；四空管有二调一支头；倍思管自成一支头。指奏什么管门，煞谱也得奏同一个管门。在 12 套谱中，四（四时景）、梅（梅花操）、走（走马，后称八骏马）、归（百鸟归巢）和《起手板》《四静板》（四边静）属五空管；《三面》（三台令）、《五面》（五湖游）、《八面》（八展舞）属四空管；《阳关三叠》属倍思管；《三不和》《四不应》则属五空四乂管。

南音的乐队组合有固定的形式，分上四管和下四管两种。其中，上四管又分洞管和品管两种不同组合：洞管——洞箫、二弦、琵琶、三弦、拍板五种；品管——品箫（即笛）、二弦、琵琶、三弦、拍板五种。下四管乐器有南嗳（中音唢呐）、琵琶、三弦、二弦、响盏、狗叫、铎（木鱼）、四宝、声声（铜铃）、扁鼓，共十种，故又称"十音"。在惠安一带有用云锣、铜钟、小钗和笙等。

其演唱形制也有严格的规定。演唱时的位置固定为：演唱者执拍板居中；其左边，上方为洞箫，下方为二弦；右边，上方为琵琶，下方为三弦。演唱程序固定是"指头谱尾"：开头一定要合奏一套或一折"指"，最后一定要奏谱"煞尾"；中间演唱也要按"支头"顺序来进行。"起曲头"就是每个支头要有带头唱的人，他唱的曲属于哪个支头，其他人就要跟着唱这个支头的曲。若转换支头，则须唱"过支曲"作为转折的过渡、连接。上一个唱完，下一个接过拍板接着唱，伴奏乐器基本没有间断。

乐器演奏也有其规矩，琵琶起指挥乐队的作用；三弦和之，犹如"琴瑟和鸣"；而洞箫与二弦的关系，洞箫为主，二弦为辅，"箫咬弦，弦入箫"，即所谓"丝竹更相和，执节者歌"。

从明初开始，泉州南音的谱、指及其演奏形态均已系统化、规范化，业已成熟、定型。直至新中国成立前夕，再发展也难以逾越它。

三、南音四大经典曲目

南音有四大经典曲目，包括《百鸟归巢》《八骏马》《梅花操》《四时景》。

（一）《百鸟归巢》

《百鸟归巢》是泉州南音"四大名谱"之一，简称"归巢"，该谱在古今许多南音文献中均有记载，其演奏技法特殊，文化底蕴深厚，常用作南音中的"煞谱"。

刘鸿沟在《闽南音乐指谱全集》中提到《百鸟归巢》的典故："因康熙帝喜欢音乐，宰相李文贞向康熙帝推荐了其家乡五位精通南音者并进京为康熙帝献乐，不料皇帝却非常喜欢，可是时间一久五位演奏者的思乡之情却越来越浓厚，康熙帝十分舍不得他们离开，最后他们以《百鸟归巢》之谱，感动了皇帝并赐予宫灯凉伞，荣归故里。"

《百鸟归巢》整首乐曲均为"紧叠"，管门为"五空管"，音乐结构有"散""慢""中快""慢"的音乐特点。根据林霁秋整理的《泉南指谱重编》，全曲由"凤凰展翼""喜鹊过枝""鸳鸯戏水""蝴蝶双飞""黄蜂出巢""蜘蛛结网"六个乐章组成，乐曲以鸟为刻画对象，借景抒情，情景交融，生动描写了日落天昏，投林安宿的恬静画面。借用比喻的手法将"鸳鸯戏水""蝴蝶双飞""黄蜂出巢"时，鸟儿的内心世界表达得淋漓尽致，创设了悠然自得、与世无争、天下太平、生活和谐的美好景象，是一首描绘禽鸟特征、异彩、生动景象的乐曲。此曲用南琶弹奏，是左手技法丰富、右手技法难度较高的一首作品，以优美动听著称，使人听后深受感动，常作为南音会唱的结束曲，并借"宿鸟归飞"的音乐意境，寄托了客居他乡的游子对故国家园的无限怀念和深深眷恋，是泉州南音"谱"的典范，世代传承，久盛不衰，具有深厚的研究价值。

（二）《八骏马》

《八骏马》又名《八走马》以八骏为题材，音调古朴、节奏鲜明，生动地表现了骏马展足的动态。

"八骏"为周穆王（前1001—前951）所用之良马，乘之周行天下。骏马是我国历代画家喜爱的绘画题材之一，五代晋时的史道硕画有《八骏图》。本曲也以八骏为题材，用写意和写实相结合的创作手法，描形传神。用洞管形式演奏。

全曲共分八节（段）：骅骝开道、骙骈闲游、玉骢展足、骈骥骄奔、乌骓掣电、赤兔嘶风、黄骖脱辔、白牺归山。这些小标题与音乐内容无直接联系，属标名性标题。全曲以状走马之态的节奏音型组成的段落循环再现。此段落与前半部分连成一体，这种结构样式在中国的循环体结构中是较为常见的，它与我国诗词格律中的"换头",及戏曲曲牌中的"合头"均有联系。这个段落处于每一节的后半部分。主要由商(re)和徵(sol)两个音的来回跳进,并用不同的节奏组合,生动地表现了骏马展足的动态。每一节前半部分的旋律,有不同音乐材料的连缀,也有变化重复。这些不相同的旋律有着共同因素相联系,即音调古朴、节奏鲜明,从各个侧面去刻画马的神态。

(三)《梅花操》

乐曲借物咏怀,通过对梅花不畏严寒竞相怒放的描绘,赞颂了刚毅不拔、高尚纯洁的情操。

全曲由"酿雪争春""临风妍笑""点水流香""联珠破萼""万花竞放"五段组成。

第一段,以级进和同音反复为特点的旋律,由洞箫、二弦、琵琶、三弦等用8/4拍子奏出,节奏徐缓,风格古朴雅致,在对于梅花斗雪争春的描绘中,寄托了作者高洁的情怀。

第二段,转入了4/4拍子,随着旋律音调的逐渐高涨,速度由慢渐快,节奏活泼跳跃,借梅花临风妍笑的景色以表达人们热情向上的情趣。

第三段,旋律轻快活泼,充满活力,描绘了春临大地、积雪消融、流水潺潺的场景,抒发了人们内心的舒畅情绪。

第四段,比之前更为富有弹性的节奏,活跃的音调,表达了人们内心的欢快。

第五段,是1/4拍子的快板,描绘了一派万花竞放、欣欣向荣的美好景致,音乐欢腾活跃,充满激情。

(四)《四时景》

《四时景》展现四季八大节气景色之流转。听者有云:"初而乐声平和,描述春和景明。继而繁音高亢,叙述夏日繁盛。接着清音轻吟,秋意浓密。最后阴厚萧瑟,写冬景深沉。聆赏全曲,宛如历经四季荣枯,易兴世事无常,人生多变之慨。"

南安音乐中除南音外,还有大鼓吹、十音等艺术。其中英都大鼓吹最为著名,原为宫廷鼓乐之一,系由鼓、锣、钹、吹等组成的器乐合奏,一般由18人组成,用于庆典、盛会、迎宾、出殡,极为隆重。十音由小鼓、大小锣、大小钹、小叫和三弦、二弦、萧、唢呐组成的器乐合奏,曲调热烈高昂,本市几乎各乡镇均有。

第二节　民间戏曲

　　戏曲是一种综合的舞台艺术,汇集了文学、音乐、绘画、舞蹈等诸多的艺术门类。在剧本的唱词中,典雅如诗词典故,通俗如谚语俚句,均是随处可见;戏服、脸谱、舞台布景和道具张扬着中国人民最热烈绚烂的色彩图案,科步程式应和锣鼓箫弦,铺排一卷气象万千、乡风古韵的戏梦人生。

　　素有"海滨邹鲁"美誉的南安,一度是闽南政治、经济、文化的中心。如前所述,此地人文荟萃,英才辈出,商业繁荣。历史上曾孕育开八闽文化之先河的欧阳詹、思想家李贽和民族英雄郑成功等历史文化名人;境内丰州金溪古港在六朝时已发展成为泉州对外通商的主要港口,为"海上丝绸之路"的起点之一,"涨海声里万国商""市井十洲人"见证了南安商业的繁荣。正是有着深厚的文化积淀和发达的商业基础,南安孕育出了种类丰富、闻名遐迩的民间戏曲艺术文化,其中具有代表性的有高甲戏、梨园戏、木偶戏、歌仔戏、打城戏等。

一、戏曲剧种

　　任何艺术形式,都有其特定的生存空间,有其主要的服务对象。诗词是士大夫的艺术,民歌植根于劳动人民中间。戏曲,基本上可以说是农民的艺术,它是用农民的语言、农民的思维方式、农民的调侃手段进行艺术创作的。南安是传统的农业大县,直至现在,也是小市区大农村,农村人口占全市总人口的绝对优势。加上南安是海外侨胞祖居地这一特点所带来的对外兼容特性,使许多戏曲形式在这片广袤的土地上安营扎寨并繁衍开来。

(一)高甲戏

　　高甲戏是福建省主要剧种之一,形成于清代中叶。高甲戏源于南安石井岑兜村,其创始人为洪埔。洪埔,清初时人,原竹马戏名师,自闽北移居南安石井岑兜村。那时闽南民间,逢年过节盛行"练宋江"的表演。后来加上说唱,凡有婚诞吉庆,都被请去演出。洪埔在保留"练宋江"原有乡土特色和武打基础上,将其改造成演戏文故事,有固定曲牌,有特定表演程式的一个独立剧种,设行当主要角色九个,取名"九角戏",谐音"九甲戏"。这种戏以武打见长,吸收民间的"舞狮",配以敲锣打鼓,同时吸收泉州提线木偶的动作;因"搭高台,穿盔甲"演出,又称"高甲戏",又因多演"执戈披甲"的武戏,故也称"戈甲戏"。音乐采用南音素材,同时有机地吸收闽南民间的锦歌和傀儡调,形成个性鲜明的高甲曲牌。到清代后期,出现了一个"合兴班",突破了只演宋江故事的框框,演出半文武戏,以后又发展演出绣房戏。如后来"宋江戏"和"合兴戏"互相吸收融化统一并日趋成型为今日的高甲戏。表演则吸收梨园戏的"七步颠""舢板行"等程式。民国初年,京剧传入闽南,高甲戏的表演程式、武打科套、锣鼓经开始吸收京剧的有益成分,并加以改造。当时,高甲戏很快地由南安向闽南其他地区发展开来。高甲戏不仅在闽南盛行,当时在海外也有很大影响,"岭兜女戏""福金兴""大福班"等戏班,足迹遍及东南亚,连当地华侨也成立高甲戏班。

高甲戏行当的划分与京剧大致相同,主要分为生、旦、丑、北(净)、杂五类,还有贴、外、末等。丑角戏的表演最为突出。丑行有男丑和女丑,男丑又分为文丑和武丑,文丑还有"长衫丑""短衫丑";武丑有"师爷丑"和"捆身丑",女丑还可以细分为"夫人丑""媒人丑""老婆丑""婢丑"等等。十多种"丑"形成亦庄亦谐、以丑见美的特色。丑角都是艺人们从生活中提取素材,自己设计出来的,身段动作细致优美,表情幽默诙谐活泼,夸张性大,节奏明朗,舞蹈性强,轻快自如,妙趣横生,独具一格,不仅给人以轻松愉快的艺术享受,而且还引人深沉思考。20世纪60年代,高甲戏《连升三级》轰动一时,被誉为"南海明珠",从此丑角几乎成为高甲戏的代名词了。

2006年,高甲戏被列入首批国家级非物质文化遗产名录。而作为戏剧中的一个单项,即形成于1930年的"柯派高甲戏丑行表演艺术",也入选国家级非遗项目。

(二)梨园戏

梨园戏,流行于闽南方言区的泉州、漳州及台湾,远至粤东潮汕地区,并传入东南亚许多华侨旅居国。泉州在晋朝至唐朝,音乐、歌舞已十分繁盛。至今广泛流播于闽南语系区域的古乐"南音"(又称南曲、南管、弦管),其13套大谱(有标题的器乐曲),犹存汉"相和歌"、晋"清商三调"及唐五代"燕乐"的遗音。至五代,"晋江王"留从效在泉州郡圃,就有化妆的歌舞表演。"南戏始于宋光宗朝"(明徐渭《南词叙录》)。南宋绍熙元年(1190 年)以后,闽南地区出现了"优戏"。南宋绍定年间,朱熹的学生真德秀第二次知泉州时,曾颁布"禁戏"与"莫看百戏"的"劝农文",戴凤仪在《南安县志》中记录的"戒戏说"。说明"南曲戏文"已在南安地区流行。当时有三种艺术形态:土生土长的"下南班"、浙江方面来的"上路班"和贵族府第的家班(俗称"小梨园"),三者各以不同的看家戏"十八棚头",互相竞胜。"下南班"与"上路班",二者均以成年人组班,各自可以"优人互凑",故合称"大梨园",俗呼"老戏";家班因纯属童伶,称为"小梨园",或名"七子班",俗呼"戏仔"。"小梨园"非"大梨园"所生,童伶长大后就散棚,并非自然成为"大梨园"。

梨园戏不但以历史悠久闻名遐迩,更以保存着大量的南戏剧目而赢得"宋元南戏活化石"之美誉。据统计,仅以上 47 个剧目中,属于宋元南戏的就有 26 种。其中除被古人称之为"戏文之首"的《王魁》、《赵贞女》(即《蔡伯喈》)以及《朱文》、《刘文龙》、《郭华》、《刘知远》等外,另有《韩国华》《朱寿昌》《江中立》《田淑培》《宋祁》《姜明道》《刘永》《尹弘义》《刘阮》《杜牧》《梁意娘》《苏盼奴》《颜臣富》等 20 多个为梨园戏所独有的传本或存目。明代时,梨园戏得到了迅速发展,《荔枝记》的诞生,标志着梨园戏进入了一个黄金时代。《荔枝记》创作于明代嘉靖之前,由于辗转演出,互相传抄,结果造成"字多差讹,曲文减少"。于是到了明嘉靖四十五年(1566 年),便把当时"潮泉二部"的《荔枝记》增加"颜臣勾栏诗词北曲",并改名为《荔镜记》(后改名《陈三五娘》)。

《荔镜记》以轻喜剧的手法,描写抒情的爱情故事,富有浓郁的地方色彩,因而数百年来盛演不衰,传唱不绝。由于故事出自闽粤两地,所以《荔镜记》分别以泉、潮方言、声腔演出。《荔镜记》还被莆仙戏、高甲戏、芗剧等其他剧种所移植。

清末,高甲戏在泉州地区迅速崛起,歌仔戏也随即在漳州、厦门地区广为流传,打城戏又以新的面貌出现,梨园戏因之受到了严峻的挑战。班社日益减少,范围日渐缩小。

新中国成立后,南安曾三度组建梨园戏专业剧团,即 1951 年试办南安县梨园戏实验剧团、1952 年成立南安县大梨园剧团、1983 年成立南安县梨园戏剧团。南安也是福建省梨园戏实验剧团的主要演出市场之一。这种以"南音"为戏曲声腔,以"十八步科母"为基本动作的表演程式,专演文戏的优雅的戏曲形式,深受南安民众喜爱。

（三）其他剧种

在南安长期流行的剧种，除高甲戏，梨园戏之外，还有芗剧（歌仔戏）、木偶戏、打城戏、闽南方言歌剧等，京剧、越剧也曾经流行过。

芗剧，原名歌仔戏。明末清初，南安人郑成功收复台湾，把流行于闽南的锦歌、"车鼓弄"等民间艺术带到台湾，并与当地的民歌小调相结合，后来发展成《七字仔调》《哭调》《杂念调》等主要曲调，并吸收梨园戏、四平戏和乱弹的剧目、表演与化妆。南安县于 1954 年正式成立群英芗剧团，1959 年改名为南安县芗剧团，1969 年 2 月剧团解散，1979 年 3 月重新组建。

提线木偶戏，古称"悬线傀儡"，源于秦汉。历经千年不间断的传承与积累，提线木偶至今保存 700 余出传统剧目和由 300 余支曲牌唱腔构成的独特剧种音乐"傀儡调"，并且形成了一整套精巧成熟的操线功夫——"传统基本线规"和精美绝伦的偶头雕刻、偶像造型艺术与制作工艺。提线木偶，每尊提线木偶身高不过 20 厘米左右，身上设置 16～36 条提线，操纵表演难度大，全靠精准的抽线功夫。在木偶大师的操控下，数十根丝线能让木偶拔剑、撑伞，还可以瞬间完成搁腿、出手、握剑、转目四个动作，现在的木偶还能写字、画画，挑战悲情剧。提线木偶以其悠久的传承史和丰厚的艺术积累，成为中国悬丝傀儡艺术的珍稀范本，并成为当今中国提线木偶艺术无可争议的代表。

南安曾组建杖头木偶专业剧团，到过湖南等省市访问演出，后改组为梨园戏剧团。南安的提线木偶（嘉礼戏）多演神话节目；掌中木偶（布袋戏）多演历史故事节目。木偶戏以其小型、简便的阵容及装备，活跃在每一个村庄、角落，深得广大南安民众的喜爱。

2006 年，提线木偶被列入首批国家级非物质文化遗产名录；2012 年 12 月，泉州市木偶剧团、晋江市掌中木偶剧团和漳州市木偶剧团捆绑申报入选联合国教科文组织的"非物质文化遗产优秀实践名册"，成为世界级的文化项目。

南安虽没有专业的打城戏、歌剧、京剧、越剧等文艺团体，但泉州市区的专业剧团经常来演出，故这些剧种也深得南安人民喜爱。几年前，河北省京剧院裴艳玲剧团带来了由著名戏曲表演艺术家裴艳玲领衔主演的大型神话京剧《钟馗》，那传统的韵白和表演程式，倾倒了多少土生土长的南安人。这也说明了南安人对外来戏曲艺术的包容、兼收的特性。

二、南安戏曲伶人

入选《中国戏曲志·福建卷》的南安高甲戏著名艺人有洪埔、陈坪、黄琵琶、洪道成、郑文语等。

黄琵琶,1891年生于南安石井,生旦丑俱精,尤以破衫丑为最。其丑角艺术,奇巧独特,自成一格,人誉为"琵琶丑""面形十八变";其唱腔声亮韵清,被菲律宾华侨赠号"黄韵清"。此外,黄琵琶还有"一台演二戏""一戏独脚唱"的绝招。

陈坪,1884年生于南安石井苏内。初学苦旦,继学老生,后改男女丑。他的特技"吊髻子"至今仍为戏迷称道。他还培养了高甲戏著名文武老生董义芳、"闽南第一丑"柯贤溪等一批名角,人们亲切地称他为"陈坪师",闽南地区盛传"无坪旦,(戏资)扣一半"的顺口溜,足见其在戏曲界的影响。在戏曲前辈的传帮带下,在文化主管部门和业务部门的努力下,特别是市场经济带来的繁荣而引发的需求,促使大批戏曲人才的出现。据不完全统计,新中国成立以来,蜚声闽南戏曲界乃至全国戏曲界的南安籍戏曲名人不下百人,特别是黄亦缺(木偶艺术大师、中国木偶皮影学会副会长、国家一级演员,罗东人)、吕忠文(文华导演奖三连冠得主,丰州人)、许仰川(高甲戏名角,石井人)、洪英连(高甲戏名角,石井人)、林海棠(高甲戏名角,溪美人)、卓水怀(高甲戏名角,石井人)、黄和眉(戏曲音乐家,丰州人)、许一纬(文华编剧奖得主,柳城人)、张天鹏(文华奖得主、丰州人)、洪树林(高甲戏剧作家,码头人)、黄世民(群星奖、金狮奖作曲单项奖得主,诗山人)、张芳颂(文华奖得主,溪美人)、吕子敬(群星奖得主,水头人)等,以及近些年来在省级以上获奖的戏曲演员施香治、郑振达、王峰锋、施秋月、余超为、高小珊、林少辉、黄佳福、黄明珍、许荣耀、黄智慧、李秀忍、许得胜、陈永发、郑瑜芳等。

南安历史上就有注重培养戏曲人才的好传统。1952年10月,当时的县文化馆即举办民间艺人学习班,培养出的学员后来都成为戏曲界骨干。多年来,南安通过办专门训练班、委托艺校培养、以团带班及师徒传授等形式,造就了一支庞大的民间戏曲人才队伍。目前,这支队伍约有1000多人,分布在全市专业剧团及各民间职业剧团。

三、戏曲表演团体

清末民初，南安即有福和兴班、金成兴班、金和兴班、福美兴班、大福兴班、岭兜女戏班等高甲戏班。20世纪20年代，出现了远近闻名的五个戏班，人称五虎班，即福胜兴、福庆兴、福美兴、福望兴和金成兴。金福兴歌仔戏班则成为南安县芗剧团的前身。这些戏班，均为民间组织，俗称"凑脚戏"。

新中国成立后，经过戏改，南安先后成立了四个专业剧团：南安高甲戏剧团、南安梨园戏剧团，南安芗剧团，南安木偶戏剧团。由于历史原因，这些专业剧团几经沉浮，分分合合，只有南安高甲戏剧团经久不衰，永葆活力。

南安高甲戏剧团，成立于1952年10月，当时称县高甲实验剧团，至1960年成为本市主要艺术表演团体。1978年3月，南安高甲剧团在县文艺宣传队的基础上恢复建制，编制60人。长期以来，剧团注意培养和启用年轻人挑大梁，逐步形成老中青结合、阵容整齐的演员队伍。1994年，该团创作表演的大型古代戏《大汉魂》赴京演出，次年荣获第五届文华剧目奖和文华导演奖。1999年，该团创作演出的现代高甲戏《沉浮记》参加泉州市第27届戏剧会演及福建省第21届戏剧会演并获得多个奖项，还被福建省文化厅、剧协推荐参加在沈阳举办的第六届中国戏剧节。2005年，该团创作演出的大型历史剧《洪承畴》赴豫参加第八届中国映山红民间戏剧节演出，荣获优秀演出奖、优秀导演奖、优秀演员奖、音乐奖、演员奖等。该团现拥有全新的排练厅、办公楼、宿舍楼等，总建筑面积4000多平方米，率先实现国务院提出的"一团一场一窝"的目标。活跃在全市城乡各地的50多家民间职业剧团，都是股份制剧团，没有依赖性。这些剧团的艺术生产资金自筹自理，人才自愿组合和择优录用。全团上下通力合作，主人翁感强，以全新的经营管理体制办团，以开拓进取的精神发展业务，以新服饰、新台风、新剧目面向市场，获得生存与发展。

目前，表现比较突出的民间职业剧团有：南安民间实验高甲戏剧团、菊江高甲戏二团、新同春高甲戏剧团、官桥群芳高甲戏剧团、成功高甲戏剧团、官桥木偶剧团等。

成功高甲戏剧团，地处民族英雄郑成功故乡石井，故名之。其成员主要来自高甲戏发源地岑兜村，拥有一批相当有实力的台柱子演员。该团1998年创作排演的大型古代戏《龙头铡》，被推荐参加福建省第六届民间职业剧团展演，获创作一等奖,该团并荣获全省"十佳民间职业剧团"称号。后起之秀南安民间实验高甲戏剧团,2006 年创作排演大型古代戏《泥狗记》,被推荐参加福建省第八届民间职业剧团展演,获创作一等奖、演出二等奖,该团 2006 年演出场次达 320 场,并承担全市民间职业剧团艺术示范团的责任。

四、戏曲剧目

南安的高甲戏剧目数量之多,令人目不暇接。明清时期的主要剧目有:《李逵大闹忠义堂》《宋江杀惜》《武松杀嫂》《抢卢俊义》等;民国时期的高甲戏主要剧目有:《古城会》《走麦城》《说岳》《七侠五义》等。新中国成立后上演剧目有:《十五贯》《桃花女》《秦香莲》《生死牌》《杨八姐游春》《二度梅》《陈庆镛过大金桥》《汉宫魂》《楚天恨》《海瑞》,以及现代戏《寒梅曲》《拆墙》《打铜锣》《山乡风云》等。

梨园戏剧目有:传统剧目《苏秦》《恩仇报》《吕蒙正》《王十朋》等,以及现代戏《陈客》《争儿记》《枯木逢春》《敌后武工队》《苦菜花》《滨海风云》等。

芗剧主要剧目有:《程咬金斩国侯》《血手印》《玉牡丹》《牧羊图》《冤仇缘》《三世仇》《薛刚反唐》《杨宗保祭塔》《刘文龙追宝球》《梁山伯与祝英台》《三申冤案》及现代戏《彭溪血泪》《前哨》《故乡月》等。

木偶戏上演剧目主要有:《三姐下凡》《白蛇传》《闹花府》《苏武牧羊》《东吴进赘》《杨延昭收廿四将》《八贤王》《杨景比武》《双鞭记》《陈天锡出巡》等。

新中国成立以后,特别是新时期以来,南安市文化主管部门努力贯彻"整理改编传统戏、创作现代戏、新编历史剧三并举"的方针,出现了戏曲剧目繁荣的新景象。

近些年来,南安市文化主管部门制定了繁荣文艺创作的一系列措施,设立了"南安市宣传文化基金"(每年 100 万元),出台了《南安市文艺创作奖励办法》,极大地激发了文艺工作者的创作热情。据统计,自南安撤县建市(1993 年)以来,全市作者共创作了上百个戏剧作品,先后出现大型高甲戏《大汉魂》《九日红》《龙头铡》《沉浮记》《巡按与知府》《案中案》《皇帝的新装》《洪承畴》《凤山寺》《泥狗记》等,小型高甲戏《仙姑酒楼》《施大头卖剑》《十步送哥》等,以及话剧小品《但愿人长久》《书包与鳖篓》《牧童的歌》《污染》《我是郑成功》《流行病》《男人的面子》《步步高》《呼唤生命》《旧案新断》《钱总上电视》《右眼跳财》《夫妻马拉松》等一大批戏剧作品。

这些作品搬上舞台后,深受观众喜爱,并在各级赛事中夺得许多奖项。其中《大汉魂》获政府最高奖"文华奖";《十步送哥》《仙姑酒楼》《施大头卖剑》获得"群星奖";《沉浮记》《我是郑成功》《步步高》获得"中国曹禺戏剧奖";《洪承畴》获得"映山红戏剧奖";《龙头铡》《沉浮记》《步步高》获得"中国戏剧文学奖";《男人的面子》获得"中国人口文化奖"。

五、戏　台

"筑棚于居民丛萃之地,四通八达之郊,以广会观者",是南安民间草台演出盛况的生动写照。南安的民间草台戏事,属于民俗文化的范畴。民俗是具有不成文规矩的民众生活习惯和生活方式,既是一种体现一定人群某些共同感的社会群体心理,又是一种综合形态的风习性文化意识。

如果说民间草台艺术属于非物质文化,那么,它的演出场所——戏台则属于物质文化了。南安的乡村戏台可以用四个字概括——"无处不在"。据统计,全市 500 多个行政村,就拥有 700 多个戏台,几乎是每个大的自然村就有一个。这其中,大约有 100 来个属于有棚盖的风雨戏台,有 200 多个则是相当规模(千人以上)的戏院了。这种"五里一戏台,十里一戏院"的星罗棋布般的演出场所,满足了广大农民看戏的需求,形成了"锣鼓之声相闻,喜庆之情相交"的乡村戏曲文化的繁华风景线。

长年在民间草台奔波演出的,当以本市及周边地区的民间职业剧团为主,以及闽南地区的十来个专业剧团。据不完全统计,2006 年全市上演了 5000 多场戏,就是说,平均每天有近 15 场戏在南安城乡大地上开锣。庞大的演出市场,庞大的观众群,道出了南安戏曲事业的繁荣昌盛。

六、戏曲与民俗

地方戏曲离不开老百姓,老百姓也不能没有地方戏曲。在南安的民间,一年到头有无数个演戏的理由,如节令、神佛圣诞、庙宇庆典、做醮、民间社团祭祀公业、家庭婚丧喜庆,以及民间社团、私人间的罚戏演出等,在这些演剧场合中,民间信仰习俗与民间戏曲水乳交融,演戏活动成为迎神赛会的重要娱乐环节,构成了独特的社会风俗景观。尤其是在商业剧场兴起之前,民间信仰、岁时节庆和人生礼俗是南安戏曲演出最主要的三类场合。在农村,40％的农民参与民间信仰活动,而民间信仰体系又极为复杂,各村敬的神系不尽相同,但都有一个主要的神和许多次要的保护神,每个神都有一个到两个以上的生日,每个佛生日都要演出几天戏,少则两三天,多则四五天,甚至连演几个月;场次的多少和经济等因素有关系。也就是说,仅佛生日一项,每个村庄每年都要演很多戏。

南安撤县设市以来,广大乡村正在向城市化过渡,在物质生活充裕的今天,急需丰富多彩的精神生活。而戏曲这种农民大众自己的艺术,给予普通百姓的欢娱,是任何一种艺术形式所无法取代的。戏曲演出是一种民俗活动,民俗活动是国家和社会生活的润滑剂,它可以起到缓冲社会压力,调节生活气氛,愉悦百姓身心的作用。

第三节　舞蹈艺术

一、踢球舞

踢球舞民间俗称"贡球舞""碰球舞",源于古代"踢鞠""蹴鞠"游戏,为唐宋宫廷歌舞形式之一。踢球舞于新中国成立初期,经民间艺人吴孝曾、张子贤、郭金锁整理改编而成。经过加工后的踢球舞,结构严谨,动作豪放,队形变化流畅优美,音乐色彩鲜明突出,风格朴质明朗,具有浓郁的闽南特色,曾入选《中国民族民间舞蹈集成》。郭锋为泉州踢球舞(南安)代表性传承人。

二、掷铙钹

掷铙钹,流传于南安市及晋江、安溪等地,是道教的一种带有宗教色彩、夹带杂耍的民间舞蹈,为男性一人表演。它以铙钹为主要道具,可表演几十种节目,可持续两个多小时毫无重复,有时也可由艺人即兴表演,自由发挥。传说乃李世民"游地府"后为超度亡灵始设,目的是使亡灵稳得房子和库银。原盛行于河南一带,后传入本市,经历代艺人加工完善为带有杂技性质,且具地方特色的一种民间舞蹈,入选《中国民族民间舞蹈集成》。

掷铙钹使用的器具主要有铙钹、七寸棒、软刹、香炉。铙钹是铜制的佛教法器,也是佛教音乐中的打击乐器。掷铙钹据传是来自佛教中罗汉的传说。在佛教五百罗汉当中,有一名"飞钹罗汉",也叫"飞钹尊者",他不但是佛祖的得意弟子,还有一手绝技,能使铙钹在他手中飞来飞去,出招变化各种动作,故称"戏铙钹"。和尚在"普施"时表演这种节目,就是戏弄这种法器,让游魂野鬼来看热闹,同时也施舍一些饭食、银帛,叫游魂野鬼不要去哄抢那些本来应属于这场"功德"对象的"库银"。

佛教和道教都为民众"做功德",但所供奉的"三宝坛"不同(佛教是"大雄宝殿",道教是"三清殿"),诵读的经忏不同,法器也有所区别。

掷铙钹为男性独舞,动作刚健有力,技术性强,表演时间长达两个多小时。由于耗时长、体力消耗大,表演时通常由两人轮流进行。过去表演的动作除"转钹""飞钹""绕钹"外,还有"拿大顶""耍草帽""耍球""托酒瓶""钻火圈""高竿顶钹""踩高跷"等种种高难动作,演出惊心动魄。在表演程式上,掷铙钹除开头的"请钹""推山""击擦钹""右轮钹""抛钹"和结尾的"直如送""诱包子"为固定顺序外,表演者可随意选择动作即兴表演。表演用打击乐伴奏,表演即兴成分多,无固定台位,无固定调度,打击乐则随表演者动作的变化,时急时缓,任意发挥,起烘托作用。

掷铙钹是有浓郁地方特色的表演项目,由于表演空间特殊、动作独特,具有保护价值。

三、舞狮与舞龙

宋元时期开始在本地盛行舞狮与舞龙,这样的艺术形式一直为群众所喜闻乐见,至今各乡镇有舞狮队和舞龙队。本市舞狮多与武术结合表演。又有文武之分,文狮重表情,武狮重技巧。

四、装阁

装阁主要流行于洪濑、梅山、诗山、码头一带,过去多在"进香割火"时挑选童男童女化装成戏曲故事中人物,按一定造型固定在特制的抬板上,由十余人抬着游行,20世纪80年代多改为装在汽车上。

五、凤坡跳鼓

凤坡跳鼓是南安诗山镇凤坡村的一种民间舞蹈,于每年农历正月十二至十三日该村迎神"割火"时表演。据老艺人梁锡林等人介绍,跳鼓这一舞蹈形式,200多年前由台湾传入凤坡村。参舞者甚多。最早通常以"公婆婆"的形式出现,后增加了生、旦、彩旦、丑等角色。动作以踏跳、蹦踢为主,主要动作有"魁星踢斗""仙童照面""绞脚跳""琉璃吊拍""后按鼓""轮鼓"等。音乐以打击乐为主,节奏快慢多取决于鼓手的表演。配曲套用"公婆拖""十二步相送""灯红歌"等民间小调。主要道具"堂鼓"直径约40厘米,行进间由二人抬,其余舞者分执鼓槌、拍、小叫、小锣等打击乐。

南安是著名的历史文化古郡,有着丰富多彩的文化遗产。为更好保护这些宝贵的文化遗产,2007年,南安市在全省率先实施以"丰富群众文化生活,保障群众文化权益,推进和谐文化建设"为中心的"文化低保"工程;2011年,又率先设立全省首个县级独立编制的非物质文化遗产保护中心,并组织实施南安市非物质文化遗产人才工程,筹备建立30人的非物质文化遗产专家库,培养非遗保护专业人才。市财政也每年拨付专项经费,用于非物质文化遗产保护工作的开展等,有力地推动了市基层文化的大发展、大繁荣。

第十一章 欧阳詹

闽南科技学院戴宽南教授关于"南安优秀传统文化'六大核心元素'"的讲座,将欧阳詹列为南安优秀传统文化"六大核心元素"之一。的确,欧阳詹的科举成功及其思想与创作对于南安、闽南乃至福建曾经发生过非常大的影响,在南安、闽南乃至福建的文人文化形成过程中做出过重要贡献,应该名正言顺地成为南安文化的"核心元素"之一。

第一节 欧阳詹的生平与创作概述

欧阳詹(759—800)①,字行周,泉州人②。生活在安史之乱后的中唐,历经肃

---

① 关于欧阳詹的生卒年月有争议。最先较为准确推算欧阳詹生卒年代者,是清末泉州学者许祖涝。他在《重校〈欧阳行周先生集〉跋》(许邦光、许祖涝《许光禄父子遗集·聊中隐斋遗稿》)中,根据欧阳詹于唐大历十二年(777年)《与王式书》中自言"年二十有一",上推二十一年,测算欧阳詹生于唐天宝十五年(756年);唐贞元十六年(800年)后不见欧阳詹诗文,测算逝于是年,享寿四十五岁,与"卒年四十余"大体相符。后泉州学人林双华《关于欧阳詹研究中的几个问题》(泉州欧阳詹学术研讨会论文,2004年11月)推算欧阳詹当生于唐至德三年(758年),卒年与许祖涝推算相同,更加接近"卒年四十余"。后也有一些研究者进行考证,公元757年、公元758年、公元759年较为多用。

② 关于欧阳詹的籍贯问题,存在着不同的说法。《泉州府志》和《福建省志》均记载欧阳詹为晋江籍。黄璞《闽川名士传》云:"欧阳詹字行周,泉州晋江人。"《新唐书》卷二百零三"文艺下"为欧阳詹立传,其文曰:"欧阳詹,字行周,泉州晋江人。"然戴希朱所编《南安县志》,则曰:"欧阳詹,字行周,诗山人。"欧阳詹少年时曾在资福院学习,后夷为平地的资福院留下了一块清朝乾隆辛巳年(1761年)的《重建高盖山资福院碑记》,碑记上记载:"公(指欧阳詹)所产之里在芹山(现位于南安市东田镇西南部)之麓,与此山(指高盖山,即诗山,因欧阳詹在此居住,故称之)相接壤,镌有'欧阳古地'石碑,十余年来已为邻居人埋去。又《南安县志》久废,有力者未尝有修意。公已谱入晋江,《府志》《省志》仍之。更数百年后,人益远,传益微,谁复知有欧阳古地者夫?公之高怀雅量岂分畛域?然使父母桑梓之乡失于后人,亦非公意也。"此处碑记中提到,把欧阳詹说成是晋江籍是因民间修族谱而为,于是《泉州府志》和《福建省志》也就跟着作此说法。

宗、代宗、德宗三朝，是泉州地区历史上第一个进士，官至国子监四门助教。少年时聪颖好学，即有文名，曾在潘湖资福院、清源山赐恩岩、南安高盖山（今诗山）白云书室、莆田广化寺灵岩精舍、福平山等地读书，后前往京师，谋求仕进，与韩愈等同榜，时称"龙虎榜"。参与唐代古文运动，积极推动儒学复兴思潮，才高学博，著述颇丰，对唐时福建文化影响极深，被称为"八闽文化先驱者"。但命运坎坷，一生为取仕奔波，干谒于高位之门，唱和于友朋之会，浪迹于天涯之旅，迷离于情感之欲，年仅四十余而卒。韩愈撰写哀辞，称其德行"事父母尽孝道，仁于妻子，于朋友义以诚，气醇以方，容貌巍巍然"。在泉州西街有其故居"甲第巷"，宋朝理学家朱熹为之撰联："事业经邦，闽海贤才开气运；文章华国，温陵甲第破天荒。"其遗骨现葬在莆田市广化寺侧释迦文佛塔后面。著有《欧阳行周文集》约 10 卷，《全唐诗》录存其诗 78 篇，《全唐文》录存其文赋 63 篇。

第二节　欧阳詹的儒家思想

欧阳詹自小受到儒家传统思想的熏陶，走的是一条修身、齐家、治国、平天下的人生道路，无论是修身还是治国，都非常注重德的修行。杨为刚认为其"德"的思想内涵丰厚，从君德、臣德、士德三个层次由上到下构成了一个完整整体，集中地体现了他的儒家思想。君德，即主张帝王以德治国，戒骄戒奢；臣德，即主张"臣节贵忠""奉主化民"；士德，即强调自我道德修养，立德立行。[①] 这种儒家思想的形成发展按其人生经历大致分为三个时期：

一、形成期

即欧阳詹的童年与青年期，时间大约在唐大历至建中年间。这一时期，闽中文化振兴，地方官学和私学并行发展，欧阳詹早期思想就具有了鲜明儒家色彩。李贻孙在欧阳詹文集序言中称欧阳詹十许岁"遂只日知书，伏圣人之教，慕恺悌之化，达君臣父子之节忠孝之际唯恐不及"。但在这个时期，由于闽中长期不仕

---

① 杨为刚.欧阳詹研究[D].上海：复旦大学，2005.

中原的影响,欧阳詹骨子里耕饮自守的思想仍占主位,后在地方贤士王氏等人的鼓励下起"观国之心",这标志着欧阳詹"仕进而能裨助政化"思想的形成。唐大历末至建中年间,欧阳詹赴莆阳与林蕴、林藻兄弟读书五年。林家以经学著称,林氏兄弟"家世通经",其父林披与大历年间复兴儒学的重要人物李栖筠有过从,并拜其门下,受其儒家思想影响极大,后归乡办学,成为当地私学大家。欧阳詹自幼即受到林氏兄弟的影响,读书五年期间,重经思想逐渐确立,又受到当时文儒薛播、常衮的导引,观国之心更加坚定。唐建中四年(783年),欧阳詹入京,作于此年的《回鸾赋》就阐述了他的君德思想,即"道为纪,德为纲,仁为宅,义为防",提出要以德政保民安,平祸乱,标志着其思想趋于成熟。

二、成熟期

欧阳詹"饱睹四方之彦",但科场连连失利,对前途失去信心,归心益重。贞元八年(792年),终登第。其间与韩愈、柳宗元、李观结识唱和,其重经遵礼的思想与当时的时代思潮紧紧融合在一起。

三、深化期

欧阳詹的积极求仕时期,是唐贞元八年到贞元十六年间。欧阳詹中进士后回乡,交游频繁,但仕途辗转,最终得到一四门助教的职务。坎坷的经历,使得他对现实认识更为清醒,在积极仕进的同时也时不时发出愤愤不平之音。其间,创作了大量的诗文,儒家思想逐渐深化。"在政治观上:主张施行仁政,强调君公臣忠的封建纲纪,主张严明的法纪,反对主观,提倡民本,崇尚节俭。在人才观上:认为统治者应该善于发现人才,而不是苛求人才。但在天命观上,却充满矛盾,一方面相信上天无处不在、无所不能,敬天畏天,另一方面又反对祈神修道的行为。"[①]他的散文创作也充分体现了这一思想。

---

① 黄洁琼.论欧阳詹与唐代福建文化的发展[J].哈尔滨学院学报,2004(2):17-18.

第三节　欧阳詹的诗文创作

《欧阳行周文集》现存欧阳詹诗文 140 篇，13 篇赋文、81 首诗歌、46 篇古文。由于他是古文运动的积极参与者和实践者，一生致力于古文创作，所以从总体上来看，他的古文与赋的创作成就较高于诗。

一、古文创作

欧阳詹的古文均创作于贞元年间，许多文章在当世就评价甚高，如《吊九江驿碑文》《南阳孝子传》等。他的古文思想直接导源于中唐儒学复古思潮，力求恢复儒家道统，故而"文以载道"思想成了他古文创作的理论基本出发点，大量笔墨用来渲染儒家教化，具有强烈的功利化色彩。杨娟娟《试论欧阳詹古文的儒学内涵与艺术特色》[①]一文概括了欧阳詹的古文创作中的儒学内涵：一是"文以明道"，这里的"道"即儒家"仁义"核心之道，欧阳詹重视儒家道统对思想领域的统治地位并推崇明经科；二是主张孝顺父母，仁义礼智信兼备；三是士大夫要具有强烈的社会责任感。戴显群也在其论文《欧阳詹与古文运动》[②]中具体归纳了欧阳詹的古文思想内涵，有四个方面：主张仁政，反对暴君专制和方镇割据；歌颂古圣先哲，崇尚上古社会简朴作风，反对奢豪；以六经为教化之本，主张修身孝悌忠信；强调传统儒学"重人"意识，反对仙道巫术。这些思想的体现都与他积极入世的人生观和对民间疾苦的关心分不开。但面对中唐危机四伏的社会现实，欧阳詹的文章却充满大量说教气息，也侧面反映了他受儒家教条思想的束缚，因此也无法写出更多反映现实的文章。

但欧阳詹感情细腻、长于述情，一些赠序、传记类以及书写对人生感悟的文章，思想深刻，感情自然流露，显示出了较高的艺术水平。如《送巴东林明府之任

---

① 杨娟娟.试论欧阳詹古文的儒学内涵与艺术特色[J].云南财经大学学报（社会科学版），2010（1）：17-18.

② 戴显群.欧阳詹与古文运动[J].福建学刊，1989（4）：60-63.

序》《南阳孝子传》《与郑伯义书》《与王式书》《吊九江驿碑材文》等。《与王式书》全文一千六百多字,书写欧阳詹科场连续几次失利后向幼时至交王式诉说他的经历的内容,描述了作者受挫后的迷茫、动摇,思乡等羁旅之苦,感情自然流露,多用骈句,但句式长短结合,富于变化。

欧阳詹十分恋家,对家乡有着深厚的情感,写了大量记叙家乡建筑名胜的作品,如《泉州北楼记》《二公亭记》《泉州六曹新都堂记》等。所记皆是平常之物,但都倾注了他无限的热爱和赞美之情。

还有些文章观点富有新意。如他的应试之作《片言折狱论》,指出孔子说子路"片言折狱者,其由也欤",学者普遍认为这是称赞子路善于折狱,他却认为这句话并非称赞子路,而且世代"以片言折狱"为害不浅。

从文章艺术成就上来看,韩愈曾经评价欧阳詹的作品"文章切深,喜往复,善自道,读其书,知其于慈孝最隆也"。李贻孙也高度评价欧阳詹的古文"文新无所袭,才未尝困。精于情,故言多周详,切于理,故叙事重复,宜其司当代文柄,以变风雅"。杨娟娟从前人的评价入手,分析了欧阳詹古文的艺术特色即多颂美酬赠之作,但以情感人,以理服人;具有敏锐的思辨能力,观点新颖;在表达方式上,善用排比。[①]刘心认为欧阳詹的散文的艺术特色体现在:一是长于议论,擅长以释题起文,先解释题意,再引起下文。二是人物刻画生动形象,品评人物颇有汉魏六朝的品题遗风。三是句式结构错综变化,以长句对偶为主,间插短句,对偶的形式多样。同时还有排比和比喻的套用,以及赋化的铺叙句子时不时穿插其间,音节变化多样,使得文章读来琅琅上口。四是文章布局构思巧妙,不拘泥于古人之见,颇有见地地提出自己的独特观点,不流于僻字藻词的堆砌。[②]

虽然欧阳詹没有像韩愈、柳宗元等人一样明确地提出古文创作理论,但确实是一位成功的古文创作践行者,而且其古文审美艺术展现出了中唐在盛极难继的局面下力求突破,开拓出的不同于盛唐的一片新天地,符合文学自身发展的需要和规律,影响了韩愈、柳宗元发起的古文运动。

---

① 杨娟娟.试论欧阳詹古文的儒学内涵与艺术特色[J].云南财经大学学报(社会科学版),2010(1):17-18.

② 刘心.欧阳詹散文艺术特色及思想内涵探微[J].文史博览理论,2010(1):19-20.

二、诗歌创作

欧阳詹的诗四言、五言、绝句、律诗、歌行均有。诗歌创作题材广泛,语言精练雅净,风格各异,大多是诗人随感而发。但诗总体上缺少盛唐余韵,多以侬丽之笔写清冷之景观与心境,仅从标题就能看出题材多为思乡送友之内容,据有人统计,几乎占了四分之一,艺术质量也较高。如送别诗《送高士安下第归岷南宁觐》:"偕隐有贤亲,岷南四十春。栖云自匪石,观国暂同尘。就养思儿戏,延年爱鸟伸。还看谢时去,有类颍阳人。"《送张骠骑邠宁行营》:"宝马雕弓金仆姑,龙骧虎视出皇都。扬鞭莫怪轻胡虏,曾在渔阳敌万夫。"《泉州赴上都洛阳亭留别舍弟及故人》《别柳由庚序》《送张尚书书》等,皆体现了诗人对亲情、友情的重视,感情真挚动人。这类型诗歌都是诗人真实的经历与审美体验的结合,做到了诗情志合一,情景交融的特点。

还有一些诗歌抒发了欧阳詹个人渴望功名的理想与抱负。如《晨装行》:"村店月西出,山林鹎鵊声。旅灯彻夜席,束囊事晨征。寂寂人尚眠,悠悠天未明。岂无偃息心,所务前有程。"表现了诗人渴望功成名就的急切心情。有的则表现诗人对社会埋没人才的愤懑不平。如《寓兴》:"桃李有奇质,樗栎无妙姿。皆承庆云沃,一种春风吹。美恶苟同归,喧嚣徒尔为。相将任玄造,聊醉手中卮。"欧阳詹生活在政治较为黑暗的中唐,他面对现实写出了几首反映边塞生活的诗,如《塞上行》:"闻说胡兵欲利秋,昨来投笔到营州。骁雄已许将军用,边塞无劳天子忧。"借汉代骁雄北击匈奴的事件,抒发了自己想要为国立功的思想情怀。同时,诗人又心系苍生,从孟子"民为贵,君为轻,社稷次之"的民本思想出发,写下了"上帝本厚生,大君方建元。宝将庇群甿,庶此规崇轩"的诗句,希望统治者施行仁政,爱护老百姓。

欧阳詹还写了一些吟咏大自然山水的诗歌,或题图写画,或咏史吊古、借物言志,内容丰富,均给人以美的享受。如"高飙激颓波,坐使横流翻"(《李评事公进示文集以诗赠之》),有一种气吞山河、俯冲直下不可阻挡之壮美气势。有的诗歌在描写美中也寄托了作者的情与感。如《玩月》表达了诗人对良辰美景的赞美和挽留之情;《汝川行》则描写了采桑女的美丽姿容和青春的萌动,带有浓厚的田园生活情调。还有一些题诗,如《题延平剑潭》《题严光钓台》《题华十二判官汝州宅内亭》等,都表现了文人的一种闲情逸致。

三、辞赋创作

欧阳詹的赋作共 13 篇,9 篇律赋,4 篇古赋,是存赋最多的古文作家。其中 9 篇律赋皆为咏物小赋,有《石韫玉赋》《瑾瑜匿瑕赋》《藏冰赋》《秋月赋》《王者宜日中赋》《春盘赋》《明水赋》《律和声赋》《征君洪崖子图赋》;4 篇古赋皆为骈赋,有《出门赋》《回銮赋》《将归赋》《怀忠赋》。其中《回銮赋》为叙事大赋,其余为抒情小赋。于浴贤将 13 篇赋作的题材内容概括为:社会理想、政治主张、道德修养、前途命运、亲情乡情、风俗礼制等几个方面。认为其赋作体制灵活,托物言志手法运用娴熟,笔法、句法灵活多样,在铺叙中议论,在议论中写景抒情,行文轻松流利,铺叙利于形成气势,但也易流于烦冗和板滞,总体上,欧阳詹的赋在艺术上善于学习借鉴和融汇创新,具有清新、活泼、流丽的特点。①

杨遗旗认为欧阳詹的辞赋创作居中唐古文家之首,并有较高的思想性和艺术性。其中咏物小赋立意雅正,多言志、颂德、规谏之作。《征君洪崖子图赋》对隐士洪涯子画图作了描绘,对其艺术成就和清心寡欲、待人以诚的高尚品格进行了赞美。《春盘赋》写于作者待试长安期间,寄托了自己对亲人的思念。《王者宜日中赋》颂扬了君王如太阳般光明正直,恩泽遍施,弃蒙蔽,黜妖邪,开创出当代的盛明之世,寄托了作者明君盛世的社会理想。《律和声赋》表现了作者关心社会政治,重视礼乐教育的拳拳之心。《明水赋》表现了对祭祀的赞美和福佑万民的美好愿望。②

抒情小赋体式宽松,言辞简拙,但大多以情动人,抒发跌宕往复,缠绵回转。《出门赋》抒发了作者赴京求试时对亲人依依不舍的留恋之情,全赋多用俳偶句式,字字含情,有缠绵悱恻之质感。《怀忠赋》赞扬了因忠谏而殒命的关龙逢“节临危而不挠,行于艰而弥笃”的崇高品格,表达了自己的伤悼之情,并对无道殷商进行了无情的控诉,也对上天和神灵发出了质疑。

叙事大赋《回銮赋》在描写德宗经梁州东归长安的情形时,欧阳詹极尽铺陈夸饰之能,盛赞了德宗的圣德,描绘了德宗回京和回京后接受中外朝贺的空前盛况。整个场景气势磅礴,恢宏富丽,表达了作者渴盼大唐早日复兴的美好愿望。

---

① 于浴贤.一片冰心在玉壶——欧阳詹文心解读[J].泉州师范学院学报,2003(3):72.
② 杨遗旗.论欧阳詹的辞赋创作[J].莆田学院学报,2010(4).96-99.

第四节　欧阳詹与闽文化的关系

《闽政通考》称："欧阳詹文起闽荒,为闽学鼻祖。"对于闽文化的创建而言,欧阳詹有"破荒"之功。

欧阳詹中进士对福建产生深远的影响。明代理学名臣、乡贤蔡清为《欧阳行周文集》作序时认为,欧阳詹中进士后,福建文士才开始向慕读书,儒学风气开始振兴。欧阳詹的影响绵延不绝。传到杨时、李侗辈,分河洛之派。传到朱熹,正学大明,道统有归。蔡清认为,没有欧阳詹的影响,福建唯以有"海滨邹鲁"的称谓。

唐王朝建立后,社会趋于稳定,国力逐渐强盛,中央政府开始重视儒学在南方的传播,选拔并派遣优秀的儒者前往边远地区为官治理。唐中叶以前,闽南一带仅有儒学传统,勇于走出去的为官人才不多,直到欧阳詹登龙虎榜后,这一状况才开始改观。安史之乱后,藩镇割据严重,朝廷更加重视儒学复兴与教化,唐大历年间,唐宗室李椅任福建观察使,发现当地教学落后,便予以重建风气。建中元年(780年),常衮被罢相贬为福建观察使,再度大兴儒学,并亲加讲导。贞元后期,权德舆给当时进士所出的考题大部分是关于如何以儒学治国的内容,因而闽中人士参加科举,必得学习儒道,另外还有一些有名的泉州地方官员,姜公辅、薛播、席相等,均在为官期间提倡儒学,广结当地儒士。正是由于封建上层统治者的支持、北方儒士南迁入闽,地方官吏大兴文教,使得闽南学风有了很大转变,尤以欧阳詹最为著名。再者,中唐时期,经济水平落后,众多寒门之士只有出仕才能求得生存与理想抱负,倘若不能,或陷入困顿,或返乡躬耕。于是在常衮等人的鼓励与推荐下,欧阳詹下定决心参加了科举考试,中进士第后,在闽中产生了很大影响,当地人士纷纷教子读书,效仿欧阳詹,积极参与科举仕途。到后来的唐末五代,许多学士定居泉州,如韩偓、崔道融等。科举对闽南学风的影响,归功于地方政府重视教育,大兴文教,出现了很多私塾、书院,如杨肃创办于唐昭宗时代(867—904)的位于南安石井镇郭前村境内的杨林书院,朱熹(1130—1200)、傅自得(1116—1183)创办于南宋绍兴二十六年(1156年)的位于南安九日山的九日山书院,创办于南宋端平年间的位于南安英都镇龙山北麓的龙山书院,创办于明嘉靖年间的南安乐峰镇的孔泉书院,以及戴凤仪(1850—1918)创办于清光绪十九年(1893 年)的诗山书院等。北宋靖康年间,还创办了南安县学。

闽南进士自欧阳詹始。欧阳詹激励了南安及闽地读书人参加科考的热情,从欧阳詹开始到清乾隆二十六年(1761 年),泉州人才辈出,登进士第者达到近两千人,中举人、秀才不计其数。其中,仅南安先后登进士第者便多达 296 人(文 268 人,武 28 人),明清两朝考中举人多达 835 人(文 630 人,武 205 人)。不仅如此,欧阳詹还激励了晚唐至五代的闽地文人如陈黯(约 805—877,南安人)、翁承赞(859—932,莆田①人)、黄璞(837—920,莆田人)、黄滔(840—911,莆田人)、徐寅(894 年进士,莆田人)等人的诗文创作,使晚唐至五代时闽地文化趋于繁荣。因此,后人评论欧阳詹科考成功的意义时,赞欧阳詹"开八闽文教之先"。

徐晓望的《论唐代福建儒学教育的发展与文化的兴盛》《论科举制度与中国东南文化的开发》,黄洁琼的《论欧阳詹与唐代福建文化的发展》,王春庭的《缦胡之缨,化为青衿——欧阳詹与中原文化》等文章,均涉及欧阳詹与福建文化的关系。他们认为,首先欧阳詹一生致力于宣传和践行儒家思想,起到了很好的表率作用,特别是他登上龙虎榜之后,大大改变了闽南之前"虽有长材秀民,通文书吏事,与上国齿者,未尝肯出仕"的状态。其次,他们肯定欧阳詹登科及第、北上赴京之后的文学创作活动与成就,不仅加强了中原文化在福建的影响力,还促进了中唐以后的闽南文化教育事业,自欧阳詹后,及至唐末,闽地中进士者达五十多名,有了很大的进步。最后,从以欧阳詹为代表的闽南学子对儒家文化的渴望以及希望通过科举改变命运的迫切又复杂的心理状态中,我们可以管窥当时整个闽南文化界对儒学和仕途的诉求。

欧阳詹仕途不顺,也没有像韩愈那样提出具体的文学改革主张或美学理论,甚至跻身文学大家之列,但他一生的命运际遇以及付之于纸上的诗文作品,折射并印证了闽南与中原打破山川地理的阻隔,永不间断、悠远而漫长的交流与联系。

目前,丰州莲花峰上一座 10 平方米左右的石室,为"欧阳行周书室"。为了纪念欧阳詹,丰州还建有应魁亭、衣锦坊,九日山上也有几处欧阳詹读书处。

---

① 　当时莆田属泉州。

第十二章　李　贽

　　李贽是我国明代杰出的思想家、史学家和文学家,在南安历史乃至我国思想文化史上占有极其重要的地位。1981 年,中共中央政策研究室和《人民日报》发表的《爱国主义是建设社会主义的巨大精神力量》一文,把李贽列为中华民族杰出的历史人物之一;《红旗》杂志社、中国历史博物馆编写的《中华英杰》一书,把李贽列为我国历史上 82 位英杰之一。2016 年 5 月 17 日,习近平总书记在全国哲学社会科学工作座谈会上讲话,把李贽列为中华民族 25 位"思想大家"之一。

第一节　李贽的生平

　　李贽(1527—1602),名载贽①,字宏甫,号卓吾,自称温陵居士②,祖籍南安柳城榕桥三保村胭脂巷。李贽曾自述,其先祖为河南固始人氏,唐末时随王审知入闽。

　　李贽于明嘉靖六年(1527 年)出生于泉州城南门外浯江祖居,7 岁时(嘉靖十二年,1533 年)随父李白斋读书,16 岁时(嘉靖二十一年,1542 年)入泉州府学,26 岁时(嘉靖三十一年,1552 年)乡试中举。

　　此后,李贽即开始了他大半生的走南闯北生涯,或为官,或讲学,或著述。据林海权著《李贽年谱考略》等书所说,明嘉靖三十四年(1555 年),李贽任河南辉县教谕;嘉靖三十八年(1559 年),升南京国子监博士;嘉靖三十九年(1560 年),

---

　　①　《荣山李氏族谱》记载:"老长房八世李讳贽,原姓林,入泮学册,系林载贽,旋改姓李。避胜(圣)朝庙讳,去载字。"李贽避明穆宗名讳,于嘉靖四十五年(1566 年)改名。(李瑞良.李贽年谱简编[M]//张建业,等.李贽全集注(26).北京:社会科学文献出版社,2010:419-433.)

　　②　李贽曾用过的名号很多,除上述,还有笃吾、百泉居士、宏父、思斋、龙湖叟、秃翁等。

奔父丧抵家,服丧 3 年;嘉靖四十一年(1562 年)秋,入京求职;嘉靖四十二年(1563 年),在北京假馆授徒;嘉靖四十三年(1564 年)六月,任北京国子监博士,不久奔祖父丧南归,服丧 3 年;嘉靖四十五年(1566 年),夏赴辉县,秋末冬初至北京,补礼部司务职。明隆庆四年(1570 年),改任南京刑部员外郎。明万历二年(1574 年)冬,入黄安天中山著述;万历三年(1575 年),春往安徽泗州,后回南京著述,冬离南京疑往杭州;万历四年(1576 年),任南京刑部郎中;万历五年(1577 年),任云南姚安府知府;万历八年(1580 年),三月请辞姚安知府不准,五月入鸡足山读经,七月初获准离任,遍游滇中山水;万历九年(1581 年),孟春离滇赴楚,初夏至黄安著述,腊底至麻城;万历十年(1582 年),居黄安天窝著述;万历十三年(1585 年)三月,徙居麻城维摩庵著述;万历十六年(1588 年)秋,徙居龙潭芝佛院著述;万历十八年(1590 年),春寓居麻城龙湖芝佛院,后避耿定向之害而至武昌,又至衡州,又重回龙湖;万历十九年(1591 年),五月至武昌居洪山寺,又居武昌会城;万历二十一年(1593 年),回麻城龙湖,居芝佛院著述;万历二十四年(1596 年),春在黄安,二月返龙湖;万历二十五年(1597 年),在山西沁水坪上村,五月至大同,八月赴北京,九月寓居西山极乐寺;万历二十六年(1598 年),夏初至南京,寓居永庆寺;万历二十八年(1600 年),春赴济宁,夏秋间返龙湖,十月避迫害于河南商城县黄柏山;万历二十九年(1601 年),四月至北通州,后寓居北京西山极乐寺。万历十六年(1588 年),李贽落发为僧。

李贽多有"异端"之行,更多有"异端"之言,使得统治者以及假道学者们十分恐慌。万历三十年(1602 年)二月,礼科给事中张问达上疏神宗,劾奏李贽说:"(李贽)近又刻《藏书》、《焚书》、《卓吾大德》等书,流行海内,惑乱人心,以吕不韦、李园为智谋,以李斯为才力,以冯道为吏隐,以卓文君为善择佳偶,以司马光论桑弘羊欺武帝为可笑,以秦始皇为千古一帝,以孔子之是非为不足据,狂诞悖戾,未易枚举,大都刺谬不经,不可不毁者也。"[1]于是,朝廷以"敢倡乱道,惑世诬民"的罪名,于本年闰二月乙卯(22 日)逮捕了李贽。

此时,李贽已重病在身。李贽的友人、"公安三袁"[2]之一袁中道后写有《李

---

① 李瑞良.李贽年谱简编[M]//张建业,等.李贽全集注(26).北京:社会科学文献出版社,2010:483.

② "公安三袁",指明代晚期的散文作家袁宗道、袁宏道、袁中道三兄弟,因其为荆州公安县长安里(今湖北荆州市公安县)人,故称。

温陵[①]传》,内中记载:

> 金吾曰:"若何以妄著书?"公曰:"罪人著书甚多,具在,于圣教有益无损。"大金吾笑其倔强,狱竟无所置词,大略止回籍耳。久之旨不下,公于狱舍中作诗读书自如。一日[②],呼侍者薙发。侍者去,遂持刀自割其喉,气不绝者两日。侍者问:"和尚痛否?"以指书其手曰:"不痛。"又问曰:"和尚何自割?"书曰:"七十老翁何所求!"遂绝。[③]

李贽被囚禁于北京镇抚司狱中之时,李贽写有《系中八绝》。其八《不是好汉》写道:

> 志士不忘在沟壑,勇士不忘丧其元。[④]
> 我今不死更何待,愿早一命归黄泉。[⑤]

李贽表示,有志之士不怕弃尸沟壑,勇敢的人不怕掉了脑袋。可见,李贽已将生死置之度外了。

好友马经纶将李贽安葬于河北通州北门外马氏庄迎福寺侧。1953 年 10 月,李贽墓被迁至通州城北通惠河北岸大悲林村(今西海子公园)。

---

① "李温陵",即李贽。李贽出生于泉州,泉州古称温陵,故称。
② 即万历三十年(1602 年)三月十五日。
③ 袁中道.李温陵传[M]//张建业,等.李贽全集注(26).北京:社会科学文献出版社,2010:159.
④ 典出《孟子·滕文公下》。李贽在《复耿侗老书》中曾表示:"此非真能见利不趋,见害不避,如夫子所云'志士不忘在沟壑,勇士不忘丧其元,志士仁人无求生以害仁,有杀身以成仁',孰能当之。故又曰:'勇者不惧。'"(李贽.焚书[M]//张建业,等.李贽全集注(1).北京:社会科学文献出版社,2010:147.)
⑤ 李贽.续焚书[M]//张建业,等.李贽全集注(3).北京:社会科学文献出版社,2010:377.

第二节　李贽的人生道路

总体上看,李贽的一生,是"求道"的一生。

孔子说:"朝闻道,夕死可矣。"①李贽也有孔子这种"朝闻夕死"②的崇高志向,而且"倔强难化"③。他曾说:"穷莫穷于不闻道,乐莫乐于安汝止。"④他把"不闻道"看成人生最大的"穷"。因此,李贽毕其一生而执着于"求道"这一"千万古事业"⑤,"不为千圣所摇夺"⑥。李贽寻求的"道",即宇宙之道、社会之道、人生之道、历史之道等,亦即今天所谓的"真理"。李贽认为自己陷溺于官场、俗事太久了,所以弃官之后便把全部精力都用于"求道"上。在这方面,他走着三条路:

一是读书之路。

袁中道著《李温陵传》,说李贽"其人不能学者有五"。"不能学者"其一为:"自少至老,惟知读书。"⑦"读书破万卷",正可以用于评论李贽。李贽除了格外喜爱读史之外,几乎无书不读,"所读书皆抄写为善本,东国之秘语,西方之灵文,《离骚》、马班之篇,陶、谢、柳、杜之诗,下至稗官小说之奇,宋元名人之曲"⑧。

李贽读书,是"逐字雠校,肌襞理分"⑨式的精读、细读,并常伴有评点,《老子

---

① 杨伯峻.论语译注[M].北京:中华书局,1980:50.

② 李贽曾说:"然则此道也,非果有夕死之大惧,朝闻之真志,聪明盖世,刚健笃生,卓然不为千圣所摇夺者,未可遽以与我共学此也。盖必其人至聪至明,至刚至健,而又逼之以夕死,急之以朝闻,乃能退就实地,不惊不震,安稳而踞坐之耳。"(李贽.焚书[M]//张建业,等.李贽全集注(1).北京:社会科学文献出版社,2010:14.)

③ 李贽.焚书[M]//张建业,等.李贽全集注(1).北京:社会科学文献出版社,2010:11.

④ 李贽.焚书[M]//张建业,等.李贽全集注(1).北京:社会科学文献出版社,2010:235.

⑤ 李贽.焚书[M]//张建业,等.李贽全集注(1).北京:社会科学文献出版社,2010:11.

⑥ 李贽.焚书[M]//张建业,等.李贽全集注(1).北京:社会科学文献出版社,2010:14.

⑦ 袁中道.李温陵传[M]//张建业,等.李贽全集注(26).北京:社会科学文献出版社,2010:160.

⑧ 袁中道.李温陵传[M]//张建业,等.李贽全集注(26).北京:社会科学文献出版社,2010:158.

⑨ 袁中道.李温陵传[M]//张建业,等.李贽全集注(26).北京:社会科学文献出版社,2010:158.

解》《庄子解》《道古录》《九正易因》《藏书》《续藏书》等,都是读书中"发明"经典的结晶。而这种在读书中"发明"经典的过程,正是李贽"求道"的过程。

二是"事善知识"①之路。

所谓"事善知识",指的是广交志同道合的良师益友。李贽"一生求友,足迹几遍天下"②。"平生师友散在四方,不下十百。"③"公安三袁"之一袁宏道说:"李龙湖④以友为性命,真不虚也。"⑤在诗中他也说:"辛苦李上人⑥,白发寻知己。"⑦

李贽为什么要"以友为性命"呢?李贽说:"吾辈求友之胜己者,欲以证道。"⑧"得相与共为学耳。"⑨这就是说,李贽"求友"也是为了"求道"。他认为,朋友"相与共为学",甚至相互争辩,更有利于"明道""证道""进道"。

三是著述之路。

李贽一生著述颇丰。据王国钧主编《李贽与南安》一书所说,李贽一生著述有 14 类 87 种之多⑩,重要的有《焚书》《续焚书》《藏书》《续藏书》《初谭集》《老子解》《庄子解》《道古录》《九正易因》等。

李贽著书同样是为了"求道"。在他看来,圣人之"道"或被埋没,或被误读,或被曲解,结果"伪道"流传,我国几千年文明史中多有不实之人、不实之事、不实之词。而那些假道学者却以此招摇撞骗,沽名钓誉。李贽嫉假如仇,嫉伪如

① 李贽.焚书[M]//张建业,等.李贽全集注(1).北京:社会科学文献出版社,2010:25.
② 汪本钶.李温陵外纪[M]//张建业,等.李贽全集注(26).北京:社会科学文献出版社,2010:206.
③ 李贽.焚书[M]//张建业,等.李贽全集注(1).北京:社会科学文献出版社,2010:25.
④ "李龙湖",即李贽。李贽曾于明万历十二年(1584 年)起在湖北麻城龙湖芝佛寺为僧与著述十余年,故称。
⑤ 袁宏道.袁宏道集笺校[M]//张建业,等.李贽全集注(26).北京:社会科学文献出版社,2010:148.
⑥ "李上人",即李贽。李贽于明万历十六年(1588 年)落发为僧。"上人"是对和尚的敬称。
⑦ 袁宏道.袁宏道集笺校[M]//张建业,等.李贽全集注(26).北京:社会科学文献出版社,2010:141.
⑧ 李贽.焚书[M]//张建业,等.李贽全集注(1).北京:社会科学文献出版社,2010:67-68.
⑨ 李贽.焚书[M]//张建业,等.李贽全集注(1).北京:社会科学文献出版社,2010:25.
⑩ 王国钧.李贽与南安[M].北京:中国广播电视出版社,2011:19-23.

仇。于是,他便以"二十分胆量,二十分见识,二十分才力"①,从"发明"经典和评点历史入手,"与百千万人作对敌"②,"颠倒千万世之是非"③,以求得一个真"道"。

在这方面,《老子解》等书的著述很能说明问题。法家代表人物韩非子作《解老》《喻老》,因此司马迁作《史记》时便误把老子、申不害、韩非子放到了一起,说申韩皆"本于黄老"④,"原于道德之意"⑤。于是后世有人就跟着说"道德为申韩宗祖",甚至认为"道德之祸,其后为申韩也"⑥。这实际上是对《老子》的一种"误读"。李贽认为:"夫老子者,非能治之而不治,乃不治以治之者也。……是故其为道也,以虚为常,以因为纲,以善下不争为百谷之王,以好战为乐杀人,以用兵为不得已,以胜为小美,以退为进,以败为功,以福为祸,以得为失,以无知为知,无欲为欲,无名为名,孰谓无为不足以治天下乎?世固未知无为之有益也。"⑦李贽写作《老子解》,正是为了恢复《老子》的本来面目,证明老子之学实乃以"自然"说为基础的"无为之学""不争之学"。李贽认为,老子从"人法地,地法天,天法道,道法自然"⑧的观点出发,引申出的是"无为""不争"等思想以及发展中的事物、现象必然转化为其对立面的辩证思维。从老子"无为""不争"等思想的内在联系看,"人"也好,"地"也好,"天"也好,"道"也好,归根结底,其生长、运行之"道"不是别的,都是"法自然",亦即因循"自然"。用李贽的原话来表达,就是"以因为纲"⑨。在此基础上,李贽形成了他独树一帜、内涵丰富的"自然学"。

李贽写作《道古录》,同样也有恢复儒学本来面目的目的,试图还儒家以"真道"。他认为,那些失去了本来面目的所谓的儒家经典,"乃道学之口实,假人之渊薮也"⑩。李贽写作《九正易因》,是为了恢复《易经》的本来面目,还《易经》以

① 袁宏道.袁宏道集笺校[M]//张建业,等.李贽全集注(26).北京:社会科学文献出版社,2010:149.
② 李贽.续焚书[M]//张建业,等.李贽全集注(3).北京:社会科学文献出版社,2010:124
③ 张建业.李贽文集[M].北京:社会科学文献出版社,2000:7.
④ 司马迁.史记[M].北京:中华书局,1959:2146.
⑤ 司马迁.史记[M].北京:中华书局,1959:2156.
⑥ 李贽.老子解[M]//张建业,等.李贽全集注(14).北京:社会科学文献出版社,2010:5.
⑦ 李贽.老子解[M]//张建业,等.李贽全集注(14).北京:社会科学文献出版社,2010:5.
⑧ 陈鼓应.老子今注今译[M].北京:商务印书馆,2006:169.
⑨ 李贽.老子解[M]//张建业,等.李贽全集注(14).北京:社会科学文献出版社,2010:5.
⑩ 李贽.焚书[M]//张建业,等.李贽全集注(1).北京:社会科学文献出版社,2010:277.

"真道";写作《墨子》,旨在"发明"墨家学说;写作《孙子参同》,旨在"发明"兵家学说;所写《藏书》《续藏书》《史纲评要》等史论著作,则是为了恢复历史的本来面目,还历史以"真道"。几乎可以说,李贽的所有著述,都是为了"求道"。

"求道",即今天所谓的"思想探索"。就此而言,李贽是"思想者"。他的一生,是不断地进行思想探索的一生。

由于胸有万卷书,且禀赋超人,更由于一生孜孜以"求道",李贽方"深入至道,见其大者"[①],成为老子、孔子、孟子、庄子、韩非子之后超越时代、超越他人的一个大思想家。

第三节　李贽思想的核心内涵

在我国思想文化史上,李贽事实上自成一家,可称为"自然学"派。

李贽一生自由地出入于道、释、儒、墨、阴阳、兵诸家,诸家学说凡与其思想相合者,均被吸纳,因而其思想体系显得复杂而丰富。但其思想的核心内涵,如前所述,却是以《老子》的"自然"说为基础而形成的"自然学"。

作为李贽思想体系的核心内涵,李贽的"自然学"大致上包括本原论方面的"万物生于两"说、人性观方面的"本心"说、伦理观方面的"新'礼义'"说、社会观方面的"平等"说、为政观方面的"因人顺民"说、历史观方面的"因时因势"说、宗教观方面的"明心见性"说、教育观方面的"无人无己"说、艺术观方面的"情性"说与"化工"说等诸多内涵。我们只谈其中的下述几方面。

一、本原论方面的"万物生于两"说

"本原",指的是一切事物的最初的根源,或构成世界的最根本的元素。在这方面,前人之说很多,如道家的"道"之说,阴阳家的"太极"之说,理学家的"理"之说,等等。"本原"原本就是难以说得清楚的哲学问题,而上述这些说法玄之又

---

① 袁中道.李温陵传[M]//张建业,等.李贽全集注(26).北京:社会科学文献出版社,2010:160.

玄,抽象而又抽象,就更使人一头雾水。李贽一扫他人之说,着眼于人类生理上的性别事实来立论,提出了"万物生于两"之说:

> 夫妇,人之始也。有夫妇然后有父子,有父子然后有兄弟,有兄弟然后有上下。夫妇正,然后万事无不出于正。夫妇之为物始也如此。极而言之,天地一夫妇也,是故有天地然后有万物。然则天下万物皆生于两,不生于一,明矣。①

人类的性别差异,是最初呈现在人的视野之中的可视可感的生理方面的"自然"。所以李贽接着理直气壮地说:

> 夫厥初生人,惟是阴阳二气,男女二命,初无所谓一与理也,而何太极之有!②

李贽如此说,有一个简单的被古人普遍承认的事理做内在根据。这个简单的被古人普遍承认的事理就是"交感"说。《易传·系辞下》说:"天地氤氲,万物化醇;男女构精,万物化生。"③《荀子·礼论》说:"天地合而万物生,阴阳接而变化起。"④"本原"即"始"。古人的上述言论告诉我们"始"从阴阳二气而来。就人而言,男女"交感"而繁衍生息;就天地而言,则是天地"交感"而生万物。

可能是基于这种"交感"之说的普遍认可,李贽才在提出了"万物生于两"这个观点之后说:

> 故吾究物始,而见夫妇之为造端也。是故但言夫妇二者而已,更不言一,亦不言理。一尚不言,而况言无;无尚不言,而况言无无。何也? 恐天下惑也。夫惟多言数穷,而反以滋人之惑,则不如相忘于无言,而但与天地人

---

① 李贽.焚书[M]//张建业,等.李贽全集注(1).北京:社会科学文献出版社,2010:251.
② 李贽.焚书[M]//张建业,等.李贽全集注(1).北京:社会科学文献出版社,2010:251.
③ 高亨.周易大传今注[M].济南:齐鲁书社,1979:77.
④ 蒋南华,等.荀子全译[M].贵阳:贵州人民出版社,1995:408-409.

物共造端于夫妇之间,于焉食息,于焉语语已矣。①

李贽的意思是说,在谈论"本原"的问题时,我们没有必要越说越玄,越说别人越糊涂,还是从眼前可视可感的夫妇之道来说吧。

无论是什么,在李贽这里,都要经过"自然"的重新检验。因性之差别而出现的阴阳之别,因"交感"而生人类,而生万物,这是人的社会存在的"自然",也是人所能直接感知进而被认识的"自然"。谈"本原",不因循这个"自然",对于"人"与"人事"而言,就变得毫无意义了,不能"达本而识真源"。

如果我们合理推论就会发现,李贽的"自然"这块试金石可称得上铁面无私。在它面前,不用说阴阳家的"太极"之说不合人的社会存在的"自然",理学家的"理"之说不合人的社会存在的"自然",即使是老子的"道"之说,可能也暴露出了理论上的矛盾性。老子说"道法自然",可他以"道"为本原的观点,其思维的起点却没有因循人的社会存在的"自然"。

虽然我们可能永远也不能确定是李贽的观点正确还是其他说法正确,李贽本人对"本原"问题也阐释不多,但"万物生于两"说却为李贽的"自然学"奠定了宇宙观方面的基础,显示出其整个理论体系的基本特征,即:重视人的社会存在的"自然"。

二、人性观方面的"本心"说

如果说李贽的本原论方面的"万物生于两"说是基于人的生理上的"自然"的话,那么,李贽的人性观方面的"本心"说则基于人的心理上的"自然"。

李贽所著《童心说》一文,不仅是艺术之论,也是人性之论。内中,涉及李贽"本心"说的内涵之一。李贽指出:

> 夫童心者,真心也。若以童心为不可,是以真心为不可也。夫童心者,绝假纯真,最初一念之本心也。若失却童心,便失却真心;失却真心,便失却

---

① 李贽.焚书[M]//张建业,等.李贽全集注(1).北京:社会科学文献出版社,2010:251-252.

真人。人而非真,全不复有初矣。①

从上文即可看出,李贽所谓的"本心",即"童心",即"真心",其突出的特征是"绝假纯真"。而"绝假纯真",与"虚伪"正相反。

李贽著述中,有很多这方面的言论,但主要的是学者们已经充分注意到的"私心"说。"私心",也是人的"本心"。李贽说:

> 夫私者人之心也,人必有私而后其心乃见,若无私则无心矣。②

人皆有"私","无私"则"无心";而"无心",则不成其为人。在李贽看来,"私"是一种自然而然的内在动力,是"自然之理"。其集中反映就在于:人皆"计功谋利"。服田者、居家者、官人、圣人,人同此心,都是如此。连圣人都如此,何况他人!

据此,李贽批评代表儒家正统观念的董仲舒的重仁义、轻功利的思想,称其"特腐耳",直截了当地反驳说:"天下曷尝有不计功谋利之人哉!若不是真实知其有利益于我,可以成吾大功,则乌用正义明道为耶?"③

与承认人皆有私一样,李贽也主张:"士贵为己,务自适。"④从人的"自然"出发,肯定每个人不但有满足自己衣食住行的权利,还有满足自己精神需要的权利。

"计功谋利"即为"私","为己""自适"也为"私"。但李贽肯定"私"的自然人性,是在正视人的心理自然,却绝非倡导为了个人私欲、私利的满足,可以不择手段,舍义逐利,坑害他人;也绝非倡导骄奢淫逸,醉心于荣华富贵,搞享乐主义。他有很多笔墨,指斥了那些道德败坏之徒。

承认人皆有私,承认人有"为己""自适"的权利,反映出李贽的真诚率直。言真诚率直之语,为真诚率直之事,其人性葆有"本心",其人就是合于自然的"真人"。

---

① 李贽.焚书[M]//张建业,等.李贽全集注(1).北京:社会科学文献出版社,2010:276.
② 李贽.藏书[M]//张建业,等.李贽全集注(6).北京:社会科学文献出版社,2010:526.
③ 李贽.焚书[M]//张建业,等.李贽全集注(2).北京:社会科学文献出版社,2010:157.
④ 李贽.焚书[M]//张建业,等.李贽全集注(1).北京:社会科学文献出版社,2010:214.

李贽本人即为"本心"的载体,被称为"真人"①"真君子"②。他一生也极力推崇"真",赞赏"真人""真性情"。某一天,明玉和尚给李贽讲述了湖北麻城兴福寺的开山第一祖无用"以身护法"的故事。李贽听后,"欢喜无量",对明玉和尚连说了五个"真":

> 尔莫轻易说此僧也。此僧若在家,即真孝子矣;若在国,则真忠臣矣;若在朋友,则真义士矣;若肯学道参佛,则真出世丈夫,为天人师佛矣。可轻易也耶!盖天地间只有此一副真骨头耳。不问在世出世,但有此,百事无不成办也。③(着重号为引者所加。)

李贽"惺惺惜惺惺",被"真人"所感动,这样的事还发生于"读若无母寄书"的时候。若无之母苦口婆心、入情入理地劝说若无,家有老母,还有孩子,即使修行,也不应远去他乡。一句句,一声声,句句入耳,声声入心,李贽听后,连声赞叹,感动异常:

> 恭喜家有圣母,膝下有真佛。凤夜有心师,所矢皆海潮音,所命皆心髓至言,颠扑不可破。……能念真佛,即是真弥陀,纵然不念一句"弥陀佛",阿弥陀佛亦必接引。何也?念佛者必修行,孝则百行之先。若念佛名而孝行先缺,岂阿弥陀亦少孝行之佛乎?决无是理也。④

如果细细地阅读李贽的著述,会发现许多关于"真""真人"的议论笔墨。"真"即是"自然"之"本心","真人"即是"自然之子"。

与"本心"相联系,李贽还特别推崇"真性情",充分肯定青年男女出于自然性情而自主择婚。他在称许《西厢记》时,就透露出对其主人公追求真爱行为的肯

---

① 陶珽.李卓吾先生祠堂记[M]//张建业,等.李贽全集注(26).北京:社会科学文献出版社,2010:243.

② 李廷机.祭李卓吾文[M]//张建业,等.李贽全集注(26).北京:社会科学文献出版社,2010:100.

③ 李贽.焚书[M]//张建业,等.李贽全集注(2).北京:社会科学文献出版社,2010:27.

④ 李贽.焚书[M]//张建业,等.李贽全集注(2).北京:社会科学文献出版社,2010:19-20.

定。在《红拂》一文中,他不但说红拂"智眼无双","可师可法,可敬可羡"①,甚至还肯定其"私奔"行为,说红拂私奔李靖是"千古来第一个嫁法"②。在《司马相如》中,他也称许卓文君的私奔为善择佳偶,说:"然则相如,卓氏之梁鸿也。使当其时,卓氏如孟光,必请于王孙,吾知王孙必不听也。嗟夫!斗筲小人,何足计事,徒失佳偶,空负良缘,不如早自抉择,忍小耻而就大计。……归凤求凰,安可诬也!"这些历史人物或文学人物,其行为在世俗之人看来都是"有伤风化"、不合礼教的,但李贽却着眼于人物行为与真性情、"本心"之间的关联,而予以充分肯定。

李贽识见高,眼睛也"毒",能够入木三分地看透一切。他推崇"本心",世上之人却少有"本心";他赞赏"真人",世上却少有"真人"。为什么会如此呢?寻根究底,在《童心说》一文中,他写下了这样一段令人震惊的话:

> 夫《六经》、《语》、《孟》,非其史官过为褒崇之词,则其臣子极为赞美之语。又不然,则其迂阔门徒,懵懂弟子,记忆师说,有头无尾,得后遗前,随其所见,笔之于书。后学不察,便谓出自圣人之口也,决定目之为经矣,孰知其大半非圣人之言乎?纵出自圣人,要以有为而发,不过因病发药,随时处方,以救此一等懵懂弟子,迂阔门徒云耳。药医假病,方难定执,是岂可遽以为万世之至论乎?然则《六经》、《语》、《孟》,乃道学之口实,假人之渊薮也,断断乎其不可以语于童心之言明矣。③

李贽并不反孔子,他称孔子为三大"圣人"之一;他也并不反儒学,他曾著有专门阐释儒家经典的《九正易因》《道古录》诸书。袁中道在《李温陵传》中记载,李贽系狱后,在回答当局讯问时曾说:"罪人著书甚多,具在,于圣教有益无损。"④这说的是事实。马经纶在《与当道书》中替李贽辩护时也说,李贽"乐圣人之道,诠圣人之经,若世所梓行《易因》及《道古录》诸书,真上足以阐羲、文、孔、孟

---

① 李贽.焚书[M]//张建业,等.李贽全集注(2).北京:社会科学文献出版社,2010:133.
② 张建业.李贽学术国际研讨会论文集[C].北京:首都师范大学出版社,1994:84.
③ 李贽.焚书[M]//张建业,等.李贽全集注(1).北京:社会科学文献出版社,2010:277.
④ 袁中道.李温陵传[M]//张建业,等.李贽全集注(26).北京:社会科学文献出版社,2010:159.

之心传,下足以绍周、邵、陈、王之嫡统者也"①。这也并非拔高之词。

李贽在《童心说》中所说的,实际上主要是这样的意思:所谓的"经典",并非真是、全是圣人之言,内含"假言他语";它们被人所利用,又造出了很多"假人",搬演了很多"假行"。一句话,李贽把"本心"丧失、"真人"缺少的责任推到了"经典"的造假和误读上了。

站在今天的角度说,李贽的说法可能是有所偏激。但是一个事实却是明摆着的,即后学对"经典"的阐释五花八门,莫衷一是,结果使得"经典"事实上失去了其本来的面目。

李贽一生都在求道,一生都在守道。如前所述,他写作《老子解》,是为了恢复《老子》的本来面目;他写作《道古录》,同样也有恢复儒学本来面目的目的。因此,他说儒家经典"乃道学之口实,假人之渊薮也",其准确的含义应该是:那些失去了本来面目的所谓的儒家经典,为"假道学"提供了理论武器,保护了这些不具有"本心"的"非真人"。

李贽"眼睛里揉不得沙子"。他表示:"每见世人欺天罔人之徒,便欲手刃直取其首,岂特暴哉!纵遭反噬,亦所甘心,虽死不悔,暴何足云!"②

他几乎是单枪匹马地冲上了前线,口诛笔伐我们今天所谓的"假冒伪劣",特别是那些道貌岸然的假道学家们。在他的著述《焚书》《续焚书》《初谭集》中,我们可以读到很多此类的笔墨。李贽几乎是说着说着、写着写着,就气不打一处来,把笔锋转向了那些非自然的人、非自然的行为上了。在"自然"的试金石面前,一切非自然的人,一切非自然的行为,都被李贽无情地揭穿了遮羞布,露出了庐山真面目。

在这方面,李贽与耿定向(人称天台先生)的论争就是最轰动的实例。李贽斥责耿定向之辈,把笔锋直指其"伪君子"的本质:"道学其名也。故世之好名者必讲道学,以道学之能起名也。无用者必讲道学,以道学之足以济用也。欺天罔人者必讲道学,以道学之足以售其欺罔之谋也。"③"……皆口谈道德而心存高

---

① 马经纶.与当道书[M]//张建业,等.李贽全集注(26).北京:社会科学文献出版社,2010:102.

② 李贽.焚书[M]//张建业,等.李贽全集注(1).北京:社会科学文献出版社,2010:143.

③ 李贽.初谭集[M]//张建业,等.李贽全集注(13).北京:社会科学文献出版社,2010:190.

官,志在巨富;既已得高官巨富矣,仍讲道德,说仁义自若也。"①"种种日用,皆为自己身家计虑,无一厘为人谋者。及乎开口谈学,便说尔为自己,我为他人;尔为自私,我欲利他;我怜东家之饥矣,又思西家之寒难可忍也;某等肯上门教人矣,是孔、孟之志也,某等不肯会人,是自私自利之徒也。某行虽不谨,而肯与人为善,某等行虽端谨,而好以佛法害人。"②

李贽"冒天下之大不韪""惹火烧身"了。他有自知之明。在《焚书·自序》中,李贽说:"一曰《焚书》,则答知己书问,所言颇切近世学者膏肓,既中其痼疾,则必欲杀我矣,故欲焚之,言当焚而弃之,不可留也。"③事实不出他预料,甚至比他预料得还更糟。钱谦益介绍当时的情况说:李贽"与耿天台往复书,累累万言,胥天下之为伪学者,莫不胆张心动,恶其害己,于是咸以为妖为幻,噪而逐之"④。李贽最后系狱直至殒身,就是他奋不顾身地守道,坚守"本心"、坚守"自然"的必然结果。

晚明衰世,"天崩地解",满世界被假道学家们搅得无处不假、无时不假,李贽却不知道像老子、孔子那样明哲保身,独"清节凛凛"⑤,焉能不以悲剧收场!

但李贽乃一代"狂狷"。在他看来,这些道貌岸然之徒,只会作假,只会装,对于"道"为何物,根本不懂。他自信掌握了"自然"真理:

自然之性,乃是自然真道学也,岂讲道学者所能学乎!⑥

三、为政观方面的"因人顺民"说

在《老子解》中,李贽表现出了对老子所设计的"小国寡民"理想国的强烈向

① 李贽.焚书[M]//张建业,等.李贽全集注(1).北京:社会科学文献出版社,2010:119.

② 李贽.焚书[M]//张建业,等.李贽全集注(1).北京:社会科学文献出版社,2010:72.

③ 李贽.焚书[M]//张建业,等.李贽全集注(1).北京:社会科学文献出版社,2010:1.

④ 李贽.焚书[M]//张建业,等.李贽全集注(1).北京:社会科学文献出版社,2010:78.

⑤ 袁中道.李温陵传[M]//张建业,等.李贽全集注(26).北京:社会科学文献出版社,2010:160.

⑥ 李贽.初谭集[M]//张建业,等.李贽全集注(13).北京:社会科学文献出版社,2010:160.

往。《老子》第八十章中写道："小国寡民,使有什伯人之器而不用,使民重死而不远徙。虽有舟舆,无所乘之;虽有甲兵,无所陈之;使民复结绳而用之。甘其食,美其服,安其居,乐其俗,邻国相望,鸡犬之声相闻,民至老死,不相往来。"①李贽"解"道:"小国寡民,吾将试焉。能使夫有什伯人之才而自不用,以至老死不相往来,如此,岂不快哉!"②老子的"小国寡民"的政治理想,集中反映的是老子的"无为而治"的为政理念。"无为而治",就是因循人事的自然而治。而李贽表示"吾将试焉",说明李贽已经完全接受了老子的为政理念。

《老子解》成书于明万历二年(1574 年)。明万历五年(1577 年),李贽即知姚安府事。上任不久,姚安府衙就出现了一副由李贽亲自撰写的楹联:

> 从故乡而来,两地疮痍同满目;
> 当兵事之后,万家疾苦总关心。③

"万家疾苦总关心",这是李贽为政理念的诗性概括。

李贽为政理念的集中表述是李贽为其僚属罗琪所写的一篇文章,叫《论政篇》。文章中,李贽谈论到了两种为政理念,一种是"君子之治",一种是"至人之治"。他认为,"君子之治"以"条教之繁""刑法之施"来"整齐"百姓,"本诸身"而治,因而违背社会生活之自然,是糊涂的为政理念。而"至人之治"则"因人""顺民"而治,"因其政不易其俗,顺其性不拂其能",是因循社会生活之自然的"无为之治"。④ 李贽推崇后者,亦即推崇"至人之治"。

"至人之治"的"因人顺民",其要旨在于使百姓随顺自然地生存,具体地说就是顺民性,顺民情,顺民俗,顺民能。

李贽认为,人虽各有别,但追求"富贵利达"却是共通的⑤;"势利之心,亦吾

---

①　陈鼓应.老子今注今译[M].北京:商务印书馆,2006:345.

②　李贽.老子解[M]//张建业,等.李贽全集注(14).北京:社会科学文献出版社,2010:102.

③　李瑞良.李贽年谱简编[M]//张建业,等.李贽全集注(26).北京:社会科学文献出版社,2010:439.

④　李贽.焚书[M]//张建业,等.李贽全集注(1).北京:社会科学文献出版社,2010:242.

⑤　李贽.焚书[M]//张建业,等.李贽全集注(1).北京:社会科学文献出版社,2010:41.

人禀赋之自然矣"①。即使是圣人,在这一点上也不能免俗。宋代曾知泉州府事的蔡襄,早就持有同样的观点,曾说:"凡人情莫不欲富,至于农人、百工、商贾之家,莫不昼夜营度,以求其利。"②

既如此,执政者为什么不能顺之以治呢?"圣人顺之,顺之则安之矣。"③

那么,如何顺之以治呢?李贽说:"何其事之易也!"不过就是"各从所好,各骋所长"罢了:"贪财者与之以禄,趋势者与之以爵,强有力者与之以权,能者称事而官,懦者夹恃而使。有德者隆之虚位,但取具瞻;高才者处以重任,不问出入。"④

在《道古录》中,李贽也谈到了"因人顺民"而治的办法:

> 盖道之以德,则为民上者纯是一片孝、弟、慈真心。既以其躬行实德者道之于上,则为下者既自耻吾之不能孝弟与慈矣,而上焉者又不肯强之使从我,只就其力之所能为,与心之所欲为,势之所必为者以听之,则千万其人者,各得其千万人之心,千万其心者,各遂其千万人之欲,是谓物各付物。天地之所以因材而笃也,所谓万物并育而不相害也。⑤

这里所谓"物各付物""因材并育",与"各从所好,各骋所长"的道理是一致的,都是因循社会生活之自然,"因人顺民"而治。

李贽是一个道德醇厚的思想家,他的所思、所言、所为,全都是如何对待民生,使人随顺自然地生存的问题。对他而言,"好察迩言",老百姓的平平常常的生活,老百姓的各种愿望,"如好货,如好色,如勤学,如进取,如多积金宝,如多买田宅为子孙谋,博求风水为子孙福荫,凡世间一切治生产业等事"⑥,他都愿意"提撕一番"。"提撕一番",才能更好地"因人顺民"而治。

---

① 李贽.道古录[M]//张建业,等.李贽全集注(14).北京:社会科学文献出版社,2010:255.

② 蔡襄.五戒[M]//黄仲昭.八闽通志(下)(修订本).福州:福建人民出版社,2006:1398.

③ 李贽.焚书[M]//张建业,等.李贽全集注(1).北京:社会科学文献出版社,2010:41.

④ 李贽.焚书[M]//张建业,等.李贽全集注(1).北京:社会科学文献出版社,2010:41.

⑤ 李贽.道古录[M]//张建业,等.李贽全集注(14).北京:社会科学文献出版社,2010:271.

⑥ 李贽.焚书[M]//张建业,等.李贽全集注(1).北京:社会科学文献出版社,2010:94.

李贽甚至把关心老百姓的日常生活提到了"人伦物理"的高度予以强调。他指出：

> 穿衣吃饭，即是人伦物理；除却穿衣吃饭，无伦物矣。世间种种皆衣与饭类耳，……①

民以食为天。"穿衣吃饭"这样的社会生活的"自然"，在李贽眼中成了生命真义，而且是第一真义。

知姚安府事三年任满，李贽辞职而去。他理论上讲"因人顺民"而治，实际的为政情况到底如何呢？时人已多有公论，如袁中道在《李温陵传》中称：李贽"为守，法令清简，不言而治"②。顾养谦在《顾冲老送行序》中称："温陵李先生为姚安府且三年，大治，……然先生为姚安，一切持简易，任自然，务以德化人，不贾世俗能声。……此所谓无事而事事，无为而无不为者耶。"③

时人对李贽之评价，也可以用李贽自己的话来概括：

> 吾闻至道无为，至治无声，至教无言。④

看来，李贽对老子的政治理想的确"试焉"了。人心变了，时势变了，"小国寡民"的政治理想变成"空想"是必然的。但是，时人的评价却证明：李贽的为政之"道"是严肃地"法自然"的，他不仅信奉老子的"无为之治"理念，而且用实际行动坚守了这一理念，在姚安这一方土地上亲自试验了以"因人顺民"为要点的"无为"之政。

四、历史观方面的"因时因势"说

李贽一生有很多史论著述，《藏书》《续藏书》《史纲评要》为其代表。《焚书》

---

① 李贽.焚书[M]//张建业，等.李贽全集注(1).北京：社会科学文献出版社，2010：8.
② 袁中道.李温陵传[M]//张建业，等.李贽全集注(26).北京：社会科学文献出版社，2010：157.
③ 李贽.焚书[M]//张建业，等.李贽全集注(1).北京：社会科学文献出版社，2010：189.
④ 李贽.焚书[M]//张建业，等.李贽全集注(1).北京：社会科学文献出版社，2010：313.

《续焚书》中，也有很多史论文章。

李贽本人非常看重《藏书》，一提起来便颇为得意，说它"系千百年是非"，"人更八百"，"简帙亦繁，计不止二千叶矣"①；说它是"予一生精神所寄也"②。他让焦澹园给校对，却不允许对其中的评赞予以改易，因为"此吾精神心术所系，法家传爱之书"③。

以往人们"以孔夫子之定本行罚赏"④，而今李贽"笔削诸史，断以己意"⑤，系以"精神"，形成了属于自己的历史观。

那么，李贽的历史观，是否也如前述李贽的本原论、人性观、为政观一样，也以"自然学"为根基呢？

结论是肯定的。李贽的历史观，其背后也是以老子的"自然"说为根基的"自然学"。这个历史观方面的"自然学"根基不是别的，就是"因时因势"说。

我们认为，如果说李贽的本原论方面的"万物生于两"说是基于人的生理上的"自然"，人性观方面的"本心"说是基于人的心理上的"自然"，为政观方面的"因人顺民"说是基于人的社会生活之"自然"的话，那么，李贽历史观方面的"因时因势"说则是基于历史变革规律之"自然"。

"因时因势"，可以分解成"因时"与"因势"两个部分。对于一种历史评价标准的"因时"，我们指的是根据特定历史时代的社会生活之自然状况来评价。其前提是历史人物的"因时制宜"；而这个"因"，则有"顺应"的含义。

在评晁错时，李贽提出："因其时，用其术，世无定时，我无定术，是之谓与时消息而己不劳，上也。执其术，驭其时，时固无常，术则有定，是之谓执一定以应于无穷，次也。"⑥因时而定术，"时在则术在"，即前文所说因循历史变革规律之自然，以此制定治国治民之方略。

《战国论》一文同样表达了上述观点。李贽指出："既为战国之时，则自有战

①　李贽.焚书[M]//张建业，等.李贽全集注(1).北京：社会科学文献出版社，2010：17.

②　袁宏道.袁宏道集笺校[M]//张建业，等.李贽全集注(26).北京：社会科学文献出版社，2010：149.

③　李贽.焚书[M]//张建业，等.李贽全集注(1).北京：社会科学文献出版社，2010：17-18.

④　张建业.李贽文集[M].北京：中国广播电视出版社，2000：7.

⑤　李维桢.续藏书序[M]//张建业，等.李贽全集注(26).北京：社会科学文献出版社，2010：120.

⑥　李贽.焚书[M]//张建业，等.李贽全集注(2).北京：社会科学文献出版社，2010：161.

国之策。盖与世推移,其道必尔。如此者非可以春秋之治治之也明矣,况三王之世钦!"①这说的是,"一时一个令"。时代变了,治国治民之方略也必然随之而变。

从上述"因时用术"思想出发,李贽赞赏黄帝之政。在《兵食论》一文中,李贽认为,黄帝"无为而治",田猎出于自然,兵事出于自然,人伦出于自然,仪礼出于自然,布阵出于自然,算数出于自然②,一切都出于自然。"至德"不显,"至功"不彰,斯为圣人。

如同李斯所说:"五帝不相复,三代不相袭,各以治。"③李贽评论说:"'各以治'三字甚可贵。"④他认为"道有升降,政由俗革,三王五帝不沿礼乐"⑤,何况后世。黄帝之"术"高明,但它是黄帝所生活的那个特定时代的"应运而生"的产物。如果不因循历史变革规律之自然,而因循古制,以黄帝之"术"来治后世,那么,"执一定以应于无穷,次也"⑥。

时变,术亦变。因时而为,方为智者,方为圣者,方为英雄。李贽称许"因时用术"的历史人物,赞叹他们的功业,即使他们难以尽善尽美,李贽也努力搜寻褒词赞语,对他们予以充分肯定。翻开《藏书》的《世纪列传总目》,我们就会看到:他称秦始皇"自是千古一帝也",称汉高祖为"神圣开基",称汉文帝为"明圣继统",称汉武帝为"英雄继创",称汉昭帝为"守成明辟",称宋神宗为"求治真主",称北魏孝文帝、北周武帝、后周柴世宗为"圣主",称后唐明宗为"贤主"。⑦ 因为这些杰出人物,或者因时开创而有术,结束了天下纷争之祸,建立了有利于民生的政治秩序;或者因时守成而有术,巩固了政治秩序,使百姓能够享受和平。

在论史的过程中,李贽以一个富于良知的知识分子面目出现,毫无民族的、政治的偏见。他称元朝为"混一华夷",肯定了元朝统治者在民族融合中的历史贡献。即使为后世所诟骂的武则天,他也赞其为"固聪明主也",并评论说:"试

① 李贽.焚书[M]//张建业,等.李贽全集注(1).北京:社会科学文献出版社,2010:262.
② 李贽.焚书[M]//张建业,等.李贽全集注(1).北京:社会科学文献出版社,2010:266.
③ 李贽.藏书[M]//张建业,等.李贽全集注(4).北京:社会科学文献出版社,2010:47.
④ 李贽.藏书[M]//张建业,等.李贽全集注(4).北京:社会科学文献出版社,2010:47.
⑤ 李维桢.续藏书序[M]//张建业,等.李贽全集注(26).北京:社会科学文献出版社,2010:120.
⑥ 李贽.焚书[M]//张建业,等.李贽全集注(2).北京:社会科学文献出版社,2010:161.
⑦ 李贽.藏书世纪列传总目[M]//张建业,等.李贽全集注(4).北京:社会科学文献出版社,2010:1-3.

观近古之王,有知人如武氏者乎？亦有专以爱养人才为心、安民为念如武氏者乎？此固不能逃于万世之公鉴矣。夫所贵乎明王者,不过以知人为难,爱养人才为急耳。今观娄、郝、姚、宋诸贤,并罗列于则天之朝,迨及开元,犹用之不尽。如梁公者,殊眷异礼,故没身不替也。宋璟刚正嫉邪,屡与二张为仇,武氏亦不过也。"① "以……安民为念"说的是武则天执政有"因时安民"之功,而"以爱养人才如心、安民为念"肯定的则是武则天执政有"因时安念"之术。在李贽看来,武则天是历史上一位既因时有"术"又因时有"功"的"聪明主"。

可见,历史人物是否值得肯定,在李贽看来,关键在于他们是否因时而为。李贽赞赏老子的"小国寡民"的政治理想,反映出他在一定程度上的思想保守性,但在评论历史的时候,他可绝不保守,绝不糊涂。他可能是在"呼唤历史的回归"。

另一种历史评价标准的"因势",指的是根据特定历史时代的发展趋势之自然情况来评价。其前提是历史人物的"因势而为";而这个"因",与"因时制宜"中的"因"一样,也有"顺应"的含义。

有"时"即有"势","时""势"相连。李贽对历史人物的评价,在着眼于是否"因时"的同时,也着眼其是否"因势"。

在这一点上,我们注意到学术界经常提到的关于李贽对五代冯道的评价这样的例子。在对冯道的评价中,李贽所发表的看法竟然"震动"了当时的士子界。

冯道何许人？欧阳修著《五代史》,称冯道为"无廉耻者"②。欧阳修的根据是什么？根据就是:冯道"五十年间,……经历四姓,事一十二君并耶律契丹等"③。

冯道的确创造了一个"第一"。在我国讲忠义、讲气节的封建时代,他肯定是要被贬为"无廉耻者"了。无论他一生做了什么事,即使是天大的好事,也绝对不会有人站出来,替他说一句好话的。用现代语言来表述,替冯道这样的人来说话,一定会"引火烧身",徒然引来一顿臭骂。可李贽是"真人","真人"就不能不说真话,而说真话就不能不替冯道辨雪冤屈。

李贽富于辩才。他从两方面立论,替冯道辨雪冤屈。

---

① 李贽.藏书[M]//张建业,等.李贽全集注(8).北京:社会科学文献出版社,2010:226.
② 欧阳修.新五代史[M].北京:中华书局,2000:401.
③ 李贽.藏书[M]//张建业,等.李贽全集注(8).北京:社会科学文献出版社,2010:693.

一方面，身为国家的一个举足轻重的人物，应该以什么为重？李贽认为，毫无疑问，应该以民为重。李贽搬出了孟子为自己压阵，说：

> 孟子曰："社稷为重，君为轻。"信斯言也，道知之矣。夫社者，所以安民也；稷者，所以养民也。民得安养而后君臣之责始塞。君不能安养其民，而后臣独为之安养斯民，而后冯道之责始尽。①

众所周知，五代（907—960）是我国历史上最大的乱世。乱世之中，倒霉的是谁？当然是老百姓。《五代史》中说："当是时，天下大乱，戎夷交侵，生民之命，急于倒悬。"②也如张养浩所说："兴，百姓苦；亡，百姓苦。"③

对于老百姓在乱世中的悲惨境遇，君臣只要有点儿良知，就自然会表示同情。而身居高位如冯道者，还应该尽到一种责任，即安民、养民。李贽认为，尽安民养民这种责任，是知"道"，是遵"道"。如果乱世之中"君不能安养其民"，那么，就应该"臣独为之安养斯民"。无论如何，安民、养民是第一位的，而忠君、守节则应退居第二位。因此，李贽认为。在安民、养民这方面，冯道尽了他的责任，做了他所能做的。李贽指出：

> 五十年间，虽经历四姓，事一十二君并耶律契丹等，而百姓卒免锋镝之苦者，道务安养之之力也。④

李贽充分肯定了冯道在乱世之中安民、养民的大功。如果我们翻开欧阳修的《五代史》就会发现，即使认为冯道是"无廉耻者"的欧阳修，也不否认冯道曾尽安民、养民之责。《五代史》中有这样几处笔墨，说的就是冯道是如何尽安民、养民之责的。不妨摘引如下：

> 诸将有掠得人之美女以遗道者，道不能却，置之别室，访其主而还之。

---

① 李贽.藏书［M］//张建业，等.李贽全集注(8).北京:社会科学文献出版社,2010:693.

② 李贽.藏书［M］//张建业，等.李贽全集注(8).北京:社会科学文献出版社,2010:693.

③ 张养浩.〔中吕〕山坡羊·潼关怀古［M］//隋树森.全元散曲(第一册).台北:汉京文化事业有限公司,1983:437.

④ 李贽.藏书［M］//张建业，等.李贽全集注(8).北京:社会科学文献出版社,2010:693.

其解学士,居父丧,遇岁饥,悉出所有以周乡里,而退耕于野,躬自负薪。有荒其田不耕者,道夜往,潜为之耕。①

试问:在天下大乱之际,是安民、养民重要,还是忠君、守节重要? 李贽认为前者为"道",更重要。冯道的上述安民、养民之行,虽是"小作为",却无可厚非,应该获得点赞。

但是,李贽为冯道辩解,事实上还是把话说"轻"了,因为根据《五代史》的叙述,在"中国之人"大难当头之际,冯道还有"救民"之"大作为":

　　　　耶律德光尝问道曰:"天下百姓,如何救得?"道为俳语以对曰:"此时佛出,也救不得。惟皇帝救得。"人皆以谓契丹不至灭夷中国之人者,赖道一言之力也。②

李贽评:"真。"③什么"真"? "人皆以谓契丹不至灭夷中国之人者,赖道一言之力也"这个极其重要的事实"真"。那也就是说,冯道舍自身之名节,却换来了"中国之人"之"不至灭夷"!

此时此刻,我们再试问:在"君不能安养其民","中国之人"大难当头,有被"灭夷"的严重危险之际,我们是希望冯道辱节以救民呢,还是希望他一死了之? 李贽当然认为前者为"道",更重要。

另一方面是什么呢? 另一方面就是"因势制宜"的道理。

五代之时,中原地区先后有五个政权(后梁、后唐、后晋、后汉、后周)依次更替,各种政治力量互不相让,"你方唱罢我登场",乱纷纷,闹哄哄,你争我夺,打得不可开交。一个严重的事实就摆在了面前,即"君不能安养其民"。这就是当时的"势"。

在这样严重的"势"面前,冯道能做什么? 他保不了"君",也没有谁能保得了"君",而民为贵,社稷为重。所以冯道能做的,就是尽最大的努力以安民、养民。他做到了,而且,历史在某一个关键时刻,还让他扮演了另一个更为重要的角

①　李贽.藏书[M]//张建业,等.李贽全集注(8).北京:社会科学文献出版社,2010:692.
②　李贽.藏书[M]//张建业,等.李贽全集注(8).北京:社会科学文献出版社,2010:692.
③　李贽.藏书[M]//张建业,等.李贽全集注(8).北京:社会科学文献出版社,2010:692.

色——以"一言之力",而使契丹"不至灭夷中国之人"。这就是我们所说的"因势制宜"。

为了避免别人说三道四,李贽接着说了这样一段话:

> 然亦必有刘禅之昏庸,五季之沦陷,东汉诸帝之幼冲,党锢诸贤之互为标帜乃可。不然,未可以是而借口也。①

漆绪邦、张凡在注《藏书》时指出,李贽赞成冯道为了安社稷而降于敌国的行为,认为他实践了孟子"社稷为重,君为轻"的思想,但李贽也不是一个无原则的不抵抗主义者。冯道一类的行为,只有在五代那样天下大乱、民不聊生的形势下才值得肯定。② 我们赞成这种说法。冯道称得上是"因势制宜"的一个突出例证。

李贽肯定冯道,应该说是有理、有据、有说服力的。谁料,如前所述,他的看法竟然引起了轩然大波,招来了以耿定向为代表的一群假道学家的几近疯狂的非议和攻击。③

是耶非耶,我们不做评论。不过,有一层我们还是能够拿得准的,即李贽评说历史过程中所表达、所反映出的"因时制宜"和"因势制宜"思想,都是可取的。道理在于:"因时制宜"因循的是历史变革规律之自然,"因势制宜"因循的同样是历史变革规律之自然。

还必须提及,在评价历史过程中,李贽同样嫉假如仇、嫉伪如仇。换言之,李贽的历史观与其人性观密切相连,人性观是其历史观的基础。

李贽读史时发现:"凡昔人之所忻艳以为贤者,予多以为假,多以为迂腐不才而不切于用。其所鄙者、弃者、唾且骂者,余皆的以为可托国、托家而托身也。其

---

① 李贽.藏书[M]//张建业,等.李贽全集注(8).北京:社会科学文献出版社,2010:692.

② 李贽.藏书[M]//张建业,等.李贽全集注(8).北京:社会科学文献出版社,2010:695.

③ 耿定向著《冯道论》,内中说:"今舍是谈道而曰别有无上妙法,至视礼义廉耻为剩谈,若冯道更事四姓十君亦称为有道。嗟夫,以冯道为有道,是可指孀妇而谓之曰人尽夫也,何以节为云尔! 由此推之,故亦可曰人尽君也,惟荣利之要,朝委贽而夕劝进焉,弗恤矣。将亦曰人尽父也,惟势位之急,朝伏膝而夕操戈焉,弗恤矣。子焉而弗父其父,臣焉而弗君其君,妇焉而弗夫其夫,则是天柱蹶而地维裂也,梦乱离溃,竟成何世哉? ……今世称冯道为有道者,其败化乱世莫此为甚。"(耿定向.冯道论[M]//张建业,等.李贽全集注(26).北京:社会科学文献出版社,2010:43.)

是非大戾昔人如此。"①"窃以魏晋诸人标致殊甚,一经秽笔,反不标致。真英雄子,画作疲软汉矣;真风流名士者,画作俗士;真啖名不济事客,画作褒衣大冠,以堂堂巍巍自负。"②"真正圣贤,不免被人细摘;或以浮名传颂,而其实索然。"③也就是说,李贽发现我国几千年文明史中多有不实之人、不实之事、不实之词。

以李贽嫉假如仇、嫉伪如仇的性格,他不能对之视而不见,也决不能置之不理。于是,李贽以"二十分胆量,二十分见识,二十分才力"④,不顾一切地冲进了历史的漩涡,要"与百千万人作对敌"⑤,要"颠倒千万世之是非"⑥。《藏书》等史论著述就是这样诞生的。我们试举两例如下。

司马迁作《史记》,其六十五卷写孙膑增兵减灶擒庞涓,有这样一段:

> 孙子谓田忌曰:"彼三晋之兵素悍勇而轻齐,齐号为怯,善战者因其势而利导之。兵法,百里而趣利者蹶上将,五十里而趣利者军半至。使齐军入魏地为十万灶,明日为五万灶,又明日为三万灶。"庞涓行三日,大喜,曰:"我固知齐军怯,入吾地三日,士卒亡者过半矣。"乃弃其步军,与其轻锐倍日并行逐之。⑦

司马迁的说法无人不信,可李贽却说:"世岂有十万之师三日之内减至二万,而犹不知其计者乎!"⑧即使众所周知的记载,他也"毒眼识假",发现了使人生疑的笔墨。

儒者都说尧是圣人,是明君,其世乃天下大治之世。司马迁在《史记·五帝

---

① 李贽.焚书[M]//张建业,等.李贽全集注(2).北京:社会科学文献出版社,2010:240.

② 李贽.焚书[M]//张建业,等.李贽全集注(1).北京:社会科学文献出版社,2010:17.

③ 李贽.续焚书[M]//张建业,等.李贽全集注(3).北京:社会科学文献出版社,2010:124.

④ 袁宏道.袁宏道集笺校[M]//张建业,等.李贽全集注(26).北京:社会科学文献出版社,2010:149.

⑤ 李贽.续焚书[M]//张建业,等.李贽全集注(3).北京:社会科学文献出版社,2010:124.

⑥ 张建业.李贽文集[M].北京:社会科学文献出版社,2000:7.

⑦ 司马迁.史记[M].北京:中华书局,1959:2164.

⑧ 李贽.藏书[M]//张建业,等.李贽全集注(7).北京:社会科学文献出版社,2010:574.

本纪》也说:"帝尧者,放勋。其仁如天,其知如神。"①

但李贽却据史得出了另一种结论:尧既非圣,也非智,其世也非治世。他议论说:"以尧之圣而洪水为灾,以尧之智而任用鲧,儒者终日说道理,毕竟不知其所以。嗟乎! 当时治与不治,尧且不知,后世乌能知之哉?"②

尧岂止是非圣非智,如果李贽此时注意到了《国语》《左传》等书,他可能还会反驳司马迁说尧"其仁如天"的说法,得出尧"非仁"的结论。《国语·周语下》写的是:"其在有虞,有崇伯鲧,播其淫心,称遂共工之过,尧用殛之于羽山。"③《左传》昭公七年写的是:"昔尧殛鲧于羽山。"④辛辛苦苦治水的鲧最后竟被杀死,能说尧"仁"么。

即使如此,李贽的质疑也足以令人震惊。须知,从孔子开始,凡读书人,可从来没有怀疑过尧为圣、为智、为仁、为贤。

李贽对周公的质疑也令我们震惊。《尚书·周书·金縢》中说:周武王病重,周公旦祷告于祖庙,表示愿代兄死。事后,他还把祷辞藏在"金縢之匮"中。武王死后,年幼的成王即位,周公旦摄政。⑤ 人们也把周公旦看成"圣人",与夏禹王、商汤王、周文王、周武王、周成王等人相提并论,对他礼敬有加。但李贽所写的《读金縢》一文却告诉我们:周公不但不是圣人,或者不仁,或者不智,而且还开了历史上公然作假的先河,给篡汉的王莽以冠冕堂皇的借口。⑥

揭穿真相,还历史以本来面目,似乎是李贽"当仁不让"的历史重任。李贽著述中此类笔墨颇多,它们都一再证明:李贽不但嫉假如仇、嫉伪如仇,而且还长着孙悟空那样的火眼金睛,任何不真、不实、不自然,都逃不过他的眼。

总而言之,"自然",自然而然,看似简单,而实则厚重。它涵盖了性,涵盖了心,涵盖了社会,也涵盖了历史。李贽一生求"道",他拿起"自然"这把钥匙,试图打开宇宙之门,打开人心之门,打开社会之门,打开历史之门,打开所有与"人事"、与人的社会存在相关的大门。由此,他创立了属于自己的"自然学",形成了

① 司马迁.史记[M].北京:中华书局,1959:15.

② 李贽.史纲评要[M]//张建业,等.李贽全集注(22).北京:社会科学文献出版社,2010:6.

③ 黄永堂.国语全译[M].贵阳:贵州人民出版社,1990:109.

④ 李梦生.左传译注[M].上海:上海古籍出版社,2004:989.

⑤ 江灏,钱宗武.今古文尚书全译[M].贵阳:贵州人民出版社,1992:252-253.

⑥ 江灏,钱宗武.今古文尚书全译[M].贵阳:贵州人民出版社,1992:252-253.

自己思想体系的核心。而与此同时,李贽着眼于"人事",着眼于人的社会存在的"自然",也就成了其"自然学"的一个突出特征。

学者们有一种习惯,即一提到思想文化史上的某一个人物,往往愿意将其归入某一家某一派,对李贽也不例外。不过我们认为,李贽并不属于任何一派。他不是道家,不是佛家,也不是儒家;他不属于王阳明的"心学"一派,也不属于泰州学派。李贽试图踩在巨人的肩膀上,兼收并蓄,因而成为中华文化精华之一部分——"自然"说的集大成者。如果非要说他属于哪一派的话,那么我们认为,李贽属于"自然学"派。

第十三章　郑成功

郑成功是我国著名的民族英雄,是南安英雄主义精神的载体。他驱荷复台的历史功绩将永载史册。

第一节　海商之子

从 16 世纪中期明朝嘉靖年开始,远在日本西陲的小岛平户岛就已经有了中国华侨的出现。最早抵达平户岛的是 1543 年带着欧洲的葡萄牙人最先到日本的安徽海商王直。他一直落户在平户,后来因为经常利用倭寇袭击中国沿海,而被明朝官员设计骗回国内处死。可是因为他为平户的领主松浦隆信打开了对中国的贸易,因此,此后不断有中国海商到平户贸易。在 1620 年代居住该岛的福建南安人郑芝龙就是其中之一。郑芝龙就居住在平户岛东靠近中部的川内港边。这里是中国船只从南方过来最近的日本港口之一,同时还居住着其他一些闽南籍华侨。

明天启三年(1623 年),年方二十九岁的郑芝龙与日本平户落魄武士的女儿田川氏相识相恋,并在翁昱皇老人的主持下成婚。然而,1624 年年初,郑芝龙便被当时颇有影响的海盗李旦安排前往中国澎湖,替当时强行驻扎在那里的荷兰人充当通事(即翻译),郑芝龙只得暂时告别已有身孕的异国妻子,只身前往澎湖,开始了与荷兰殖民者往返周旋的日子。同年七月十四日田川氏如往常一样在川内港旁边的千里滨海边散步,排遣悲苦思念的情怀,突然肚子疼,在阵痛之后,就在礁石丛内产下一名男婴,他就是日后驰骋海疆,抗清驱荷的风云人物郑成功。因父亲未在身边,田川氏按照日本习俗为他取名"福松",大概是多福多寿、平安吉祥的意思。福松的出世,多少总算抚慰了田川氏常年别夫的幽怨。

据日本史料记载,幼年的郑成功并未接受启蒙教育,相反由于受到当时日本崇尚武士精神的影响,六岁的福松被母亲送去刀流武士家修习了一段时间的东瀛双刀术。这种双刀术是日本刀法的一种,刀分一长一短两柄,一般是左手持长,右手持短。在对敌之时,一般是左手持长刀挺前,因为对手都以为长刀为主,所以总将注意力放在格挡长刀之上,却不料长刀只是幌子而已,右手的短刀才是真正的杀招,靠近了才狠劲撩出,很多时候可以给对手一个措手不及。幼年东瀛双刀术的训练,时间不算长,却让郑成功多少养成了刚毅坚韧的性格。而日本刀法的凶狠凌厉,以及日本刀的坚硬锐利,给年幼的郑成功留下了深刻的印象。在他后来的抗清斗争中,日本刀又有了新的用武之地。

第二节　归国勤学

从 1624 年至 1631 年,也就是离别妻儿的七年时间,却似乎成为郑芝龙一生最辉煌的时期。在为荷兰人担任通事期间,郑芝龙目睹了明朝福建海防官兵抗击荷兰战船、荷兰殖民者对我国东南沿海骚扰以及其被逐出澎湖的全部过程,对双方在海战、攻防的优势与弱点了然于胸,特别是对于如何应付荷兰人坚固的甲板战船,更是深加分析,暗中思考将来破敌的对策。在荷兰殖民者与明朝福建地方官府的交涉中,郑芝龙还追随李旦,充当中间人。郑芝龙的出色表现,使他深得李旦的信任,越来越为李旦所倚重,李旦把相当一部分部属和船只划归郑芝龙统辖。所以 1625 年四五月间,郑芝龙在台湾北港(位于今天台湾云林县西南部,历史上是台湾西部的主要港口)一带组织新的武装船队,在台湾海域建立起自己的势力范围。同年,李旦在日本平户病逝,郑芝龙利用自己在李旦集团中逐渐形成的继承者地位(传闻郑芝龙为李旦义子),吞并了李旦的大部分财富,在很短的时间内收服李旦部众,成为这一海上武装商业集团新的领袖人物。郑芝龙完成对李旦集团的控制之后,即从福建南安老家召集亲族子弟,安排他们担任武装商船的首领,形成家族式的统治,有史料记载,这些出自郑氏亲族的水师首领随郑芝龙名字中的"芝"字取名,因而有郑家"十八芝"的说法。同时,郑芝龙通过与澳门的葡萄牙人的关系,大量购置先进的西洋火器,使武装船队的战斗力大大增强,为与明朝官军公开抗衡做了充分的准备。

明天启六年(1626年),郑芝龙势力在福建东南海域悄然崛起,原本不重视海上主权的朝廷,开始有所准备,先是派兵镇压,但是郑芝龙的部队骁勇善战,朝廷更是节节败退。剿灭不成,就想到了招安,郑芝龙受到朝廷的招抚后,为朝廷开疆阔土立下汗马功劳。因为立下了赫赫战功,郑芝龙的官职也不断得到升迁,最后升至前军督府右都督兼福建总兵官,还凭借着自己拥有几百艘战船的水师有利条件,基本上掌握了当时东南闽粤沿海的制海权,可以说是权倾一方。

郑芝龙离开日本后,就再也没有回去,无法与留在日本的妻儿团聚。

虽然后来也迎娶了四位妻妾,先后生下五个儿子,但在他心中,留在日本的福松才是郑家的长子,按照中国传统习惯应该由长子继承家业,因此在1630年,郑芝龙开始考虑从日本接回儿子,以便让他享有安定的环境,走科举考试的道路。原本想把母子俩一起接回,但当时统治日本的德川幕府严禁任何妇女出海离日,所以郑芝龙只得暂时先将儿子福松接回中国。

此时福松已经7周岁,却还没有一个正式的中文名字。郑芝龙根据家谱排字的习惯,给他取名森,字明俨,又取别号大木。又一种说法,认为郑成功的别号"大木",是后来他到南京读书时,老师钱谦益为他所取。但这个说法缺乏充分的证据。郑芝龙将儿子郑森安置在安海(当时称安平,在今天的福建晋江市东南部),接受中国传统的儒学教育。

明末的安海是个商人云集、海上贸易十分发达的港口,也是一处易守难攻的海上门户,同时,因为二朱过化(民间对于南宋大儒学家朱熹及其父朱松游历讲学,传播儒学文化的赞誉说法)对安海文化影响很大,这里是闽南理学开宗之地。郑芝龙受招抚后就在安海建造了一座可直通外海的豪华府第。但可能考虑儿子读书需要一处较为宁静优雅的地方,郑芝龙让郑森居住在族弟郑芝鹏的别园内。别园位于安海镇东北角的坑甲村,花美石秀,幽静雅致,是个读书的好地方,郑森就居住在此苦读。别园旁边有一个按道教风水学所建的四角五层砖塔,称为星塔。相传,郑森在别园读书的时候,每到下午申时,他聚精会神读书苦思的时候,附近总有人敲锣打鼓从别园前经过,吵得他无法专心听讲。时间久了,他觉得十分纳闷,便出来询问怎么回事。有一乡民告诉他说,在村子的东南面有一座小山,形状像一头卧地的黄牛,曾经有风水先生把它称作"卧牛穴",说是这只卧牛一到下午就大睡不醒,如果不敲锣打鼓把它唤醒,便会人畜不旺、粮食歉收。郑森听后，知道这是迷信，心中也有主张，于是笑着对乡亲们说："敲锣打鼓不是个好办法，锣鼓声一停，牛还会再睡，这样做也妨害农事，起不了大作用。我替你们想出一个长久之计，你们可以在卧牛山的西南面建一座高塔，每当太阳西斜，塔影就会俯射到卧牛山上，就像一条鞭子打在牛身上，牛受到鞭笞，哪里敢再贪睡，乡里便会五谷丰登、人畜兴旺。"乡亲们听后，觉得有些道理，就将信将疑地在卧牛山的西南角建起一座四方形的五层高塔。果然，每当太阳偏西，塔影像一条鞭子一样打在卧牛山上。从此，乡民不再敲锣鼓，午后又恢复了宁静，郑森也就能安心读书了。这便是郑成功"鞭打卧牛穴"的传说。

郑芝龙对郑森寄予厚望，所以不惜重金，为儿子聘请了多位名师执教，使他全面接受中国传统文化的教育。郑芝龙常对人说："我只是一介武夫，我这儿子倘若能通过科举考试金榜题名，为我郑家门第增光，那就十分庆幸了。"而郑森确实也没有辜负父亲的厚望，他刻苦读书，从不懈怠，理解经文的能力总是比同学和几位叔伯兄弟强，因此深得老师的喜爱。传说在十一岁那年，有一天，书斋的老师出题让学生写文章，以"洒扫应对"四字为题，别的孩子面面相觑，郑森稍加思索，就在文章中写道："汤武之征诛，一洒扫也；尧舜之揖让，一进退应对也。"他引用了古代商汤、周武王推翻暴政，以及尧、舜之间禅让与接班的典故，用意深奥而又新奇，这让老师们惊诧不已。不过郑森读书虽然勤勉，但因为思念远在日本的母亲，常常望着东方悲伤而叹，同在安海的几位叔伯兄弟总是不能理解他，还加以冷嘲热讽。好在四叔父郑鸿逵对郑森格外疼爱器重，常抚摩他的头，称赞他是郑家的"千里驹"，所以郑森与这位叔父感情最为深厚。郑鸿逵在其诗集抄本《及春堂诗集》中第二卷的一首诗内，用"案头万卷夜尽，清露松枝煮茶"来赞叹他看到的侄儿郑森长夜苦读、废寝忘食的情景。郑鸿逵还用《勉弟侄读书篇》作诗集的引文，提出"学贵求之心""究心实学，专志定气，学而思，思而学"的读书法则，以此来教导郑森。郑鸿逵自己也在明崇祯十三年（1640 年）考取了武进士的功名，后来还做到防卫长江一带地方的江防水师总兵，他的言传身教对少年郑森的成长影响很大。所以郑森在这一时期，不仅重视习文，也兼修武学。他喜欢《春秋》，也喜爱孙武吴起兵法，在研习经文的空余，则舞剑骑马，练习射箭。这其中多少有受到幼年在日本一些经历的影响，而他精于骑射则是来自叔父郑鸿逵的亲自传授。

十五岁那年，郑森以优异的成绩考取南安县学生员，二十一岁时又作为官宦子弟被选送到当时的南京国子监学习,师从钱谦益①,在这里,郑森除了学习传统的四书五经之外,还了解了朝廷御制的《大诰》《大明律》等正统典籍,这些都为他日后的治军思想带来一些影响。

第三节 抗清复明

一、"国姓爷"

明崇祯十七年(1644年)三月十九日,李自成领导的农民起义军攻进北京,崇祯帝朱由检逃到煤山自缢身亡。同时,清兵对中原虎视眈眈,明辽东总兵吴三桂于同年四月引清兵入关,在石河、北山一带重创李自成农民起义军,使其不得不放弃北京,全线西撤,从此在军事上走上彻底失败的道路。

清军占领北京后,清政权也将统治中心移到北京,并在极短的时间内相继攻占了淮河以北大片土地。而明朝仍有部分残余势力掌握着以南京为核心的淮河以南大部分地区。南明遗臣在明争暗斗中,最终于明崇祯十七年(1644年)选定明神宗的孙子福王朱由崧为监国,并于五月十五日称帝,改年号为"弘光"。这个王朝历史上称为"南明"。不过,随着1646年五月弘光帝在北京被杀,弘光王朝很快就被清兵结束了。

目睹南明颓败国势的青年郑森,深感无力,只得挥泪南渡,暂时回到自己的家乡福建南安。

南明弘光政权灭亡后,一些不愿意降清的南明宗室与文武官员,纷纷南下,退入浙江、福建境内。而郑鸿逵也在金山战败后率残余兵马南逃,在杭州路遇明宗室远支唐王朱聿键。在郑鸿逵、黄道周等人的推举下,朱聿键被奉请监国。南明隆武元年(1645年)农历闰六月初六日,郑芝龙将朱聿键迎入福州官衙,次日朱聿键正式就任监国。

隆武帝即位之初,郑芝龙以支持拥戴的"定策元勋"身份,基本上把持了朝野

---

① 陈洋,叶玮.卫国英雄郑成功[M].沈阳:辽宁人民出版社,2017:8.

大权。有一天,郑芝龙专门领着儿子郑森进宫拜见隆武帝。隆武帝见郑森少年英俊,心中十分喜爱。而郑森也对隆武帝的问话应答如流,并就天下大势和朝廷政务提出自己独特的见解。隆武帝对他的才华很是赏识,感叹说自己没有女儿嫁给他。为了表示对郑森的宠爱,隆武帝赐他姓"朱",改名"成功",并且任命他担任保卫皇帝的"御营中军都督职",掌管尚方剑,"以驸马体统行事"(即享受驸马的典仪与待遇,在明朝制度内驸马的地位与亲王基本相同)。从此,中外都尊称郑成功为"国姓爷"。

隆武帝虽然从各个方面尽力表示对郑芝龙、郑鸿逵兄弟的信任倚重,但是,贪图富贵的郑芝龙却舍不得自己庞大的家产,只想拥兵自重。隆武帝虽致力于中兴事业,决心恢复失地,但军队、粮食都在郑芝龙掌控之中,多次令他发兵出闽收复失地,也没有取得任何实际效果。与父亲不同的是,郑成功少年时代受儒家"忠君报国"思想的教育,受赐国姓爷后又深感到隆武帝的知遇之恩,早就下定决心尽忠于朝廷,立志以身报国。只是碍于孝道,不能公开批评父亲。但他常常与隆武帝谈国家的前途、军事的利弊,说到慷慨处,君臣二人甚至相对痛苦。

南明隆武元年(1645 年)十一月,隆武帝下令亲征,郑成功作为护卫部队的首领,被加封为"招讨大将军"和"忠孝伯"的爵位,并随隆武帝来到闽北重镇延平。在延平,郑成功思考的抗敌应对策略概括为"据险控扼拣将进取,航船合攻,通商裕国"十六字,并向隆武帝提出了自己的完整主张,得到隆武帝的赞许。只可惜,隆武帝没有机会实施郑成功的这些主张。但这些主张后来在郑成功军事斗争中得到充分贯彻,是他抗清军事的基础。

二、父子分道扬镳

南明隆武二年(1646 年)四月,临近闽北仙霞关的抚州被清军攻破,郑芝龙部将郑彩不战而溃,郑成功率御营急速进入仙霞关内,约束整顿溃败的兵士,使地方百姓免遭官兵惊扰。六月间,郑成功的母亲田川氏获准从日本回到安平,郑成功母子分离十五年后终于团聚了。郑成功思母心切,又听说母亲染病卧床,心中十分焦虑不安,只得向隆武帝请假回家探望母亲。隆武帝十分体谅他的急切心情,同意了他的请求。但由于此时清兵已逼近浙闽边境,隆武帝要求他二十日之内必须返回闽北前线。这段时间,郑成功在闽、浙、赣交界处来回视察督战,成为他军事生涯最初的起点,年轻的郑成功受到很好的临敌锻炼。

就在郑成功赴仙霞关期间，随同征闽清军统帅博洛南下、时任清朝江南经略的明朝叛臣洪承畴以南安同乡的身份秘密致信郑芝龙招降，许诺如献福建归降，将授予他闽粤总督官职。贪图富贵又怕死的郑芝龙决意投降。在南明隆武二年（1646年）八月，以博洛为统帅的清军从仙霞岭进入福建，由于郑芝龙事先撤去守军，清军长驱直入，迅速攻占延平。隆武帝仓皇逃往汀州（今福建长汀），被追兵赶上，于当日遇害于汀州府堂。

隆武政权灭亡后不久，广西的明朝官员推举朱由榔继位，于清顺治三年（1646年）十月在广东肇庆称监国，十一月十八日正式称帝，改元"永历"，以此号召各地义师抗清复明。

郑芝龙降清的决定遭到郑成功、田川氏、郑鸿逵的激烈反对，最终，郑成功在哭谏无效的情况下，决心与父亲分道扬镳。他的行为得到叔父郑鸿逵的赞许和支持，郑鸿逵还暗中调出一支军队交给郑成功，让他秘密逃往金门暂时躲避。他写了一封信交给家人带回给父亲，信中表明了自己不愿随父降清的决心，并且声明："从来做父亲的只有教导儿子尽忠国家，没有听说教导儿子背叛国家做贰臣的。现在父亲不听从我的劝说，以后倘如有什么不好的结果，做儿子的也只有披麻戴孝来表示哀悼了。"这就是著名的"郑氏报父书"。

1646年十一月，郑芝龙自信满满地如约来到福州，不料被清帅博洛控制，仅被授予一等精骑哈尼番的空头官衔，隶属于汉军正黄旗下，有职无兵，实际是遭到软禁。

郑芝龙降清后，安平郑家以为可免受清军骚扰，因而无防备，不料清军对郑家大量家财垂涎已久，就在十一月三十日突然袭击安平，大肆抢劫淫掠，郑成功母亲田川氏被辱，不屈自尽。

十二月初，郑成功闻报父亲被挟持北上，生死未卜，又得知母亲噩耗，如晴天霹雳，痛不欲生。国难家仇，促使郑成功起兵抗清。几日后，郑成功倾尽残余家资，以"招讨大将军罪臣"的名义，会同流亡南下的隆武朝的大臣曾樱、路振飞等，招集父亲旧部洪旭、陈辉、张进等九十余人扬帆入海。

同年年底，在郑成功的倡导下，闽粤沿海几支反清义军在厦门与金门两岛之间的烈屿会师，订立共同抗敌的盟约。从此，郑成功义无反顾，高举"反清复明"的旗号，率师转战东南沿海，开始了波澜壮阔的抗清战争。

三、与清势不两立

郑成功海上起兵后,虽有父亲旧部相随,但毕竟兵少粮缺,几乎没有立足之地。于是,1647年年初,郑成功由海路到南澳招兵,招得数千人,在厦门东南面的小岛鼓浪屿扎营练兵。郑成功之名逐渐在东南沿海传播开来,许多郑氏旧部及南明宗室遗臣纷纷归附,郑成功以水师为主,军队不断壮大,形成一支对清军颇具威胁的力量,从海上和陆上陆续对清军发起进攻。1648年四月,郑军攻占同安县,首次设官管理。

同年五月,郑芝龙旧部辅明侯林察从广东回到福建,向郑成功禀报了流亡广东、广西的明朝旧臣拥立桂王的消息。郑成功非常高兴地说:"我终于有了新的君主了!"从此郑成功及其子孙始终尊奉永历为正统王朝,一直到它灭亡。同时,郑成功向永历皇帝报告了他在东南沿海抗击清兵的情况,表示愿意在永历皇帝的领导下东西配合,共谋复兴。后来,郑成功还与永历政权的军事统帅李定国建立作战同盟,形成东南沿海与西南地区两大抗清的主要战场。

这之后,郑成功的战略重点放在厦门、金门的取得,终于建立了一个巩固的抗清基地,与清兵势不两立,打了许多战役,其中最著名的当数海澄战役和漳州战役。

1652年正月,郑成功亲率水师由中权关攻下海澄,接着连续攻克漳浦、诏安、平和几个县城,进兵围困长泰。三月,清朝闽浙总督陈锦率师救援长泰,郑成功移营于江东桥一带,调动全部兵力,采用"处处设伏、诱敌深入"的战术,与清军展开激战。不到一日就将清军击溃,迫使清军退入同安。郑军乘胜包围闽南重镇漳州,这次围攻漳州却在围攻七个月后,终因粮食匮乏、兵士倦怠而宣告退兵,所幸,后来在1654年十一月,漳州清军千总刘国轩暗地里献城归降,郑军才拿下漳州城。

1653年五月,清朝平南将军金砺率满汉精锐大举进攻海澄,距离郑军营地仅半里之距,以大小铳炮数百门日夜轰击,郑军营垒塌毁过半,将士伤亡颇重,一时军心不稳。郑成功在这严峻关头,冷静传谕各镇营说:"此城如不能守住,还谈何恢复中兴?本藩早晚自会定下破敌计策,必然能杀得清军它片甲不留。"郑成功还令参军携带着隆武帝所赐的"招讨大将军"印到各军营中,表示有能力率众守城破敌的,就将以此印相授,其实是表达郑成功将要与海澄共存亡的决心。

这样,全军将士士气高涨,各镇总兵纷纷来到中军营帐前请战。提督甘辉还高声吟诵南宋丞相文天祥的诗句"人生自古谁无死,留取丹心照汗青",与诸将互相激励。由于营寨连遭清军炮击,防护多被毁坏,郑成功下令各营将士挖掘地窖藏身,以免被清军的炮火所伤。等到清军火药用尽准备登城时,郑成功速令将士各执大刀大斧迎头砍杀,短兵肉搏,战斗异常激烈,清军三进三退,都不能攻入海澄城一步。郑军神器镇点燃事先掩埋于护城河里的地炮和火药,一时间火光冲天,将刚渡过护城河的清兵烧死一大半。此时,郑成功立即下令郑军将士乘胜出击,清军大败,精锐散失殆尽。①

这一次,郑成功面对的是真正的满洲军马,郑军以弱胜强,击退兵力和装备均处于优势的清军,充分显示了郑成功杰出的军事指挥才能。不久,他被永历皇帝册封为延平王,手下将领也被论功行赏。

海澄战役后,郑成功在军事上进入鼎盛时期,郑军事集团遥奉永历皇帝,接纳从各地汇集而来的明臣遗老,明确提出"抗清复明""恢复中兴"的政治主张。经济上,郑成功利用厦门港的人文、地理优势,"通洋裕国",积极发展海上贸易,从而使厦门在政治、军事、文化各方面都得到前所未有的发展。

由于郑成功治军严明,并受到百姓的拥护,在闽南打了无数次战役,均使清军连遭惨败,清廷认识到对付郑成功单凭军事进攻难以奏效,因而在海澄战役后,大约在1653年至1654年,清廷数次以高官厚禄为诱饵,并以郑氏亲眷性命相要挟,对郑成功进行"招抚"。郑成功考虑到父兄性命,与清廷斗智斗勇,进行多方周旋。但最终的形势迫使郑成功必须在忠义与亲情之间做出选择,他毅然选择了忠义,清郑议和宣告破裂。此后,清廷下诏浙、闽、粤三省的总督、巡抚整顿军队,准备对郑军进行新的"进剿",同时决定惩办郑芝龙,并在次年正式囚禁郑芝龙及其在北京的家属。

面对新的军事压力,郑成功沉着布置,于1654年及次年攻克漳州,破同安、南安、安溪、永春、德华,而后乘胜直逼省城福州。后又攻下浙江舟山,清朝舟山守将把臣兴、定关守将张鸿德、台州守将马信先后率部归降。不久,济度率领清军到达福州,郑成功传令即刻转移,将居住在思明州的官兵家眷转移至金门、镇海,搬空厦门岛等待清军的进攻。他对部下说:"清朝派遣济度这样乳臭未干的小儿带兵,看来用意不在打战,只不过使借助兵威再来逼我求和而已。我有意搬

---

① 陈洋,叶玮.卫国英雄郑成功[M].沈阳:辽宁人民出版社,2017:53.

空思明州让他感到疑虑。估计他必然会写信来劝我投降,我则乘机迎战,自然让这小子进入我们的重围中。"

济度大军至泉州后,果然两次来函劝降,以明朝降清的祖大寿、洪承畴为例,说若论该二人之罪不在小,而朝廷尚且宽宥其过,还破例给予擢用。现在郑成功与这两人相比,罪不算大,如果投诚,自然更能得到皇帝的加恩和重用。郑成功看到书信后连连冷笑,虽然他已不愿在就抚问题上多费口舌,但为显示来往礼节,仍令参军拟一封信函回复,除谴责清廷背信弃义外,还嘲讽济度将要疲惫地出来,疲惫地回去。

1656 年四月,郑成功与济度会战于泉州港海域,郑军水师用抢占上风顺流冲撞的传统战术大败清军,俘获大船十艘,撞沉及焚毁三十余只,清兵不识水性,落海身亡者不计其数。济度束手无策,从此不敢渡海进犯。

四、挥师南京

自 1650 年奠基金厦以来,郑军在固守沿海诸岛、相机进取漳州泉州二府为基业的战略方针指导下,与清军大小数十战,逐渐收复了一批沿海府县,支撑着整个东南沿海战局。但是,由于清政府不断派援军入闽,郑军常常顾此失彼,郑成功深感:"许多地方得而复失,始终没有一个最终局面,何时才能有望恢复中兴?"

此外,当时西南战场,永历的两位统帅孙可望、李定国发生内讧,孙可望战败降清,李定国保护永历帝退入云南,清军乘机大举向西南地区发起进攻,永历政权岌岌可危。从当时严峻形势考虑,郑成功认为必须改变固守金厦、徐图进取的战略,要以更为积极大胆的出击,来摆脱目前被动的困境。

根据情报,清军正将主力开赴云贵一带征剿明军,江南防守薄弱,这是进兵江南的绝好时机。而江南的政治中心在南京,古称金陵,是明朝太祖皇帝朱元璋陵寝重地,又是地位仅次于北京的"留都",如能进兵攻取,则可以号召江南,控扼运河粮道,进而问鼎中原。

做了一系列战前准备,郑成功认为有了制胜的把握。郑成功任命忠振伯洪旭为居守兵官,统水陆四镇留守思明州,1657 年七月,出师北伐,八月郑军接连攻克浙江黄岩、台州、金门。九月,因闽安镇被清军攻陷,郑成功恐金厦两岛有失,只得率军放弃台州南归。不过,郑军这一次北上虽然中途折回,却通过实地行船和作战,同时夺得舟山数岛,建立若干驻兵囤粮的据点,为来年再度北征奠定基础。

1658 年五月,郑成功亲率雄师十万,战船数千艘,再次溯海北上,挥师南京。八月间,因在浙江羊山为风暴所阻,全师折回舟山休整。这次遭遇风暴,郑军遭受损失巨大:郑成功痛失两位幼子,兵将溺死者二百余人,六艘军船中覆沉了一艘,战船沉没了五十余号,其他未沉船只,也受损严重,不堪征战。此外,又出现北方士兵因惧风浪逃亡事件,及因此引发郑成功猜疑,使得军心动摇。

1658 年八月至 1659 年四月间,郑军战船停泊在浙东温州、台州沿海及舟山群岛一带休整。之后,郑成功见南风已发,下令全军师出舟山,一路奋战,连续攻克长江重镇瓜州、镇江,生擒清朝总督朱衣佐。

1659 年七月初七,连连获胜的郑军水陆师相继抵达南京城外。兴奋之余,郑成功挥笔写下《出师讨满夷自瓜州至金陵》诗:

> 缟素临江誓灭胡,
>
> 雄师十万气吞吴。
>
> 试看天堑投鞭渡,
>
> 不信中原不姓朱!

郑成功在观音山一带亲自登岸观察地形,随即下令大军首尾相连,扎营狮子山一带。清南京守将江南总督郎廷佐见郑军声势浩大,一面飞报清廷求援,一面整备战具坚守城池。郑成功根据兵法"攻心为上"的原则,不听参军潘庚钟等人的劝谏,只传令围城等待清军投降。

七月十七日,中提督甘辉再次提醒郑成功,大军久围城下,易致士气懈怠,请求急速攻城,郑成功仍从兵不血刃以争取人心的策略出发,没有采纳甘辉的提议。这样,南京城内清军得以从容准备,而在十二天内相继进入南京的清军援军就有近六千人。相反,郑军将士因为得到等待清军献城投降的命令,多放松警惕,前锋镇总兵余新甚至放纵部下兵众离营砍柴捕鱼。

七月二十二日,清军大将梁化凤侦察获悉凤仪门外郑军防御疏漏,先以火炮猛击郑军前锋镇营地,再率领士兵挖开封闭已久的神策门,乘夜突袭郑军营寨,郑军猝不及防,数镇兵马一下子全军覆没。二十三日,郑成功重新部署部队,准备在观音山与清军决战。二十四日早晨,清兵分兵全力向观音山发起进攻,郑军将士拼死抵抗，还是抵挡不住清军的进攻，全线崩溃，郑军号称"铁人"的虎卫镇将士，因身披重甲，行动迟缓，又被其他镇营溃散的士卒挤成一团，已来不及有序布阵，在撤离江岸时多数深陷泥淖，溺水身亡。

之后郑成功虽组织反击，但由于军心已乱，加之腹背受敌，统帅军令无法传达，只得下令放弃南京，抽兵下船，退入江中。

为掩护郑成功退入船中，部分陆师在中提督甘辉的率领下仍拼死抵抗，替代主帅坚守中军指挥黄盖的吏官潘庚钟先被乱箭射死，甘辉力战不退，口中高喊："我是甘辉，能擒我者可以去请功。"甘辉终于力尽被擒。后，矢志不移，不肯投降，被杀于南京城外。

由于无力挽回败局，郑成功被迫下令水师撤出长江，回到厦门。郑成功对于提督甘辉的阵亡感到特别痛心，深悔不听他的忠言，说："我如果早些听从甘将军之言，应当不至于遭受这样的惨败啊！"因而后来他在厦门兴建忠臣庙祭祀北征将士亡灵时，下令将甘辉名列首位，又将自己的女儿许配甘辉之子甘孟煜，以示抚恤之情。甘孟煜后来继续辅佐郑成功之子郑经，在台湾郑氏政权中担任天兴州知州。

北伐南京是郑成功抗清事业的最高峰。此后，郑军只得力保后方，再无力量对清军发动大规模进攻，整个抗清形势由此转入低潮。

第四节　驱荷复台

台湾与祖国大陆向来有不可分割的地缘关系、血缘关系。元朝和明朝更是在澎湖设置巡检司，派驻官兵防备台澎海域。大陆东南沿海的一些汉人陆续前来捕鱼、交易，他们用各种生活用品或铁制工具换取当地居民捕猎的兽皮。

当历史的车轮驶入 16 世纪末 17 世纪初，也就是中国明朝嘉靖、万历年间，东南地区沿海商民逐渐突破明朝政府的海禁，扬帆航行于东西洋，经营海上贸易，形成以武力为后盾的海上走私集团。1628 年郑芝龙受明朝招抚后，台湾海峡航线安全受到郑氏的保护，汉人来台人数逐年增加，华人首领苏鸣岗、林亨万从南洋招工入台开垦农业，带来种稻和制糖技术，大大促进了台湾种植业的发展。台湾获得初步开发，汉人社会逐渐形成。

但此时,明朝政府却深陷于内忧外患之中,西北李自成农民军势力的迅猛发展和关外后金政权的不断袭扰,使明廷无力顾及东南海防,这给当时已频繁活动于中国沿海的荷兰殖民者提供了可乘之机。

荷兰东印度公司从 17 世纪初期以印度尼西亚巴达维亚(今天的雅加达)作为立足点后,就迫不及待地准备打开中国的贸易大门。1604 年八月,由韦麻郎率领的荷兰舰队占领澎湖,后被明朝派大兵驱赶,由于双方力量悬殊,韦麻郎只得于十二月十五日扬帆而去。

1622 年四月,不甘心的荷兰人再次由首领雷约兹率领 16 艘英舰船袭击澳门及寻机占领澎湖。七月十一日,荷兰人占领澎湖,随后,强迫澎湖华人百姓搬运土石,为其修筑城堡。由于荷兰人的残暴,这些华人在城堡未完成前,其中的 1300 人死于饥劳。荷兰人的暴行,就连荷兰第一任台湾长官宋克也承认:"我们前时在中国沿海的行为,激起了全体中国人的反抗,一般把我们看作杀人者、掠夺者和海盗。我们对全体中国人的行为,确实是残酷野蛮的。我以为用这种方法永远达不到和中国通商的目的。"

同年,荷兰战船进犯厦门,被明军斩俘数十人。

1623 年,荷舰再次进犯鼓浪屿。明将王梦熊率军迎战,大胜。

1624 年正月,福建巡抚南居益决策收复澎湖,终于在六月二十二日,使荷兰人陷入重围之中,不得不派人求和。余咨皋向巡抚推举李旦作为中间人协调,得到南居益的许可。这样,李旦向荷兰人提出南居益、余咨皋两人的条件:荷兰人必须撤出澎湖,但允许他们到台湾进行贸易。于是荷兰人于八月份满意地全部撤出战船,登上了台湾。余咨皋之所以提出这样的建议,是因为此前他就与荷兰人在商贸上秘密往来,不愿与之彻底破裂。因此,明军虽收复澎湖,但由于部分官员与投靠荷兰殖民者的海商私下勾结,军事统帅只满足于收回失地,致使我国领土台湾被荷兰殖民者侵占三十八年之久,不能不说是极重大的失策。

荷兰人占领台湾后,对台湾人民继续其残暴统治,最终爆发了郭怀一(约1603—1652)领导下的反荷起义,只可惜最后起义惨烈失败。而郑成功在东南沿海坚持抗清斗争的同时,对于与厦门一水之隔的台湾以及荷兰殖民者的动向早有密切关注。

1660 年一月,曾为郑芝龙部属,当时在台湾为荷兰人当通事的何斌潜回厦门,拜见郑成功,将台湾百姓深受荷兰殖民者压迫、盼望郑成功出兵解救的迫切情形做了详细介绍,并进献可供进军台湾使用的水路地形图,促使郑成功下定东征台湾的决心。

1661年正月,郑成功在厦门召开两次会议商议东征台湾事宜,但遭到不少将领的反对,郑成功最终以一代军事家的雄才伟略,力排众议,确立了收复台湾的历史决策。

1661年三月初十,郑军东征船队集结于金门料罗湾待风。二十三日中午,天时霁静,微风拂面,郑成功亲率首程东征大军十二镇共二万五千人,战船四百余艘,从料罗湾放洋向台湾进发。

东征的行程充满艰难险阻。

一方面,海上气候十分恶劣。二十四日郑军船队抵达澎湖时,行程尚属顺利,从澎湖出发时又有守岛多年、深悉水道的游击将军洪暄为前导,本可一路无阻地迫近台湾。不料二十七日船队进发到柑橘屿时为风暴所困,不久又降大雨,海上阴雾弥漫,几乎无法行船。

另一方面,军粮短缺。据何斌提议,大军几日就可以到达台湾,夺取荷兰粮仓,就有充足的粮米供给,因此郑军的粮食准备不足。如今风阻行期,官兵食物已尽,郑成功很是焦虑。

为解燃眉之急,郑成功只得传令船队折回澎湖,派遣户都事杨英和洪暄在澎湖各岛向百姓征购粮食,结果也只收到番薯、大麦、黍稷百余担,还不够大军一餐之用。

在此严峻时刻,郑成功当机立断,于三十日夜间传令水师冒风起航,并在中军船上对诸将训谕说:"自古有坚冰可渡的例子,或者真有天意。如果天意让我平定台湾,今天自然风平浪静。否则数万官兵,岂不是要坐困受饿于孤岛之上?"

当夜一更过后,果然风雨稍歇,但海上波涛仍未平息,郑军将士在郑成功身先士卒精神的号召下,逆风破浪行进,四月初一黎明顺利抵达台湾鹿耳门港外。

郑成功进入台湾后,顺乎民意,得到澎湖、台湾百姓的广泛支持。大军由鹿耳门登陆,就是以当地渔民为向导的。郑军所到之处,"各近社土番头目,俱来迎附",南北土社也都"闻风归附",出现了"男妇壶浆,迎者塞道"的场面。老百姓还主动为郑军送情报,提供粮食、军需品。[①]

在台湾各地汉族百姓和土著居民的协助下,郑军士气更加振奋,各镇营快速

---

① 苏双碧.复台壮举 彪炳千秋[M]//许在全.郑成功研究.北京:中国社会科学出版社,1999:9.

穿插进兵,占据几乎所有的险要地势,完成了对赤嵌城的军事包围。水师战船则迫近荷兰人的两个主要城堡,基本控制了赤嵌城与热兰遮城之间的海域,切断两处荷兰人的联系。

郑军突然兵临城下,引起荷兰殖民者极大的恐慌。不过荷兰台湾长官揆一很快就反应过来,决定在暂时处于劣势的情形下向郑军发起反击。四月初,郑军与荷兰殖民者的首次战斗分别在海面与陆上进行。

在海上,位于赤嵌城与热兰遮城中间的大员湾,荷舰以夹板船赫克托号和格拉弗兰号为主力,辅以小帆船白鹭号和快艇玛利亚号,边开炮边向郑军直冲过来。郑军由宣毅前镇总兵陈泽、侍卫镇总兵陈广和左虎卫左协陈冲率领装有两门火炮的 60 艘战船迎战。

战斗异常激烈,硝烟弥漫在海面上,以致在稍远的地方都无法识别双方船只。战斗中,郑军炮火击中了赫克托号的弹药库,引发了激烈的爆炸,瞬息之间,这艘最大的荷舰连同舰上 100 余名士兵全都葬身海底。

郑军将士大受鼓舞,向其他荷舰发动了更猛烈的进攻。面对英勇的郑军将士,荷舰再也坚持不下去,格拉弗兰号上的荷兰士兵仓皇逃回热兰遮城,而快艇"玛利亚"号则逃往巴达维亚求援。

陆上,荷军腹背受敌,他们的勇气这时完全被恐惧所代替,许多人甚至还没开火就把枪丢掉,抱头鼠窜,郑军则乘胜追击。在短短几十分钟的战斗中,贝德尔上尉和他的 118 名士兵当场丧命,其余的士兵跳入水深及颈的海中逃命,有的就淹死在海中,只有 80 名士兵逃回船上,返回热兰遮城。

由于郑军在水陆两方面的战役都取得胜利,因此很快完成对赤嵌城的合围。然而荷兰殖民者并不甘心退出台湾,决定继续顽抗,他们在热兰遮城上竖起血旗表示决战之心。郑成功于是下令何斌通过当地百姓找到流入赤嵌城的水源,切断其淡水供应,又让士兵每人带一束柴草放于城下,声称准备放火攻城。困守于赤嵌城内的荷军迫于郑军的强大攻势,于四月六日献城投降。

夺取赤嵌城后,接下来的攻取热兰遮城的战役进行得非常惨烈。从农历四月初四至十九日,郑成功传令将数十尊大铁炮陆续运入热兰遮市街。

二十四日晚,郑成功下令开始炮击,炮击持续了约四小时,但由于距离太远,又是从低往高发炮,加上城墙坚固,郑军炮轰无果,反被荷军炮火所伤。郑成功只得下令退出热兰遮城。

当日午后,郑军又发动了一次攻击,仍无果。此时,军中缺粮,考虑到伤亡颇大,台湾本岛大部已收复,如今当务之急是解决军粮问题,于是郑成功采取"围困候其自降"的方针,留下部分人马围困,自己移营鲲身山,商议设置府县及发兵屯垦大计。

五月,在大员湾海中逃脱的荷兰快艇"玛利亚"号经过50天的航行后终于驶回巴达维亚报告情况,荷方随即派遣援军到来。闰七月二十三日,满载700多名荷兰士兵的三艘甲板战船和两艘帆船向郑军发炮攻击。

郑军士兵勇猛地用石头和弓箭迎击荷军的火枪和火炮,他们还将荷兰士兵投来的火罐和手榴弹用竹席接住并掷回荷军战船。战斗持续了一个多小时,荷军大败,仓皇退回热兰遮城。

此役之后,双方进入了艰苦的相持阶段。郑军方面的困难仍然来自日益恶化的军粮供给,官兵日仅二餐,且大部分为番薯、木子等物,营养不足,许多士兵还染上山地恶疾,不断有人死亡。在荷兰方面,同样流行的疾病使能参战的士兵日益减少。

十月,清廷派人送来信函,提议荷兰人配合清军对付郑成功,要求荷兰派水师前往福建,联合进攻留守金门、厦门的郑军水师。

这一消息使郑成功深受震撼,一向指挥若定的他性情大变,常常对部属无故训斥,就连最信任的马信、杨朝栋都在他面前战战兢兢。郑成功严令铜山守将蔡禄、郭义领其全军赴台,结果造成蔡、郭二人率军降清,连主持铜山军务的老臣忠匡伯张进,也因遭受二将胁迫而自焚身死。后来幸得厦门留守将领黄廷、洪旭领兵救援,铜山才得以恢复。

眼前发生的一切,使郑成功意识到继续围城将十分不利,因此他决定即日攻城。此时许多荷兰士兵由于对战局感到绝望,开始逃出城堡向郑军投降。

里面有一名叫汉斯的日耳曼士兵,把这围城里的状况详详细细地告诉了国姓爷(荷兰史料原语)。汉斯还凭借自己在欧洲多年的作战经验,详细描述了荷军城墙与外堡工事的薄弱点,提出先攻占乌特勒支外堡和小山头,就可以在当地筑起防御工事,阻碍城堡内的火力,逼近主城堡的墙边,城堡也就容易攻破。

汉斯的建议果然奏效。1661年十二月初六,乌特勒支外堡被炸得砖石横飞,残壁洞开。荷军只得彻底放弃守卫,在当日临近黄昏时刻撤回热兰遮城。

乌特勒支外堡被郑军攻破后,龟缩在热兰遮城内的残余荷军自知灭顶之灾即将来临,悲哀厌倦的情绪笼罩着整座城堡。同时,郑军继续在小山头上建造一座大型炮台。

第二天清晨,当城堡内的荷兰人看见外面近在咫尺的郑军战壕的那一刻,他们彻底明白再也没有什么可以挽救自己的命运了。于是荷兰评议会召集所有商官和军官商讨最后的对策。大多数人认为,按照目前危急的形势,只有在"最合理的条件下"将城堡献给国姓爷,才是最理想的出路。

十二月初八下午,荷兰评议会将求和信送达郑成功手中,郑成功以"大明招讨大将军国姓"的名义,回复了两封信,一封给荷兰评议会作为回答,另一封给热兰遮城内的荷兰军官。

后又经过几番周旋,荷兰殖民者在郑成功强大的军事压力和机智的外交手段面前,终于俯首称臣,表示完全履行对郑成功的所有承诺,并在十二月十一日确定了双方应达成的决议,共十八条(郑方用中文写成 16 条)。

1661 年十二月十三日,郑成功的军队终于收复了沦陷 38 年之久的台湾,台湾宝岛从此回到祖国的怀抱。

郑成功面对充满斗志的士兵,无限感慨,吟咏出《复台》诗:

> 开辟荆榛逐荷夷,
> 十年始克复先基。
> 田横尚有三千客,
> 茹苦间关不忍离。

他感叹数万将士,虽历经战火、瘟疫、饥饿的煎熬,仍坚定地追随自己,终于建立了驱荷复台的不朽功勋。

收复台湾以后,郑成功走访四社,了解民情,实行"寓兵于农"之法,屯垦开荒,"农隙则训以武事,有警则荷戈以战,无警则负来以耕"。彼时,台湾新辟土地的环境十分恶劣,瘴疠流行,"病者十之七八,死者甚多",甚至有数十丈巨蟒为患,开荒任务非常艰巨。郑成功亲率官兵,披荆斩棘,殚精竭虑,艰苦开发这座刚刚收复的宝岛。同时,他还采取各种措施,加紧巩固台湾海防,坚守阵地,以防备荷兰侵略者卷土重来,重占台湾。

不料,由于十年征战,驰骋沙场,郑成功已积劳成疾,沉疴难愈。1662 年农历五月初八,一代英雄含恨病逝于台湾,结束他光辉的一生。其长子郑经继续其抗清复明大业,并开发建设台湾。

　　1683 年,施琅攻克台湾,郑成功之孙郑克塽降清。台湾纳入了清朝的版图。

　　郑成功原葬于台湾台南洲仔尾。1699 年,郑克塽上疏请迁父祖之坟于内地。康熙下诏:"郑成功系明室之遗臣,非朕之乱臣贼子。敕遣官,护送成功及子经两柩,归葬南安,置守冢,建祠祀之。"

　　康熙还为郑成功题赠挽联:

　　　　四镇多二心,两岛屯师,敢向东南争半壁;

　　　　诸王无寸土,一隅抗志,方知海外有孤忠。

　　康熙还亲书"忠臣""孝子"匾额各一方。

　　同年,郑成功父子的灵柩从台湾迁葬于其故乡南安橄榄山(今称"覆船山①")其祖先乐斋公墓内。1961 年,郑成功墓被列为第一批省级文物保护单位。1982 年,郑成功墓被列为第二批国家级重点文物保护单位。

　　南安石井和台湾都敕建有延平郡王祠②。1996 年,南安延平郡王祠被列为第四批省级文物保护单位。2010 年,位于台南的延平郡王祠(含郑成功文物馆)被登录为台南市第九座历史建筑。

　　1962 年,石井建"郑成功纪念馆"。1982 年,又在石井鳌峰山建新馆。1997 年,郑成功纪念馆被列为第一批全国爱国主义教育示范基地。

　　苏双碧认为,郑成功驱荷复台,"为后来施琅和平统一台湾创造了条件"。"就这一点而言,怎样评价郑成功的历史功绩也不算高,是值得后人永远垂青的。"③郭沫若在纪念郑成功收复台湾 300 周年时,写下了对联:"开辟荆榛千秋功业,驱除荷虏一代英雄。"这个挽联,无疑代表了后人对民族英雄郑成功收复台湾伟大功绩的历史评价。

---

　　①　橄榄山,位于今南安水头镇,因山形地势像橄榄而得名。历史上有人故意把"橄榄山"改为"覆船山",隐喻郑成功反清复明最终失败的结果。

　　②　1658 年,永历帝册封郑成功为"延平王",自此郑成功称"延平王""郑延平"。"延平郡王",乃清廷赐号的结果。清同治十四年(1875 年),诏准于台湾建祭郑成功专祠,同治帝赐颁"忠节"匾,朝廷赐题名"延平郡王祠"。

　　③　苏双碧.复台壮举　彪炳千秋[M]//许在全.郑成功研究.北京:中国社会科学出版社,1999:11.

第十四章 叶 飞

"华侨赤子为国为民勤政廉明树公仆楷模,大海将星火线挥兵几经生死铸铁军雄风",写的就是中华人民共和国的开国上将——叶飞,他是中国革命和建设的参加者,也是中国改革开放的开拓者,把毕生的精力都奉献给了祖国。

第一节 华侨兄弟 一起革命

"华侨将军"叶飞,1914 年 5 月 7 日出生于菲律宾吕宋岛奎松省。父亲叶荪卫,南安金淘人,新婚几个月后,迫于生计,即告别妻子谢宾娘,漂洋过海去了菲律宾,先做苦工,后经营小买卖,又与菲律宾籍妻子麦尔卡托结婚,生下大儿子叶启存,二儿子叶飞,当时起名为叶启亨。叶飞后面还有四个弟弟、两个妹妹,叶飞称大他两岁的同母所生的启存为二哥,因为在福建家乡的母亲收养的一个儿子年纪最大,名叫启迪。叶飞跟二哥叶启存的关系最为密切,兄弟俩一起读书,一起闹革命。

1919 年,在与生母生活 5 年后,叶飞和二哥叶启存回到了福建南安金淘占石村老家的嫡母谢宾娘(即叶飞常说的"家乡的母亲")身边。谢宾娘没有生育,她把叶飞哥俩当作亲生儿子抚养。

1920 年,叶飞和二哥进入附近的乡村读小学。读到高小时,哥俩学习成绩很好。他们的数学教师叶骥才(国民党左派人士)很喜欢他俩,经常给他们灌输反帝反封建的民主革命思想,叶飞哥俩从此获得革命思想的启蒙。

1925 年,叶飞哥俩高小毕业,父亲因为经济困难,要他们其中一人辍学经商。叶骥才老师对他们父母亲进行了一番劝说,兄弟俩才得以到厦门投考中学。

这一去,叶飞告别了占石村,告别泉州,一去就是 20 多年。

到了厦门,叶飞兄弟俩是住在厦门大同路 265 号南安老乡郭治丰家,并与郭家之子郭础疆结下了不解之缘,他们三人一同考入省立十三中(现为厦门一中)。①

郭治丰是清代末年从南安蓬华山城村到厦门打工的青年,至辛亥革命时有了一定的积蓄,就购置了厦门大同路 265 号,开设"恒发"号粮油店,后由其子郭础疆接营。新中国成立后郭础疆曾任大中华饼干厂厂长,全国政协委员,民建中央委员,厦门市人大常委会副主任、工业局副局长等,一直住在大同路 265 号。

叶飞兄弟俩到厦门就住在郭家,与郭础疆一起走读上学,初二时在校寄宿,三人同住一间宿舍,星期天才一起回大同路 265 号的郭家。当时受第一次国共合作的影响,厦门的革命思潮高涨,省立十三中成立了学生会,三人在学生会中十分活跃,还到校外搞宣传抵制日货等活动。

叶飞的功课好,上英文课很轻松,因为他在菲律宾时,生母有教过,其他的功课也好,课余阅读时间多,他最喜欢读的是新诗、小说和进步书刊,读《向导》《新青年》《共产党宣言》《共产主义 ABC》等,开始接触马克思主义。

1927 年蒋介石叛变革命,国民党在厦门到处抓人杀人,很多被杀的共产党人是叶飞认识的,都是坚决革命、纯真、正直的青年,这才促使 14 岁的叶飞坚定接受共产主义思想,下定决心走革命的路。

1928 年,集美中学中共党员、郭础疆宗兄郭子仲介绍叶飞他们三人加入共产主义青年团,并成立支部,叶飞被选为团支部书记。团支部主要做十三中学的学生工作,组织读书会,团结进步青年。叶飞还说服二哥一起不参加即将到来的毕业考试,不要文凭,并给家乡的母亲和国外的父母写信说:中学毕业了,和朋友到日本留学,由朋友负担费用,家里就不要再寄钱了。兄弟俩以此为借口,断绝了和家庭的关系,进行彻底的革命,从此,叶飞和二哥叶启存正式走上了革命道路。

1931 年郭治丰病故,郭础疆因接盘经营"恒发"号粮油店而退出了共青团,而叶飞自去闽东参加游击队开始,两人有十几年没有联系,直到厦门解放后才又恢复联系。叶启存后来参加了郭础疆宗兄郭子仲领导的游击队,于 1935 年被捕,在南安诗山遇害。

---

① 洪振天.叶飞与郭础疆的传奇往事[Z]//政协南安市委员会.南安文史资料(第 36辑).2014:108-113.

第二节　枪林弹雨　九死一生

叶飞在念中学就开始参与革命,之后在枪林弹雨中几经生死,不断地在革命历练中成长。

一、16 岁在厦门被捕入死囚狱

1930 年 7 月,叶飞刚满 16 周岁,在厦门被国民党反动当局逮捕,被判刑投入死囚牢房一年。

叶飞被捕入狱,不是由于秘密工作的暴露,而是与当年轰动一时的"厦门劫狱"事件有关。当时在厦门狱中关押了 40 多名共产党人,大多是省、市、县的领导骨干。1930 年 5 月,省委得到消息说国民党要把这批政治犯押解到福州去,就决定组成"破狱委员会"进行营救。在厦门的中共福建省委组织劫狱,干净利落地救出 40 多名被关押在狱中的共产党员。此举引起国民党当局反扑,大肆搜捕,当年 7 月,代理福建团省委书记的叶飞和另外 2 名同志遭逮捕,被送到法院审判。

反动当局没有搜查到任何证据,叶飞在法庭上一再提出:"说我们危害民国到底有什么证据?"法官是厦门人,普通话讲得不好,叶飞他们也装作是不懂普通话、只懂闽南土话的乡下学生,不问政治,也不懂政治。法院实在找不到证据,又不肯轻易放过他们,最后以"共产党嫌疑犯"的罪名判叶飞三人一年徒刑。

判刑后,就把叶飞三人由拘留所送到监狱服刑。国民党反动当局慑于劫狱事件,竟然把三个"共产党嫌疑犯"投入死囚牢监禁!

死囚牢里的犯人都是被判死缓、无期徒刑或 20 年以上徒刑的重犯,大多是亡命之徒,可他们却对叶飞三个政治犯很尊重,不敢欺侮。他们认为共产党人专与"官府"作对,不惜抛头颅、洒热血,宁死不屈,又有文化教养,所以叶飞和他们的关系处得不错,也了解了这些社会底层的真实生活。后来,叶飞很有感慨地说:"这对我这个学生出身的青年来说,长了不少知识,等于进了一次社会大学。"[①]

狱中生活极为艰难,叶飞他们举目无亲,无人探视接济,日渐消瘦。叶飞设法给菲律宾的家人写信,家中派已在菲律宾的二哥叶启存回国,赶来厦门探望,带来钱和食物,帮叶飞三人解除困境。经二哥帮忙,在狱中的叶飞得以和党组织取得联系。1931年底,叶飞刑满出狱,调任共青团福州中心市委书记。

二、19 岁在狮子头客栈连中数枪[②]

1933 年,叶飞到闽东参与创建闽东革命根据地和红军游击队,在福安狮子头客店连中数枪后幸存。

1933 年 11 月,叶飞约一个同志中午在福安狮子头客店接头,这里是闽东地下党的交通站,叶飞在这里来往多次,从没有出过什么问题。这天叶飞进客店也没发现可疑迹象,便上二楼边吃饭边等人。突然传来一阵脚步声,叶飞以为是接头的同志到了,回头一望,却来了三个不认识的陌生人。叶飞还来不及掏枪,那三个人从楼梯口几步快跑过去把叶飞按住,并朝他开枪。

叶飞头部中弹,倒在楼板上,鲜血淋漓。但此时的叶飞脑子还清醒,觉得那三个人搜去他身上的手枪和笔记本,随后又听到三人下楼的声响,便抬头一望,这下坏了,原来只下去两个,还有一个留在楼梯口。那人一看叶飞抬头,大叫"还没死!还没死!",又跑过来向叶飞连开三枪,一枪击中胸部,一枪打在手臂上。

后来周边群众听到枪响,及时帮助叶飞脱离现场,并且把叶飞打扮成回娘家的妇女,盖着头巾,坐着轿子,巧妙地闯过岗哨,找到医生进行手术,取出脸颊的那颗子弹。这颗子弹从头部左侧耳前射入,碰到骨头往下偏去,留在右脸侧的皮下,却没有打烂舌头与牙齿。"如果这颗子弹往上偏去,就会穿入脑部,那就要脑浆迸裂,活不了了。"[③]但是叶飞胸部的那颗子弹却无法取出,一直陪伴着他度过

---

① 王昊,王纪一.开国上将叶飞[M].北京:中央文献出版社,2004:21.

② 此处叶飞中枪数说法不一,《开国上将叶飞》第 31 页写"当头上来的大汉把他按住,另一人连打三枪……跑过来又向叶飞连打三枪";《叶飞回忆录》第 38 页写"他们就将我按住,朝我开枪,我头部中弹……并跑过来朝我又连开三枪";《叶飞三次枪伤之奇遇》为"在头部、胸部、手臂共中了三枪还保住了性命"。本章叙述依据《叶飞回忆录》。

③ 黄彤文.叶飞三次枪伤之奇遇[Z]//政协南安市委员会.南安文史资料(第 36 辑).2014:116.

了 66 个年头,直到逝世后才取出,现保存在福建省革命纪念馆的叶飞纪念室。

三、20 岁陈之枢叛变诱其"自投罗网"

1934 年 3 月,闽东的斗争正在迅猛开展,叶飞突然收到福州中心市委代理书记陈之枢的电报,要他立即回福州。叶飞接到电报后,当即赶路前往,当晚到三都澳的交通站百克医院,碰到丁立山,才知道是"陈之枢叛变啦,现在福州到处在抓人",所以这个电报是要诱叶飞回福州"自投罗网"。

叶飞立即从三都澳返回福安,逃过一劫,并将陈之枢叛变、福州党团组织遭破坏的情况通知福安中心县委,并派出交通员通知连江中心县委立即切断和福州的关系。之后叶飞在中共福建省委遭到破坏、与中共中央失去联系的情况下,以特派员的身份,果断地主持召开会议,重建中共闽东特委,并成立中国工农红军闽东独立师。

1935 年起,叶飞任中共闽东特委委员、组织部部长,红军闽东独立师政治委员,闽东特委书记兼独立师师长,中共闽浙边临时省委宣传部部长兼少共临时省委书记,闽东抗日军政委员会主席,在中央红军主力长征以后,坚守闽东,领导军民坚持了极其艰苦的三年游击战争。其间先后率部在闽浙边取得沙埕、桃杭等战斗的胜利,多次挫败国民党军的"清剿",并在闽东地区恢复和重建了多块游击区。

四、22 岁在三湾村神奇脱险

1936 年 10 月初,叶飞在地处周宁与福安交界处的三湾村再次受伤,神奇脱险。三湾村当时就是一个山楼,下面是一条小溪。叶飞那时在夜间带领了一个警卫排转移到此处已经天亮,就地休息煮饭吃,安排放哨。叶飞躺在山楼门前的一块大石头上睡觉,解下皮包打算吃完饭再走。

敌人一个班从溪下面抄上来,哨兵没有看到,他们瞄准叶飞要打他。叶飞说:"我们饭正煮好,我的警卫员从房子里出来叫我吃饭,一出来就发现敌人,他马上掏出手枪,敌人看他掏枪也立马开枪。如果不是警卫员刚好出来叫我吃饭,那我就被敌人打死了。"①

枪声一响,叶飞才醒过来,从侧面跑。叶飞说:"敌人一个班从左边抄过来,我也正好往左边跑,他们拼命打枪,没把我打中,我拼命跑,不管他,结果面对面碰上了。他们来不及上刺刀,如果来得及上刺刀,我就不行了。他们拿枪刺我,我右脸颊被刺伤。那时也不晓得力气从哪里来的,我这个人本来没有什么力气,很怪,那时候脚踢拳打,把他们踢到田边底下,我就冲过去。"②警卫排奋力掩护,牺牲了好几个人,才把叶飞护送到周宁县的苎园坪畲族村养伤。

五、22 岁南阳事件中险些牺牲

1936 年 11 月,在分歧严重的情况下,刘英私自以临时省委的名义向粟裕下达扣押、逮捕叶飞的手令,要他趁与叶飞同志见面的机会,将其押送省委,并派军区政治部主任刘达云带 100 余人枪前来武装监督扣押叶飞的任务。

叶飞收到粟裕要来南阳村与他会面的信,就前去赴宴,接风宴上,酒过三巡,突然"啪"的一声,酒杯摔在地上,夹坐在叶飞、陈挺两边的挺进师干部立即动手,把叶飞、陈挺抓起来。叶飞的警卫员当即提出责问,被当场击毙。警卫班的战士拔枪欲打,叶飞严厉制止:"这是内部事情,不准开枪,谁开枪就枪毙谁!"粟裕无奈地说"你们的问题要到省委刘英那里去解决",然后就走了,刘达云还指使手下把叶飞的手脚捆绑起来,背上撑一根竹竿,像对待土豪、叛徒一样。

后来在押解的途中遇到国民党军队的袭击,部队被打散,押解的人忙乱中向叶飞打了一枪,打伤叶飞左腿,把他扔下,自己逃跑了。国民党士兵逼上来,叶飞就从十几丈高的悬崖上跳下去,让国民党兵扑了个空。叶飞跳下去恰巧挂在离地面七八米的一颗大树杈上,得以死里逃生,因此也获得了"抓不住的飞将军"称号。

叶飞如果未能逃脱,被押解到刘英处是极其危险的。刘英对其辖区内原闽东红军骨干人物大开杀戒。从 1936 年的 8 月下旬到 10 月下旬,被诱捕错杀的

---

① 黄彤文.叶飞三次枪伤之奇遇[Z]//政协南安市委员会.南安文史资料(第 36 辑).2014:117.

② 黄彤文.叶飞三次枪伤之奇遇[Z]//政协南安市委员会.南安文史资料(第 36 辑).2014:117.

原闽东特委所属、后划归浙南特委地区的党政军人员达 139 人之多。其中包括叶飞得力助手、闽东特委委员、浙南特委书记郑宗毓。[①]

叶飞在半个世纪后写的《叶飞回忆录》中认为:"南阳事件是在当时'左'的影响下党内斗争不正常情况下发生的,其表现形式又带着中国的传统色彩……抗日战争爆发后,闽东和浙南的部队都编入了新四军,以后一直并肩作战,直到革命胜利。我和粟裕同志也长期战斗在一起,从新四军一师,华东野战军,一直到新中国成立后,我都在粟裕同志领导下工作,多次当他的副手,相互间配合得很好,没有因为个人意气而影响工作。"

1938 年 1 月,叶飞将军由闽东下山,至福州,与国民党谈判合作抗日事宜。国民党福建省主席陈仪于省政府会见叶飞。叶飞将军进办公室,陈仪仔细打量,惊讶道:"你就是叶飞?"将军答:"是呀。"陈仪情不自禁说:"你是个书生嘛!"当晚,陈仪设宴招待。叶飞将军特意着缴获的国民党军保安旅旅长毛料军服,昂然入席,目不旁视。国民党军方面如保安司令等人虽不悦,亦难言。

参加革命战争的叶飞历经磨难,在枪林弹雨中九死一生,为其传奇人生更添色彩。

第三节 常胜将军 百炼成钢

一、抗战时期

抗日战争全面爆发后,叶飞率部驰骋大江南北,痛击日寇,出生入死,战功卓著,为民族的独立和解放做出了重大贡献。

抗日战争期间,叶飞先后任新四军第三支队六团团长、新四军第一纵队司令员兼政治委员、新四军第一师师长兼苏中军区司令员和中共苏中区委员会书记、苏浙军区副司令员。

---

① 黄彤文.叶飞三次枪伤之奇遇[Z]//政协南安市委员会.南安文史资料(第 36 辑).2014:119.

1939 年 6 月,叶飞带领第六团夜袭浒墅关火车站,歼灭 20 余名日寇;7 月,火烧虹桥机场,烧毁四架敌机;1940 年,国民党江苏省政府主席韩德勤与安徽省政府主席李品仙调兵 5000 人向新四军第五支队后方机关皖东半塔发动进攻,叶飞奉陈毅令,率"挺纵"第一团和第四团两个营驰援,征途中歼灭一个小队日军和一个连伪军,消灭韩顽军 1500 余人;6 月韩德勤唆使李长江率 1.3 万人向郭村进攻,叶飞与管文蔚指挥"挺纵"4000 余人,歼敌 3 个团,击溃 10 个团,取得郭村保卫战的胜利;1940 年 10 月,叶飞率部参加黄桥战役,首战全歼韩顽主力军独立第六旅,接着配合第二纵队消灭韩主力第八十九军,陈毅、粟裕统一指挥的黄桥决战取得全胜。

1942 年,叶飞所部新四军第一旅攻占如皋白蒲镇,烧毁日军在中国实行经济掠夺的大本营江北公司;攻打泰东、如黄公路等日伪据点,毙伤、俘日伪军各 100 多人;1943 年 5 月 4 日,叶飞集中泰州、泰兴、靖江三个独立团,在靖江城至新港公路的五号桥,伏击伪十九师七十三团陈正才部,全歼该团 500 余人,其中俘虏官兵 408 人;1943 年下半年,叶飞发动军民开展反伪化斗争,围攻日伪据点,打击下乡抢粮的日伪军,挫败了日伪军对苏中三分区"扫荡""蚕食"计划。

1944 年 3 月 5 日至 13 日,新四军发起著名的车桥战役。时任第一师副师长的叶飞担任前线指挥。新四军集中 5 个团兵力,采取围点打援战法,共歼灭日军 465 人(内俘虏中尉以下 24 人),歼伪军 483 人(内俘虏 168 人)。在抗战史上,这是我军 1944 年以前一次战役生俘日军最多的一次。

二、解放战争时期

在解放战争中,叶飞将军也是战绩显赫。

解放战争初期,叶飞任山东野战军第一纵队司令员,率部收复泰安、大汶口,参加胶济路反击战和宿北、鲁南战役。

1947 年 2 月起,叶飞任华东野战军第一纵队司令员兼政治委员、第一兵团副司令员兼第一纵队司令员,率部参加了莱芜、孟良崮、豫东、济南、淮海等重要战役。

1949 年 2 月,叶飞任第三野战军第十兵团司令员,4 月参加渡江战役,率部解放丹阳、常州、无锡和苏州;5 月参加上海战役后,率十兵团进军福建,先后发起福州、漳(州)厦(门)战役;8 月兼任福建军区司令员,组织指挥部队清剿国民党残余武装和土匪。

叶飞将军在抗日战争和解放战争中经历了无数次腥风血雨的战场,敢打硬仗,百炼成钢,屡屡获胜,为中国人民的解放事业和新中国的诞生建立了不可磨灭的功勋。

第四节 和平年代 一心为民

新中国成立后,叶飞先后任福建军区司令员,福建省人民政府副主席、省长,中共福建省委第一书记,中共华东局书记处书记,南京军区副司令员兼福建省军区司令员,福州军区司令员兼第一政委。叶飞在主持福建省工作期间,与其他领导一起带领广大干部群众,建立了第一批新兴工业基地,并大力发展农业、交通运输、水利电力和文化教育事业。同时还致力于巩固海防和加强海上军事斗争,组织指挥了东山岛战斗和炮击金门。

一、竭力复建南安山美水库

叶飞在"文革"期间受到冲击,经常被红卫兵组织作为走资本主义道路的当权派批斗,却心系人民,竭力支持复建南安山美水库。他深入基层调查研究,召开有关会议研究论证,亲自写信呈报国务院,请求复建山美水库。叶飞顶住"福建是前线,复建山美水库是否有利于备战"的压力,说服上级有关领导和相关部门,在 1967 年 1 月正式成立山美水库工程指挥部,着手筹备复建工作。[1] 2 月,经周恩来总理亲自批示,国家水电部正式批准修建,工程列入国家基建计划。建成后,山美水库及其罐区工程挑起了上游人口的生产生活用水需求,为保障泉州经济社会的可持续发展提供了水资源支撑。

---

① 黄贞谅.南安华侨与新四军[M].南安:南安市新四军研究会,2010:20.

二、努力振兴国家交通事业

1975 年 1 月恢复工作后,叶飞出任国家交通部部长,全面整顿生产秩序,努力振兴国家交通事业。他为我国造船工业的发展,远洋船队的壮大,扩大港口泊位,发展长江水运,开创高速公路和集装箱运输的建设,都做出了突出的贡献。

叶飞到交通部上任之后就感到外贸运输压力大,没有一定规模的远洋船队就不能适应国家的需要。当时的现状却是运输力量不足,又没有经费,没钱发展远洋船队。那个年代的体制是给多少钱买酱油就只能买多少酱油,不能用来买其他的东西。规定每年买一二百万吨船,就只拨那点款,一点机动的余地都没有。叶飞在无路可走的困境中创出了一条新路:找香港中国银行贷款买船。现如今贷款是非常一般的事情,然而在当时那个年代里却是一项很大胆的改革。叶飞在世界经济发展停滞的时刻订购新船、滚装船,还推动码头的改造和集装箱运输系统的发展,为远洋运输业做出了重大贡献。

1977 年年底,叶飞率团访问欧洲国家,对其交通运输的现代化水平印象深刻,就亲自起草报告:加速发展我国的水运和公路运输。叶飞的想法是根据欧美发达国家发展交通运输的经验教训,结合我国的实际情况,调整我国的交通运输结构。中国地大物博,水资源十分丰富,但过去在发展交通运输上,比较重视铁路的发展,对公路和水运重视不够,因此要在"水"上大做文章,以水补铁,为铁路分担运输任务,同时加速公路建设,特别是高速公路的建设,使公路运输高速化、大量化,以适应国民经济发展的需要。这在当时是一个超前的思想。叶飞多次考察,积极倡导和推广公路建设,到 20 世纪 80 年代后期中国的高速公路四处开花,交通运输业取得了很大的发展。

三、倡议创建蛇口工业区

叶飞在对香港进行考察后,认为要利用招商局,立足港澳,面向全世界,适应国际市场,通过招商局的牌子扩大业务,带动国内经济的发展。叶飞等领导倡议创建蛇口招商工业区,在 8 平方千米的贫瘠土地上兴建起拥有 300 多家三资企业的新兴地区。昔日只有三百人口的渔村,一片荒滩秃岭,变成了厂房星罗棋布,高楼鳞次栉比、水路交通四通八达的现代化海港工业城,这对深圳特区的建设起到了重大的积极作用。

四、发展壮大人民海军队伍

1979 年 2 月,叶飞奉命调海军工作,先后担任海军第一政委、海军司令员。在"文革"期间,海军是军队中的"重灾户",先是林彪,后是"四人帮"直接插手,造成海军党委内部严重不团结,派性泛滥,少数领导之间对立情绪很大,部队思想混乱的情况。叶飞上任之后,深入部队掌握第一手资料,引导大家端正思想,对海军装备建设、编制体制、战场建设和提高海军综合作战能力等重大问题,提出了一系列的指导意见。1980 年在我国向南太平洋发射运载火箭试验中,他和其他领导同志一起,指挥部队首次远航太平洋,圆满完成任务。叶飞为海军部队革命化、现代化、正规化建设,为人民海军的发展壮大做出了巨大的努力。

五、积极落实党的侨务政策

1983 年叶飞连续当选为第六届全国人大常委会副委员长,兼任全国人大华侨委员会主任委员。1984 年,他被推举为全国侨联第三届委员会名誉主席。在全国人大工作期间,叶飞多次深入城市乡村、部队、厂矿企业视察工作,调查研究,组织制定了《归侨侨眷权益保护法》。他积极落实党的侨务政策,大力支持建设深圳华侨城,作为华侨投资、引进资金和先进技术的窗口。1985 年在广东东莞召开的一次侨务工作会议,让与会代表详尽考察深圳特区、蛇口工业区、东莞等地建设和合资企业,实地学习改革开放经验。会后,从中央到地方各侨务部门积极落实招商引资、引进人才等政策,吸引了越来越多的海外侨胞关心祖国建设、参与建设家乡,进一步推动了侨务工作,扩大了同海外的联系。

叶飞致力于扩大爱国统一战线,利用自己的影响,积极在华侨中宣传党的政策和祖国建设成就,联络爱国华侨支持祖国现代化建设,推进祖国统一大业。

第五节　将军雅号　彰显品德

　　叶飞将军一生雅号众多,有"华侨将军""打不死的将军""抓不住的飞将军""敢于负责的首长""拒腐蚀将军""围棋将军"等。这些雅号有些是老百姓起的,有些是上级领导、战友、战士们起的,彰显出了将军人生的传奇色彩,也体现了将军的高尚品德。

一、"围棋将军"

　　"围棋将军"的雅号让叶飞的人生更富有传奇色彩。1938年初,新四军刚组建,各路游击队初会皖南岩寺。陈毅在每天晚饭后都会在岩寺门口与人下围棋。叶飞总是在一旁默默地观看,几天之后,便产生了浓厚的兴趣。一天,叶飞请陈毅教他下棋,陈毅满口答应。后来,叶飞的六团归陈毅的一支队领导,叶飞与陈毅下棋的时间就更多了。两人边下棋边研究工作,更多的是结合下棋探讨战术。陈毅下棋的用语采用军事术语,如争取先手、占领空间、出其不意、攻其不备、声东击西、虚虚实实、包围与反包围等。叶飞在同陈毅下棋时,对陈毅的这些用语熟记在心,融会贯通。叶飞说,他同陈毅下棋是名,学打仗是实。叶飞每次制订作战计划,总是千方百计寻找敌人"死穴",用围棋术语来说就是寻找棋眼。

　　1980年,中国围棋协会在北京举行"陈毅杯"围棋大赛。那时,刚实行改革开放不久,围棋比赛还没在全国广为推行,所以仅仅限于在北京举行。驻京党政军机关、社会团体爱好围棋的都报了名参加比赛。叶飞知道,此次比赛起名"陈毅杯",目的在于怀念新中国的围棋奠基人、中国围棋协会名誉主席陈毅。他的心情分外激动,毫不犹豫地报了名。比赛中,他一路过关斩将,经多番较量,赢得了冠军。消息公布后,人们震惊不已,不知情的怎么也没想到,军人出身的叶飞会赢得围棋冠军。为此,许多报纸在刊登此消息时,给叶飞添了个"围棋将军"的雅号。

二、"敢于负责的首长"

1940 年 5 月,陈毅派叶飞过江到扬州附近的郭村建立据点,当时那是国民党江苏省主席韩德勤的地盘。在叶飞到来之前,陈毅为团结李明扬、李长江(合称"二李")抗日,曾到泰州与"二李"见面并达成口头协议,新四军暂借郭村。但是韩德勤不知此情,命令李长江率领 13 个团向郭村进攻。陈毅之前就交代叶飞说"二李"是中间势力,要争取团结,如果韩德勤派"二李"出兵干涉,只能说服,万万不可动武。所以当李长江进逼郭村时,叶飞派政治部副主任陈同生前赴谈判,可是李长江拒绝谈判,还把陈同生扣押起来。叶飞多次发电报请示说郭村地形较好,吴家桥不易坚守,还是在郭村迎战较为有利,但陈毅随即回复"切不可在郭村孤军御敌"。

叶飞权衡再三,认为这一仗关系到新四军在苏北能否立足和发展,如果不打,新四军就无法打开挺进苏北的缺口,打就必须打赢。他在作战会上说:"既然大家都认为在这里打有把握,那好,就在这里打。对陈司令员,我负责好了。陈司令说过,'将在外,君命有所不受'。现在他不在这里,而且他只到过吴家桥,没有到过郭村,不了解这里的地形、群众条件和敌情。我们前线指挥员了解情况,要敢于独立负责,这才是真正对陈司令员负责、对党负责!"[①]叶飞指挥一个多团的兵力,粉碎了李长江指挥的 13 个团的进攻。从此,新四军在苏北打出了威风,站稳了脚跟。后来陈毅赶到郭村了解情况后不仅没有批评陈毅,还表扬其在关键时刻敢于负责的精神,尽显"敢于负责的首长"风采。

三、"拒腐蚀将军"

叶飞将军一生以清正廉洁之举,树立了公仆楷模的形象。有个时期流行"首长金剪刀剪彩",一些有权势的高官被一些公司、宾馆负责人请去拿金剪刀为其开业剪彩。他们剪彩用的金剪刀,剪彩后归剪彩者所有。这是一种变相的行贿受贿。身居高位的叶飞也成了众多商家争相邀请的对象,一时间前来叶家的"公关"者如云,他们表示如果前去剪彩,价值 5 万元的金剪刀就归将军所有。叶飞

---

① 叶飞.叶飞回忆录[M].北京:解放军出版社,1988:180.

一向痛恨拜金主义,勃然大怒:"50万元我也不去!"叶飞将这些人拒之门外,并抄录毛泽东赞扬八连"拒腐蚀,永不沾"的诗句送给说客。于是,叶飞被人称为"拒腐蚀将军"。

钟期光,叶飞数十年的生死之交、知己和诤友,他给叶飞取了个外号叫"外国人",不仅因为他出生在外国,生母又是外国人,而且因为他决不按照中国社会因袭下来的传统的陈规陋习办事,不顾情面,不留余地,不会拐弯。用妻子王于畊的说法:"老叶这人,无论对己还是对人,严得过分,一点人情世故不懂,好像不是中国人。"①将军即便是"身居高职",面对家人的请求也是极具原则性。

自参加中国革命后,叶飞就与华侨家庭断绝了联系。直到中华人民共和国成立后,才得知父亲在抗日战争时期就已病故,母亲依然经营小商店,大妹妹爱玛挑起了全家生计的重担。此后,他突然接到大妹妹的来信,告知家中负债无法偿还,将宣布破产。弟弟妹妹还在读书,为不使病中的母亲受到如此打击,希望叶飞能借笔钱给她。这封信,使叶飞这位中共福建省委书记、省长十分为难。一位堂堂的高级领导干部,却没有钱可以寄给急需用钱的家庭,这是海外华侨以及许多外国人难以理解的。

为了尽养家之责,叶飞考虑再三,决定复信告诉家里,自己无钱借出。只请母亲及弟弟妹妹一同回国,由他来负担养家责任,并供养弟弟妹妹在国内读书。但这封信寄出后,就不见回音。直到1965年母亲病故,叶飞也未能见她老人家一面。

后来,妹妹爱玛再次给叶飞写信,说家里生活困难,自办的碾米厂面临倒闭,希望哥哥能寄一些钱回去,帮助渡过难关。这在爱玛看来是很正常的事,妈妈不在了,有困难了当然找大哥。但是对叶飞来说,却是一件十分为难的事。从参加革命的那一天起,叶飞就与家庭断绝了经济关系,作为一个共产党员,碾米厂再小,也是资本家的产业,资助资本家是一个原则问题,叶飞是决不会做的。但作为家中的大哥,又不能不管,考虑再三,叶飞给爱玛回了一封信,说明自己的情况和态度,表示如果弟弟妹妹愿意回国,他可以负责他们的生活。此信一去,爱玛再也没回信。当然,爱玛怎么能理解呢。后来听说爱玛去做女佣,给人家当管家,供养弟弟妹妹,并支持他们上大学。为此,爱玛一辈子独身,没有建立自己的家庭。这件事,叶飞一直挂在心里。

---

① 王昊,王纪一.开国上将叶飞[M].北京:中央文献出版社,2004:576.

直到 20 世纪 80 年代初,在菲律宾华侨朋友的帮助下,叶飞将军的弟弟妹妹们第一次来中国见自己的哥哥。叶飞第一件事就是问爱玛后来是如何渡过难关的,会不会记恨他。

可见叶飞虽然担任国家、地方、军队的重要领导职务,却一生清正廉洁,党性、原则性极强,是人民公仆的楷模。

纵观叶飞的一生,是革命的一生,战斗的一生,全心全意地为人民服务的一生。他把毕生精力都奉献给了祖国,奉献给了他所追求的革命事业。

参考文献

1.怀荫布,等.乾隆泉州府志[M].影印版.上海:上海书店出版社,2000.

2.苏镜潭.民国南安县志[M].影印版.上海:上海书店出版社,2000.

3.福建省南安县地方志编纂委员会.南安县志[M].南昌:江西人民出版社,1993.

4.许旭明.南安概览[M].福州:海潮摄影艺术出版社,2006.

5.刘安居,陈芳荣.南安华侨志[M].北京:中国华侨出版社,1998.

6.陈国仕.丰州集稿[M].杨清江,校.北京:商务印书馆,2018.

7.黄柏龄.九日山志[M].上海:上海辞书出版社,2006.

8.黄国盛,戴景星.大庭千年古村研究[M].北京:中国国际广播出版社,2017.

9.戴凤仪.诗山书院志[M].厦门:厦门大学出版社,1995.

10.黄仲昭.八闽通志[M].福州:福建人民出版社,1989.

11.何乔远.闽书[M].福州:福建人民出版社,1995.

12.朱维幹.福建史稿[M].福州:福建教育出版社,1984.

13.廖大珂.福建海外交通史[M].福州:福建人民出版社,2002.

14.唐文基.福建古代经济史[M].福州:福建教育出版社,1995.

15.曾玲.福建手工业发展史[M].厦门:厦门大学出版社,1995.

16.《中国戏曲志》编辑委员会.中国戏曲志·福建卷[M].北京:文化艺术出版社,1993.

17.方鼎,等.乾隆晋江县志[M].影印版.台北:成文出版社,1967.

18.周学曾,等.道光晋江县志[M].影印版.福州:福建人民出版社,1990.

19.福建晋江流域考古调查队.福建晋江流域考古调查与研究[M].北京:科学出版社,2010.

20.施伟青,徐泓.闽南区域发展史[M].福州:福建人民出版社,2007.

21.石奕龙,余光弘.闽南乡土民俗[M].福州:福建人民出版社,2007.

22.黄超云.镇海卫志校注[M].郑州:中州古籍出版社,1993.

23.连横.台湾通史[M].北京:商务印书馆,1983.

24.庄为玑,王连茂.闽台关系族谱资料选编[M].福州:福建人民出版社,1985.

25.林国平.闽台民间信仰源流[M].福州:福建人民出版社,2003.

26.黄乐德.泉州科技史话[M].厦门:厦门大学出版社,1995.

27.《泉州港与古代海外交通》编写组.泉州港与古代海外交通[M].北京:文物出版社,1982.

28.林建伟.大泉州风物志[M].香港:香港飞翔国际出版社,2006.

29.王日根,李弘祺.闽南书院与教育[M].福州:福建人民出版社,2007.

30.陈笃彬,苏黎明.泉州古代书院[M].济南:齐鲁书社,2003.

31.陈笃彬,苏黎明.泉州古代著述[M].济南:齐鲁书社,2008.

32.朱水涌,周英雄.闽南文学[M].福州:福建人民出版社,2008.

33.陈世雄,曾永义.闽南戏剧[M].福州:福建人民出版社,2008.

34.郑政,林志杰.闽南民间表演艺术[M].厦门:鹭江出版社,2009.

35.林霁秋.泉南指谱重编[M].上海:上海文瑞楼书庄,1912.

36.王珊.泉州南音[M].福州:福建人民出版社,2009.

37.陈瑞统.泉州木偶艺术[M].厦门:鹭江出版社,1986.

38.欧阳詹.欧阳行周文集[M].四部丛刊本.上海:商务印书馆,1936.

39.张建业,等.李贽全集注[M].北京:社会科学文献出版社,2010.

40.林海权.李贽年谱考略[M].福州:福建人民出版社,1992.

41.王国钧.李贽与南安[M].北京:中国广播电视出版社,2011.

42.许在全.郑成功研究[M].北京:中国社会科学出版社,1999.

43.江日升.台湾外记[M].福州:福建人民出版社.1983.

44.杨英.先王实录校注[M].福州:福建人民出版社,1981.

45.阮文锡.海上见闻录[M].福州:福建人民出版社,1982.

46.曾阅.晋江古今诗词选[M].福州:海峡文艺出版社,1998.

47.叶飞.叶飞回忆录[M].北京:解放军出版社.1988.

48.王昊,王纪一.开国上将叶飞[M].北京:中央文献出版社.2004.

49.乐史.太平寰宇记[M].北京:中华书局,2007.

50.袁康,吴平.越绝书[M].上海:上海古籍出版社,1985.

51.释道宣.续高僧传[M].北京:中华书局,2014.

52.吴任臣.十国春秋[M].北京:中华书局,1983.

53.徐松.宋会要辑稿[M].北京:中华书局,1957.

54.宋濂,王祎.元史[M].北京:中华书局,1976.

55.顾炎武全集[M].上海:上海古籍出版社,2012.

56.王象之.舆地纪胜[M].北京:中华书局,1992.

57.方勺.泊宅编[M].北京:中华书局,1983.

58.蔡襄.蔡襄全集[M].福州:福建人民出版社,1999.

59.真德秀.西山先生真文忠公文集[M].上海:商务印书馆,1937.

60.郭若曾.筹海图编[M].北京:中华书局,2007.

61.郑广南.中国海盗史[M].上海:华东理工大学出版社,1998.

62.政协南安县委员会.南安文史资料(第6-12辑)[Z].内部资料.

63.政协南安市委员会.南安文史资料(第22、36、38辑)[Z].内部资料.

64.南安市人民政府.南安概况[EB//OL].[2021-03-27].http://www.nanan.gov.cn/zjna/xzqh/.

65.泉州历史网.泉州原始社会遗存[EB//OL].[2021-03-30].http://www.qzhnet.com/qzh241.htm.

附录1 南安古代文人著述简表

朝代	作者	著述
唐五代	欧阳詹	《欧阳行周文集》
	欧阳秬	《欧阳降之文集》
	陈黯	《陈希孺先生文集》《大易稗正书》
	黄晔	有诗文集传世
	谢修	《谢升之集》
	王虬	《王虬集》
	释义存	《雪峰语录》《雪峰清规》
宋	吕惠卿	《吕惠卿集》《吕惠卿文集》《孝经传》《论语义》《庄子解》《道德真经传》
	柯述	《否泰十八卦义》《温陵张贤传》
	李沂	《帝王纪年通录》《五运图》《太玄义诀》
	吕夏卿	《唐兵志》《唐文献考》《唐书直笔新例》《古今世系表》《新书纪志传例》
	吕科	《唐史音义》
	刘涛	《灵泉山人诗集》
	傅俏	有诗文集传世
	宋程	有文集传世
	吕陶	有文集传世
	吕大奎	《春秋要旨》《春秋集传》《论语集解》《孟子集解》《易经集解》
	黄允	《龟峰集》
	傅自得	《至乐斋文集》
	傅伯成	《竹隐居士集》《忠简奏议》

续表

朝代	作者	著述
宋	蔡和	《易说》
	柯翰	《易春秋礼记解》
	诸葛季文	《六经解》《诸子解》
	诸葛廷瑞	有文集传世
	诸葛廷材	有文集传世
	傅天骥	《野斋集》
	傅伯寿	《高宗实录》《孝宗实录》《光宗实录》《傅枢密文集》
	傅度	《文编史记》
	杨景陆	《汉唐通鉴》《史志解》《春秋解》
	洪天锡	《经筵讲义》《阳岩文集》
	王显世	《容安稿》
	赵彦慧	《靖节年谱》《春台诗话》《古锦囊集》
	刘用行	《北山漫游集》《杂稿》
	戴梦申	《易经解》《诗山名胜诗》《郭山庙歌》
	韩云瑞	《耕烟小集》
	翁定	《瓜圃集》
	释法辉	有诗集传世
	释有朋	《两会语》《警世颂》《禅余咏》
	释道潜	《龟毛集》
元	傅定保	《四书讲稿》《古直集》
	诸葛泰	《四书解》
	吴希元	《揽秀》
明	黄河清	《黄莲峰先生文集》
	黄淑清	《晓江集》
	洪昌	有诗文集传世
	傅阳明	《葩经通解》
	傅凯	《南安县志》《傅时举文集》
	傅浚	《铁冶志》
	李源	《再征堂集》

续表

朝代	作者	著述
明	黄钏	《堕蕉集》
	傅商器	有诗文集传世
	洪启初	《易学管见》《四书翼箴》
	郑普	《海亭文集》
	徐鲤俊	《问心集》《撷翠集》
	傅夏器	《锦泉集》《易义》
	郭维岳	《大学存古》《中庸明宗》《四书定说》《礼记解》《论语学脉》《孟子圣谛》
	李文缵	《礼记庭训》《书经大旨》《冠婚丧祭礼》《易解》
	黄襄	《四书集说》《易经集说》
	李贽	《藏书》《续藏书》《焚书》《续焚书》《老子解》《庄子内篇解》《史纲评要》
	黄养蒙	《吏部职掌》
	戴廷诏	《历代帝王纪》《历代名臣录》《家训宝鉴》《诗山草》
	吕图南	《四书辑说》《周易辑说》《壁观堂文集》
	洪承畴	《古今平定略》《经略纪要》《洪承畴章奏文册汇辑》,有诗文集传世
	苏希栻	《阜阳苏氏族谱》《雪峰志咏稿录》《诗集解》《汉魏诗注》《杜诗全集注》《拾存零草》等
	陈学伊	《清德堂集》《世纪》
	谢励庸	《霞语集诗草》
	郭琦第	《证胆草》
	王龙贲	《威草集》
	王龙震	《疏草》
	王振熙	《淡宁斋文集》《四书达解》《明贤列传》《学庸达解》《易经达解》
	陈学潜	有诗集传世
	黄翼登	有诗文集传世
	黄鼎象	《清源居士集》
	黄众清	《历代史评》《观旧日录》《毛诗韵说》,有诗集、文集传世
	傅启光	《西征随笔》《纪行诗集》《河西琐言》
	傅景星	《宝研斋近吟》

续表

朝代	作者	著述
明	傅　纶	有诗集传世
	沈佺期	有诗文集传世
	洪启睿	《还山十誓》
	洪启宾	《易经说》《四书说》
	谢孟昭	《鞠清斋集》
	洪垣星	《四书绎注》《易经绎注》《诗经绎注》《井园诗集》
	洪有声	《景坡集》,有诗集传世
	郭瑄第	《蛰庵集》
	释广轮	《语录》
清	黄光崐	《四书提命》《易经微言》,有诗集、文集传世
	洪世泽	《易经观象》《诗经订序》《春秋订传》《裴亭诗文集》
	洪世佺	《春草园诗集》
	陈石钟	《礼记解》《春秋辨义》《敬榕文集》,有诗集传世
	侯之缇	《四书指南》,有诗集、文集传世
	洪鹏化	《四书翼讲》
	陈际成	《尺木轩文集》
	洪士誉	《性理》《时文选》
	陈桂洲	《评史》《四书虑得篇》《修公堂遗稿》
	陈常夏	《江园诗文集》
	黄　伟	《太平纪要》
	夏　琳	《闽海纪要》《海纪辑要》
	洪龙见	《安溪县志》
	郑成功 郑　经	《延平二王遗集》
	洪臣畯	有诗文集传世
	洪士铭	有诗集传世
	郑缵祖	《雪泥文抄》《雪泥诗集》《海外文章》《燕山纪游》《三春纪事》《汇香编》《蛛网落花》《水中雁字诗》
	郑瓒绪	《菊言》《致斋遗稿》《鲤湖集》《乐贤堂遗稿》
	傅为霖	《旸谷诗集》《旸谷文集》《旸谷后集》《旸谷别集》

续表

朝代	作者	著述
清	王之珂	《剖余篇诗草》
	郭元奕	《论文要义》
	黄士炯	《诗经订序》《春秋订传》《周官释疑》《竹溪逸稿》
	黄允肃	《东山文萃》《同社试草》《澄源拙草》《萍游偶记》《思亭文集》
	黄中隽	《念庵遗集》《醒谈集》《纪梦集》
	吴元华	《西岩稿》
	黄 升	《峭园存稿》《峭园诗稿文集》
	黄启渐	《熙藜斋集》
	李登卿	《詹詹言》《励行语录》
	吴得元	《自得垂后录》
	吴元华	《西岩稿》
	洪 钟	《存司稿》
	洪徽颖	《录泛草》
	叶为章	《东园诗集》
	梁天爵	《梅亭诗草》
	梁兴玉	《璞溪诗集》
	梁国宝	有诗文集传世
	苏 铎	有诗集传世
	苏 山	有诗集传世
	苏凤翔	有诗集传世
	杨宗泽	有诗文集传世
	尤 圭	《裁律诗》
	傅应时	有诗文集传世
	傅 朴	有诗集传世
	吕观我	有诗文集传世
	黄 匀	《春秋精义》《四书解题》《周易阐义》《古文山渊》《卓峰随笔》
	戴希朱	《南安县志》《理学渊源考》《郭山庙志》《诗山书院志》《四书阐义》《松村诗草》《松村文集》
	吴大年	有诗文集传世

续表

朝代	作者	著述
清	戴绍箕	《松村续草》《松村续集》
	吴国均	《省田拾记》
	梁丹元	有诗文集传世
	尤捷鳌	《闽中理学渊源考》《泉郡德行事业考》《八闽理学名贤宗派》《四书阐注》
	陈　洪	《四书心解》
	陈德亨	《五经聚会论》《真不可解论》《宋真宗论》
	傅金范	《春秋遵传》《古学类记》《唐宋诗醇》
	吕玉珩	《周易撮要》《大学中庸集解》《时艺》《课儿帖括》
	李峥嵘	有诗文集传世
	徐云骧	《丛玉轩文稿》《诗文词赋集》
	曾梦麟	《思品斋文集》,有诗集传世
	傅炳锽	《种竹斋集》
	郑超英	《冠军试草》,有诗文集传世
	傅国英	《双溪诗赋集》
	释海明	有诗集传世
	王玉书	《棣香亭诗抄》
	苏　惕	《雪梅集》
	释佛化	《密契真源》《易浅解》
	李峥嵘	《南安志稿》
	陈尧钦	《方志论集》《泉志昌后录》
	吴　增	《毛诗订沽》《泉俗激刺篇》《番薯杂咏》
	陈国仕	《丰州集稿》
	黄　谦	《汇音妙悟》《增补汇音妙悟》
	曾梦麟	《思品斋文集》
	傅炳煌	《种竹斋集》
	吴光然	《说略五十言》《象数要式》
	吴霞举	《字韵合参》
	洪凤翔	《岐山文集》《岐山诗集》

续表

朝代	作者	著述
清	释如幻	《瘦松集》《支山语录》
	释道余	《雪峰语录》《雪峰诗集》
	吴国乡	《梅南专稿》《梅南律赋》《墨痴杂咏》
	吴载赓	《东池草续编》
	傅修孟	《同稼堂稿》《弃余诗文集》
	戴华昌	《挹翠堂诗集》
	张 灏	《梅山诗稿》
	李孕昌	《学山园专稿》
	吕宗健	《嫩吟编》《懒春集》
	释德萃	《春梦集诗草》

附录 2　南安非遗、文保等项目一览表^①

项目	级别	获批者			公布时间、批次及说明
		名称	时代	地点或申报单位	
重点文物保护单位	国家级	安平桥	南宋	南安市水头镇和晋江市安海镇两镇交界的海湾上	1961 年 3 月，第一批
文物保护单位	省级	九日山摩崖石刻	宋至清	丰州镇旭山村	1961 年 5 月，第一批
文物保护单位	省级	陀罗尼经幢	宋	丰州镇桃源村桃源宫内	1961 年 5 月，第一批
文物保护单位	省级	郑成功墓	清	水头镇康店村覆船山	1961 年 5 月，第一批
重点文物保护单位	国家级	郑成功墓	清	水头镇康店村覆船山	1982 年 2 月，第二批
重点文物保护单位	国家级	九日山摩崖石刻	宋	丰州镇九日山	1988 年 1 月，第三批
文物保护单位	省级	南坑窑址	宋至明	东田乡（现为东田镇）南坑村	1991 年 3 月，第三批
文物保护单位	省级	五塔岩石塔	宋	官桥镇竹口村龙水山	1996 年 9 月，第四批

---

① 本表按获批时间顺序排列。

续表

项目	级别	获批者			公布时间、批次及说明
		名称	时代	地点或申报单位	
文物保护单位	省级	延平郡王祠	清	石井镇	1996 年 9 月，第四批
文物保护单位	省级	莲花峰石刻（附属文物：不老亭）	宋至清	丰州镇桃源村	1996 年 9 月，第四批
文物保护单位	省级	蔡资深民居	清	官桥镇漳里村漳州寮自然村	1996 年 9 月，第四批
全国爱国主义教育示范基地	国家级	郑成功纪念馆	1962 年	石井镇	1997 年 6 月，第一批
文物保护单位	省级	开化洞阿弥陀佛造像	南宋	柳城街道祥塘村	2001 年 1 月，第五批
文物保护单位	省级	诗山塔	南宋	诗山镇山二村	2001 年 1 月，第五批
文物保护单位	省级	南安中宪第	清	石井镇延平东路	2001 年 1 月，第五批
重点文物保护单位	国家级	蔡氏古民居建筑群	清	官桥镇漳里村	2001 年 6 月，第五批
文物保护单位	省级	寮仔窑遗址	宋	东田镇蓝溪村	2005 年 5 月，与第三批省级文物保护单位南坑窑遗址合并
文物保护单位	省级	聚奎楼	清	金淘镇朵桥村	2005 年 5 月，第六批
文物保护单位	省级	南安林氏民居	清	省新镇满山红村	2005 年 5 月，第六批
文物保护单位	省级	妙峰山弥陀造像	宋	仑苍镇蔡西村	2005 年 5 月，第六批

续表

项目	级别	获批者			公布时间、批次及说明
		名称	时代	地点或申报单位	
非物质文化遗产名录	省级	南安英都拔拔灯	明	南安市文化馆	2005 年 10 月，第一批
重点文物保护单位	国家级	南坑窑址（含寮仔窑址）	宋至明	东田镇南坑村	2006 年 5 月，归入全国第三批重点文物保护单位届斗宫德化窑
非物质文化遗产名录	国家级	英都拔拔灯	明	英都镇	2008 年 6 月，第二批
非物质文化遗产名录	国家级	蔡氏古民居营造技艺	清	官桥镇漳里村	2008 年 6 月，第二批
非物质文化遗产	省级	南安蛇脱壳古阵法	明	丰州镇桃源村	2009 年 5 月，第三批
文物保护单位	省级	丰州古墓群（包括狮子山古墓群、庙下古墓群、凤冠山古墓群）	西晋至唐	丰州镇旭山村、桃源村等	2009 年 11 月，第七批
文物保护单位	省级	凌云叶氏家庙	清	眉山乡高田村	2009 年 11 月，第七批
文物保护单位	省级	大演洪氏民居	清	蓬华镇大演村	2009 年 11 月，第七批
文物保护单位	省级	霞美陈氏民居	民国	霞美镇霞美村	2009 年 11 月，第七批
非物质文化遗产代表性项目名录	省级	广泽尊王信俗	唐	诗山镇	2012 年 1 月，第四批
历史文化名镇	省级	石井镇	宋	石井镇	2012 年，第四批

续表

项目	级别	获批者			公布时间、批次及说明
		名称	时代	地点或申报单位	
文物保护单位	省级	福铁都督墓	清	康美镇福铁村	2013 年 1 月，第八批
文物保护单位	省级	洪梅灵应寺	清	洪梅镇六都村	2013 年 1 月，第八批
文物保护单位	省级	燕山黄氏家庙	清	丰州镇燕山村	2013 年 1 月，第八批
重点文物保护单位	国家级	南安中宪第	清	石井镇延平东路	2013 年 5 月，第七批
重点文物保护单位	国家级	南安林氏民居	清	省新镇满山红村	2013 年 5 月，第七批
重点文物保护单位	国家级	五塔岩石塔	宋	官桥镇竹口村龙水山	2013 年 5 月，第七批
传统村落名录	国家级	官桥镇漳州寨村	清	官桥镇漳州寨村	2013 年 8 月，第二批
历史文化名镇	省级	丰州镇	三国	丰州镇	2016 年，第五批
历史文化名村	省级	官桥镇漳州寨村	清	官桥镇漳州寨村	2016 年，第五批
传统村落名录	国家级	眉山乡观山村	清至民国	眉山乡观山村	2016 年 12 月，第四批
非物质文化遗产代表性项目名录	省级	田公元帅信俗	唐宋	罗东镇振兴村	2017 年 1 月，第一批至第四批省级非物质文化遗产代表性项目名录扩展项目名录

续表

项目	级别	获批者			公布时间、批次及说明
		名称	时代	地点或申报单位	
文物保护单位	省级	奎霞建筑群	清	石井镇奎霞村	2018 年 9 月，第九批
文物保护单位	省级	良山洪氏民居	清	英都镇良山村坂埔	2018 年 9 月，第九批
文物保护单位	省级	观山李氏民居	清至民国	眉山乡观山村	2018 年 9 月，第九批
文物保护单位	省级	金淘书院	清至现代	金淘镇金淘村	2018 年 9 月，第九批
文物保护单位	省级	叶飞故居	民国	金淘镇占石村	2018 年 9 月，第九批
非物质文化遗产代表性项目名录	省级	通远王信俗	宋	丰州镇	2019 年 2 月，第六批
非物质文化遗产代表性项目名录	省级	泉州刣狮	宋	南安市朴里武术馆	2019 年 2 月，第一至第五批省级非物质文化遗产代表性项目名录新增保护单位
地名文化遗产千年古镇（村落）	省级	丰州镇	三国	丰州镇	2019 年 7 月，第一批
重点文物保护单位	国家级	南安桃源宫陀罗尼经幢	北宋	丰州镇桃源宫	2019 年 10 月，第八批
重点文物保护单位	国家级	坂埔古厝	清中叶	英都镇良山村	2019 年 10 月，第八批
重点文物保护单位	国家级	观山李氏民居（功藏厝、番仔楼、成器厝）	1890 年至 1936 年	眉山乡观山村	2019 年 10 月，第八批

后　记

　　《南安文化读本》终于可以付梓了。关于本书,我们想说的是:第一,编排体系以及涉及的内容,并非完备、完整。第二,受图书条件、写作时间和作者能力等方面因素的制约,我们还不能较全面地利用现有的学术成果,肤见谬识势所必然。第三,某些史实,由于疏于考证,乖舛谬误可能也会存在。望学界同仁批评指正,以利于日后的修改完善。

　　本书由邱永渠教授、陈雅谦教授、曹养元副教授主编。在确定选题后,由邱永渠教授负责全书的构思、章节安排,并撰写第一章;陈雅谦教授撰写第二章、第三章、第十二章;戴丽玲老师撰写第四章、第五章、第十四章;廖钟源老师撰写第六章;李斌娥老师撰写第七章;余海涛老师撰写第八章;曹养元副教授撰写第九章、第十章第二节;李丽琴副教授撰写第十章第一节、第三节,第十一章;林丽华副教授撰写第十三章。另外,附录1由曹养元副教授、余海涛老师编制,附录2由陈雅谦教授编制。全书由陈雅谦教授统稿。

　　我们由衷地感谢闽南科技学院董事长戴宏达先生为本书写序,感谢闽南科技学院领导对本书的编写和出版给予的大力支持,感谢福建师范大学历史学博导黄国盛教授对本书认真、细致的审阅和中肯的修改意见,感谢厦大出版社编辑老师对本书的认真审校和严格要求。

编者

2021 年 4 月 21 日